全世界无产者，联合起来！

列宁全集

第二版增订版

第五十九卷

批 注 集（上）

1888—1914年

中共中央　马克思　恩格斯　著作编译局编译
　　　　　列　宁　斯大林

人民出版社

《列宁全集》第二版是根据中国共产党中央委员会的决定，由中共中央马克思恩格斯列宁斯大林著作编译局编译的。

凡　　例

1. 笔记卷的文献编排,根据各卷的具体情况,采取不同方式:有的卷系按时间顺序排列,有的卷分类后各按时间顺序排列,而另一些卷则保持列宁原笔记本的顺序。

2. 文献标题下括号内的日期是编者加的。编者加的日期,公历和俄历并用时,俄历在前,公历在后。

3. 1918年2月14日以前俄国通用俄历,这以后改用公历。两种历法所标日期,在1900年2月以前相差12天(如俄历为1日,公历为13日),从1900年3月起,相差13天。

4. 列宁笔记原稿中使用的各种符号,本版系根据俄文版本照录。原稿中的不同着重标记,在俄文版本中用多种字体表示,本版则简化为黑体或黑体加着重号。

5. 笔记卷中列宁作批注的非俄文书籍、报刊以及其他文献的摘录或全文,本版系根据俄译文译出,有的参考了原文。

6. 在引文中尖括号〈　〉内的文字和标点符号是列宁加的。

7. 未说明是编者加的脚注为列宁的原注。

8.《人名索引》条目按汉语拼音字母顺序排列,在条头括号内用黑体字排的是真姓名。

目　　录

1910 年

1911 年

1912 年

插　图

前　　言

本卷收载列宁 1888—1914 年的批注类文献。

列宁的批注类文献指列宁在阅读书籍、报纸、杂志以及其他出版物时在文中和页边、在封面和扉页所作的各种标记、所画的各种着重线，针对作者的某一观点或提法写下的各种批语和评论性意见，还有列宁对书刊所作的提要或摘录、对会议发言所作的简记等。十月社会主义革命胜利后，列宁在政务和党务活动中，在审阅和修改各种报告以及决议和法令的草案等文件时，也作过不少批注。

列宁为了革命事业的需要，从未间断读书和写作，在他一生的读书和写作活动中留下了大量的批注类文献，它们是整个列宁遗著的一个组成部分，是对列宁著作的重要补充。它们的价值在于我们从中可以窥见列宁的科学研究活动的堂奥，追踪列宁思想产生和发展的轨迹，了解列宁的工作方式和方法。列宁的批注类文献，有一部分已编入本版的《关于帝国主义的笔记》、《哲学笔记》、《土地问题笔记》、《〈俄国资本主义的发展〉一书准备材料》、《〈马克思和恩格斯通信集〉(1844—1883 年)提要》以及《马克思主义论国家》等专卷或专集(见本版全集第 54—58 卷以及第 31 卷)；此外，还有不少批注类文献。这一部分批注类文献在《列宁全集》俄文第 5 版中未编为专卷或专集出版，我们从其中选出一部分编为两个专卷即第59、60卷，这是一次尝试。

　　收载于本卷开头的是列宁阅读马克思《资本论》时作的批注。1888—1894年是列宁求学和探索革命道路的时期，在此期间，青年列宁研读了马克思和恩格斯的著作。他先后在《资本论》第1卷（1872年德文版和俄文版）、第2卷（1885年德文版和俄文版）、第3卷（1894年德文版）上作了批注。列宁最初投入革命活动时，曾先后在马克思主义小组、工人小组中宣讲过《资本论》的内容。从本批注不难看出，列宁当时最为重视的是《资本论》对资本主义生产发展中的简单协作、工场手工业、大机器工业的研究，对这三个阶段的相互关系及其依次更迭的过渡形式的研究。《资本论》首先是一部经济学著作，但列宁认为，它并不仅以通常意义的"经济理论"为限。它对列宁的深远影响既表现在列宁运用他从这一著作中学到的马克思的经济学观点，创造性地研究了俄国的经济现状、尤其是俄国资本主义发展的情况，而且表现在他以《资本论》所提供的方法论，以辩证唯物主义和历史唯物主义的原理，解决了俄国革命中的许多重大理论问题。本卷中刊用的《资本论》段落已删去与列宁在《俄国资本主义的发展》一书中引用过的论述有直接关系的部分。被本卷删去的部分（以及列宁的批注）集中刊载于《〈俄国资本主义的发展〉一书准备材料》专卷（见本版全集第57卷第5—26页）。

　　本卷接着收载了列宁1899年1月和3月之间所作的《卡·考茨基〈土地问题〉一书提要》。土地问题既指土地制度问题，也指农民问题或农业发展问题，考茨基给他的书加的副标题是：《现代农业趋势和社会民主党的土地政策概述》。这部书是考茨基的主要著作之一，列宁称之为"继《资本论》第3卷之后最新经济学著述中最值得注意的杰作"（见本版全集第 3 卷第 6 页）。早在 1878 —
1879 年,考茨基就以马克思主义的理论方法研究资本主义社会的
农业问题,专门为农民写了一些读物。他在这方面的研究具有开
拓性,他经过潜心研究写出的《土地问题》一书可以说是马克思主
义关于土地问题的第一部系统著作。列宁在西伯利亚流放地一得
到刚出版的这部书就仔细加以阅读,并以自己未能在刚写完的《俄
国资本主义的发展》一书中吸收考茨基的观点而深感遗憾。列宁
所作的提要叙述了该书的主要内容。列宁有时还对书中的精辟之
处加以评价,或用自己的话来发挥书中的某些论点。列宁在提要
的开头特别指出了考茨基对马克思主义所持的正确态度:"卡·考
茨基坚决赞成马克思的理论,说这一理论的方法论特别宝贵。他,
考茨基,最感谢'两位伟大的导师',并且愈听到关于马克思和恩格
斯的观点似乎已经'过时'的议论,就愈愿意强调这一点。"(见本卷
第 34 页)至于考茨基在书中对农业资本主义演进的基本趋向的考
察,列宁最为重视的是如下一些论述:农业资本主义的发展是整个
资本主义发展的局部表现;资本主义在农业中发展的标志是分工
的扩大和机器的使用;小农在资本主义社会的存在不是由于小生
产的技术高超,而是由于小农降低自己的需要,增加自己的劳动强
度;农业中的资本主义关系优越于资本主义前的关系,处于人身依
附地位的雇农和以工役换取租地的农民被不做工时是自由人的日
工所排挤,是社会的一大进步;从村社过渡到共同经营的现代大农
业是根本不可能的,主张巩固和发展村社的人决不是社会主义者;
想用租给做工者以小块土地的办法来束缚做工者的人是大地主利
益的代表者。列宁认为考茨基对农业资本主义的历史意义所作的
肯定性评价是完全正确的,他的许多论断也适用于俄国。正因为

如此，列宁专门推荐考茨基的这部书，并又在此后所写的一系列有关土地问题的著作中引用了考茨基的这部书中的论述。

列宁1901—1903年期间先后就考茨基的《我的〈土地问题〉的两位批判者》、《福尔马尔和国家社会主义》、《社会主义和农业》三文所作的读书笔记，还有列宁的《关于批评维·切尔诺夫土地问题观点的材料》、《〈德国农民状况〉一书的摘录和批注》，说明列宁继续研究了考茨基的土地问题观点。考茨基的《土地问题》一书问世后，反映强烈。奥地利社会民主党人、经济学家弗·赫茨和德国社会民主党人、经济学家爱·大卫等都曾批评该书；在俄国，也有谢·布尔加柯夫、维·切尔诺夫等人批评该书。列宁作上述这些读书笔记，显然是为了维护考茨基的马克思主义观点。列宁在此期间作的《H.赖赫贝格文章的摘录和批注》、《〈农民问题和巴伐利亚社会民主党（1893—1896）〉一书的摘录和批注》、《威·李卜克内西〈论土地问题〉一书提要》、《阿·布亨贝格尔〈农业与农业政策〉一书的摘录和批注》、《罗·罗基尼〈农业辛迪加及其活动〉一书的提要和摘录》等都是有关土地问题的。列宁就马克思和恩格斯有关土地问题的著作所作的笔记，本卷载有《弗·恩格斯〈法德农民问题〉一文摘录》、《卡·马克思〈废除封建义务的法案〉和《弗·恩格斯〈法兰克福关于波兰问题的辩论〉的摘录》、《〈马克思论美国的"土地平分"〉一文的材料》等。以上收载于本卷的列宁有关土地问题的各种读书笔记可视为对《土地问题笔记》专卷（见本版全集第56卷）的补充。

列宁1901年底至1902年初就不同年份的《新时代》杂志所作的摘录反映了列宁的读书生活的丰富内容。由卡·考茨基主编的德国社会民主党的理论刊物《新时代》发表过马克思和恩格斯的著作,更大量刊载了德国工人运动和国际工人运动的许多著名活动家的文章,也刊载了俄国社会民主党人的文章。从列宁的这一笔记可以看出,列宁广泛阅读的各种社会主义者的著作涉及政治、经济、文化以至文学、艺术等许多方面。它们的作者除马克思、恩格斯外,还有弗·梅林、爱·伯恩施坦、康·施米特、亚·帕尔乌斯(格尔方德)、比·韦伯、格·普列汉诺夫、帕·阿克雪里罗得等。列宁阅读这么多作者的著述是为了研究国际工人运动的经验。对马克思发表在《新时代》杂志上的《哥达纲领批判》这一著作中的著名论点的摘录,列宁后来在自己的著作中多次加以引用和阐发。

　　本卷刊载了列宁1906年阅读马克思的《路易·波拿巴的雾月十八日》和《历史著作集》、恩格斯的《1871—1875年论文集》的俄译本时所作的批注。列宁阅读这些书是为了用马克思主义理论来分析俄国社会民主工党在俄国第一次资产阶级民主革命中的政策和策略问题。列宁的阅读也为他进一步研究马克思主义的国家学说和无产阶级专政学说作了准备。列宁1907年对《约·菲·贝克尔、约·狄慈根、弗·恩格斯、卡·马克思等致弗·阿·左尔格等书信集》德文版中马克思和恩格斯书信的批注也是在思考俄国第一次革命中的问题时作的。列宁重视书信集中马克思和恩格斯对那些从俄国工人政党当时的任务来看特别重要之处所作的评论。恩格斯在1886年11月29日给左尔格的信中批评当时英、美工人运动"用学理主义和教条主义的态度去对待"马克思主义。对此,列宁不仅在页边标上"注意"字样,而且在"对他们来说,这是教条,而不是行动的指南"这句话下面画上着重线(见本卷第240页)。列宁认为,马克思和恩格斯是根据德国和英、美两国的资本主义处于不同的发展阶段以及资产阶级在各该国全部政治生活中统治形式各不相同这样的事实来评述德国工人运动的。而俄国的孟什维克却不能针对不同的政治经济条件来提问题，生搬硬套马克思主义，因而在俄国革命中在政策和策略问题上执行了机会主义路线。

本卷所载列宁1912—1914年期间的批注类文献，其中有许多是关于民族问题的。俄国是一个多民族的国家，沙皇俄国是各民族人民的监狱。为此，俄国社会民主工党提出了如下的民族问题纲领：各民族完全平等，各民族有自决权，各民族工人打成一片。随着俄国革命新高涨年代的到来，俄国民族地区的革命运动日益增长。而民族问题不仅是一个国内问题，也是一个国际问题。由于世界帝国主义战争的迫近，附属国和殖民地的被压迫民族挣脱帝国主义枷锁的问题更加突出了。资产阶级民族主义、大国沙文主义和社会沙文主义的趋于加强，给工人运动的国际团结造成了严重威胁。这一时期，在俄国社会民主工党内，在国际工人运动中，关于民族问题的争论非常激烈。列宁为了论证无产阶级政党在民族问题上的理论和政策，先后在瑞士的许多城市（苏黎世、日内瓦、洛桑、伯尔尼）以及巴黎、布鲁塞尔、列日、莱比锡、克拉科夫等地就民族问题作了多次报告，并写了大量文章和书信。收在本卷内的有关民族问题的批注类文献，就是列宁为批判民族问题上的错误倾向而作报告或撰写著述所作的准备。

收载于本卷的《〈民族问题（Ⅱ）〉笔记》涉及乌克兰民族问题。列宁反对大俄罗斯民族主义，他在谈到俄国和大俄罗斯人对乌克兰人的态度时认为，任何一个民主主义者，更不用说马克思主义者，都会坚决反对对乌克兰人的那种骇人听闻的侮辱，都会要求使他们完全平等。但是，列宁指出，如果削弱乌克兰无产阶级同大俄罗斯无产阶级当时已有的在一国范围内的联系和团结，那就是背叛社会主义,甚至背叛乌克兰的民族利益。列宁对乌克兰的资产阶级民族主义持否定态度。他在阅读 C.晓戈列夫的《乌克兰运动是南俄分离主义的现代阶段》一书时指出,作者是一个"不学无术的人"(见本卷第 335 页),对乌克兰的历史和当时的乌克兰运动作了系统的但却是歪曲的概述。列宁认为作者关于乌克兰人丧失民族特征的观点很成问题,对乌克兰宗教问题的谈论也"愈来愈荒唐"(见本卷第 342 页)。俄国的立宪民主党人是支持沙皇政府对乌克兰的民族政策的,列宁指出了晓戈列夫对著名立宪民主党人彼·司徒卢威的赞扬。为此,列宁在笔记中摘录了司徒卢威论"乌克兰主义"的文章。列宁对乌克兰资产阶级民族主义者、历史学家米·格鲁舍夫斯基的《俄国的乌克兰运动及其需求》也作了摘录和批注。在乌克兰民族问题上,列宁还十分注意乌克兰民族主义者列·尤尔凯维奇的言论。尤尔凯维奇主张将乌克兰从俄国分离出去,并建立地主资产阶级的君主国,还主张乌克兰单独成立社会民主党,因而遭到列宁的驳斥。在列宁 1914—1916 年期间的《〈"和平的条件"和民族问题〉报告的材料》中有对尤尔凯维奇言论的摘录和批注(见本卷第 530—531 页)。

　　列宁认为荷兰社会民主党人安·潘涅库克 1912 年出版的《阶级斗争和民族》一书是关于民族问题的优秀著作之一,列宁认真阅读了这本书。该书的第一章为《民族及其变迁》,第二章为《民族和无产阶级》,第三章为《社会主义策略》。列宁注意到了潘涅库克在各章里的精彩论述。例如,潘涅库克在说明民族国家的产生问题时指出,民族国家同时既是国家又是民族。在这里,列宁特别注意潘涅库克为此加的一个注释:因此在西欧,"国家"和"民族"这两个概念的意义是一样的;"国家的职责"称为"民族的职责",而国家共同体的利益总是意味着"民族的利益"（见本卷第360页）。潘涅库克在书中的另一个地方指出：资产阶级说，进行反对其他国家的战争，目的是增强自己的力量；而无产阶级则考虑如何阻止战争，或者如何从本国政府的失败中找到自身解放的可能性（见本卷第367页）。潘涅库克的这个观点，列宁后来在世界帝国主义战争爆发后也以"使自己的政府在战争中失败"的口号作了表达。在列宁看来，潘涅库克的这本书也存在着缺点，如：宣扬狄慈根主义，把思想看做物质；用机会主义的观点来解释"宗教是私人的事情"这一命题；在关于恢复波兰独立的问题上对东欧国家和西欧国家的区别估计不足；鼓吹错误的"民族文化自治"观点。列宁的这些意见在本卷中是作为一篇独立文献收载的（见本卷第382页）。我们未见列宁写有专文来分析潘涅库克的这本书，因此列宁对该书的有关批注就更显得珍贵了。

本卷收载了列宁对奥地利社会民主党人奥·鲍威尔1907年出版的《民族问题和社会民主党》一书第7章所作的提要。潘涅库克在上述《阶级斗争和民族》一书的序言中就曾对该书给以高度评价，并在自己的著作中大量阐述了鲍威尔的论点。潘涅库克指出，由于鲍威尔这一类理论家的有价值的著作，"民族问题才由奥地利的实际问题变成了一般的社会主义理论问题"（见本卷第356页）。列宁注意到了潘涅库克对鲍威尔的有关论点的进一步发挥及其所作的某些反驳。列宁总的认为，鲍威尔像潘涅库克一样，他关于民族问题的理论宣扬的是民族机会主义，但也充分肯定他的著作的某些地方的确写得非常出色。鲍威尔的民族问题理论在列宁此后有关民族问题的一系列著作中都曾提到。

本卷中关于民族问题的文献还有《卡·拉狄克〈德国帝国主义

和工人阶级〉一书的摘录和批注》、《〈现代国家的民族运动的形式〉一书的摘录和批注》、《〈俄国社会民主党和民族问题〉专题报告会上的讨论记录》。民族问题是帝国主义问题的一个方面。世界帝国主义大战爆发后，列宁对民族问题的关注和研究一直持续着。上述收载于本卷的篇幅较大的《〈"和平的条件"和民族问题〉报告的材料》涉及卡·考茨基、卡·胡斯曼、罗·卢森堡、卡·拉狄克、尔·马尔托夫、维·查苏利奇、亚·波特列索夫等人发表于书籍和报刊上的言论，内容都是有关民族压迫和民族自决权问题、殖民政策和民族解放运动问题的。

本卷收载的列宁在罗·卢森堡《资本积累论》一书上作的批注是一篇较为重要的文献。《资本积累论》一书是卢森堡根据她在德国社会民主党党校用过的讲稿并经补充、修订后写成的，自1913年出版以来引起了广泛的注意。卢森堡自称，她打算通过使马克思的经济学通俗化，来说明资本主义生产的总过程。该书以马克思的再生产理论为中心，研究了资本主义的积累和再生产问题。在这个问题上，卢森堡的观点颇具独创性，有人认为她补充和发展了马克思的理论，也有人认为她曲解和修改了马克思的理论。卢森堡在谈到积累条件下的剩余价值如何实现时认为，按照马克思的扩大再生产图式，生产资料生产和消费资料生产这两大部类的全部剩余价值的实现，必须具备有这两大部类以外的具有支付能力的需求存在这样的条件，而这种需求产生自非资本主义经济形态的环境，资本主义需要非资本主义阶层作为实现剩余价值的市场和供应部分生产资料和劳动力的源泉。卢森堡根据她的资本积累理论来说明资本主义国家为什么要争夺殖民地和不发达国家、实行军国主义，说明资本的扩张将消灭非资本主义领域，使之成为资本主义经济的一部分。卢森堡由此得出下述结论:如果世界上所有非资本主义领域一旦消失,资本主义积累和扩大再生产就无法进行,那时,资本主义就要崩溃了。卢森堡的这一理论在当时遭到了一些著名的国际社会民主党人的反对,被认为宣扬了资本主义自行崩溃论,对无产阶级革命运动有害。列宁早在19世纪90年代的一系列著作中就在剩余价值的实现问题上批判过俄国的民粹派和合法马克思主义者,这是卢森堡所知道的。列宁批判小资产阶级经济学家让·西斯蒙第观点的《评经济浪漫主义》(见本版全集第2卷第102—231页)一书中有关"实现论"的观点也一再为卢森堡所引用。但列宁和卢森堡的看法和结论是不一致的。从列宁对卢森堡的《资本积累论》一书的批注来看,卢森堡认为列宁和俄国的合法马克思主义者谢·布尔加柯夫、米·杜冈-巴拉诺夫斯基等人一样,都犯了"大错误"(见本卷第400页);她还认为,列宁对西斯蒙第的批判也根本"'没有看到'西斯蒙第的真正问题"(见本卷第394页)。列宁否定卢森堡的"不可能在资本主义范围内实现剩余价值"(见本卷第415页)这一命题;他认为,"在'纯资本主义'社会中实现剩余价值也是可能的"(见本版全集第46卷第242页)。列宁指出:卢森堡所举出的说明马克思关于资本主义扩大再生产的"图式的缺陷的例证"是"胡说"(见本卷第421、423页);她"不懂得马克思恩格斯"(见本卷第421页),因而犯了错误。卢森堡在论述帝国主义及其经济根源的问题时曾引用费·罗特施坦的著作《埃及的覆灭》(1910年出版),列宁就此提出了较多的意见(见本卷第424页)。列宁曾打算写一篇名为《罗莎·卢森堡对马克思理论所作的失败补充》的反驳文章,但未写成。文章的提纲同列宁编制的《表明各社会经济形态社会总产品结构变化的图表》

作为同列宁对《资本积累论》的批注有关的资料编进了本卷。尽管列宁如此深入地研究了卢森堡的《资本积累论》，但未见他据以写出专文。

《欧洲大战和欧洲社会主义》是列宁在世界帝国主义战争于1914年8月初正式爆发后打算写的一本小册子，但未写出。本卷收载了列宁为写作这本小册子而收集的大量材料，包括书籍和报刊的摘录。在书籍摘录中，首先是对卡·考茨基的《取得政权的道路》一书的摘录。列宁作这一摘录，意在用考茨基在五年前（该书出版于1909年）当战争还未爆发时对军国主义所持的正确态度来同他在战争爆发后的错误立场进行对比。列宁高度评价《取得政权的道路》，认为它仔细而周密地考察了各种经济现象并从中作出结论说："我们正在进入一个与过去那种和平的渐进的发展完全不同的阶段。"（转引自本版全集第26卷第36页）列宁非常重视考茨基关于"战争引起革命"的论点。考茨基在书中曾指出：世界大战迫近，但战争意味着革命；革命无论在战时或战后都可能发生；"和平长入社会主义"的理论是无稽之谈；因此，无产阶级夺取政权和无产阶级专政的问题愈来愈迫切地提到历史的日程上来。列宁对考茨基在大战前和大战后的不同态度所作的对比以及有关《欧洲大战和欧洲社会主义》小册子的其他材料，曾被列宁用于这个期间他所写的许多文章内。本卷还收载了列宁在1914年10月2日《新时代》杂志第1期上作的批注，这一期刊载的考茨基的《战争时期的社会民主党》一文为社会沙文主义辩解，列宁不止在一处加上这样的批语："胡说"（见本卷第491页）。

本卷还收载了列宁《在格·普列汉诺夫〈论社会党人对战争的态度〉专题报告会上作的笔记》。普列汉诺夫1914年10月11日

（公历）在瑞士的洛桑作的这一报告涉及社会主义运动中对军国主义和战争的不同看法。列宁摘记这一报告显然是为了便于研究。列宁就该报告所作的发言（见本版全集第26卷第20—22页）认为，普列汉诺夫报告的第一部分说明了德国社会民主党人的背叛行为，是讲得好的，而第二部分却是在试图全盘为法国社会党人的立场辩护。列宁进一步指出，普列汉诺夫的报告未能阐明当时的战争不是一种偶然的现象，它是由资产阶级社会发展的全部历史条件酿成的。列宁在普列汉诺夫之后（不早于同年10月27日），在瑞士的苏黎世作了《战争和社会民主党》的报告。列宁的这一报告没有保存下来，本卷收载的是对报告进行辩论时列宁本人所作的记录以及列宁准备作总结发言用的反对者的发言简记。

列宁在世界帝国主义战争期间有关战争问题的批注类文献还有若干件收入本版全集第60卷。

弗·伊·列宁

（1910 年）

在卡·马克思《资本论》上作的批注¹

《资本论》德文版第1卷²

卡·马克思《资本论》第1卷上册：
资本的生产过程。1872年汉堡版

（不早于1888年底）

[93]^①　……只有商品价格的分析才导致价值量的决定，只有商品共同的货币表现才导致商品的价值性质的确定。但是，正是商品世界的这个完成的形式——货币形式，用物的形式掩盖了私人劳动的社会性质以及私人劳动者的社会关系，而不是把它们揭示出来。如果我说，上衣、皮靴等等把麻布当做抽象的人类劳动的一般化身而同它发生关系，这种说法的荒谬是一目了然的。但是当上衣、皮靴等等的生产者使这些商品同作为一般等价物的麻布（或者金银，这丝毫不改变问题的性质）发生关系时，他们的私人劳动同社会总劳动的关系正是通过这种荒谬形式<u>呈现</u>在他们面前。

这种种形式恰好形成资产阶级经济学的各种范畴。对于这个历史上一定

---

① 这里方括号内的数字是《马克思恩格斯文集》第5卷（《资本论》第1卷）的页码。下同。——编者注

的社会生产方式即商品生产的生产关系来说,这些范畴是有社会效力的,因而是客观的思维形式。因此,一旦我们逃到其他的生产形式中去,商品世界

妖魔

的全部神秘性,在商品生产的基础上笼罩着劳动产品的一切魔法妖术,就立刻消失了。

[163]……(102)

[292]……(86)

参看第806页**4** {[375]　不过,在一定限度内还是会发生变化。对象化为价值的劳动,是社会平均性质的劳动,也就是平均劳动力的表现。

[390]　以分工为基础的协作,在工场手工业上取得了自己的典型形态。这种协作,作为资本主义生产过程的具有特征的形式,在真正的工场手工业时期占统治地位。这个时期大约从16世纪中叶到18世纪最后30多年。

工场手工业是以两种方式产生的。

一种方式是:不同种的独立手工业的工人在同一个资本家的指挥下联合在一个工场里,产品必须经过这些工人之手才能最后制成。例如,马车过去是很多独立手工业者,如马车匠、马具匠、裁缝、钳工、铜匠、旋工、饰绦

---

(102)　"某日签订的购买总额或契约总额不会影响该日流通的货币量,但是在绝大多数场合,它会变为各种各样的票据,用来取得将来在或远或近的某日进入流通的货币量……　今天开的票据或今天提供的信贷无论在数目、总额或期限上都不必同明天或后天开的票据或提供的信贷有什么相似之处。相反地,许多今天的票据和信贷到期时会同以前在许多完全不定的日期欠下的债务相抵。以12个月、6个月、3个月或1个月为期的票据往往凑在一起,以致使某日到期的债务总额特别膨胀起来。"(《通货论。给苏格兰人民的一封信》,英国一银行家著,1845年爱丁堡版,散见第29、30页)

　　见末尾的补充。

参看第806页**3**　　(86)　1866年1月5日,农业工人在格拉斯哥附近的拉斯韦德举行群众大会。(见1866年1月13日《工人辩护士报》)自1865年底以来,在农业工人——最初在苏格兰——中成立了一个工联,这是一次历史性的事件。

匠、玻璃匠、彩画匠、油漆匠、描金匠等劳动的总产品。马车工场手工业把所有这些不同的手工业者联合在一个工场内,他们在那里同时协力地进行劳动。

[391—392] 但是,工场手工业也以相反的方式产生。许多从事同一个或同一类工作(例如造纸、铸字或制针)的手工业者,同时在同一个工场里为同一个资本所雇用。这是最简单形式的协作。每个这样的手工业者(可能带一两个帮工)都制造整个商品,因而顺序地完成制造这一商品所需要的各种操作。他仍然按照原有的手工业方式进行劳动。但是外部情况很快促使人们按照另一种方式来利用集中在同一个场所的工人和他们同时进行的劳动。例如,必须在一定期限内提供大量完成的商品这种情况,就是如此。于是劳动有了分工。各种操作不再由同一个手工业者按照时间的先后顺序完成,而是分离开来,孤立起来,在空间上并列在一起,每一种操作分配给一个手工业者,全部操作由协作者同时进行。这种偶然的分工一再重复,显示它特有的优越性,并渐渐地固定为系统的分工。商品从一个要完成许多种操作的独立手工业者的个人产品,转化为不断地只完成同一种局部操作的各个手工业者的联合体的社会产品。

[397] 只有钟表的少数几个零件要经过不同的人的手,所有这些分散的肢体①只是在最终把它们结合成一个机械整体的人的手中才集合在一起。在这里,同在其他类似的制品上一样,成品和它的各种不同的要素的外在关系,使局部工人在同一个工场中的结合成为一种偶然的事情。

[405—406] 因此,工场手工业在它掌握的每种手工业中,造成了一类所谓的非熟练工人,这些工人是手工业生产极端排斥的。

[409—410] 把特殊生产部门固定在一个国家的特殊地区的地域分工,由

---

① "分散的肢体"一词出自古罗马诗人贺拉斯《讽刺诗集》第1卷第4首。——编者注

于利用各种特点的工场手工业生产的出现,获得了新的推动力。[(55)]

[421]　真正工场手工业的历史表明,工场手工业所特有的分工最初是如何根据经验,好像背着当事人获得适当的形式,但后来是如何像行会手工业那样,力图根据传统把一度找到的形式保持下来,在个别场合甚至把它保持了几百年。

[421—422]　工场手工业分工通过手工业活动的分解,劳动工具的专门化,局部工人的形成以及局部工人在一个总机构中的分组和结合,造成了社会生产过程的质的划分和量的比例,从而创立了社会劳动的一定组织,这样就同时发展了新的、社会的劳动生产力。工场手工业分工作为社会生产过程的特殊的资本主义形式,——它在当时的基础上只能在资本主义的形式中发展起来,——只是生产相对剩余价值即靠牺牲工人来加强资本(人们把它叫做社会财富,"国民财富"等等)自行增殖的一种特殊方法。工场手工业分工不仅只是为资本家而不是为工人发展社会的劳动生产力,而且靠使各个工人畸形化来发展社会的劳动生产力。它生产了资本统治劳动的新条件。因此,一方面,它表现为社会的经济形成过程中的历史进步和必要的发展因素,另一方面,它表现为文明的和精巧的剥削手段。

[425]　虽然手工业活动的分解降低了工人的教育费用,从而降低了工人的价值,但较难的局部劳动仍然需要较长的学习时间,甚至在这种学习时间已成为多余的地方,工人仍用心良苦地把它保留下来。

[435]　1862年伦敦工业博览会上展出的一台美国纸袋制造机,可以切纸、涂胶水、折纸,每分钟生产300个纸袋。在工场手工业中分成几种操作顺次进行的整个过程,现在由一台由各种工具结合而成的工作机来完成。不管这

（55）　"英国的毛纺织工场手工业不是分成不同的部分或部门,固定在特殊地方,在那里只是或主要是生产一种东西吗?萨默塞特郡不是生产细呢,约克郡不是生产粗呢,埃克塞特不是生产双幅呢,萨德伯里不是生产细哔叽,诺里奇不是生产绉纱,肯德耳不是生产半毛织品,惠特尼不是生产毛毯如此等等吗?"(贝克莱《提问者》1750年版第520节)

样一台工作机只是一个比较复杂的手工工具的机械复制品,还是由工场手工业各种专门化了的简单工具的结合,在工厂内,即在以机器生产为基础的工场内……

[436]　在最先采用机器体系的部门中,工场手工业本身大体上为机器体系对生产过程的划分和组织提供了一个自然基础。

[482—483]　现在我们转过来考察工厂的整体,而且考察的是它的最发达的形态。

尤尔博士,这位自动工厂的平达⁵,一方面把工厂描写成

"各种工人即成年工人和未成年工人的协作,这些工人熟练地勤勉地看管着由一个中心动力(原动机)不断推动的、进行生产的机器体系";

另一方面,又把工厂描写成

"一个由无数机械的和有自我意识的器官组成的庞大的自动机,这些器官为了生产同一个物品而协调地不间断地活动,因此它们都从属于一个自行发动的动力"。

就分工在自动工厂里重新出现而言,这种分工首先就是把工人分配到各种专门机器上去,以及把大群并不形成有组织的小组的工人分配到工厂的各个部门,在那里,他们在并列着的同种工作机上劳动,因此,在他们之间只有简单的协作。

[489]……⁽¹⁹⁰⁾

---

(190)　"资产阶级用来束缚无产阶级的奴隶制,无论在哪里也不像在工厂制度上暴露得这样明显。在这里,一切自由在法律上和事实上都不见了。工人必须在清晨5点半钟到工厂。如果迟到几分钟,那就得受罚;如果他迟到10分钟,在吃完早饭以前干脆就不放他进去,这样,他就要丧失一天工资的¼。无论吃饭、喝水、睡觉,他都得听命令……　专制的钟声把他从睡梦中唤走,把他从早餐和午餐中唤走。工厂的情形又怎样呢? 在这里,工厂主是绝对的立法者。他随心所欲地颁布工厂的规则;他爱怎样就怎样修改和补充自己的法规;即使他在这个法规中加上最荒谬的东西,法院还是会对工人说:你们既然自愿地订了这个契约,那你们现在就得履行它……　这些工人注定了从9岁起无论精神上或肉体上都要在棍子下面生活一直到死。"(**弗·恩格斯《英国工人阶级状况》**1845年莱比锡版第217页★及以下几页)

★　**英译本第120—121页**①

---

①　参看《马克思恩格斯全集》第1版第2卷第464—466页。——编者注

[494]……⁽¹⁹⁶⁾

[512—513]　随着这种世界市场关系的发展，<u>运输业对劳动的需求增加了，</u><u>而且运输业又分成许多新的下属部门</u>。⁽²²²⁾

　　在工人人数相对减少的情况下生产资料和生活资料的增加，<u>使那些生产在较远的将来才能收效的产品(如运河、船坞、隧道、桥梁等等)的工业部门中的劳动扩大了。一些全新的生产部门，从而一些新的劳动领域</u>，或者直接在机器体系的基础上，或者在与机器体系相适应的一般工业变革的基础上形成起来。不过，它们在总生产中所占的比重，即使在最发达的国家，<u>也不是很大的</u>。它们所雇用的工人人数的增加，同它们重新造成的对最粗笨的手工劳动的需求成正比。

注意｜[515—517]　是的，政治经济学正沉醉于一个令人厌恶的定理，一个连<u>每个</u>相信资本主义生产方式的永恒的自然必然性的"<u>慈善家</u>"都感到厌恶的定理：甚至已经建立在机器生产的基础上的工厂，经过一定的发展时期，经过或长或短的"过渡时期"，<u>也会让比它当初抛向街头的更多的工人进厂受苦</u>！……假定每周使用的500镑资本中，在旧的生产方式下不变组成部分占⅖，可变组成部分占⅗，也就是说，200镑用于生产资料，300镑用于劳动力，比如说1镑雇一个工人。由于采用机器生产，总资本的构成发生变化。

注意‖　(196)　相反地，"使用机器来减少单个人的劳动是很少能成功的，因为制造机器用掉的时间，比使用机器所节省的时间要多。只有当机器大规模起作用时，当一台机器能帮助成千上万的人劳动时，机器才是真正有用的。因此，机器总是在人口最稠密，失业人数最多的国家使用最多……　使用机器不是由于缺少工人，而是为了便于吸引大量工人参<u>加劳动</u>"(**皮尔西·莱文斯顿**《论公债制度及其影响》1824年伦敦版第45页 **21**)。

　　(222)　1861年英格兰和威尔士在商船上工作的海员有94 665人。

[517—518]　使用的工人人数绝对地增加了100人,相对地,即同预付总资本相比,却减少了800人,因为2000镑资本在旧的生产方式下应雇用1200个工人,而不是400个工人。可见,就业工人人数的相对减少和绝对增加是并行不悖的。上面假定,随着总资本的增加,资本的构成保持不变,因为生产条件保持不变。然而我们已经知道,随着机器体系的每一进步,由机器、原料等构成的不变资本部分不断增加,而用于劳动力的可变资本部分则不断减少,同时我们还知道,在任何其他的生产方式下,改良都不是这样经常进行,因而总资本的构成也不是这样经常变化。然而这种经常的变化也经常地被间歇时期和在既定技术基础上的单纯量的扩大所中断。因此就业工人的人数也就增加。

[520]　这种革命是同农业中的各种变革联系在一起的,关于这些变革,我们在这里还不需要作进一步的说明。

[536]　我现在来谈谈所谓家庭劳动。为了对这个在大工业的背景下建立起来的资本的剥削领域和它的骇人听闻的状况有个简略的了解,不妨考察一下例如英格兰某些偏僻乡村经营的那些表面上充满田园风味的制钉业。(257)不过在这里,只要从花边业和草辫业中完全没有采用机器,或者同机器生产和工场手工业生产完全没有发生竞争的部门中举出几个例子就够了。

[538]　如果妇女是同自己的子女在家里(这个家,在现代意义上,就是租来的一间房子,往往是一间阁楼)一道劳动,情况就更坏到不能再坏了。这种劳动在诺丁汉周围80英里的地区内都可见到。

[538]　手织花边业主要分布在英格兰的两个农业区。一个是霍尼顿花边区,包括德文郡南海岸20英里至30英里宽的地带和北德文的少数地方;另一个区包括白金汉、贝德福德、北安普敦等郡的大部分,以及牛津郡和亨廷登郡的邻近地区。农业短工住的小屋通常就是工场。有些手工工场老板雇有3000多个这样的家庭工人,主要是儿童和少年,全部是女性。　　　　注意

---

　　(257)　这里指的是用铁锤打成的钉子,而不是机器制作的钉子。见《童工调查委员会。第3号报告》第XI、XIX页第125—130号;第52页第11号;第113—114页第487号;第137页第674号。

[542]　从事"服饰"生产的有手工工场,它们只是把具有现成的分散的肢体的分工在手工工场内部再生产出来;还有较小的手工业师傅,不过他们已不再像从前那样为个别消费者劳动,而是为手工工场和商店劳动,这样一来,往往整个城市和整个地区都专门从事某种行业,像制鞋业等等;最后,有所谓的家庭工人,他们生产大部分产品,成了手工工场、商店、甚至较小的手工业师傅的分支机构。(265)大量的劳动材料、原料、半成品等由大工业供给,大量的廉价的任人摆布的人身材料则由大工业和大农业"游离"出来的人组成。这一领域中的手工工场所以会产生,主要是因为资本家需要在自己手里拥有一支能适应需求的每一变动的后备军。(266)……在这些劳动部门中所以能大量地生产剩余价值,同时能使产品越来越便宜,这在过去和现在都主要是因为工资被降到仅够糊口的最低限度,而劳动时间却延长到人能忍受的最高限度。

[543]　采用机器的时刻来到了。同等地占领这一生产领域所有部门(如女时装业,裁缝业,制鞋业,缝纫业,制帽业等)的具有决定性革命意义的机器,是缝纫机。……处境较好的手工业者的工资由于机器的竞争而降低了。新的机器工人完全是少女和年轻妇女。他们靠机械的力量消灭了男工在较重的劳动中的独霸地位,并且把大批老年妇女和未成熟儿童从较轻的劳动中赶走。这种强有力的竞争扼杀了最弱的手工工人。最近 10 年来伦敦因饥饿而死亡的人数的惊人增长,同机器缝纫业的扩大是齐头并进的。(267)

[545]　……过渡形式的错综复杂并不能掩盖向真正的工厂生产转化的趋势。助长这种趋势的,首先是缝纫机本身的性能,它的多种多样的用途促使以前分散的生产部门在同一个厂房里和在同一个资本的指挥下联合起来;其次是,初步的缝纫工作以及其他一些操作最适合在机器所在的地方进行;最

---

　　(265)　英国的妇女头饰业和女时装业大多是在雇主的房屋里进行生产的,工人一部分是住在那里的常雇女工,一部分是住在外面的打短工的女工。

　　(266)　调查委员怀特视察了一个军服手工工场,该工场雇有 1 000—1 200 人,几乎全部是女性;他又视察了一个有 1 300 个工人的制鞋工场,其中几乎一半是儿童和少年,等等。(《童工调查委员会。第 2 号报告》第 XLVII 页第 319 号)

　　(267)　例如,1864 年 2 月 26 日,在户籍总署⁶署长的一周死亡情况报告中有五起饿死事件。同一天,《泰晤士报》⁷又报道了一起饿死事件。一周中有六个人成了饥饿的牺牲品!

后是,那些用自己的机器进行生产的手工业者和家庭工人不可避免地遭到剥夺。

[545] 缝纫机本身的生产过剩又迫使急于打开销路的缝纫机生产者按周出租缝纫机,这就造成了把小的机器所有者置于死地的竞争局面。(273) 机器结构的不断变化和机器的日益便宜,使旧机器也不断地贬值,以致只有那些以极低的价格大批收买这种机器的大资本家,才能从使用这种机器中获利。

[547] 没有一种毒药消灭害虫能比工厂法消灭这类"自然界限"更有把握。

[563] 不论旧家庭制度在资本主义制度内部的解体表现得多么可怕和可厌,但是由于大工业使妇女、男女少年和儿童在家庭范围以外,在社会地组织起来的生产过程中起着决定性的作用,它也就为家庭和两性关系的更高级的形式创造了新的经济基础。当然,把基督教日耳曼家庭形式看成绝对的东西,就像把古罗马家庭形式、古希腊家庭形式和东方家庭形式看成绝对的东西一样,都是荒谬的。这些形式依次构成一个历史的发展序列。同样很明白,由各种年龄的男女个人组成的结合劳动人员这一事实,尽管在其自发的、野蛮的、资本主义的形式中,也就是在工人为生产过程而存在,不是生产过程为工人而存在的那种形式中,是造成毁灭和奴役的祸根,但在适当的条件下,必然会反过来转变成人道的发展的源泉。(312) **8**

[596] 第三,剩余价值的增加或减少始终是劳动力价值相应的减少或增加的结果,而绝不是这种减少或增加的原因。(10)

这就是说,例如,劳动力价值不下降,剩余价值就不可能增长

---

(273) 《童工调查委员会。第2号报告》1864年版第84页第124号。

(312) "工厂劳动可以像家务劳动一样洁净、美妙,甚至更洁净、更美妙。"(《工厂视察员报告。1865年10月31日》第129页)

(10) 麦克库洛赫也对这第三个规律作了荒谬的补充:通过取消资本家以前必须交纳的捐税,剩余价值在劳动力价值不降低的情况下也能提高。这些捐税的取消绝对不会改变产业资本家直接从工人身上榨取的剩余价值量。它只是改变产业资本家装进自己腰包的剩余价值的比例,或要同第三者分享的剩余价值的比例。所以它不会改变劳动力价值和剩余价值的比例。因此,麦克库洛赫所谓的例外情况只能证明他对规则的误解。在他把李嘉图庸俗化时,正像让·巴·萨伊把亚·斯密庸俗化时一样,常常发生这种不幸。

［597］　劳动力的价格虽然不变,但是它

$$=1\tfrac{1}{2}\textbf{先令}$$

现在提高到劳动力的价值以上。如果劳动力的价格下降,但没有下降到由劳动力的新价值所决定的最低界限,即 $1\tfrac{1}{2}$ 先令,而是下降到 2 先令 10 便士,2 先令 6 便士等等,那么这个下降了的价格也还是代表一个增加了的生活资料量。

［726—727］　……<u>在一切部门中,资本可变部分的增长,从而就业工人人数的增长,总是同过剩人口的激烈波动,同过剩人口的暂时产生结合在一起</u>,而不管这种产生采取排斥就业工人这个较明显的形式,还是采取使追加的工人人口难于被吸入它的通常水道这个不大明显但作用相同的形式。

《资本论》俄文版第 1 卷 ⁹

卡·马克思《资本论》第 1 卷上册：

资本的生产过程。1872 年圣彼得堡版

（不早于 1888 年底）

及

[3]　交换价值的实体是与商品物体上可以捉摸的存在或作为**使用价值**的存在完全不同的东西和无关的东西。这从它的交换关系上一眼就可以看得出来。这一特点正在于**抽象掉使用价值**。从交换价值方面来看，只要比例适当，一种商品就同其他任何一种商品完全一样。⁽⁸⁾

因此，首先要撇开商品的交换关系或商品**表现为交换价值的形式**，把商品作为**价值**本身来考察。⁽⁹⁾

[11]　这样一个商品的**价值**通过另一个商品的**使用价值**来表现，就叫做它的**相对价值**。

[16]　**价值形式**就不同了，价值形式只存在于商品与商品的关系之中。使用价值或商品体在这里起一种新的作用。它成为商品**价值**的表现形式，也就是它自己的对立面的表现形式。同样，使用价值中包含的**具体**有用劳动，成为它自己的对立面，成为**抽象**人类劳动的单纯实现形式。……　商品本来就是一个**二重物**，使用价值和价值，有用劳动的产品和抽象劳动的凝结物。为了表示出它是哪一种，它必须把它的形式**二重化**。使用价值的形式是它生来就有的。这是它的自然形式。价值形式是它在同其他商品的交往中才具有的。但是它的价值形式本身又必须是**物**的形式。商品唯

---

(8)　"只要交换价值相等，一种商品就同另一种商品一样。交换价值相等的物是没有任何**差别或区别**的。价值 100 镑的铅或铁与价值 100 镑的银和金具有相等的交换价值。"（尼·巴尔本《新币轻铸论。答洛克先生关于提高货币价值的意见》第 53 页和第 7 页）

(9)　如果我们以后对"**价值**"这个词不作进一步的规定，那就总是指**交换价值**。

一的物的形式也就是它们的使用形态，是它们的自然形式。因为一个商品的自然形式，例如麻布，正好是它的价值形式的对立面，所以它必须把另一种自然形式，把**另一商品的自然形式**变成自己的**价值形式**。

[17]　商品的使用价值只要通过这种方式成为商品价值的表现形式它就只是为别的商品而存在。

……两种形式，即一个商品的**相对价值形式**和另一个商品的**等价形式**，都是**交换价值**的形式。两者事实上只是**同一相对价值表现的要素**，彼此互为条件的规定，但对立地分别处在两个相等的**商品极上**。

量的规定不包含在商品的**等价形式**中。

[18]　**一个商品的价值量**只能通过另一个商品的使用价值，作为**相对价值表现出来**。与此相反，商品获得直接可以交换的使用价值形式或**等价形式**，只是因为它是表现另一个商品价值的**材料**。

[50]　有些东西本身并不是商品，例如良心、名誉等等，但是也可以被它们的所有者出卖以换取金钱，并通过它们的价格，取得**商品形式**。因此，没有**价值**的东西在形式上可以具有价格。在这里，价格表现是**虚幻的**，就像数学中的某些数量或逻辑学的"无限判断"一样……

价格只是商品的**观念的**价值形态。同时价格表明，商品还不具有**实在**的价值形态，或者说，商品的自然形式**不是它的一般等价形式**……

商品除了有例如铁这种**实在的**形态以外，还可以在价格上有**观念的**价值形态或**想象的**金的形态，但它不能同时既是实在的铁，又是实在的金。

[58]　组成**一个商品**的循环的两个形态变化，同时是**其他两个商品**的相反的局部形态变化。同一个商品(麻布)开始它自己的形态变化的系列，又结束另一个商品(小麦)的总形态变化。

[61]　商品在流通的前半段同货币换了位置。同时，商品的使用形态便离开

货币的

流通，进入消费。⁽⁶⁰⁾它的位置由它的价值形态或[货币]蛹^{*)}所占据。商品不

---

(60)　即使商品一再出卖(在这里，这种现象对我们来说还不存在)，它也会在最后一次出卖时，由流通领域落入消费领域，以便在那里充当生活资料或生产资料。

商品

*)　原文为 Geldlarve 也就是处在一定的形态变化阶段的[货币]。作者把货币的形态变化比做昆虫的形态变化。

再是包在它自己的天然外皮中,而是包在金外皮中通过流通的后半段。

[74] 随着商品流通的最初发展,把第一形态变化的产物,商品的转化形式

它的

或[她的]金蛹保留在自己手中的必要性和欲望也发展起来了。(71)出售商品不是为了购买商品,而是为了用货币形式代替商品形式。这一形式变换从物质变换的单纯媒介变成了目的本身。商品的**转换**形态受到**阻碍**,不能再作为商品的绝对可以**让渡**的形态或作为只是转瞬即逝的货币形式而起作用,于是货币硬化为**贮藏货币**,商品出售者成为**货币贮藏者**。

[76] 古代社会咒骂货币是换走了自己的经济秩序和道德秩序的**辅币**。(77)还在幼年时期就抓着普路托的头发把他从地心里拖出来(78)的现代社会,则颂扬金的圣杯是自己最根本的生活原则的光辉体现。

[77] 除直接的贮藏形式以外,还有一种美的贮藏形式,即占有金银制的商品。它是与资产阶级社会的财富一同增长的。

[83] 如果欧洲强加于日本的对外贸易使日本把实物地租改为货币地租,日本的模范的农业就会崩溃。这种农业的狭隘的经济存在条件也就会消失。

[87] 资本在历史上起初到处是以货币形式,以**货币财产**,以商人资本和高利贷资本,与地产相对立。1)

[89] 因此,首先我们应该说明 G—W—G 和 W—G—W 这两种循环的**形式上的区别**。这样,隐藏在这种形式上的区别后面的内容上的区别同时也就暴露出来。

---

(71) "货币财富无非是**已经转化为货币**的产品财富。"(里维埃尔的迈尔西埃《政治社会天然固有的秩序》第 573 页)"产品形式上的价值**只是改变形式而已**。"(尼·巴尔本《新币轻铸论。答洛克先生关于提高货币价值的意见》第 486 页)

(77) "人间再没有像金钱这样坏的东西到处流通,这东西可以使城邦毁灭,使人们被赶出家乡,把善良的人教坏,使他们走上邪路,做些可耻的事,甚至叫人为非作歹,干出种种罪行。"

（索福克勒斯《安提戈涅》）

(78) "贪婪想把普路托[10]从地心里拖出来。"(阿泰纳奥斯《学者们的宴会》)

1) 以人身的奴役关系和统治关系为基础的地产权力和非人身的货币权力之间的对立,可以用两句法国谚语明白表示出来:"没有一块土地没有地主","货币没有主人"。

| [90]　　**货币流回到它的起点**同商品是否贱买贵卖没有关系。那只影响流回的货币额的大小。只要买进的商品再被卖掉，就是说，只要 G—W—G 的循环全部完成，就发生货币流回的现象。可见，**作为资本的货币**的流通和单纯**作为货币的货币**的流通之间，*存在着可以感觉到的区别*。

[97]　　G—G′，**生出货币的货币**——（money which begets money）——资本的最初解释者**重商主义者**就是这样来描绘资本的，事实上不过是**创造价值的价值即自行增殖的价值**的直接表现形式。

[98]　　因此，G—W—G′事实上是直接在流通领域内**表现出来的资本的总公式**。

把货币变成商人的袜子

[102]　　……例如，买者把商人的袜子变成货币，就是完成一种"生产活动"。

[109]　　货币转化为资本，必须根据商品交换的内在规律来加以说明，因此**等价物的交换**应该是起点。⁽³⁸⁾

[118]　　……⁽⁵¹⁾

[119—120]　　劳动力的买和卖是在**流通领域或商品交换领域**的界限以内进

（38）　根据以上说明，读者可以知道，这里的意思不过是：**即使商品价格与商品价值相等**，资本也一定可以形成。资本的形成不能用商品价格与商品价值的偏离来说明。假如价格确实与价值相离，那就必须首先把前者还原为后者，就是说，把这种情况当做偶然情况撇开，这样才能得到以商品交换为基础的资本形成的**纯粹**现象，才能在考察这个现象时，不致被那些起干扰作用的、与真正的过程不相干的从属情况所迷惑。而且我们知道，这种还原决不单纯是一种科学的手续。市场价格的不断波动，即它的涨落，会互相补偿，彼此抵消，并且还原为平均价格，而平均价格是市场价格的内在规则。这个规则是从事一切需要较长时间经营的企业的商人或工业家的指南。所以他们知道，就整个一段较长的时期来看，商品实际上既不是**低于**也不是**高于平均价格**，而是**按照平均价格**出售的。因此，如果撇开利害得失来考虑问题是符合他们的利益的话，他们就应该这样提出资本形成的问题：既然**价格**是由平均价格即**归根到底**是由商品的价值来调节的，那么资本怎么会产生呢？我说"归根到底"，是因为平均价格并不像亚·斯密、李嘉图等人所认为的那样，直接与商品的价值量相一致。

（51）　在伦敦有两种面包房：一种是按面包的全价出售的，一种是**按低价**出售的。后者占面包房总数约¾以上。（政府调查委员休·西·特里门希尔关于《面包工人的申诉的报告》1862 年伦敦版）这些**按低价**出售的面包房所出行的,这个领域确实是**天赋人权** * 的真正乐园。

---

* 　原文为:"天赋人权"。

　　那里占统治地位的只是**自由**、**平等**、**所有权和边沁**。**自由**！因为商品例如劳动力的买者和卖者,只取决于自己的**自由意志**。他们是作为自由的、在法律上平等的**人**缔结契约的。**契约**是他们的意志借以得到**共同的**法律表现的自由产物。

　　平等！因为他们彼此只是**作为商品所有者**发生关系,用等价物交换等价物。**所有权**！因为他们都只支配自己的东西。**边沁**！因为双方都只顾自己。使他们连在一起并发生关系的唯一力量,是他们的**利己心**,是他们的**特殊利益**,是他们的私人利益。**11**

[123]　　**劳动资料**是劳动者置于自己和劳动对象之间、用来把自己的活动**传导**到劳动对象上去的物或物的综合体。劳动者利用物的机械的、物理的和化学的属性,以便把这些物当做发挥力量的手段,**依照自己的目的**作用于其他的物。[2] 劳动者直接掌握的东西,不是劳动对象,而是劳动资料(这里不谈采集果实之类的现成的生活资料,在这种场合,劳动者身上的器官是唯一的劳动资料)。这样,自然物本身就成为他的活动的**器官**,他把这种器官加到他身

　　　　　　　　　　　　　　　　×石粉　　│×石粉

售的面包,几乎无例外地都掺了明矾、肥皂、珍珠灰、白垩、得比郡**石面**以及诸如此类的其他一些颇为可口的、富有营养的而又合乎卫生的成分。(见上述蓝皮书和《1855 年食物掺假调查委员会的报告》,以及哈斯尔医生《揭穿了的掺假行为》1862 年伦敦第 2 版)**约翰·戈登爵士**对 1855 年委员会说:"由于这种掺假,每天靠两磅面包度日的穷人,现在实际上连¼的养料都得不到,且不说这种掺假对他们的健康的危害了。"**特里门希尔**认为,"工人阶级的很大一部分"明明知道掺假,可是还得去买明矾、石粉这一类东西,其原因就在于,对工人阶级来说,"面包房或杂货店爱给他们什么样的面包,他们就得买什么样的面包",这是必然的事情。

　　2)　"理性何等**强大**,就何等**狡猾**。理性的狡猾总是在于它的间接活动,这种间接活动让对象按照它们本身的性质互相影响,互相作用,它自己并不直接参与这个过程,而只是实现自己的目的。"(**黑格尔《哲学全书》,第 1 部分《逻辑》**,1840 年**柏林**版第 382 页)

"不顾圣经的训诫"

体的器官上,延长了他的自然的肢体,

[243—244]　有一类工厂主,这一次也和以往一样,保全了自己对无产阶级儿童的特殊的领主权。他们是**丝厂厂主**。……1844 年的法令虽然"抢走了"他们让**不满 11 岁的儿童**每天劳动 6½小时以上的"自由",但是保证了他们让**11—13 岁的儿童**每天劳动 10 小时的特权,并且取消了儿童在其他工厂本来可以受到的**义务教育**。这一次的借口是:"**细巧的织物**需要**灵巧的手指**,而这只有年幼时进工厂才能做到。"[177]儿童们由于手指细巧而被杀戮,正如

俄国

[美洲]南部的牛羊由于身上的皮和油而被屠宰一样。

[260]　货币或商品的所有者,只有当他在生产上预付的最低限额大大超过了平时的最高限额时,才真正变为资本家。在这里,也像在自然科学上一样,证明了**黑格尔**在他的《逻辑学》中所发现的下列规律的正确性,即单纯的**量**的变化到一定点时就转变为**质**的区别[210]。

[264]　尽管工作日的界限 **ac** 已定,看来 **bc** 仍然可以延长,不过不是超过它的终点 c(同时也是工作日 **ac** 的终点)延长,而是由它的起点 b 以相反的方向

线

向 a 端推移而延长。假定在▦ a—b′—b—c 中,b′b 等于 bc 的一半,或一个劳动小时。

　[347]　如果只把机器看做使产品便宜的手段,那么使用机器的界限就在于,生产机器所费的劳动要少于使用机器所代替的劳动。可是对资本说来,这个界限表现得更为狭窄。由于资本支付的不是**所使用的劳动**,而是所使用的劳动力的价值,因此,对资本说来,只有在**机器的价值和它所代替的劳动力的价值**之间存在差额的情况下,才会使用机器。

劳动强化　　[362]　资本手中的机器所造成的**工作日的无限度的延长**,使社
现象

---

　(177)　《工厂视察员报告。1846 年 10 月 31 日》第 20 页。

　(210)　现代化学上应用的、由**罗朗和热拉尔创立的分子说**,正是以这个规律作基础的。**12**

го^①

会的生命根源受到威胁,结果像我们所看到的那样,引起
了社会的反应,从而产生了**受法律限制的正常工作日**。在
正常工作日的基础上,我们前面已经看到的**劳动强化现象**
(intensification),就获得了决定性的重要意义。

[371]**13**

	输出价值(单位镑)			
	1848 年	1851 年	1860 年	1865 年
棉纺织厂				
棉纱	5 927 831	6 634 026	9 870 875	10 351 049
棉织品	16 753 369	23 454 810	42 141 505	46 903 796 |?
亚麻厂和大麻厂				
麻纱	493 449	951 426	1 801 272	2 505 497
麻织品	2 802 789	4 107 396	4 804 803	9 155 318
丝织厂				
丝	77 789	195 380	918 342	768 067
丝织品		1 130 398	1 587 303	1 409 221	
毛纺织厂				
纱	776 975	1 484 544	3 849 450	5 424 017
毛织品	5 733 828	8 377 183	12 156 998	20 102 259

[403]　在梳棉间里等等,棉屑和尘埃飞扬,刺激人的<u>七窍</u>,弄得人咳嗽和呼|
吸困难。

[506]　劳动力的不断买卖是形式。其内容则是,资本家用他总是不付等价
物而占有的别人的已经物化的劳动的一部分,来不断再换取更大量的别人
的活劳动。最初,在我们看来,所有权似乎是以自己的劳动为基础的。……|
现在,所有权对于资本家来说,表现为占有**别人无酬劳动**或产品的**权利**,而
对于工人来说,则表现为不能占有自己的产品。**所有权和劳动的分离**,成了

---

①　"威胁"一词,《资本论》第 1 卷 1872 年圣彼得堡版译为"угрожаемое"(俄文第
一格),列宁订正为"угрожаемого"(俄文第二格)。——编者注

| 似乎是一个以它们的**同一性**为出发点的规律的必然结果。⁽²⁴⁾

[511]············⁽³⁴⁾

[512]　虽然资本家的挥霍从来不像放荡的封建主的挥霍那样是直截了当的,相反地,在它的背后总是隐藏着最肮脏的贪欲和最小心的盘算;但是资本家的挥霍仍然和积累一同增加,一方决不会妨害另一方。

[513]······⁽³⁷⁾

[536]　正像人在宗教中受他自己头脑的产物的支配一样,人在资本主义生产中受他自己双手的产物的支配。

[539]　社会资本的增长是通过许多单个资本的增长来实现的。假定其他一切条件不变,每一个单个资本,从而存在于其中的生产资料的积聚,会按照它在社会总资本中所占份额的比例而增长。同时,从原资本上会分出枝杈来,作为新的独立资本执行职能。在这方面,资本家家庭内部的分产起着重大作用。因此,随着资本的积蓄,资本家的人数也多少有所增加。

[539—540]　社会总资本这样分散为许多单个资本,或它的各部分间的互相排斥,又遇到各部分间的互相吸引的反作用。这已不再是生产资料和对劳动的支配权的简单的、和积累等同的积聚。这是**已经形成的各资本的积聚**,是它们的个体独立性的消灭,是资本家剥夺资本家,是许多小资本变成少数大资本。这一过程和前一过程不同的地方就在于,它仅仅**以已经存在的并且执行职能的资本在分配上的变化为前提**,因而,它的作用范围**不受社会财富的绝对增长或积累的绝对界限的限制**。资本所以能在这里,在一个人手中大量增长,是因为它在那里,在许多人手中丧失了。这是不同于**积累**(accumulation)的本来意义的**积聚**(concentration)。

[557]　18 世纪的一位大经济学著作家、威尼斯的修道士**奥特斯**,把资本主

---

(24)　"资本家对别人劳动产品的所有权是占有规律的严酷的结果,但**这个规律的基本原则却是每个工人对自己的劳动产品拥有唯一的所有权**"(谢尔比列《富或贫》**1841 年巴黎版**第 58 页,但是这种辩证的转变,在那里并没有得到正确的阐明)。

(34)　小偷带上镣铐,大盗却腰缠万贯,身着丝绸……　所以,在世界上人类再没有比守财奴和高利贷者更大的敌人了(恶魔除外),**因为他想成为支配一切人的上帝**。

(37)　甚至让·巴·萨伊也说:"富人是靠牺牲穷人进行储蓄的。""罗马的无产者几乎完全靠社会过活……　几乎可以说,现代社会是靠无产者过活,靠夺取无产者的那一部分劳动报酬过活。"(西斯蒙第《政治经济学概论》**第 1 卷**第 **24** 页)

义生产的对抗性理解为社会财富的普遍的自然规律。"在一个国家里,经济上的善和经济上的恶总是保持平衡("il bene ed il male economico in una nazione sempre all'istessa misura"),一些人财富的充裕总是与另一些人财富的贫乏相抵("la copia deibeni in alcuni sempre aequale alla mancanza di esse in altri")。一些人享有巨大财富,同时总伴有更多得多的其他人被完全剥夺必需品。"[89]一个国家的财富同它的人口相适应,而它的贫困则同它的财富相适应。一些人勤劳迫使另一些人懒惰。穷人和懒惰者,是富人和勤劳者所造成的一个必然结果等等。**在奥特斯之后**大约过了 10 年,高教会新教牧师**唐森**,曾十分露骨地颂扬贫困是财富的必要条件。**用法律来强制劳动**,会引起过多的麻烦、暴力和叫嚣,而**饥饿**不仅是和平的、无声的和持续不断的压力,而且是刺激勤勉和劳动的最自然的动力,会唤起最大的干劲。所以,一切问题都归结为怎样使工人阶级的饥饿永久化,而照**唐森**的看法,那个特别在穷人中起作用的人口原理已经把这件事安排好了。"这似乎是**一个自然规律**:穷人在一定程度上是轻率的(improvident)〈也就是说:他们是如此轻率,嘴里没有衔着金羹匙就降生到世界上来〉,所以,总是有一些人去担任社会上最卑微、最肮脏和最下贱的职务。于是,人类的幸福基金("the fond of human happiness")大大增加,比较高雅的人们("the more delicate")解除了烦劳,可以不受干扰地从事比较高尚的职业等等……　济贫法有一种趋势,就是要破坏**上帝和自然**在世界上所创立的**这个制度的**和谐与优美、均称与秩序。"[90]

[615]　在英国,农奴制实际上在 14 世纪末期已经不存在了。当时,尤其是 15 世纪,绝大多数人口[190]是自由的自耕农,尽管他们的所有权还隐

---

(89)　**贾·奥特斯**《国民经济学》,六卷集,1774 年版,载于库斯托第编《意大利政治经济学名家文集》现代部分,第 21 卷第 6、9、22、25 页等。**奥特斯**在该书第 32 页上写道:"我不想提出对人民幸福无用的制度,我只研究人民不幸的原因。"

(90)　《论济贫法》,一个愿人们幸福的人〈即牧师约·**唐森先生**〉著,**1786 年版**,1817 年**伦敦再版**,第 15 页。

(190)　在 17 世纪末,还有⅘的英国人是务农的。(**马考莱**《英国史》1854 年伦敦版第 1 卷第 413 页)——我所以引用马考莱的话,是因为他作为系统的历史伪造者,是要尽量"砍掉"这类事实的。

藏在封建的招牌后面。

[667] 如果**劳动产品**不是彼此单独进行的独立的**私人劳动**的产品，它们就不会成为**商品**。这种私人劳动的**社会关系**，是**在物质上**存在的，因为各个私人劳动是**自然形成的社会分工的各个环节**，所以它们的产品可以满足**各种不同的需要**，而这些需要的**总体**又构成了同样是**自然形成的社会需要体系**。但是，彼此单独进行的**私人劳动**所形成的这种**物质的**社会联系，只**存在于可能之中**，只有通过这些劳动的产品的**交换**才能得到实现。所以，私人劳动的产品只有在它具有**价值形式**，因而具有**可以与其他劳动产品相交换的形式**时，它才具有**社会形式**。这种产品，只有当它自身的物体形式或自然形式**同时**是它可以与其他商品相交换的形式，或**对其他商品充当价值形式**的时候，它才具有**直接的交换形式**。然而，就像我们已经看到的，对劳动产品来说，只有当它**由于其他商品与它发生价值关系**而处于**等价形式**，或者它在其他商品面前起着**等价物作用**的时候，才会发生这种情况。

《资本论》德文版第 2 卷

卡·马克思《资本论》第 2 卷下册：

资本的流通过程。1885 年汉堡版

（不早于 1893 年）

[207]①(5)关于周转的计算方法，我们听一位美国经济学家是怎样说的。**14**

"在一些生产部门内，全部预付资本在一年内周转或流通多次；在另一些生产部门内，预付资本一部分在一年内周转一次以上，另一部分则没有这么频繁。资本家必须按照他的全部资本经过他的手或周转一次所需要的平均期间，来计算他的利润。假定某人把资本投入某种营业时，一半投在建筑物和机器上，10 年更新一次；¼投在工具等等上，两年更新一次；其余¼投在工资和原料上，一年周转两次。他的全部资本为 50 000 美元。在这种情况下，他每年的支出如下：

$50\,000 \div 2 = 25\,000$ 美元（10 年）$= 2\,500$ 美元（1 年）

$50\,000 \div 4 = 12\,500$ 美元（2 年）$= 6\,250$ 美元（1 年）

$50\,000 \div 4 = 12\,500$ 美元（½年）$= 25\,000$ 美元（1 年）

1 年 $= 33\,750$ 美元

……因此，他的全部资本周转一次的平均时间是 <u>16</u> 个月 **15**……   ？18·1

---

① 这里方括号内的数字是《马克思恩格斯文集》第 6 卷（《资本论》第 2 卷）的页码。——编者注

《资本论》俄文版第 2 卷

卡·马克思《资本论》。弗·恩格斯编。第 2 卷下册：
资本的流通过程。1885 年圣彼得堡版

（不早于 1893 年）

[391]① 　在本书第 1 册，我们把资本主义生产过程，既作为孤立过程，又作为再生产过程来分析，我们分析了剩余价值的生产和资本本身的生产。资本在流通领域所经历的形式变换和物质变换被假定为前提，而没有进一步加以论述。我们假定，一方面，资本家按照产品的价值出售产品；另一方面，他在流通领域找到使过程重新开始或连续进行所必需的各种物质生产资料。我们在那里需要考察的流通领域中的唯一行为，是作为资本主义生产的基本条件的劳动力的买和卖。

注意

[436—437] 　直接摆在我们面前的问题是：生产上消费掉的**资本**，就它的价值来说，怎样由年产品得到补偿？这种补偿的运动怎样同资本家对剩余价值的消费和工人对工资的消费交织在一起？因此，首先要研究原有规模的再生产。其次，不仅要假定，产品按照它们的价值交换，而且还要假定，生产资本的组成部分没有发生任何价值革命。如果价格同价值发生偏离，这种情况对社会资本的运动并不会有任何影响。

注意

[437] 　当我们从单个资本的角度来考察资本的价值生产和产品价值时，商品产品的实物形式，对于分析是完全无关的，例如，不论它

---

① 这里方括号内的数字是《马克思恩格斯文集》第 6 卷（《资本论》第 2 卷）的页码，下同。——编者注

是机器,还是镜子都行。这始终只是举例而已,任何一个生产部门都同样可以作为例证。我们必须考察的是直接的生产过程本身。这种生产过程,在每一点上,都表现为一个单个资本的过程。说到资本的再生产,我们只要假定,代表资本价值的那部分商品产品,会在流通领域内找到机会再转化为它的生产要素,从而再转化为它的生产资本的形态。同样,我们只要假定,工人和资本家会在市场上找到他们用工资和剩余价值购买的商品。　　‖ 注意

[489] 在这里,资本主义社会和野蛮人的区别,并不像西尼耳⁽⁵⁰⁾所认为的那样,仿佛野蛮人的特权和特性是有时耗费自己的劳动而不能使他获得任何可以分解为(转化为)收入即消费资料的果实。

[560] 已经在一个国家执行职能的生产资本(包括并入生产资本的劳动力,即剩余产品的创造者)越多,劳动的生产力,从而生产资料生产迅速扩大的技术手段越发展,因而,剩余产品的量无论在价值方面或在价值借以体现的使用价值量方面越大,那么,下列二者也就越大:

第一,A、A'、A″等等手中的剩余产品形式的潜在的追加生产资本也就越大,和第二,A、A'、A″手中的转化为货币的剩余产品的量,即潜在的追加货币资本的量也就越大。　　‖ 注意

[562—563] 然而,我们从考察简单再生产中已经知道,第Ⅰ部类和第Ⅱ部类的资本家手中必须有一定量货币,以便交换他们的剩余产品。在简单再生产中,仅仅作为收入用于消费资料的货币,会按照各该资本家为交换各自商品所预付的货币的多少,回到各该资本家手中;在扩大再生产中,同样的货币会再出现,但是它们的职能改变了。A等等和B等等(Ⅰ)将交替地提供货币,以便使剩余产品转化为追加的潜在的货币资本,并且交替地把新形成的货币资本作为购买手段再投入流通。

　　这里唯一的前提是:国内现有的货币量(假定流通速度等等不变),既要足以适应现实流通的需要,也要足以适应贮藏货币的储备的需要。因此,正如我们所知道的,这个前提在简单的商品流通中也是必具备的。不过贮藏

---

　　(50) "野蛮人造弓就是从事工业,但他没有实行节欲。"(西尼耳《政治经济学基本原理》,阿里瓦本译,1836年巴黎版第308页)"社会越进步,就越要求节欲。"(同上,第342页)参看《资本论》第1卷第6章。**16**

货币的职能在这里是不同的。……——以上所述,如果对于资本主义生产的最初阶段,即金属流通占主要地位,而兼有信用制度的阶段,是完全适用的,那么,对于仍然以金属流通为基础的信用制度的最发达阶段,也是适用的。

《资本论》德文版第3卷上下册

卡·马克思《资本论》第3卷上下册

第3卷:资本主义生产的总过程。1894年汉堡版

(1894年12月25日以后)

2. 下　册

[621—622、638—639]①　金属流通以贵金属的输入和输出作为补救手段;而贵金属是立即当做铸币进入流通的,因此,它们的流进或流出使商品价格跌落或上涨。对商品价格的这种作用,现在必须人为地由银行仿照金属流通规律来进行了。如果货币从国外输入,那么这就证明流通中货币不足,货币价值太高,商品价格太低,因而银行券必须同新输入的金成比例地投入流通。反之,它必须同金的流出国外成比例地从流通中收回。换句话说,必须依照贵金属的输入和输出或依照汇兑率来调节银行券的发行。……**奥弗斯顿**勋爵(银行家琼斯·劳埃德)、托伦斯上校、诺曼、克莱、阿巴思诺特以及一大批其他在英国以"通货原理"派著称的著作家,不仅宣扬这种信条,而且通过1844年和1845年的罗伯特·皮尔爵士银行法把它变成英格兰和苏格兰银行立法的基础。……——弗·恩·｜**17**……

｜而银行法之父,银行家赛米尔·琼斯·劳埃德,也就是奥弗斯顿勋爵,对于这一切又说了些什么呢?

他早在1848年就向上院1847年商业危机调查委员会(C. D. 1848/57)一再说到,

---

①　这里方括号内的数字是《马克思恩格斯文集》第7卷(《资本论》第3卷)的页码,下同。——编者注

"因缺少充足的资本而引起的货币紧迫和高利息率,不能用增发银行券的办法来缓和"(第1514号),

可是,1847年10月25日政府**准许**增发银行券的一个指令,就已经足以减轻了危机的尖锐程度。

他仍然坚持认为:

"高利率和工厂工业不振,是用于工商业目的的**物质**资本已经减少的必然结果。"(第1604号)

但数月来工厂工业不振,正好是表现为物质商品资本过剩而堆在货栈内卖不出去,而且正是因为这样,所以物质生产资本全部或半数已闲置不用,为的是不致有更多的卖不出去的商品资本生产出来。

他还向1857年银行委员会说:

"只要严格地一丝不苟地遵循1844年法令的原则,一切事情就都会有条不紊,非常顺利,货币制度就很可靠,不可动摇,国家的繁荣就不成问题,公众对1844年法令的信心就日益增强。如果委员会还要为这个法令所根据的原理的可靠性,以及它所保证的有益结果的可靠性,去寻找进一步的实际的证据,那么,切实而充分的回答就是:看看周围吧;看看我国现在的营业状况吧;看看人民的满足心情吧;看看社会各阶级的富裕和繁荣吧;这样做了之后,委员会就能作出决断:它是否要阻止继续执行这个取得了这样多成果的法令。"(银行委员会,1857年第4189号)[*]

---

*)   引自《批判》第168页注[18]

对于奥弗斯顿7月14日在委员会面前唱出的这首颂歌,回答的是同年11月12日一封给银行董事会的信中所唱的反调。政府为了挽救当时尚可挽救的事情,在这封信里决定暂停执行这个能创造奇迹的1844年法令。——弗·恩·

[731—734]   ……如果超额利润是正常地产生的,不是由于流通过程中的偶然情况产生的,它就总是作为两个等量资本和劳动的产品之间的差额而产生出来。如果两个等量资本和劳动被使用在等面积土地上而产生的结果不等,

这个超额利润就转化为地租。此外,这种超额利润并不是绝对必须从所用资本量相等而结果不等的情况中产生。在不同的投资中,也可以使用不等量的资本;这种现象在大多数情况下甚至是前提;而每笔资本中相等的一份,例如各自的 100 镑,则会产生不相等的结果;也就是说,利润率不同。这是超额利润在任何一个投资部门中都能够存在的一般前提。其次的一点是这种超额利润到地租形式(一般说就是租金,一种和利润不同的形式)的转化;这种转化在什么时候发生,怎样发生,在什么情况下发生,总是我们必须研究的问题。……

其次,李嘉图的研究既然只限于级差地租,他的下述论点也是正确的:

> "凡是使同一土地或新地上所得产品的差额缩小的事物,都有减低地租的趋势;凡是扩大这种差额的,必然产生相反的结果,都有提高地租的趋势。"(同上,第 74 页[①])

不过,在这些原因中,不仅包括一般的原因(肥力和位置),而且也包括 1. 赋税的分担,看这种分担是否均等;如果像英国那样不是由中央集中征税,而且是征收土地税,不是征收地租税,那么,这种分担就总是不均等的。2. 由不同地区<u>农业</u>的发展程度不同而引起的不平衡,因为<u>这个产业部门,由于它的传统性质,要比工业更难于平衡</u>。3. 资本在租地农场主之间的分配上的不平衡。因为资本主义生产方式占领农业,自耕农转化为雇佣工人,实际上是这种生产方式的<u>最后一次</u>征服,所以这<u>些</u>不平衡在这里比在任何其他产业部门都大。

注意

注意

……级差地租的这两个不同的原因,肥力和位置,其作用可以是彼此相反的。一块土地可能位置很好,但肥力很差;或者情况相反。这种情况很重要,因为它可以向我们说明,<u>一国土地的开垦为什么既可以由较好土地推向较坏土地,也可以相反</u>。最后,很明显,整个社会生产的进步,一方面,由于它创造了地方市场,并且通过建立交通运输手段而使位置变得便利,所以对形成级差地租的[地段]位置会发生拉平的作用;另一方面,由于农业和工业的分离,由于一方面大的生产中心的形成,以及由于另一方面农村的相对孤立化(relative Vereinsamung des Landes),土地的地区位置的差别又会扩大。

注意

……在自然肥力相同的各块土地上,同样的自然肥力能被利用

---

① 指大·李嘉图《政治经济学和赋税原理》1821 年伦敦第 3 版。——编者注

到什么程度,一方面取决于农业化学的发展,一方面取决于农业中
机械的发展。…… 这就再次表明,从历史上看——从耕种的发展
过程来说——怎样既可以由比较肥沃的土地推向比较不肥沃的土
地,同样也可以采取相反的做法。对土壤结构进行人工改造,或者
只是改变耕作方法,都会产生这种效果。最后,当下层土壤也被纳
入耕作范围,变成耕作层时,由于下层土壤状况的不同,土地等级便
会发生变化,从而产生同样的效果。**19**

注意

[743] 因此,在威斯特、马尔萨斯、李嘉图等人那里还占统治地位
的有关级差地租的第一个错误假定就被推翻了。按照这个错误的
假定,级差地租必然是以耕种越来越坏的<u>土地或农业肥力越来越下
降</u>为前提的。我们已经看到,在耕种越来越好的土地时,能产生级
差地租。当较好土地代替以前的较坏土地而处于最低等级时,也能
产生级差地租;<u>级差地租可以和农业的进步结合在一起</u>。它的条件
只是土地等级的不同。在涉及生产率的发展时,级差地租的前提就
是:土地总面积的绝对肥力的提高,不会消除这种等级的不同,而是
使它或者扩大,或者不变,或者只是缩小。**20**

[752—753] 如果像统计学著作通常在比较同时期的不同国家,
或同一国家的不同时期时所做的那样,对总耕地每英亩或每公顷的
平均地租进行考察,那么,就会看到,每英亩地租的平均水平,从而
地租总额,会按一定的比例(虽然不是按同等的比例,而是按一种大
得多的比例)和一国农业的绝对的而不是相对的肥力相一致,也就
是说,和该国在等面积上平均提供的产量相一致。因为,较好土地
在总耕地面积中所占的部分越大,在等面积上同量投资所获得的产
品量就越大,每英亩的平均地租也就越大。反过来,情况也就相
反。地租好像不是由不同肥力之间的对比关系决定的,而是由绝对
肥力决定的,这样一来级差地租的规律就被抛弃了。因此,有人就
否认某些现象,或有人试图以谷物平均价格之间和耕地级差肥力之
间并不存在差别来加以说明。而实际上这些现象的产生不过是由
于以下事实:在无租土地的肥力相等,从而生产价格相等,并且各级
土地间的差额也相等时,地租总额对总耕地面积的对比关系,或对
土地上的投资总额的对比关系,不只是由每英亩的地租决定的,也

不只是由按资本计算的地租率决定的，而同样是由各级土地在总耕地面积中所占的比例数决定的，或者同样可以说，是由所用总资本在各级土地之间的分配决定的。奇怪得很，这个事实直到目前竟被人完全忽视了。无论如何，我们看到（而这对我们研究的进程来说是重要的）：在价格不变，各种耕地的肥力差额不变，每英亩的地租不变，或按实际提供地租的各级土地每英亩的投资计算的地租率不变，即按一切实际提供地租的资本计算的地租率不变时，每英亩平均地租的相对水平和平均地租率，或地租总额对土地投资总额的比率，可以由于耕作的单纯粗放的扩大而提高或降低。

注意

[754]　……总的说来，耕地的扩大或者是向较坏土地发展，或者是根据既有的各级土地的现况按不同比例向各级土地发展。当然，向较坏土地发展，决不是任意选择的，而只能是——在资本主义生产方式的前提下——价格上涨的结果，并且在每一种生产方式下都只能是必然性的结果。但也并不是无条件的。较坏土地可以由于位置好，比那种相对较好的土地优先被人利用。在年轻的国家中，位置对于耕地的扩大是具有决定意义的。并且，尽管一个地带的土地从整体来说属于比较肥沃的一类，但是从局部来说，较好土地和较坏土地会参差交错在一起，并且由于较坏土地和较好土地连成一片，就不得不耕种较坏土地。如果有一块较坏土地处于较好土地的包围之中，那么这些较好土地就会使这块较坏土地同那些比较肥沃但不是和已耕地或可耕地连在一起的土地相比在位置上处于更有利的地位。

[755]　一个像密歇根这样的地方，在开始的时候，几乎全部人口都从事农业，特别是从事大宗农产品的生产，他们只能用这种产品来交换工业品和各种热带产品。所以，他们的剩余产品全部都是谷物。

[756—757]　这种比较不肥沃的地区会获得剩余产品，并不是由于土地的肥力高，从而每英亩的产量高，而是由于可以粗放耕作的土地面积很大，因为这种土地对耕作者来说不用花费什么，或者同古老国家相比，只需极少的费用。在实行分成制的地方，如纽约、密歇根、加拿大等的某些地区，就是这样。一个家庭可以粗放耕作比如说100英亩。每英亩的产量虽然不大，但100英亩将提供相当多的剩余产品，可供出售。此外，不在人工牧场上，而在天然牧场上饲养牲畜，几乎不需要任何费用。这里起决定作用的，不是土地的质，

注意（而是土地的量。<u>这种粗放耕作的可能性,自然会或快或慢地消失,新土地越肥沃,消失得越慢;它的产品出口得越多,消失得越快。</u>

[760—761] 因此,在实行耕作集约化(<u>在经济学上,所谓集约化耕作,无非是指资本集中在同一块土地上,而不是分散在若干毗连的土地上</u>)的各国,税务员的工作,正如摩尔顿在他所著的《地产的资源》一书中所说的,就成了一种极为重要、复杂、困难的职业。

注意　[762] 此外,按照耕作的自然规律,当耕作达到一定的水平,地力已经相应地耗尽的时候,<u>资本</u>(在这里同时指已经生产出来的生产

注意　资料)就成为土地耕作的决定要素。……<u>资本主义生产方式只是缓慢地、非平衡地侵入农业</u>,这是我们在英国这个农业的资本主义生产方式的典型国家中可以看到的。

[765—766] D 的产品现在=4+1+3+2=10 夸特,而在以前=4 夸特。但由 B 调节的每夸特的价格,下降到 $1\frac{1}{2}$ 镑。D 和 B[土地的产品]之间的差额=10−2=8 夸特,按每夸特 $1\frac{1}{2}$ 镑计算,=12 镑,但 D 的货币地租以前=9 镑。这一点是应当注意的。尽管两个各 $2\frac{1}{2}$ 镑的追加资本的超额利润率都下降了,按每英亩计算的地租额还是增长 $33\frac{1}{3}\%$。

由此可见,<u>尽管例如李嘉图对级差地租的论述极其片面,把它看做是很简单的事情</u>,可是,级差地租,特别是在它的同第 I 形式联系在一起的第 II 形式上,会引起多么复杂的种种组合。例如,以上我们看到:起调节作用的市场价格下降,而同时肥沃的土地的地租却增加,从而绝对产量和绝对超额产品都增加。

[766—768] 谷物法废除后,在英国,耕作是更加集约化了;以前种植小麦的大量土地被用在其他的目的上,特别是变成了牧场,另一方面,最适于种植小麦的肥沃土地,也进行了排水及其他的改良;因此,种植小麦的资本已经集中在更狭小的土地面积上了。

在这种情况下——而最好土地的最大超额利润和无租的 **A** 级土地的产量之间的种种可能的超额率,在这里不是和每英亩超额产品的相对增加,而是和它的绝对增加相一致——,新形成的超额利润(可能的地租)所代表的,并不是以前的平均利润中现在已经转化为地租的部分(以前代表平均利润的产品部分),而是追加的超额利润,它由这个形式转化为地租。另一方面,只有在下述情况下,即在谷物需求增加,以致市场价格上涨到 **A** 的生产价格以上,从而 **A**、**B** 或任何其他一级土地的超额产品只能按高于 3 镑的价格来供

应的情况下，**A**、**B**、**C**、**D** 中任何一级土地上追加投资的收获的减少，才会引起生产价格和起调节作用的市场价格的上涨。只要这个情况长期继续下去并且没有出现耕种追加的 **A** 级土地（至少 **A** 级质量的土地）的现象，或者没有其他的影响使谷物的供给变便宜，那么在其他情况不变时，工资就会因面包价格上涨而上涨，利润率就会相应下降。在这个场合，增加的需求不管是通过耕种比 **A** 更坏的土地来满足，还是通过追加四级土地中任何一级土地上的投资来满足，都是无关紧要的。级差地租的增加都和利润率的下降结合在一起。

这是一种情况，在这种情况下，已耕地上以后追加的资本的生产率的下降，能够引起生产价格的上涨、利润率的下降和较高的级差地租的形成，因为在这样的条件下，所有各级土地的级差地租都会增加，就好像现在已经由比 A 更坏的土地来调节市场价格一样。而李嘉图把这一种情况说成是唯一的情况，正常的情况，他把级差地租 II 的全部形成，都归结为这种情况。

[771]　在生产价格不变，利润率不变和[不同土地的产品间的]差额不变（因而，按资本计算的超额利润率或地租率也不变）时，每英亩的产品地租额和货币地租额，从而土地的价格，都可能提高。

在超额利润率下降，从而地租率下降时，也就是说，在那些仍旧提供地租的追加投资的生产率下降时，也能发生同样的情况。如果第二个 $2\frac{1}{2}$ 镑的投资没有使产量增加一倍，而是 B 只提供 $3\frac{1}{2}$ 夸特，C 只提供 5 夸特，D 只提供 7 夸特，那么，这第二次 $2\frac{1}{2}$ 镑投资的级差地租，对 B 来说就不是 1 夸特而只是 $\frac{1}{2}$ 夸特，对 C 来说就不是 2 夸特而是 1 夸特，对 D 来说就不是 3 夸特而是 2 夸特。对两个连续投入的资本来说，地租和资本之比如下：

第一个投资		第二个投资	
B：地租 3 镑	资本 $2\frac{1}{2}$ 镑	地租 $1\frac{1}{2}$ 镑	资本 $2\frac{1}{2}$ 镑
C：地租 6 镑	资本 $2\frac{1}{2}$ 镑	地租 3 镑	资本 $2\frac{1}{2}$ 镑
D：地租 9 镑	资本 $2\frac{1}{2}$ 镑	地租 6[*] 镑	资本 $2\frac{1}{2}$ 镑

---

[*]）3 镑？

[773—774]　II. 假定追加资本在每级土地上，都生产出和各自的量成比例的追加产品；也就是说，产量会依据各级土地特有的肥力，并按追加资本增加

的比例而增加。我们在第 39 章的出发点是下表 I[①]：

土地等级	英亩	资本（镑）	利润（镑）	生产费用（镑）	产量（夸特）	售价（镑）	收益（镑）	谷物地租（夸特）	货币地租（镑）	超额利润率
A	1	$2\frac{1}{2}$	$\frac{1}{2}$	3	1	3	3	0	0	0?
B	1	$2\frac{1}{2}$	$\frac{1}{2}$	3	2	3	6	1	3	**120%**
C	1	$2\frac{1}{2}$	$\frac{1}{2}$	3	3	3	9	2	6	**240%**
D	1	$2\frac{1}{2}$	$\frac{1}{2}$	3	4	3	12	3	9	**360%**[21]
合计	4	10	—	12	10	—	30	6	18	—

译自《列宁文集》俄文版第 40 卷
第 103—159 页

---

① 见《马克思恩格斯文集》第 7 卷第 774 页。——编者注

卡·考茨基《土地问题》一书提要[22]

(1899 年 1 月 26 日和 3 月 21 日〔2 月 7 日和 4 月 2 日〕之间)

卡尔·考茨基《土地问题。现代农业趋势和社会民主党的土地政策概述》(1899 年斯图加特版,共 VIII 页+451 页)。

前　言

V[XVIII][①]。

卡·考茨基还在 1878—79 年就研究资本主义社会的农业问题了,那时他开始用笔名"Symmachos"写作,并在维也纳《社会主义者》杂志上撰写农民阅读的传单以及其他文章。

VI[XIX]。

现代研究者的任务——主要不是描述(大量(erdrückende Fülle)专著和材料),而是发现"贯穿的线索"、"基本趋势",把所有的个别现象(小农业和大农业、债务、危机、劳动力缺乏等)作为"一个总过程的局部表现"来考察。

---

① 这里方括号内的数字是《土地问题》一书俄译本 1925 年版的页码,下同。——编者注

VI[XIX]。　　　　　社会主义者还很少涉及农业问题。马克思和恩格斯提出了极重要的意见,但多半是顺便提的。

VII[XIX—XX]。　　　　卡·考茨基坚决赞成马克思的理论,说这一理论的方法论特别宝贵。他,考茨基,最感谢"两位伟大的导师",并且愈听到关于马克思和恩格斯的观点似乎已经"过时"的议论,就愈愿意强调这一点。

VIII[XXI]。　　　　这些议论多半依怀疑者本身的特点而定。考茨基在他自己从事社会主义活动的初期,还**不是**一个马克思主义者,——但是,他愈是进行科学研究,就愈是确信马克思理论的正确性,"传播和应用这个理论成了我毕生的任务。"

———

第 一 篇
资本主义社会中农业的发展(第1—300页)

第一章　绪　论

3[1]。　　　　　现代社会的基础是资本主义生产方式。

　　　　　　　　　　理论家应当(muss)从资本主义生产方
　　　　　　　　式的典型形态中去研究它，——实践家应当
　　　　　　　　既注意旧的生产方式的残余，又注意各工业
　　　　　　　　阶级。

4[1]。　　　　　　　参看马克思的《资本论》和《雾月十八日》
　　　　　　　　及《革命和反革命》[23]

　　　　　　　　　　……除了资产者与无产者外，君主与流
　　　　　　　　氓无产者、农民与小资产者、官吏与士兵、教
　　　　　　　　授与学生，也同样起着作用。

4[1]。　　　　　　　这些中间阶层里的主要阶层是**农民**。

5[2—3]。　　　　　　韦·桑巴特(见他的《社会主义》①第111
　　　　　　　　页)说马克思的理论不适用于农业。

5[3]。　　　　　　　卡·考茨基说，问题完全不在于仅仅大
　　　　　　　　农业与小农业的关系。毫无疑问，农业发展
　　　　　　　　有自己的特点。

6[3]。　　　　　　　任务:研究"资本是否掌握农业并且是怎
　　　　　　　　样掌握的，资本是否改造(umwälzt)农业，使
　　　　　　　　旧的生产形式和所有制形式站不住脚，并使
　　　　　　　　新的生产形式和所有制形式必然产生"。

第二章　农民与工业

7[3—4]。　　　　　　在中世纪，农民完全站在城市之外。他

---

① 韦·桑巴特《19世纪的社会主义与社会运动》。——编者注

们自给自足。

7—8[4]。	"保守的政治经济学家"赞美农民(西斯蒙第)。
8[5]。	革命的第一步是消灭农民手工业,用城市手工业和商业去排挤它。
9[5]。	这种情况还在中世纪就开始了,但只有资本主义才完成了这一过程。
10[5—6]。	农民对货币的需要增加了。农民变成了"纯粹的农业主(**zum bloosen Landwirt**)"(黑体是考茨基用的)。
10[6]。	丰收成了灾难(低廉的价格)。
11[6—7]。	——依赖"**高利贷资本**"("最坏的一种剥削")。
11—12[7]。	农民家庭的缩小(天然的农民家庭的崩溃)。
12[8]。	由此产生:(1)雇工;
12—13[8]。	(2)**无产阶级化的农民出卖劳动力**。 从 17 世纪开始,在农民中间就已经出现了雇工和日工。
13[8]。	"**阶级对抗**……渗入农村,甚至渗入农民经济,并且破坏了原先的利益的和谐和共同性。"
13[8]。	中世纪开始的这一过程**现在也没有完成**。

第三章　封建时代的农业

（a）三　圃　制

农民土地占有制的形式——村社土地占有制与私人土地占有制之间的一种**调和**。

私有财产中:宅院、住房;各种田"边"的零星土地。

15[9—10]。

（注意）。

村社财产中:牧场。

因此产生了强制的轮种法。

15[10]。

到处都盛行这种保守的经营制度,无论在自由的农民那里还是在依附的农民那里都是如此。

（b）三圃制经济为大的地主经济所排挤

16[10]。　　货币经济破坏了农民经济的平衡。

17[11]。　　农产品向城市输出使土地枯竭。

18[12]。　　贵族(在农民起义中战胜了农民)的经济——"资本主义和封建制度的奇怪的(奇特的)混合物",(一部分是雇佣劳动,一部分是劳役)。

18[12]。　　**森林业**特别适合于采用资本主义(农民被排挤;

20[13]。　　地主狩猎)——然后是"放牧业"、牧羊业。

21[14]。　　　　　　　地主一方面靠牺牲农民扩大自己的
土地,

另一方面又需要农民作为劳动力。

土地(森林等)不足的农民经济动摇了。

(c) 农民将成为挨饿者

21—23[14—16]。　　关于**气候**和**食物**的影响的一般意见(与
孔德、斯宾塞和巴克尔的意见相反):[对食
物]**生产方式**的影响要比气候的影响重要
得多。

24[16—17]。　　　在 14—15 世纪,农民的食品是丰富的。

在 16 世纪以后,农民成了素食者。

25[17]。　　　　　在 17 世纪和 18 世纪农民已常常不能饱
食了。

25[17]。　　　　　拉布律耶尔(17 世纪末)对法国农民的
精彩评语:"一种害怕见人的动物,肮脏的、被
阳光晒黑了的动物,他们在土地上坚忍耐劳
地挖掘,在洞穴里靠黑面包、水和菜根生活。"

25[17]。　　　　　灾荒的次数不断增加。

(d) 三圃制成为农业难以忍受的锁链

26[18]。　　　　　三圃制和强制的轮种法妨碍引入新的
作物,——**小农和大农之间的对抗**发展了。

27[18]。　　　　　必须建立**完全的私有制**,消除土地零散

插花现象。

27[18—9]。　　　　　但农村居民本身不产生能够改造所有制形式的阶级。

28[19]。　　　　　这个阶级(革命的资产阶级)是城市产生

29[19]。　　　　　的(1789年、1848年)(和1861年)。

　　　　　(在俄国,农民不仅摆脱了农奴制,而且还摆脱了自己的优良土地。)

第四章　现代农业

(a) 肉的消费和生产

30[20]。　　　　　饲养更多的牲畜——市场:城市。

30[20]。　　　　　城市生活水平高,体力消耗大,肉的消费量多。

31[21]。　　　　　但肉的消费量增加并不证明人民福利增加。

31[21]。
$$\left(\begin{array}{c} \text{这是因为城市发展} \\ \text{出生率降低:消费肉的成年人} \\ \text{所占的百分比高。} \end{array} \right)$$

32[21]。　　　　　有时在个别城市每个居民的肉的消费量在减少,但整个说来在增加(城市在发展)。

32—33[22]。　　　　　牲畜的数量及**其重量**在增加,农业生产力在发展。

> 卡·考茨基暂时[32]只是
> 一般地谈到19世纪70年代
> 以前的时期。

（b）轮种经营、分工

33[22]。　　　　　　农业改造——英国在17世纪革命以后,欧洲大陆在1789年以后。

34[23]。　　　　　　种植饲草,改进土地耕作,实行轮种(商品作物等),

35[24]。　　　　　　**扩大农业企业之间的分工。在实行三圃**

36[24]。　　制的情况下,所有的经营都是千篇一律,现在**各种经营都在发展自己的专业。**

36[24]。　　　　　　英国和北美的农业分工特别发达。

36[24—25]。　　　　**在封建时代,小农业和大农业之间的差别**是微不足道的:同一个农民,也在地主那里劳动,但劳动得差一些。

　　　　　　现在农民不仅像工业家,而且**像农业经营者一样自己已经不再生产他所需要的一切东西。**

36[25]。

　　　　　　(甚至必须购买农产品。)

37[25]。　　　　　　农业对雇工的依赖在加强,——农业的多样性,农具、种子等的多样性。

（c）农业中的机器

38—39[26]。　　　　　在农业中采用机器的条件比在工业中更困难。

39[26—7]。　　　　　农业机器制造业仍然在迅速发展。

　　　　　　　　　　法 国（1862、1882、1892 年）和 德 国（1882、1895年）的统计材料。

41[28]。　　　　　机器使工人人数减少：打谷机消除了对冬季工人的需要（保守主义作家哥尔茨想限制使用打谷机，以便使更多的工人在冬天也有活干，——因而在夏天也有活干）。

　　　　　　　　　　卡·考茨基把这叫做"反动的空想"。

　　　　　　　　　　机器将继续自己的革命活动，把工人驱逐到城市去，这就更加发展对机器的使用。

42[29]。　　　　　有时机器干脆是用来防备罢工的（特别是收割机）。

43[29—30]。　　　　耕地深度在增加——农业中的蒸汽犁和一般蒸汽机的数量迅速发展（普鲁士，1879年和1897年）。

45[31]。　　　　可能电力注定要比蒸汽起更大的作用：可分性、传导性、发动机的轻便，等等。

46[32]。　　　　　例如：在法国，水力发动机——整个田庄使用电力机器。（德国的计划。）

47[32—3]。　　　轻便铁路（Feldbahnen）；排水设备等。

（d）肥料、细菌

49[34]。

李比希。取之于土地还之于土地的理论。(李比希说,在英国,有抽水马桶的厕所夺走了 350 万人的食物)。

50[34]。

只有消灭城市和农村之间的对立才能解决这一问题。

50[35]。

"自由的经济"[24]——以使用合适的人造肥为基础。

51[35—6]。

细菌学。

（e）农业是一门科学

52[36]。

农业中的巨大变革——最近几十年的成果。

农业由手工业(墨守成规等)变成了科学。

53[36—7]。

发展高等农业学校。

54[37—8]。

合理的、科学的簿记。

55[38]。

农业——大学里讲授的唯一的行业。[25]

第五章 现代农业的资本主义性质

（a）价 值

56[38]。

现代农业需要**货币**,——而货币在现代社会里又往往成为**资本**。
重复马克思的价值论的基本原理(价值直接来自分工的结论;交换的趋向及其结果;使用价值与交换价值的区别)。

59[41]。　　卡·考茨基说,真不好意思,这不知道已经重复过多少次了,但人们还在重复旧的错误。

(**布伦坦诺**:马克思的理论已被科学推翻,überwunden,——混淆生产费用和价值。)

(b) 剩余价值和利润

62[43]。　　生产费用("大学的经济学"没有超过斯密)。

67—8[47]。　　平均利润率("没有被消灭而只是变了形的价值规律")。

68[47]。　　("大学的经济学"完全不善于说明利润的大小。它只有一句话:"国内通用"!)

(c) 级差地租

68—74[47—52]。　　(对马克思的理论作了简短而又极为清楚的阐述。)

75—80[52—7]。　　**(d) 绝对地租**

——它产生于对地产的**垄断**。

80[56]。   "海外的竞争'严重地破坏了这一垄断'。"

        ——**绝对地租降低了**（级差地租未必降低），

        而这给工人阶级带来了利益（特别是在英国）。

80[57]。   地租的降低导致了农业的危机，导致经常性危机，导致土地占有者和农业主的破产。

（e）**土地价格**（资本化了的地租）

84[59]。   有人说土地带来的利息比其他资本少。

        卡·考茨基指出华丽的宅邸、城堡等的意义（只有资本化了的地租才产生利息，而任何一个城堡的价值并不产生利息）。

85[60]。   无论在**德国**还是在**法国**，还是在**北美**，土地的租佃制（das Pachtwesen）都在**发展着**。

86[61]。   在**抵押**制之下，土地占有者＝实质上的债权人。而土地占有者又变成把地租交给银行的农场主。

87[62]。   地产债务＝农业主与土地占有者分离的过程，这一过程也在英国发生过。

89[63]。   抵押的集中，表明**地产的集中正在"按照马克思的理论"**进行。

90[64]。   在地租提高的情况下，土地占有者实行抵押制要比租佃者有利；——在地租降低的情况下则相反。

91[65]。　　　　土地占有者和资本家结合为一体——这在历史上是一种"例外";它将愈来愈成为例外。

第六章　大生产与小生产

（a）大生产在技术上的优越性

92[65]。　　　　**卡·考茨基再一次强调,在封建时代,实际上不存在大经济:即使地主土地上的经济也在农民手里。**

93[66]。　　　农业和工业的重要差异之一——**农业与家庭经济结合在一起**。

　　　大农业

在家庭经济上使用的土地等比较少。

在地界上使用的土地等比较少。

需要较少数量的(从比例上说)农具。

较好地利用机器

95[68]。　　　较多地使用机器(**德国的统计材料**,1895 年)

96[68]。　　　需要较少数量的(从比例上说)牲畜

较大规模地利用分工(在农业和畜牧业中)

允许大规模地建立合作社

允许使用专业钳工等的劳动。

允许使用**脑力**劳动(对于现代农业非常

重要）。

98[70]。　　　[中等农业学校为大经济提供的雇员多于受过培训的农民。学校在发展更高水平的需要。

99[70—1]。　　　这不能归罪于高等教育,而应归罪于农民的生活条件。因而,农民经济不是靠自己的生产能力而是靠较低的需要支撑着。]

100[71—3]。　　　**在其他同等条件之下**大农业总是优越于小农业（大农经济优越于小农经济,大地主经济也是这样。大农经济有时能优越于小地主经济）。

　　　在**信贷**和**商业**领域:大农能够更好地了解市场,并能更好地利用这一点。

101[72]。

$$\left(\begin{array}{l}\text{农民在农村处于孤立}\\\text{状态——高利贷盘剥}\end{array}\right)$$

抵押更适用于大经济[抵押借款上的用费!]。

104[74]。　　　很难理解**捷林**为什么宣称小农业是**同样**（或者更）**合理的**[而且**捷林**认为保存农民经济也是国家的需要!]

105—6[75]。　　　**克雷默**（见哥尔茨的手册）承认大农业的优越性。

（**b**）小经济的过度劳动与消费不足

106[75]。　　　农民的需要水平低——甚至低于农业工人。

约·斯·穆勒认为**勤劳**是小农("最能忍耐的驮载动物")的特征。考茨基说,这是人的一种坏的优点!

106[75]。

106—7[75—6]。 农业中儿童的劳动比雇佣工人的劳动还要糟

(也可以与手工业中的情况作比较)。

107[76]。 延长劳动时间的可能性妨碍技术的进步。

108[77]。 法国农民的状况是最严重的(80年代一个英国人的话)。

109[77]。 一个英国农民的话(1897年:《报告》):我们像奴隶一样劳动,累得要死。

110[78]。 德国**农业雇佣工人的生活**比农民好。

110[78]。 一个小经济获得较大收入的计算:

在大经济中,雇佣工人的伙食每人每天1马克。

在小经济中,农民的伙食每人每天48芬尼。

111[79]。 农民劳动起早贪晚:比较幼小的儿童参加劳动。

112[79]。 雇佣工人在农村中也感觉自己是人,而不是驮载动物。

113[80]。　　　　　　凡是小农要从事**副业劳动**的地方,小农
　　　　　　　　　　特别可怜。

114[81]。　　　　　　德国关于农民副业收入的统计材料
　　　　　　　　　　(1895 年)。

　　　　　　　　⎛　560 万农户中只有 37%的农户没有⎞
　　　　　　　　⎜　副业。　　　　　　　　　　　　　　　⎟
　　　　　　　　⎜　320 万农户(每户经营面积不到 2 公⎟
　　　　　　　　⎝　顷)中只有 13%的农户没有副业收入。⎠

115[81]。　　　　我们没有发现(与捷林相反)任何一位专家认
　　　　　　　　为小农业在生产粮食(Ackerbau)方面和大农
　　　　　　　　业**同样合理**。

115—6[81—2]。　　　蔬菜作物、葡萄园、商品作物占用不大的
　　　　　　　　　　面积。

(c) 协 作 社

117[83]。　　　　　　协作社**主要**在**商业**和**信贷**的范围内
　　　　　　　　　　发展。

　　　　　　　　　　大农业在这方面也具有更大的优越性。

　　　　　　　　　　大业主比农民容易联合(**宗法**关系特别
　　　　　　　　妨碍联合)。

　　　　　　　　　　大业主的联合更发达(例如,实行抵押
　　　　　　　　联合)。

118[84]。　　　　　　小农的联合——**进步**,不是走向社会主
　　　　　　　　义,而是**走向资本主义**。

119[84]。　　　　　**农业银行恰恰不帮助最贫穷的人。**

在商业中,个人将始终比协作社优越。

120[84—85]。　销售大经济牛油的协作社取得了成就。销售小经济牛油的协作社遭到了破产。

121[85]。　推销机器(蒸汽犁)的协作社使大农而不是使小农得到最大的帮助。

121[86]。　协作社没有减弱而是加强大农业的优越性。

122[86]。　枉然的希望——要协作社把小农业提到大农业的高度。

123[87]。　当然,社会主义大生产高于资本主义大生产,——但是农民建立不起大生产;它要求具备一定的经济、政治、知识条件。

124[87]。　为了证明农业中的社会主义大生产的可能性,卡·考茨基引用英国30年代一个移民区[剌拉根[26]](按照欧文的模式)的例子:[土地占有者的破产引起它的破产]——曾经经营得十分顺利。

127[90]。　美洲共产主义村社精于耕种土地。

127[90]。　缺乏团结感,缺乏纪律,私有者的狂热,都妨碍小生产者(既包括手工业者,又包括农民)转向村社生产。

128[91]。　劳动条件和生活条件使他们孤立。

只有丧失一切的人们,被资本主义培养出来的、被阶级斗争组织起来的人们,才能进行村社生产。

129[91]。　　　　　——只有**穷人**。

只有胜利的无产阶级才能发起村社生产。

129[91]。　　　　　**"期待现代社会中的农民转向村社生产是荒谬的。"**

第七章　资本主义农业的界限

（a）统计材料

130[92]。　　　　　总之,大农业在技术上高于小农业(重农学派、扬格等都赞成这一观点)。

131[92]。　　　　　——反对人类的朋友(**西斯蒙第**,约·斯·穆勒)和"纯粹的自由贸易论者"以及大地主。

131[93]。　　　　　正是现在,许多经济学家主张小农业。

132[93]。　　　　　人们通常都援引**统计材料**。

132—3[93—4]。　　　卡·考茨基引关于**德国**(1882 年和 1895年)、**法国**(1882 年和 1892 年)、**英国**(1885 年和 1895 年）、**美国**(1850、1860、1870、1880、1890 年)的材料。

小农场实际上或者是数量略有减少,或者是完全没有减少。

但应该注意各种情况:

133[94—5]。　　　　例如在美国,中等农场的减少是种植园经济中奴隶制衰落的结果。

134[95]。　　　　"如果小经济继续维持着自己绝望的地位,那么,这种好处(优点)是值得怀疑的。"

135[96]。　　　　**"只有在农业衰落,或在资本主义前的大农业与农民经济竞争的地方,小农业才占优势。"**

135[96]。　　　　"数字证明"——只是证明它们说到的东西。

136[97]。　　　　例如,储蓄银行存款的增加还不证明人民福利的提高(设立更多的银行,更习惯于储蓄,职员人数增加,等等)。

137[97]。　　　　小额收入的提高同样什么也不证明(农民变成无产者能够提高他的货币收入)。

137[98]。　　　　**例如:关于小农场的数字什么也不证明,——除了证明农业发展过程十分复杂。**

(b) 工业中小生产的衰落

在工业中排挤小企业的基本趋势表现得也不是那样简单:

138[98]。　　　　——家庭劳动的发展;

139[98—9]。　　　　——政府对小工业的支持。

140—1[99—100]。　　　　上层阶级由于奢侈而去收购土地、森林等,鼓励手工生产。

（c）土地的有限性

142[101]。   在工业中,大企业发展过程依靠(1)资本积累大于依靠(2)资本集中(＝收购小企业)。

          在农业中集中(为了大生产)即收购小地产是必要的,——而这在农民私有制的情况下会碰到许多障碍。

（d）较大的生产不一定是较好的生产

145[103]。   要有些界限,地产规模的扩大超过了界限就没有好处。

          ——距家的远近。

          这些界限对于不同的生产方式和经济制度是不同的。

146[104]。   **经济愈集约化,这些界限就愈小。**

146[104]。   ‖ **集约经营的小地产可能成为比粗放经营的大地产更大的生产。** ‖

147[104]。   ——例如,英国集约经济的规模大大小于美国粗放经济的规模。

148[105]。   在这同一个方面**集约化的牧畜业**在取代谷物业。

149[105—6]。   (英国关于谷物业和畜牧业的规模的材料。)

（e）大 地 产

150—1[106—7]。　　　农业中集中的过程是一个土地占有者**收购**许多地产。

151[107]。　　　德国（1885 年和 1891 年）等的大地产（1 000 —— 5 000 —— 10 000 —— 20 000 公顷）的例子。

153[108]。　　　大地产导致资本主义大农业的特殊形式：

——畜牧业的发展及其专业化

——建设活动的集中 ⎱ 特殊的管理

——森林的集中　　　⎰ 机构等。

——把不同的生产即农业生产和工业生产有机地结合起来。

（f）劳动力的缺乏

156[111]。　　　城市工人对农业不适用，而农业工人在减少。

——造成这种情况的原因之一：在农业中生产**与家庭经济结合**。

156[111—2]。　　　**只有生产与家庭经济分离才能使无产者成为自由的人。**

157[112]。　　　**完全**没有财产的、生活在自己家里的工人，这在农业中是一种例外现象。

大部分农业工人有土地（自己的或租种

的)和规模不大的田庄。

158[112—3]。　　　("德普坦特"、英斯特、霍伊埃尔[27]等。)

158—9[113]。　　　**奴仆**被剥夺了结婚和建立家庭的可能性(所以,私生子的比例很大)。

160[114]。　　　小农通常出卖自己的劳动力。因此土地占有者希望发展小农业。

161[115]。　　　由此产生马克思早在 1850 年[《新莱茵报》[28]]就指出的农业趋势(无出路的循环:有时大农业排挤小农业,有时大农业支持小农业)。

161[115]。　　　所以资产阶级的大多数主张把小土地占有制与大土地占有制混合起来。

162[115—6]。　　　"欧洲各国力图通过分给土地的办法使农业工人定居下来。"(捷林)[普鲁士、俄国、英国,等等]

162[116]。　　　**土地占有者和资本家的政府**都力图这样做！他们想为自己保证劳动力!(哥尔茨的书,第 163 页)

163[116]。

163[116]。　　　所以,认为小农业之所以能支持是由于它具有与大农业竞争的能力的意见是极其错误的。

例如,**当它不再是竞争者**而**是劳动力的提供者**的时候还这么看。

大农业和小农业像**资本家**和**无产者**一样是互为条件的。

第八章　农民的无产阶级化

（a）土地划成小块的趋势

164[117]。　　　　即使**家庭经济**并不完全处于经济发展之外（它的某些部分分离出来并转入工业），但家庭经济仍然牢固地维持着，而小农业是**它的一部分**。

166—7[118—9]。　　　小农不追求利润和地租，——他有工资就满足了，——

——他不计算自己的劳动——**所以他提高土地的价格**。

168[119]。　）（　　小块土地的高价像小型住宅中的 1 立方米的高价一样（参看毕歇尔谈巴塞尔）。

168—9[120]。　　　农业愈小,愈需要副业收入。

169[121]。　　　　德国 550 万个农场（1895 年）中 76.5%的规模在 5 公顷以下。

小农没有成为大农的竞争者,而成为**劳动力的提供者**。

170[121]。　　　　德国（1895 年）470 万个独立农户中有 270 万户即 56%有副业。

170—1[121]。　　　在比利时,小农（耕地 2 公顷以下）的 78%（1880 年）不得不找副业干。

172—3[122—3]。　　　　**小农业和大农业只有牺牲大农业**①**才能
发展**(例子:**德国**)。

173[123]。　　　　　德国 20—1 000 公顷的农场数量的减少
(1882—1895 年),是由于**集约化**经济的加强。

174[124]。　　　　　所以,无论是德国还是其他国家,农村居
民的无产阶级化都向前发展了。

　　　　　——小农-无产者(劳动力出卖者)的数
量在增长。

　　　　　他们与工业无产者的一切根本利益
是共同的。

（b）农民副业的各种形式

174[124]。　　　　　(1)农业雇佣劳动

　　　　　——农民特别想找冬季活
(几个例子)。

177[126—7]。　　　　(2)**家庭工业**。许多作者(雪恩贝格等
人)赞扬这种在农民不迁居城市的情况下农
业劳动与工业劳动的结合。

　　　　　实际上并不是这样安宁闲适。

179[128]。　　　　　——土地划成小块的现象在发展。

180[128]。　　　　　——伙食愈来愈差(马铃薯、菊苣代替
牛奶)。

---

① 看来是笔误,应该是"中等农业",因为考茨基在这里谈的正是靠牺牲中等农
业来发展的问题。——编者注

　　——土地耕作的质量降低。

　　——孤立地**固定在土地上**，减弱了工人的反抗。

181[128]。　　家庭工业——最无耻的资本主义剥削制度。这是最严重地导致退化、使农民无产阶级化的一种形式。

　　应该最坚决地反对通过家庭工业来帮助农民的一切企图。

181[129]。　　对土地的依恋——家庭工业没有正常的生命力的原因之一。

182—3[129—130]。　　**采矿场和工厂**的劳动，迁往农村。

　　大工业资本往往认为迁往农村有好处（较廉价的劳动力，较低的消费，等等）。

183[130]。　　交通的发展促进了工业迁往农村。

182[129]。　　"采矿工业的发展是使农村关系革命化的强大手段。"

185[131]。　　采矿劳动有时有力地支持小农。

186[132]。　　在农村，工业资本更厉害地剥削工人。

186[132]。　　农村的工资通常比较低，条件比较差，——但是

187[132—3]。　　但是仍然比在家庭工业中好一些。

　　迁到农村的工厂使农村与外界接近起来，把有知识的工人转移到农村，使农村无产阶级与城市无产阶级接近起来。

188[133—4]。　　**外出从事农业雇佣劳动**和其他雇佣劳

动,属于农民的副业。

189[134]。　　　　——在德国外出农民的例子。

190[135]。　　　　德国的非农业零工。**商业零工**(Ländgän-
gerei)。

191[135]。　　　　关于爱尔兰,据说,那里农民的租金是
由爱尔兰的女仆在美洲做工来偿还的(德国
农民的情况也是如此)。

192[136]。　　　　**对于零工**所到的那些地方,他们就成为
发展的障碍。**对于**他们出来的地方,他们是
"**进步的先锋**"(Wirksame Pioniere)。

　　注意　‖‖‖　他们"学会新的需要,新的思想",成　‖
　　注意　　‖　为不满和**阶级仇恨**的唤醒者和传播者。

192[136]。　　　　克格尔(萨克森地区的外来的农业工
人)抱怨零工要求较多和态度不恭敬等。

第九章　商品性农业的日益增长的困难

(a) 地　租

194[137]。　　　　阻碍农业大生产的发展也会导致例如土
　　注意　　‖　地划成小块等的趋势,有时甚至引起**技术上
的退步**。

195[138]。　　　　土地占有者的更换在大多数情况下会导
致**欠债**。

196—7[138—9]。　地租妨碍合理的农业:在农场制度下

197[139]。　　　　——是由于农场主没有保障（期限愈长愈好），在抵押制度下——是由于土地占有者阶级大部分没有农艺知识，等等。[宫廷官员、军人等。]

（农场制度可以提供最大的纯收入。）

（b）继 承 制

198—9[140]。　　　　——或者导致**土地划成小块**，或者导致**债务**增加。

199[140—1]。　　　　两子女制（特别是在法国）阻碍人口的增长。

（c）限定继承制和长子继承制

201[142]。　　　　（＝地主地产和大地产的长子继承制）＝使其他人贫穷（剥夺继承权）。

201[142]。　　　　长子继承制首先为大农服务。

202—3[142—3]。　　　　限定继承制便于建立农业中的大庄园和

大资本主义经济 $\left(\begin{array}{l}\text{英国的农场经济}\\\text{奥地利的大庄园经济}\end{array}\right)$

204[144]。　　　　但选择大庄园占有者取决于纯粹的偶然性（取决于出身），而不取决于竞争（作为选择农场主的方法）。

205[145]。　　　　限定继承制使得**有可能**建立合理的经济，但它并不**强制**建立。

注意 ‖　　　　大庄园经济的合理化所证明的不是限定

206[146]　　　‖‖‖　继承制的优越性，而是农业中大生产的优越性。

207[146—7]。　　　在理论上，土地的公有制与资本主义经济**是相容的**——但资本主义经济的各个部分都紧密联系着；一些生产资料社会化必然导致另一些生产资料的社会化（由此就反对土地国有化）。

（d）城市剥削农村

208[147]。　　　农村产品和财富愈来愈多地流入城市。

209[148]。　　　在农村现在小生产大部分是**自然**生产。

赋税（货币的）使**商品**经济得到发展。

210—1[149]。　　　土地的消费没有还给土地——消灭城市和乡村对立的必要性。

212—3[150]。　　　各种疾病愈来愈频繁，牲畜和植物的**流行病**(Seuchen)（葡萄根瘤虫等，瘟疫）。

主要的原因——动植物的品种愈来愈成了优良的、娇嫩的品种，而豢养和照料它们的条件却没有得到相应的改善，土地日益贫瘠。

（e）农村的人口流失

214[152]。　　　吸引工人进城的是较多的工资，较多的

自由和文化,安家的更大可能性

> 这对农业工人,
> 特别是雇工,
> 是十分困难的。

216[153]。　　　? 愈是集约化的经济,工人的工作愈不均匀,对冬季工作的需要**愈少**。

例如,打谷机减少了打谷时对冬季工人的需要,

条播机提高了对工人的需要。

217[154]。　　　交通和交往的发展使人们纷纷流入城市。

("为摆脱乡村的奴隶地位而高兴的"亲属的信)。

218—9[155—6]。　　留在农村的主要是**非劳动**年龄的人(德国的统计)(英国也同样)。

220[156—7]。　　——城市夺走了最年富力强的和最有知识的劳动者。

221[157]。　　　甚至在军事方面,某些地方农业居民也不如城市居民。

221[157]。　　　从哪里去弄农业工人?

222[158]。　　　——竭力"拴在土地上",从事耕作。新的封建制度产生。

妨碍这一点的是:

(1)工人对这种"**奴隶地位**"的反感。

（2）**工业**的影响。

225[160]。

　　不是任何时候都可以**用机器**来对付**农业劳动力**的不足的。

　　有时候机器**提高了**对**一定耕地面积**所要求的劳动力的需要（例如在使用条播机时）。

226—7[161]。

　　提高工资？但**农业工人**无力强迫业主，而业主也不能同意，而且这样提高也不是任何时候都有效。

　　限制**迁徙自由**，这对农业的其他部门有害。

$$\left(\begin{array}{l}\text{而且工业居民}\\\text{也不同意。}\end{array}\right.$$

228[162]。

　　资本主义农业无力对付劳动者的缺乏，——它产生不了能够改变情况的力量。

　　尽管整个技术进步了，但**有些地方**（黑体是考茨基用的）出现农业衰落。

229[162—3]。

　　小经济、**中等农民经济最少感到缺乏劳动力**。[1882年和1895年德国5—20公顷的经济。]

229[163]。

注意

　　"这些数字使全体善良公民内心高兴，他们把农民看做是现存制度的最牢固的支柱。"

230[163]。

他们叫嚷**农民将繁荣**，等等。

230[163—4]。

　　"但这一繁荣（这一繁荣的根基）是建立在泥潭上的。"这一繁荣是从整个农业**受压迫**当中生长起来的。

不能指望农业危机会导致**农民生产**排挤大生产。

230—1[164]。

但小农的农业严重地困扰于**其他**原因（高利贷盘剥、商人控制、赋税、兵役、土地贫瘠、力不胜任的劳动、生活水平降低）。

不仅农业工人，而且**中等农民的子女**也跑向城市。农业危机不仅会使大农业主，而且也会使小农业主和**农民破产**。

第十章　海外食品的竞争和农业的工业化

（a）出口工业

233[166]。

从70年代开始，农产品价格下降。

这种转变的原因在于**工业的发展**。

234[166—7]。

资本家需要市场，需要大众的消费。他们在**非无产阶级居民群众特别是农民**中寻找

235[167]。

市场。但这种市场很少。他们寻找**世界市场**。

当世界市场无法扩大时，资本主义也就走向末日。

（b）铁路事业

235—6[168]。

关于铁路的意义的一般看法。

236[168]。

俄国建设自己的铁路主要是由于**战略上的考虑**。

237[168—9]。   建筑铁路是受人喜爱的投资之一。

237[169]。   1850—1895 年关于铁路和水运的统计
材料。

239[170]。   现在,欧洲农业不得不把它过去加在消
费者身上的土地私有制的重担自己承担
注意   起来。

现代农业危机的实质正在这里。‖ 注意

（c）食品竞争的区域

(1)和资本主义发生接触的东方专制制度
的国家(印度—俄国)。$\left[\begin{array}{l}\text{农民出售粮食}\\\text{低于价值。}\end{array}\right.$

(2)资产阶级殖民地(美洲、阿根廷等)。

243[173]。   ——在殖民地——工人流入。工资下降。

243[173]。   ——美洲掠夺式农业在衰退,全部土地

245[175]。   已经成为私有财产,租金和债务在增加,劳工
问题迫近。

246[175]。   **在俄国**,农业的破产,连绵不断的饥荒,
这种情况必定或者使国家变野蛮,或者导致
向资本主义农业和大农的过渡,"在俄国这方
面已经有许多因素"(Anlässe)——农村居民
的无产阶级化、资本的积累。俄国的生产条
件向西欧的生产条件靠近。

246[176]。   但危机不会很快就结束。在阿根廷共有

247[176]。   2 亿公顷的空闲土地,在西伯利亚有 1 亿;中

非洲,中国。

248[177]。　　　　　農业危机只能以资本主义的总崩溃而告终,因为地面是有限的,而技术革命和资本积累却不停地前进,要求新的市场。而居民群众在产品中应得的部分却不断地减少。

(d) 粮食生产的减缩

249[178]。　　　　　如果说欧洲粮食税没有过分提高,那我们应该把这归功于**英国工人的力量**:在英国粮食税是不可能实行的,而英国对欧洲大陆也有影响。

250[178—179]。　　　欧洲农业适应了新的条件。

　　　　——用其他农业生产代替谷物(主要的输入品)的生产。

251[179]。　　　　　——肉类、牛奶、蔬菜等的生产。

252[180]。　　　　　**英国**特别快地适应了新的经济条件:租金降到20%—30%—50%。

253[180]。　　　　　……谷物业被畜牧业代替。

254[181]。　　　　　在德国粮食种植面积比牲畜数量增加得慢。

255[182]。　　　　　但"乐观主义的经济学家"错了,他们以为运用这种办法会消除危机:不断增加从美洲和澳大利亚等输入产品(肉类、牲口等)。

257[183—4]。　　　　竞争也正在占领主要构成小生产的财富的那些领域(牛奶等的生产)。

（e）工业与农业的结合

258[184]。	"租佃制将海外竞争的重担首先转嫁到土地占有者身上。"
258—9[185]。	经济作物生产的意义[有利的运输,把废料还给土地等等。]
260[186]。	制糖业、酿酒业、淀粉业、榨油业等等的发展。

在德国,**干酪制造业的劳动组合**[Molkereigenossenschaften]的数量增加特别快。

261[186—7]。 　　**这种类型的农业生产协作社是向资本主义的过渡**,而不是向社会主义的过渡。　　注意

　　它们根本不让农民无产者参加。

　　大土地占有者和大经济比较容易组织协作社**并能从中得到更多的好处**。

265[190]。

262[188]。 　　制糖业、酿酒业等使大地产得到特殊的好处。

263[189]。 　　——**农民**也从农业工业化中得到好处,使自己成为**资本家**,并享有资本主义剥削的成果。

注意

265[190]。 　　**农民**服从干酪制造厂等的要求(关于牲口的饲养等),**成为工厂的零工**。

266[191]。 　　制糖业接近危机:生产过剩;美洲自己发

268[192]。 展制糖业,**破产是不可避免的**。

269[192—3]。　注意　**乳品业的发展从农民手里夺去牛奶，使他们的消费水平降低。**

（像任何把产品变成商品的情况一样。）

270—2[193—5]。　无论是酒精的生产，还是黄油的生产（澳大利亚的竞争），或是牛奶和乳制品的生产（在丹麦的困难状况），都不可避免地走向危机。

273[195—6]。　**捷林**《农业科学的明灯》哀叹干酪制造业劳动组合中的竞争，并介绍……**卡特尔**（虽然捷林把工业中的卡特尔称为……协作社应该反对的"浪费"！！！）。

273—4[196]。　当然，正在到来的危机不一定会彻底破坏它所触动的那一工业部门。危机只在很少的情况下才这样破坏。危机通常只做到以资本主义的精神去改造现存的所有制关系……

274[197]。

275[197]。　**农业协作社**是**使农业工业化**的强大手段，所以它们对于**农业的革命化**是重要的，但完全不是拯救农民的手段。

275—6[197—8]。　农业的工业生产迅速集中（德国的材料）。

277[199]。　**小农对工业工厂的依赖（注意）**

特别参看 274 页："协作社工厂的零工成了资本主义工厂的雇佣工人。"

277[199]。　‖把农民变为"**工业资本的奴隶**"——这就是通过农业的工业生产来拯救农民。

(f) 工业排挤农业

278[199]。　　　　工业自己开始制造过去由农业生产的产品。

278—9[200]。　　　　磨粉业(Kunstmühlen)的进步减少了食物的损失——减少了对粮食的需要。

对废物的利用日益发展。

279[200—1]。　　　　——棉籽油的生产。

——人造黄油(人造奶油)的生产。

280[201]。　　　　卡·考茨基反对为了干酪生产协作社的利益而限制生产人造奶油。小生产者被剥

281[201]。　　　　夺——不仅是这种情况下而且是**整个现代社会任何技术进步**的规律。**为了一小撮生产者的利益而阻碍技术进步是愚蠢的。**

281—2[202]。　　　　在啤酒生产中利用啤酒花的代用品的情况愈来愈多。

人工造酒愈来愈多。**酒窖变成酒厂。**从

283[203—4]。　　　　葡萄干中可以酿出醇美的酒,等等。

286[206]。　　　　工业甚至发展到这种程度:自己生产以前曾经是农产品的产品:从**焦油**(Teer)中提炼茜草色素(排挤了茜草的种植)——糖精——酒精[开始发展]。

287[207—8]。　　　　蒸汽、自行车、电动机等对**马**的排挤,——减少了对**马饲料**(燕麦等)的需要。

289[208]。

　　"毫无疑问,在一系列生产部门农业的工业变成了工业的工业;这种变化在不久的将来会威胁到其他许多生产部门;农业生产的任何一个部门都不能避免这一命运……"

280[208]。

　　"我们还根本无权根据这一点(man braucht deswegen noch lange nicht)说农业崩溃。但在现代生产方式巩固的地方,农业的保守性就无可挽回地消失了。对于农业来说,坚持旧习惯意味着走向真正的灭亡。它必须不断地注视技术的发展,必须不断地使自己的生产适应新的条件。一劳永逸是不可能的。农业主以为,他战胜了一个敌人,但在他面前又出现另一个敌人。于是,**在农村中到现在为止一直极单调地在永远不变的轨道上行进的全部经济生活,陷入了资本主义生产方式所特有的不断变革的状态之中**。"

第十一章　对未来的展望

(a) 发展的动力

290[208]。

　　资产阶级经济学认为农业具有保守性,主要是指小生产与大生产之间的关系。

　　一种流行的社会主义观点把高利贷和农民的债务看成是农业的革命因素。

291[209]。	但债务和高利贷与其说是革命的因素，不如说是保守的因素：它榨尽血汗，但并没有减少农民的数量，没有改造生产。
注意	

292[210]。　　　　农业发展的"动力"是工业，因为正是工业既把自己又把农业的发展推向前进。

292[210]。

292[210]。　　　　"正是工业那时[在摧毁封建制度的革命以后]创造了新的合理的农业的科学技术条件，在机器和人造肥料的帮助下，在显微镜和化学实验室的帮助下，工业使农业革命化，以292[211]。此造成（创造）了资本主义大生产对小农生产在技术上的优越性。"

293[211]。　　　　同一经济发展也使自然农业变成商业农业：

　　　　（1）小农的工业劳动。

　　　　（2）为市场生产农产品愈来愈使农业与工业生产的结合成为必要。

　　　　同一工业引起了海外竞争——工业（特别在英国）把全部重担都放到大地产身上，并缓和大地产与广大消费者的对抗。

　　　　在欧洲大陆，它加强了土地占有者和无产阶级的对抗。但不仅是地产——还有农业也由于海外竞争而遭到损失。

293—4[211]。　　　　"……农业使用（采取）不同的生产方式，以便使生产适应新的条件；它有时回到粗放的畜牧经济，有时过渡到集约的园艺经济，但

最后普遍认为最合理的方法是农业与工业的
结合。"

294[211]。

　　"这样,现代生产方式在辩证过程的终点
又走向它的起点——**消灭农业与工业的分
离**——这以两种形式进行:**小农的工业雇佣
劳动和大农业主的农业工业**。"

294—5[211—2]。

　　正如18世纪末期一样,农业陷入了死胡
同,只有**城市的革命运动**才能把它从死胡同
中解救出来。

　　社会是一个有机体。"认为社会中一部分
人可以朝一个方向发展,而另一部分可以朝
另外一个方向发展,这是荒谬的看法。"

（b）社会主义农业的各种要素

296[213]。

　　工业正在实现生产资料**社会化**,这样
工业也要影响到农业(小农＝工业中的雇佣
工人)。

297[214]。

　　农业的工业化把**土地所有制从农业中分
离出来**。无产阶级的制度应当使土地社会
化。(在农场制国家大地产愈发展,在其他国
家抵押愈发展,农业主也就愈赞成土地社会化。)

　　以雇佣劳动为基础的大农业的社会化是
必然的。"诚然,农业中的大生产没有像在工
业中那样发展(Vordringen)。**但要期望农民
生产排挤大生产,那是极其错误的**(entschieden

falsch）。"

"独立的农民生产已经站不住脚。"

逃离农村不仅对农业有害，而且也使农民家庭解体。

298〔214—5〕。

"如果说我们指望农业中大生产迅速吞并小生产的根据不足，那么我们希望相反过程的根据就更不足。"

1895 年在德国拥有 50 公顷以上面积的农业经济约占总面积的1/3。

1892 年在法国拥有 40 公顷以上面积的农业经济占整个面积的 45%。

298〔215〕。

"**资本主义性质日益发展的农业大生产**占据大片土地，租佃制和抵押制的发展，**农业的工业化，**——这就是为农业生产社会化准备基础的各种要素，农业生产的社会化同工业生产的社会化一样，必然是无产阶级统治的结果，农业生产与工业生产将在更高级的统一体中融合起来。"

299〔215〕。

"社会主义农业的**技术要素**也同社会主义农业的**社会要素**一起发展。我们看到了**现代科学和现代技术**如何掌握农业，以及现代农业大生产**在资本主义大庄园**如何达到自己的顶点。"

只有无产阶级的革命才能把农业从私有制、军国主义等的重压下解放出来，——使农业得到"充分的有知识等等的劳动力",为**消灭城乡之间的对立**创造条件。

那时**独立的农业小生产**就失去了它最后的立足点。

299—300
[215—6]。

它之所以能存在,是由于:(1)工业的辅助劳动。

(2)农业的雇佣劳动。

(3)过度的劳动和不足的消费(用马克思的话来说,就是**野蛮状态**)。

300[216]。

现在城市无产阶级的状况已经比小农的状况好得多,所以小农就逃离农村。

社会主义大生产不是剥夺农民,而是把它从今天的私有制强加于它的地狱(Hölle)中解放出来。

第一篇结束

————

300[216]。

社会的发展在农业中走着和工业中同一的方向。

————

第 二 篇

社会民主党的土地政策

第一章　社会民主党是否需要土地纲领？

（a）到农村去！

304[219]。

在谈纲领以前，应该弄清楚社会民主党的**土地政策**。这之所以必要，也是由于大地主具有愈来愈大的**政治影响**，尽管农业的经济意义被削弱了。

> 土地占有者在国家和社会中占统治地位所造成的矛盾是显而易见的。

305[220]。

保护工人应该由保护农民来补充，对吗？

（b）农民与无产者

现代无产阶级的特征：(1)他在现代生产过程中具有重要作用；(2)他没有**生产资料**[作为一个消费者，他可能有家具、小房子等。改善他作为消费者的处境，不是削弱而是加强他的阶级斗争能力]；(3)他的劳动是在社会的而不是个人的生产过程中进行；(4)他的家庭经济与企业主的经济相分离。

307[222—3]。	**农民**则不同。作为一个小企业主,他感到自己是一个企业主,并与**无产者**处于对抗的地位。
308[223—4]。	因此就存在**卖者与买者的对抗**。
310[224]。	"农业主是否能参加战斗的无产阶级队伍,不取决于他是否挨饿,是否负债,而取决于他在市场上是否作为劳动力出卖者或生活资料的出卖者出现。"
310[224—5]。	据说农民镇压工人起义,——1848 年。 但这种说法过时了。 现在(1895 年德国的材料)农村居民中占优势的已经是非独立的工人、**雇佣工人**,他们的利益与工业无产阶级的利益是一致的。
312[226]。	无产阶级现在在德国已经是占人口多数的阶级[2 000 万独立生活的人当中占1 200 万]。 社会民主党的任务是把所有这些广大的雇佣工人(其中包括农业工人)组织起来,等等。
314[227]。	农业无产阶级不容易组织。 有份地的雇佣工人"还生活在封建条件下"(雇农等)
315[228—9]	份地不妨碍农民成为无产者,但妨碍他**感觉到自己是一个无产者**。 份地十分不足的最小农出卖一部分农

316[229]。注意　‖　产品,总希望变成农民[而资产阶级经济学家支持他们的这种希望]。

317[229]。　　　　　"小农的心中存在着两种精神:农民的精神和无产阶级的精神。"保守的政党巩固第一种精神;社会民主党人巩固第二种精神。"**农业雇佣工人的状况比独立小农的要好。**"

　　　　　　　　　社会民主党人的任务是把小农提高到人的地位,而不是提高到农民的地位,不是努力

注意　‖　把他变成农民。**在小农中唤起对未来农民经济的幻想,没有什么比这更危险的了。**

（c）阶级斗争与社会发展

317[230]。　　　　　社会民主党是"领导无产阶级进行阶级斗争"的政党。

318[230]。　　　　　"目的"和"运动"是不可分割地联系着的。

318[230—1]。　　　　　"社会发展高于无产阶级的利益,所以社会民主党不能保卫无产阶级那些妨碍社会发展的利益。"

　　　　　　　　　无产阶级的"精华"（Elite）经常感到自己与无产阶级的其他阶层处于对抗状态。社会民主党应该发展整个无产阶级的**团结**。

　　　　　　　　　"行会的"方法——排除其他劳动者,反对使用机器、反对女工劳动等。社会民主党的方法——组织妇女、提高落后工人的觉悟。

319[231]。

　　资本主义社会的任何进步都是衰落和灭亡的根源，但阻碍进步会导致更坏的后果。

319[231]。

　　"社会民主党不能向农民提供它应当拒绝向无产者提供的东西，就是说，不能保护他们的职业地位"（Berufsstellung）。它是把

320[231]。

雇佣工人**作为人**，而不是作为**职业**的代表加以保护。

320[231]。

　　保护农民，这不是保护农民个人，而是**保护农民所有制**，而这种所有制正是"**农民贫困的主要原因**"。

　　"农业中雇佣工人现在的处境已经比小农的处境要好。"

320[232]。

　　保护农民，就是"保护把农民束缚在贫困上的枷锁"。

321[232]。

　　资本主义社会可以使**农业**成为**工业**的牺牲品（英国），而不是相反（意大利、西班牙、加利西亚等：没有发达工业的资本主义把农民置于特别痛苦的境地）。

　　"说农业没有显露出任何进步，这不完全正确。说纯粹的农业这是对的，——它陷入死胡同，但工业也不限于城市……工业也要到农村去……使农村革命化……　**农业的这一革命化过程还刚刚开始，但它迅速地向前发展**。"保护农民将妨碍这一发

321[232]。

展的痛苦和牺牲，——因此，对于社会民主党

来说,这是**有害的**。

（d）土地国有化

323[234]。　　　　　社会民主党不能阻碍资本主义的发展,但它也不能支持资本主义的发展,——它不能帮助剥夺农民、征服殖民地,等等,但它认为阻碍这种发展的企图是反动的(而在资本主义社会里不可能有另一种发展)[29]。

324[234]。　　　　　社会民主党只能减少过程的有害方面,因为这在不阻碍发展的情况下是可能的。

325[235]。　　　　　马克思和恩格斯在1848年(《共产主义者同盟宣言》)[30]说,把大土地的抵押地宣布为国家所有。

326—7[236]。　　　　但当时地租提高了,而现在地租下降了。现在地租的赎买会使土地占有者**免于受到地租降低带来的损失**而得到**挽救**,即靠使无产阶级遭受**牺牲**得到挽救。

327和328[237]。　　　国家现在首先是**统治的组织**。因此,没有任何理由把私人垄断交给现代国家。

328[238]。　　　　　地产是垄断。"**流通的发展破坏了这种垄断**。"

（e）森林与水流的国有化

329[238]。　　　　　卡·考茨基认为森林与水流是例外:现在就应当把它们变为国家所有。

330[240]。　　　　　　资本主义的**经营**使森林缩减,资本主义的**奢侈**使森林的增加混乱无序。

（f）农村共产主义

332[241]。　　　　　　在德国(1895年)有农村共产主义的残余,某些社会主义者想依靠这些残余,——

333[241]。　　　但是,例如俄国社会民主党却一反俄国旧的社会主义观念,完全放弃了这种希望。

扩大土地村社残余在下列地方毫无益处:

(1)没有条件建立村社经济的地方。

(2)没有条件建立社会主义经济的地方。

333[241]。　　　村社是从现在已经完全陈旧的生产方式中生长起来的,而且,如果阻碍农业进步的村社不解体,这种生产方式是不可能解体的。

334[241—2]。　　　那些现在还赞成村社的农学家指望村社**来把农业工人拴在土地上。**

村社的残余成为某种世袭领地、长子继承权、**一部分**农村**名门望族**居民的特权。

334[242]。　　　**土地村社采取这样的做法,即把房屋分给工人,**——它把工人束缚在土地上。

335[242]。　　　但是假如**要求**取消地役权等,那是过于夸大。——这是有产阶级的事情。社会民主党应该在取消地役权等的时候,关心农民尽量少受损失。

337[244]。　　　　　**城市的土地**是另外一回事。应该把它们尽量扩大(地方公有社会主义)。城市村社是**管理**的组织,而不是统治的组织。无产阶级可以对它产生强烈的影响。

在农村中:

338[244—5]。

> "曾为村社经济提供了那么多设施的旧的封建农业已经消失。现在根本谈不到什么由[农村]村社经营现代农业、由村社经营农业大生产。"

甚至在城市里生产合作社都很少有成就。

第二章　保护农业无产阶级

(a) 工业与农业的社会政策

339[245]。　　　　　总之,社会民主党不需要特殊的土地纲领。它的工作就是使一般纲领适应农业及其特殊性。

> 根本谈不到**一方面绕过资本主义的过渡阶段,而同时仍在资本主义社会范围内把农民生产变为社会主义生产。**

卡·考茨基只想举几个**例子**来说明社会民主党的**一般**土地政策。

（b）结社权，雇工法

341[216]。

农业工人还没有摆脱封建主义残余。

农业工人没有结社权。

342[247]。

实际上迁徙自由特别重要。**"如果什么地方农业工人的状况得到改善，那主要是由于有迁徙自由。"** 因此大地主也痛恨它。

342[247]。

有人说，正是来自破产农民的廉价工人流入城市和他们与城市工人的竞争，要求保护农民。"这种理由，从个别工人阶层的狭隘的和眼前的利益观点来看，从具有行会局限性的工会工作者的观点来看，但不是从整个无产阶级——向新社会制度发展的推动者的观点来看，是对的。"如果这种理由是对的，

343[248]。

那就要阻碍无产者数量的增加。**"当然，把新兵引向胜利比老兵更困难"**，但在法国大革命的军队中，新兵却胜过了老兵。

343[248]。

"无产阶级军队的胜利更多地取决于朝气蓬勃的大批新兵，而不是取决于培养老兵。"

343[248]。

"如果社会民主党阻碍这一过程[＝工业排挤农业的过程]，阻碍工业的发展，用限制从农村流入新工人的办法阻碍工业无产阶级的增加，那就是自杀。"

（c）保护儿童

344[248—9]。　　　　　　农业主把对儿童的关系说成是宗法关

346[250]。　　　系(!)。不符合事实[甚至是社会政治协会³¹
　　　　　　　　根据业主的回答所公布的事实!!]

346[250]。　　　　　　　"整个社会主义运动与其说是为了我们
　　　　　　　　自己的运动,毋宁说是为了我们的孩子的
　　　　　　　　运动。"

347[251]。　　　　　　农村的人口缺乏增加了对儿童的需要。

348[251]。　　　　　　阿加德等人的材料。6 岁以上的儿童在
　　　　　　甜菜种植场等地方的劳动,牧童的劳动(特别
　　　　　　没有理性、使人愚钝、毁人)。

　　　　　　　　　帮伙制造成的情况还要坏。

353[254]。　　　　——鲁·迈耶尔对甜菜种植场和马铃薯种
　　　　　　植场儿童劳动的评论。

　　　　　　　　　儿童劳动具有重要的教育意义。引证伯
　　　　　　恩施坦载于《新时代》杂志第 16 年卷第 1 册
　　　　　　第 37 页上的文章中的话。

354[255]。　　　　　　空想主义者(欧文、傅立叶)也承认儿童
　　　　　　(甚至 6—4 岁!)进行生产劳动的必要性。

354[255]。　　　　　　在现代社会只有妥协才是可能的:禁止
355[256]。　　　未满一定年龄的儿童劳动。卡·考茨基认为
　　　　　　不超过 14 岁,并认为要保证劳动有较好的卫
　　　　　　生条件。

355[256]。　　　　　　为成年人要求 8 小时工作;为儿童(未满

18 岁)要求 **4 小时工作**。

（d）学　校

356[256—7]。　　　社会民主党赞成现代学校,但绝不过分夸大它(学校)的**意义**。生活在进行教育,而学校只是生活的一小部分。在学校和生活发生冲突的时候,生活总是取得胜利。

"学校只是生动观察的贫乏代用品",而

357[257]。　　　一般的国民读物却更快地使人们愚钝起来(糟糕的小说等)。

358[257—8]。　　　**社会**教育和与**生产劳动**相结合是重要的。

359[259]。　　　应该禁止儿童外出劳动和未满 14 岁从事劳动。

360[259]。　　　父母常常迫使儿童从事过度的劳动——顺便说一下,正是由于这一点,**学校**是有益

361[259]。　　　的,它**甚至**限制儿童在**他们家庭中**进行的工业(和农业)劳动。

363[261]。　　　"如果农民经济与切实的学校教育所创造的高度文化的要求不相容,那么这是说要反对农民经济,而不是反对文化。"

农民面临着抉择:他愈是无知,他的经济就愈糟糕;他的文化程度愈高,他就愈快地抛弃他的农民生活。

363—4[261]。　　　英国的法律(1874 年的《农业儿童法》)

主要由于学校教育的要求,对儿童的农业劳
动作了限制。

（e）妇女劳动

364[262]。　　　　在这方面农业的发展**根本不像**工业的
发展。

　　　　资本主义把妇女驱赶到田里,——但农
业工人的境况愈好,农业中妇女的雇佣劳动
就**减少**得愈多。

365—6[263]。　　　　在**英国**农业中当雇工的妇女的数量**在减
少**,在德国也是这样。

367[263]。　　　　卡·考茨基要求禁止妇女外出劳动。

（f）外出劳动

367[264]。　　　　英国(《资本论》第1卷第2版第726—
728页)[1]和德国的帮伙制(萨克森地区的外
来的农业工人)。

　　　　工人从极贫穷的地方外流。实物工资
制;腐蚀男女工人,灌醉等。

369[265]。　　　　? 外来的工人比本地的工人更得不到
爱惜。

371[266—7]。　　　　禁止外出劳动是根本不行的。这等于取
消迁徙自由。取消契约奴隶制,帮伙制;卫生

---

[1]　见《马克思恩格斯文集》第5卷第799—801页。——编者注

住所规则、雇佣工人的社会介绍机构,等等。

（g）正常的工作日。星期日休息

373[267]。

"农民的生产技术在农业中建立了很正规的劳动。"

农业中大经济实行较短工作日的例子（德国）。

374[268—9]。

应该也替农业要求实行八小时工作制,**不仅仅限于农民生产**,要替一切种类的雇佣劳动要求八小时工作制。

377[270]。

家庭经济中的劳动不可能受到限制。

（?）卡·考茨基替**雇工**要求哪怕有**第2个星期日**的自由。

（h）住宅问题

377[270]。

材料（**辛格尔教授**:波希米亚等地）。

378—9[271]。

工人通常首先注意**食物**,其次是**服装**["无产者的这个阶层的社会地位的提高,可能更多地（更快地）表现在他们的服装的改进上,而不是食物上"。工人不想带着自己的雇佣奴隶地位的烙印],最少注意的是**住所**。

380[272]。

改善工人的住宅最困难,而住宅条件比其他条件更有害于工人。

381[273]。

在业主家中生活（对农业工人来说）加强了工人的依赖性;人们监督他们的政治行

为、他们的个人交际等等。

381—2[273]。

必须要求遵守住宅的**卫生规则**。严格的卫生警察会有非常好的作用:会改善工人的处境,会迫使**农业主减少居住在他们那里的工人数量**。

"用不受劳动束缚的自由人——日工来排挤长工和仆役,乃是很大的社会进步。"

382[274]。

——诚然,这在技术上有部分的倒退:分给工人土地!

自由的日工也没有迁徙自由(土地,份地,拴住了他)——这一无产阶级进行阶级斗争的主要武器。

只有一个办法:用**公款**建筑住房租给农业工人。(但是难道只有在英国才能设想这样做吗?)

(i) 租 金

383[275]。

格莱斯顿内阁在 1881 年已经给予法院(在爱尔兰)监督租借契约、降低租金的权力。这一法律非常有益;它可以补充改善工人住宅的法律。

第三章　保护农业

（a）社会民主党不代表企业家的利益

386［276］。

农业的进步＝农业利润的增长（特别参看第 323 页）。社会民主党不是起推动业主（企业主）去保卫**自己利益**的作用，而是起**观察者的作用**——关心工人和整个社会的利益不受损失。

（b）封建特权。狩猎

387［276—7］。

社会民主党人**反对**封建特权，反对**限定继承制和长子继承制**。

普鲁士的地主现在也刁难农民从事经营：野兽糟蹋农民的田地，农民不能向它开枪［只有受到农民村社特殊委托的人才能打猎］，受到的损失很难得到赔偿。

390［279］。

狩猎问题的解决，**限制**土地私有制。应该取消土地占有者建立狩猎区的权力，并把这一权力转交给村社或区的代表机关。

（c）土地零散插花现象

392［281］。

社会民主党鼓励（begünstigt）土地**合并**（联合），认为这是技术进步的必要措施。的确,这也是**对农民和农村无产者的剥夺**,但社会民主党可以而且应该关心对农民的**报偿**,关心**公平的**分配,但不能反对**合并**本身,合并对于经济发展是必要的。

（d）农作技术

$$\left(\begin{array}{c} \text{"所谓"土壤改良工作,} \\ \text{排水、晾晒等。} \end{array} \right)$$

394—6[282—4]。　　社会民主党应该注意防止土地占有者把**自己的**支出转嫁给国家。

社会民主党**赞成**实行国家强制,**赞成**限制私有制,如果这样做对土壤改良等必要的话。

（e）防止兽疫

397[285]。　　同样需要注意:采取保护性措施(不许牲口输入等)。发布卫生规则和指定卫生检查员。

对于实行**强制性的**瘟疫保险不能有任何反对。

（f）国家保险

399[286]。　　如果说农业更多地依靠天气,那么工业却更多地依靠市场的波动,依靠时兴。因而应该注意防止农业主在这种情况下把自己的支出转嫁给社会,防止他们骗人(例如在牲畜保险的时候,等等)。

雹灾保险更安全(参看第 403 页)。

402[288]。　　　无产阶级认为民主主义组织比官僚主义的管理机构好。

(g) 协作社。农业教育

404[289—290]。　　　协作社是经济发展和由小生产向大生产过渡的强大手段。

405[290]。　　　对私人进行国家帮助以保护他们的利益,这完全不是社会主义。

总之,我们的观点完全不是"社会自由贸易主义"。但我们的要求没有超出"民主主义、社会改良主义的土地纲领"的范围。

405[290]。

可是我们的观点是一个整体:工业和农业——政策上完全和谐一致。

第四章　保护农业人口

(a) 变警察国家为文明国家

·408[292]。　　　现代国家首先是**统治的组织**。

409[293]。　　　无产阶级力图变警察国家为文明国家。

（b）自我管理

（c）军国主义

412[295]。　　　　　　废除武装的思想在以阶级对立为基础的社会里是一种空想。

413[295—6]。　　　　　资产阶级正是幻想废除武装。那时他们就会把军队用来对付国内敌人。

　　　　　　　　　　民主派应该高度重视人民武装，不是注意事情的经济方面，而是注意事情的政治方面，注意消灭士兵和公民之间的差别。

414[296]。

（d）国家有办理学校、慈善、道路等事业的义务

415[297]。　　　　　　国家仅仅负担费用，而管理则由村社等承担。

（?）　　　　　　　　马克思在关于哥达纲领的信（《新时代》杂志第9年卷第1册第574页）中批评这样的要求："通过国家来实施国民教育"。

　　　　　　　　　　——马克思说：在普鲁士，国家需要人民给以严格的教育。

（e）诉讼免费

418[299]。　　　　　　卡·考茨基对此有特殊的理解：建立能使穷人找到自己权利的机关：工业法庭、工人咨询处、农村的律师。

（f）现代文明国家的开支

在学校等方面的开支应该**大大增加**。

422[302]。　　　　"这种通过人民的人民政府思想,即公共事务不要由领取报酬的官吏管理,而要由来自人民的人在闲暇时间无报酬地管理,——是空想,反动的、非民主主义的空想……"

"……现代的自我管理,现代的民主……不是意味着官吏数量的减少,而是意味着

(1)在全国把他们更均衡地分配;

(2)使他们服从居民的意志;

(3)改变招募他们的方式。

——使他们的薪金趋于平均。"

（g）资产阶级的税收政策与无产阶级的税收政策

429[307—8]。　　赋税应该由**剩余价值**来缴纳。——间
尤其是　　　　　接税等**不合适**。

卡·考茨基引证《**爱尔福特纲领**》;**累进所得税和累进遗产税**。取消公债,——代之以赋税。国家可以设立垄断组织,并且自己**生产剩余价值**

（不过,当然是在无产阶级的强大政治影响的条件之下。）

436[312]。　　　　卡·考茨基自己承认,这一点不容易实现:无产阶级的强大政权和——资本主义生

产方式的保存。

（h）使农民中立

卡·考茨基把自己的要求概括如下：

I. ——为农村无产阶级：

(a)取消雇工法,结社和迁徙自由。

(b)禁止未满 14 岁的儿童从事雇佣劳动;实行义务教育等。

(c)保护外出工人等。

(d)实行八小时工作制。

(e)设置住宅卫生监督警察。

(f)通过法院缩减过重的租金。

II. ——为保护农业：

(a)取消限定继承制。

(b)取消地主管区;把这些管区并入村社。

(c)取消狩猎区。

(d)为了农作技术等,限制土地私有权。

(e)由国家办理雹灾保险。

(f)促进建立协作社。

(g)国家协助农业教育。

(h)森林和水流国有化。

III.——为农村居民：

(a)完全实行自我管理。

(b)以民警代替常备军。

(c)办学校等义务由国家承担。

(d)医疗事业由国家办理。

(e)诉讼免费。

(f)用累进所得税和遗产税代替现行的税。

————

438[314]。

I 和 III 已经写进了社会民主党的纲领。——II——"一些比较起来太琐碎的要求。"

无法拯救农民经济——但可以使农民中立。

438—9[315]。

如果农民确信社会民主党不想剥夺他，那么他将不会反对社会民主党。

第五章　社会革命与剥夺大土地占有者

（a）社会主义与小生产

441[316]。

小生产用不着害怕无产阶级的胜利。

——它可以在社会主义生产的初期存在。

——它将依赖于村社的生产，但这比依赖于资本家等要好。

442[317]。

国内市场（在社会主义社会）**重新居第一位**（同上，444）。

必须要使农业**合理化**。

443[317]。	有实例就足以促使农民转到村社经济。
444[318]。	社会民主党人从来没有提出剥夺农民的要求。
	《共产主义者同盟宣言》只是提出把抵押地变为国家所有。
	国际巴塞尔代表大会（**1869** 年）的决议没有一个字提到剥夺农民。
445[319]。	**李卜克内西**(《论土地问题》)认为剥夺农民是精神错乱。
446[319—20]。	**恩格斯**(《新时代》杂志第 13 年卷第 1 卷第 301 页《法德农民问题》)①说：**我们绝不会去剥夺农民。**
	（甚至大农可能也不剥夺）
	农民用不着害怕社会民主党，——相反，可以从它那里期望得到一切。

（b）私有住宅的前途。

社会主义生产绝不是以消灭私人的栖身之处（住宅？）为前提——前提是**生产资料的社会化**，而不是消费品的社会化。

448[321]。 　无产阶级统治一旦到来，仆人将愈来愈少。

"家庭的经济基础将消失"，——但家庭

---

① 见《马克思恩格斯文集》第 4 卷第 507—531 页。——编者注

会获得更牢固的基础，**个性的更充分的发展。**

449[322]。　　个人主义——个性的自由表现——在社会主义社会将得到大大的发展（而**"个人的性爱"**也将和它一同发展起来）。

450[322]。　　社会主义排斥单个的家庭经济，但却更强烈地提出婚姻与家庭的个人性质。

农民的房屋特别破旧。

无产阶级不仅要解放自己，而且要解放农村和农民。

完

译自《列宁文集》俄文版第 19 卷
第 25—84 页

卡·考茨基《我的〈土地问题〉的
两位批判者》一文提要

(1901 年 6—9 月)

卡·考茨基：《我的〈土地问题〉的两位批判者》。《新时代》杂志 1 月 18 日（1899—1900）（第 292、338、363、428、470 页）[32]。

（卡·考茨基承认赫茨的天才（第 293 页），不愿同"年轻的"同志争吵。）

赫茨讥笑我，说我在《土地问题》第 166 页上把农民（不包括雇佣工人）称做"工人"，而在第 307 页上则把农民称做"企业主"。（第 293 页）

"赫茨为自己如此机敏而感到高兴，以至没有发现，他嘲笑的不是我，而是现实。"（293）小农和小资产者的特点恰恰在于，他们既是工人，又是企业主……他们把这两个阶级的矛盾集于一身，有时倾向工人，有时又倾向企业主；有时背叛工人，有时又背叛企业主（293）……

（大卫在《前进报》上用了整整一版来吹捧赫茨。）[33]

考茨基嘲笑说，大卫在赫茨的著作中没有找到**吸引人的鼓动口号**（294）。

赫茨反驳的观点我都不曾说过。

赫茨和 Fr. 奥特（今年 10 月 1 日《德意志言论》杂志）[34] 说，

卡·考茨基不想了解农业协作社。卡·考茨基指出,这样说是不对的,《土地问题》第 121 页**尤其是**第 404 页说明了这一点(卡·考茨基在这个地方甚至说,协作社是走向大生产的**最好**途径,并且会得到社会民主党人的支持)(第 295 页)。

卡·考茨基援引《土地问题》第 260 页(农业协作社带来的可观成果和变革),对赫茨的书的第 111 页(第一段末尾)作了回答:"大概这就是赫茨高傲地向我提出的东西"(296)

我不认为协作社就是"进入社会主义"(296)……

"自从大卫提出关于集体的工资合同是社会主义的一部分以后,可以预料,我们当中的许多同志会认为现代社会中到处都有社会主义苗头,连每一根排水管和每一个公共厕所里都有。如果这个变资本主义社会为社会主义社会的极保险极方便的方法普及开来,那时,有别于这种社会主义者的社会民主党人就应当重新把自己称为共产党人,就像《共产党宣言》的作者所做的那样。"(第 296 页)

考茨基接着援引赫茨的书第 53—54 页(我加着重标记的地方=考茨基用的黑体)和第 140—141 页。

卡·考茨基回答说,任何"正常发展"("整个文明世界的"),他都不想谈。

卡·考茨基援引《土地问题》第 156 页(……**尤其是这一点,他们全都在做,无论是无地的农民或是有地的农民**……)

我根本没有说过,只有极小农户才提供劳动力…… 拥有5—20 公顷土地的农户劳动力总是过剩。

(第 297—298 页。)一切有关"规律"的说法都是赫茨的杜撰。

赫茨声称：……**只有三种方式**（赫茨的书第53页正数第5行）。

考茨基回答说，**这是完全错误的**。他，即卡·考茨基，还指出，小农户不愁劳力不足。不仅有手工业，还有各种各样的副业收入（外出做零工——第298页，修铁路，采矿等等）。

卡·考茨基又援引《**土地问题**》第166页。卡·考茨基指出，这种倾向（靠雇佣劳动过活的小农户增加）到处都存在，无论其他阶级集团发展情况如何……   在**比利时**也存在（第298页）。（卡·考茨基在注释中援引了1895年比利时调查的资料和王德威尔得著作中的资料（第299页）：小农户和大农户都在增加。）

卡·考茨基在《土地问题》第166页说："**并非到处**都向**这**方面发展"——而赫茨却捏造为，到处都向**另外的**方向发展。

卡·考茨基指出三种演进：

（1）极小农户增加，一切最大农户**减少**

（2）极小农户增加，大农户增加，中等农户减少

（3）极小农户和中等农户都增加

如果赫茨是在谈什么"正常发展"并援引《土地问题》第171页（赫茨的书第54页），那他这样做就太不谨慎了……

在法国也好，在比利时也好，在德国也好，最小的农户都在增加（赫茨徒劳地援引这些农户的面积，而不援引它们的**数量**）。

在英国，两公顷以下的农户减少（从135 736（1885年）减少到117 968（1895年））（赫茨的书第53—54页）。

但是，恰恰在这个地方赫茨犯了错误：英国1885年的数字和1895年的数字**并非完全能进行比较**（《德意志帝国统计》第112卷第62页）。那里（第112卷第62页）写道，看来，英国没有计算有

份地的雇农农户(这一类农户在 1886 年有 128 448 户)。

赫茨从而捏造了一段考茨基的话:尤利乌斯·沃尔弗应当佩服赫茨(暗示赫茨,第 141 页),因为赫茨如此巧妙地置马克思主义者于死地。

第 338 页:赫茨不但把我说成傻瓜,而且把我说成坏蛋——特别是由于奥哈根的缘故(蒂尔《农业年鉴》,1896 年)。[1]

赫茨大发议论(第 76 页赫茨说这是考茨基失言。见赫茨的书第 **70** 页,而不是第 76 页),并援引卡·考茨基的话,考茨基认为小农户利润率较高仅仅是由于这一情况造成的(第 339 页),实际上这是不正确的——他还援引《**土地问题**》第 111 页和第 **100** 页。

> 强调**子女**的帮助
>
> 绝不**仅仅**是一个中学生,而是大农整个生活水平较高

下面是奥哈根的数字

	小农	大农[2]
收入·················	3 586 马克	30 675
支出·················	1 780	27 955
	+1 806	+ 2 720

---

① 参看本版全集第 5 卷第 146—148 页。——编者注

② 小农和大农的家庭成员几乎相同:小农——丈夫＋妻子＋16 岁和 9 岁的女儿＋7 岁的儿子;大农——丈夫＋妻子＋9 岁的女儿＋17 岁的侄儿,14 岁的儿子。小农户——丈夫＋妻子＋子女经常参加劳动,小孩子有时劳动。大农户——丈夫＋妻子从事日常**管理**,**有时劳动**。

地产售价……………	33 651	149 559
收入额　…………	5.45%	1.82%

家庭预算：

农户自己用于个人

消费的产品价值 ……	558.15	461.50
纳税 ……………	34.00	204.95
买肉 ……………	18.00	124.80
殖民地商品 …………	81.90	216.00
饮料 ……………	26.00	70.00
烟草 ……………	24.00	80.00
取暖 ……………	59.15	？
医药 ……………	25.00	60.00
学费　…………	4.00	700.00
节日花费…………	25.00	120.00））
丈夫服装…………	40.00	188.00
妻子服装…………	20.00	170.00））
子女服装 …………	160.00	230.00
丈夫靴鞋…………	16.00	24.00
妻子靴鞋 …………	6.00	15.00
子女靴鞋…………	30.00	25.00
杂用 ……………	31.20	50.00
总计 ………	$\overline{1\ 158.40}$	$\overline{2\ 739.25}$

（卡·考茨基在第 340 页指出

第 341 页。考茨基说，把农户的家庭经济列入生产性支出是荒谬的。如果小农**像大农那样**过日子，那么盈余就不会有 1 836

马克,而只会有258马克＝0.80%少于1.82%

　　奥哈根自己也看到了这种**反对意见**,并认为这是**公正的**,他试图寻找另外的途径。奥哈根完全**排除了**家庭收支情况,仅仅抓住年收入一项。

	小农户	大农户
	2 965.08 马克	5 457.04
占固定资本	8.81%	3.71%

　　但这里未计算**小农的劳动**(卡·考茨基的书第341页)。

　　卡·考茨基说(第342页),对辩护者来说,最方便的做法就是把农民挣的钱时而说成是利润,时而说成是工资。

　　预算中的数字常常是大致的估计,而不是精确的计算。

　　因此,**考茨基**援引了奥哈根在德国几个地方的旅行见闻。

　　赫茨很愤怒(赫茨的书第70页)。

　　卡·考茨基嘲笑这些童话里的公主(灰姑娘),并说**社会主义者**从来都认为子女的劳动是一种"掩饰"。

　　赫茨说,考茨基竭力使人相信,这**仍然是一回事**(赫茨的书第70页)。卡·考茨基援引《**土地问题**》("常常"、"一般"),说并不是所有的人都这样**漫不经心地**读他的著作。

　　卡·考茨基援引赫茨的书(第70页)。但赫茨"忘记了"**大农户**的预算。

　　卡·考茨基认为最卑劣、最不体面的贫乏**不是这些**描述,而是奥哈根的**其他**描述。(引自《**土地问题**》。)①

　　卡·考茨基接着援引**赫茨的书**(第**71**页)并嘲笑说,赫茨已经

---

① 见《土地问题》德文本第11页;俄译本第78—79页。——编者注

"不习惯了"〈而他又什么时候习惯过呢?〉…… 这里,跟坏地有什么相干??

第 364 页。卡·考茨基分析了奥哈根的著作。考茨基的著作中**回避**什么东西呢?

奥哈根认为小农户的优越性是,它**可使**支出**适应**收入。奥哈根把德意志克罗讷区的小农户(即最脏最穷的农户)和大农户作比较。大农户**换了**四个业主(说他们破产了,这是赫茨的**杜撰**),**他们以高于买进的价格卖出土地**(这样差不多可以抵补他们的亏损)——他们想靠坏地照样过好日子,照样付给工人高工资——而小农则降低支出,以求适应(第 365 页)。

卡·考茨基在援引赫茨的书(第 <u>71</u> 页)时说:"我们的读者现在可以了解,**这种批评**意味着什么"(第 366 页)。

卡·考茨基还分析了赫茨的书(第 87 页,注 193)(——),如果拿 1880—1891 年的两个五年来看,那么结果仍然是增长,如果说卡·考茨基回避了 1891 年,那是因为 1890 年 7 月 29 日法律使条件变得无法比较。

(赫茨在这里耍了一些小小的花招,但他仍然是布伦坦诺的忠实学生。)

第 428 页及以下几页。

大卫反驳说,抵押借款没有下降。

卡·考茨基说:我从来也没有这样说过。我说的正相反。

大卫把农业主脱离土地占有同农业的贫困混为一谈,把地租同农业主的**收入**混为一谈。

负债仅仅在地租下降的时候才是衰落的标志。大卫否认在欧洲地租正在下降,并援引自己居住的地方**莫姆巴赫**作为说明。

卡·考茨基嘲笑说:这是大城市的**郊区**(第432页)村社。

农业主要的是种庄稼,而不是搞畜牧业和蔬菜种植业。

地租下降的有法国(第433页)——(和英国,第432页)和比利时(尽管比利时已向畜牧业过渡等等)。

地价下降时抵押借款的增长表明农业负债的增加(第434—435页)。

卡·考茨基嘲笑了社会主义的最新流派,这一流派在理解我们的社会条件时,非常乐观,甚至超过了老自由主义(436)。

第472页。卡·考茨基援引《**土地问题**》并谈到抵押借款的集中问题。这里是第二点,大卫在这一点上伙同赫茨、伯恩施坦、席佩耳、布尔加柯夫等人"对我进行攻击"。

我所提出的集中过程是无可争辩的。

大卫说,不过,这是占有的集中,而不是财产的集中(银行的小储户):"赫茨、伯恩施坦等人就是这样论证的。"(472)

因而问题在于:如果资本或土地所有权的集中靠借钱进行,那么这种集中是否意味着集中呢?

观点不同,回答各异。

(有10 000股份的股份公司对工人来说就是集中。)

对于**农业**来说,借贷资本从哪里来都无所谓(473)。重要的是,这不是分散的农村高利贷者,而是处于社会监督下的大企业。

(有关这一点,见1900年1月3日《新时代》杂志(1899—1900)第15期第473页。)

"尽管我有机会聆听大卫、赫茨、伯恩施坦和席佩耳的无数教诲,并且这些教诲给我带来最意外的发现,比如以最详尽的统计证明,储金局的储户数以百万计,而我却至今坚持这个观点,看来不得不承认这是因为我智力有限。在赫茨和大卫没有告诉我以前，我还不知道储金局的钱是从哪儿弄来的。我还以为它们用的是路特希尔德和万德比尔特家族的私蓄。"①

赫茨认为，社会集团将抵押借款集中，表明**土地所有权的分散**。

赫茨的书(第 26 页)——关于剥夺的"激进言论"(赫茨的书第 <u>29</u> 页)。在第 88 页上——卡·考茨基的书，没有"无情的"。

"激进言论"——是赫茨的杜撰。共产党的《宣言》**35**中**没有说不要补偿**(考茨基的书第 474 页)。("无情地")——卡·考茨基也是援引来的(赫茨的书第 29 页)。

就是这样一些"**女私有者**"(！！)——在储金局中有 20 马克存款的女佣人！

这个论据(说社会民主党人要掠夺小私有者)并不是什么**新东西**——欧根·李希特尔已经提到过它**36**。

当时，欧根·李希特尔的这一论调曾遭到所有社会民主党人一致的嘲笑。而现在，社会民主党人中间竟有人在我们的中央机关报上歌颂一篇重复同一思想的著作:赫茨，我们赞美你的功绩！

对于已进入风烛残年的可怜的欧根来说，这真是一个大胜利。为了让欧根高兴，我不能不再引用一下赫茨在同一页上所说的下面一段话:(第 <u>29</u> 页——)

大卫的关于用集体的工资合同(Tarifgemeinschaften)和消费合作社来"挖空"(Aushöhlung)资本主义的理论现在已经被人超过了。它在赫茨的用储金局来剥夺剥夺者的理论面前，已经黯然失

---

① 见本版全集第 5 卷第 127 页。——编者注

色。被认为已经去世了的节俭的阿格尼斯,现在又复活了……①
(475)

但如果无产者剥夺农民,——并且如果小农经济是社会发展的最终目的,那么土地公有制有什么用呢?

赫茨的书,第72—73页。

卡·考茨基说,他认为在这里没有必要来论证土地公有制的必要性,况且赫茨对这个问题的态度**一点也不明朗**(476)。

这是"新流派"的一般特点,没有提出任何新要求来反对旧要求……

如果大卫宣布土地公有制的要求也是一种反应等等,并主张个人的即私人的所有制……,那么这就是合乎逻辑的了。

他的**挖空理论**不过是蒲鲁东主义的"现代化"……

这种理论是"学院式社会主义的新流派"(477)——拿出"**新纲领**"来代替牢骚话吧。

(从1867年起**国际历次代表大会**提出的土地问题。)

译自《列宁文集》俄文版第19卷
第98—113页

---

① 见本版全集第5卷第128—129页。——编者注

关于批评维·切尔诺夫
土地问题观点的材料

（1901 年 6—9 月）

维·切尔诺夫论文目录

1900 年《俄国财富》杂志。

维·切尔诺夫:《资本主义和
农业的演进类型》

第 4 期,127: 　土地问题给正统马克思主义"第一次"打开"**一个**

　　　　　　　缺口"。

　　　129。　　考茨基的书中"未必有¼的篇幅是用来分析农业

　　　　　　　演进的数字和事实的"。

　　　130。　　用"陈词滥调"和"死板公式"来使马克思主义"庸

　　　　　　　俗化"

　　　131。　　——还用"僵死的教条"

　　　131。　　俄国非马克思主义者同批评马克思主义的"批评

　　　　　　　家""合作得很好"。

　（134。）　　**"俄国社会学派"**

　　　131。　　文章的目的——**"谈谈赫茨的书"**

　　　133。　　赫茨给"资本主义"下的定义。

135—136。　　教条主义者认为,一切都力图发展得一个样,批

评家认为有各种各样的发展形式(对教条主义者造谣中伤)。

137。　赫茨嘲笑("怨恨"?)考茨基一会儿说英国是榜样,一会儿又说不再是榜样(?)。

137—138。　"旧的说法"断定,俄国将走"西欧"的道路。

—139。　说不存在一般的"西欧"形式。(资本主义在俄国"开始工作了"。)奇怪的是,人们"引以自豪"的是他们不相信俄国能够避开资本主义,——"**大实话,没人反对**"(!)。

140。　"积极"方面不是资本主义,不是形式,而是内容、"力量的结合"、合作社。

141。　**尼·—逊的"诊断"**……是正确的……资本主义发展不够的说法**遭到歪曲**。

142—156。　英国、法国和德国资本主义的"类型"。桑巴特认为**还有一些话**[①]……

切尔诺夫 {
　　桑巴特的转述+如下的随意发挥:

　　这里什么都有:既有"英国人的独立自主、骄傲刚毅的性格"(143—144),英国资产阶级的"稳健"(145),它的对外政策的"铁面无情"(146),——也有"罗曼语种族的热情奔放的气质"(149),"法国无产阶级的狭隘宗派主义情绪"(148)——还有"德国人的精确性"(152)。
}

---

① 手稿上接下去写道:"(见单页)"。在"单页"(第 19087 号档案)上写着下面这段话。——俄文版编者注

157。　《**指南**》(!)——赫茨的书。

第5期,30。　土地问题被置于"旧马克思主义的视野之外……"

31。　——"对于旧马克思主义来说,根本不存在土地问题……"

32。　1864年马克思的话。

33—35。　**国际历次代表大会上的土地问题**；

35。　里廷豪森被列入"教条式的马克思主义者"(和"同道者的村社")。

36—39。　威·李卜克内西(《论土地问题》)——"教条式的马克思主义"。

39。　"过分否定农民"("现代教条式的马克思主义的""罪过")

40。　威·李卜克内西:"村社",农村＝"自然村社"。

41。　李卜克内西1876年的土地纲领。

42。　**恩格斯在关于德国农民的文章(《恢复马尔克》)中**……"还是那个同道者的村社"(!!)

45。　季别尔论爱尔兰人民"灵魂深处"的"村社"。

45。　村社是"**缩短经济发展路程**,寻找""过渡到更高形式的更直接的方式"的"**手段**"……

46。　**"所有使农民经济得到发展和巩固的东西都是进步的"——从李卜克内西那里得出的结论。**

47。　农业演进的两种形式:(1)**资本主义形式**;(2)非资本主义形式,**发展**农业合作社。

47。　"……对村社的支持……"

48。   **"农业非资本主义演进的理论"**。

第6期,203。   奥·倍倍尔:《我们的目的》,他的著作的"弱点"。

205。   倍倍尔的土地纲领。(反对把村社土地变为私有土地。)

205。   《爱尔福特纲领》——"类比法"。

206。   1891年的康普夫迈耶尔草案("一点也不直爽"。)

207。   福尔马尔1894年在法兰克福。

208。   **"本户劳动"**、**"费用低的农村生活"**等等。

209。   "从**更高的**经济意义来看",资本的直接统治和间接统治无所谓吗?

资本主义的**形式**和**内容**。两者的"矛盾"。

$$\left.\begin{pmatrix} 劳\ 动\ 同 \\ 所有权分离 \end{pmatrix} \begin{pmatrix} 社\ 会 \\ 大生产 \end{pmatrix} \right\} \begin{array}{l} 形式——反社会的、\\ 寄生的原则。\\ 内容——社会的原\\ 则,联合体。 \end{array}$$

210。   **真是再好没有的解释**:形式"压倒"内容或者相反。

211。   马克思论高利贷。

一条针对卡·考茨基的注释("都是俏皮话")

212。   马克思论高利贷。

212—213。   马克思论爱尔兰佃农。

213。   俄国的工役制——**资本主义**的形式(?)优越于内容。

213。 龚普洛维奇论英国的温室栽培(注释尼·卡雷舍夫)。

215。 ——马克思论土地问题。

216。 在资本主义的诸问题中,切尔诺夫指出了"合理化",但忽略了排除农奴制关系。

218。 马克思不了解生物科学对农业起作用的实际范围。

218—220。 工作时间和生产时间。

220—222。 妨碍把农业中的利润拉平的因素很多(其中包括非资本主义生产者)。

230。 费舍认为赤贫化同无产阶级化有区别,据说马克思针对他说,农村工人永远是半个穷人。

231。 "……历史的说教……"

231。 "从马克思的分析中得出的正是那个(!! 注意)说法"……"农业中资本主义的内容被形式压倒","正因为如此,资本主义的消极方面特别明显地超过(??)积极方面"。

第7期,153。 马克思主义的两个"方面"和它们"折中主义的"结合——……"教条"的不可避免的危机……

……农业危机总是首先打击最先进的农户……

154。 马克思在1848年以为,农民,就他们为自己的经济生存同资本主义作斗争而言,是绝对反动的因素。

154。 ……农民"每天都在被消灭"……

《共产党宣言》? 第13页"……已经消灭了,而且每天都在消灭……"

155。 在1898年这是"教条主义和迷信保守……"

156。 恩格斯在1894年。

157。 恩格斯:丹麦——榜样。"从恩格斯那里得出的"结论:

158。 **"以村社为基础的合作社是(通向社会主义的)过渡形式,而不仅仅是资本主义。"**

159。 "……另外的道路……""农业演进的新理论"。

159。 "土地纲领"(德国的)——"自己的弱点""相当可疑"。

160。 纲领草案。倾向:支持农民**村社**和**合作社**。

162。 **"保证劳动农民"走"另外的道路"的"一系列积极的实际措施"**——土地纲领的基本倾向。

163—164。 正统派＝天主教徒。资本主义＝摆脱了"**私有制狂热**"的(!)"**小资产阶级**"(!)农民的炼狱。(聪明的玩笑!)

164。 合作社——通向资本主义的道路……　似乎就是"地方公有集体主义"

165。 考茨基承认地方公有社会主义。(骗人!)

166。 考茨基援引俄国同志们的话。**谁**?(**伪君子**)。

167。 卡·考茨基本人认为:农民——施加影响的极好目标(?)"羊肠小道"(!!)

169。 "……甚至连马克思的东西也没有搞熟……"

第8期,201。 "教条主义者从自己原有的立场后退"……
"失言"…… **201:"教条主义的伟大的宗教裁
判者"。**

202。 "狂热的信徒"认为考茨基的书(《土地问题》)是
"划时代"的作品。

202。 卡·考茨基的书——在许多问题上**投降**:向批评
派**让步**。

203。 卡·考茨基"在批评的压力下让步"(203—204):

(1)在英国,小生产并没有像**预料**的那样消
失——《共产党宣言》(??)

(2)在美国也没有……——恩格斯 1882 年。(《宣
言》)?

("逐渐被征服"。俄译本第 9 页。在切尔诺夫那
里"正在日益毁灭")("erligt mehr und mehr",恩
格斯在《宣言》标准译本第 5 页)。

(3)农业中过程更复杂①(??? 参看《资本论》第 3
卷下册? 页)**37**。

204。 **"教条式的马克思主义在土地问题方面向后退
了"(!)**据说这没什么可证明的。

205—206。 卡·考茨基谈到**现代**大农场时指的是"管理最合
理的农场"(206)。不对。(骗人,参看他所引的考
茨基著作的那几处。)

206。 (1)考茨基把因循守旧的农户同先进的大农户加

---

① 这句话是考茨基说的。见《土地问题》1923 年版第 98 页。——编者注

以比较。

206—209。 **莫·黑希特**:使论据针对考茨基。[……衰落的不是现代经济,而是落后的小经济……]

210。 (2)考茨基强调由国家帮助小农户,但忘记帮助**大农户**(切尔诺夫歪曲考茨基的论据)。

211。 (3)**劳动过度**和**消费不足**。

212。 ———"片面性":大农户欺侮雇农。

213。 切尔诺夫同样也不理解考茨基关于小生产过剩的论据。

214—215。 农业中独立的小农户的数量在增加,而无产者的数量却在减少。

215。 考茨基不承认农业中小农户比大农户优越是**有道理的**。

216—217。 考茨基没有把**资本主义**大经济同农民经济区别开,**完全"混为一谈"**……

218。 "土地的局限性……" 向布雷斯劳论战"让步"(!!)。

219。 大生产并非永远优越。向大卫"让步"……

220—221。 "能否谈得上集约化,答案很清楚"(在危机的情况下!)。

221。 考茨基没有注意到,大生产仅仅在谷物业方面比较优越。(不对:《**土地问题**》第 **115 页**)①

---

① 指卡·考茨基《土地问题》1899 年斯图加特版;俄译本 1923 年版,第 81—82 页。——编者注

222—224。　　龚普洛维奇:农业中**个体**生产的倾向。

225—226。　　切尔诺夫赞成联合起来的生产者的大经济,不愿坚持"资本主义的积极使命",但又不特别喜欢"分散经济"。

227。　　(卡·考茨基的)抵押借款和大地产。

228。　　切尔诺夫:"形式"压倒**内容**。统一行动在这里连一点影子也没有了(关于大地产——和抵押借款的说法是**不正确的**)("不可救药的教条主义者"**卡·考茨基**)。

229。　　对卡·考茨基来说,李比希以后农艺学的整个发展"**都已无影无踪**","都是在**无能为力地**重复马克思"(?? 卡·考茨基,51—52,参看第211页)[①]。

　　　　　　　　"考茨基残缺不全的观点……"

233。　　"让步"(反对爱尔福特纲领)——小经济有时受大经济制约(相互)。

234。　　"关于积极使命的教条有什么用呢?"当资本主义造成小土地占有制的时候,表现出缺少生命力的是资本主义,而不是农民。

235。　　农村"是否要"成为消极的? 服从城市?

236。　　卡·考茨基——"折中主义者"……(恩格斯预见到同农民的战争!)

236。　　考茨基的"工业中派"。

---

① 指卡·考茨基《土地问题》1899 年斯图加特版;俄译本 1923 年版,第 35—36、149—150 页。——编者注

238。　尼古拉·—逊——"卓越的能力和科学的准确性","估计了农村居民购买力对于工业的意义"(!!!)

238。　"工业瘾"……考茨基的"褪了色的、黯然失色的教条","冲淡了的"……

239。　**加蒂**:考茨基——"老教条","观点肤浅"等等。

第10期,212。　卡·考茨基——"正统思想企图戴上伪装从一系列阵地退却"。

　　　　　——"教条主义,牵强附会的偏见,缺少直率和寻求真理的精神"。

213。　"赫茨坚决站到了尼古拉·—逊一边"。

214—215。　奥地利阿尔卑斯山区的农民破产了。那里变成了富人的狩猎场。这也是"进步"?　——赫茨问(!)

216。　在抵押借款方面——**分散**。(赫茨)

216—217。　考茨基"滑稽可笑的矛盾";"无产者剥夺所有者"(抵押借款的所有者)

217。　无论是对赫茨,还是对**梅伊**,考茨基一句话都没回答。

219。　卡·考茨基在美洲问题上"投降了"("不过只投降了一半")。

219—220。　赫茨"极其鲜明地"驳斥了"企图挽救残余的教义的毫无根据的做法"……

221—222。　李卜克内西在法国问题上的错误。

223。　赫茨论法国农业:**按地区**进行比较。赫茨主张研究特点。

224。　　埃伊诺迪:皮埃蒙特三种不同的地区。

226。　　**加蒂**。"农业的特点":(1)比较复杂的生产资料。
(2)更大的生产价值。

227。　　(3)"对自然环境的抵抗"(!)

229。　　马克思主义者只有一个目的和"一种方式"(!!!)
两种方式:资本主义的+合作社的。

232—233。　　**王德威尔得**也承认有两条道路:资本主义的+合
作社的。

233—234。　　比利时人的草案　牛奶生产社会化:"没有资
本主义"!!

234。　　恩格斯关于**比利时**的预言的破产。[歪曲]

234—235。　　弗利根:(哪里?)荷兰(受到资本残酷剥削的小生
产)小生产的发展。

236。　　阿海姆(荷兰)土地纲领(拥护村社)。

236。　　西欧思想——也正是我国一部分书刊早已反复
指出的那些东西。(**卡布鲁柯夫**)

237。　　**卡布鲁柯夫的**"出色的"、"极好的"著作。

237。　　农业资本主义没有完成"**历史使命**"……

238—239。　　赫茨:(资本主义)倾向——"**小块土地租佃**"……

240。　　赫茨(和切尔诺夫):农民＝"自食其力的
普通劳动者"(当然,不包括已经发了财的
和正在发财的农民〈原文如此!〉——他们 ┃ 注意
的地位接近资本家)。

241。　　非资本主义演进——太可疑、太不稳定的领

域……

242。　"非资本主义演进的理论"——处于萌芽状态。

还没有变为**概括性的即本质上科学的**著作(原文
如此！而卡·考茨基?!)。

243。　资本主义演进——自发的。

非资本主义演进——"分散为量的有计划结合"。

同主要动力"直接"对立(!)

资本主义演进(＝狭隘的个人利益)。

244。　工作——"缓和、调整、归纳、协调、造成

和谐一致"……(为了有计划的结合)　　注意

……——必须寻找"**阻力最小的路线**"。

245。　赫茨:"合作社形式""合乎逻辑的"发展(!!)(赫
茨的书第116页及以下几页,第1—10点)

248。　顶点:葡萄种植者的协作社,——他们仍然经营
自己的饭馆和小铺……

249。　"极大地促进"我国的"**村社**"……

250。　"民粹主义"!"无限(??)广泛的概念"。

所有不承认统一的资本主义的理论(!!!)　　注意
—— ——和农民必然无产阶级化的人(!!)

250。　是否可以期待(大生产的)先决条件

(1)——从农业资本主义

(2)或者"从**自觉的社会**

251。　……**创造,即依靠劳动农民的社会创造**"(!!)

251。　对关于农民和村社的意见分歧的"**歪曲**"理解。

251。　那些认为消灭村社就是消除发展障碍的人的观

点……已经过时。

252—254。　……"土地纲领"时代……

255—256。　当今马克思主义者的折中主义:在捍卫村社时"胆怯地"道歉。

256。　**"农业演进的两种基本形式"**,资本主义形式和非资本主义形式……

"应当认为第二条道路比较好"……支持农业合作社和农业村社。

257。　正是《**祖国纪事**》杂志和《**同时代人**》杂志所坚持的那个观点(!)

258。　难怪赞成这种思想……生活……**证实了**(!)这种思想的正确性。

卡·马克思《资本论》中
有关农业资本主义过程的论述

[153]　第3卷下册第189页[①]:农业的平均化比工业**要困难**。

[153]　第3卷下册第189—190页:资本占领农业**最晚**。

[153]　第3卷下册第190页:土地可以由坏向好转变,反之亦然。

[161]　**下册第199页**:反驳李嘉图(土地的肥力并非总是递减的。土地并非总是由好向**坏**转变的)。

---

① 卡·马克思《资本论》1894年汉堡版。左边方括号内注明的是《资本论》俄译本1930年国家出版局版的页码。——编者注

[174]　第 3 卷下册第 216 页:资本主义仅仅是缓慢地和不平衡
　　　　地占领农业。

[178]　第 3 卷下册第 220 页:李嘉图概括的是**一种情况**。

关于资本主义和农业的演进问题

232。　　　格拉茨党代表大会通过了一个"在最本质的特征
　　　　　方面相类似"的纲领。

232—233。　**罗马尼亚人的**土地纲领:给农民村社提供土地
　　　　　……

233。　　　P.米尔切斯库在《开端》杂志**第 4 期**……

236。　　　**意大利**。博洛尼亚(1897)的土地纲领在罗马被
　　　　　拒绝了。

　　　　　　　　　　(1900)

237。　　　——决议:《**帮助传播合作社思想**》。

239。　　　奥地利、法国、比利时、荷兰、意大利、匈牙利、
　　　　　丹麦、巴伐利亚(!!)、罗马尼亚"**最虔诚的**"
　　　　　(??)马克思主义者懂得"**支持和扩大村社土**　??
　　　　　地占有制"的必要性。

241。　　　**尼古拉·**——逊"为肯定村社和劳动组合"提供了
　　　　　"**坚实的经济基础和严格的科学论证**"。

246。　　　"批评马克思主义的批评家"的"不幸"——哈哈!
　　　　　缺少原则性,机会主义等等。

247。　　　**合作社**——不是**伟大事业**的一个独立部分,而是

一个小部分……

反驳维·切尔诺夫的提纲

指出切尔诺夫的著作：

A——(1)①
> 俄国马克思主义者说大实话，没人反对第 4 期第 139 页②
>
> 对尼·—逊的颂扬。第 4 期第 141 页；第 8 期第 238 页；第 10 期**第 213 页**；第 11 期第 241 页。
>
> 谁是俄国社会民主党人的"同志"。第 7 期第 166 页。
>
> 对卡布鲁柯夫的颂扬：第 10 期第 237 页。

(3)　国际历次代表大会上的土地问题。第 5 期第 35 页。

(4)　对恩格斯的歪曲：第 5 期第 42 页；第 7 期第 158 页；第 10 期第 234 页（关于比利时）。

非资本主义演进，第 5 期第 47 页；第 10 期第 229 页；第 10 期**第 243、244 页**。

A——(5)　曲解马克思关于资本主义的论述和历史的教训等等。第 6 期第 216、**231 页**及其他各页。

A——(6)　对考茨基的"斥责"

---

① 这里和下面的编号是用蓝铅笔写的。——俄文版编者注
② 这里和下面指的是 1900 年《俄国财富》杂志的期数和页码。——编者注

折中主义者,第 7 期第 153 页;第 8 期第 202
页;第 8 期第 236 页。

甚至对马克思都不熟悉,第 7 期第 169 页。

[农艺学的发展"无影无踪":第 8 期第 229 页。①]

农民的"小资产阶级性",第 7 期第 163 页;参看
第 10 期第 240 页,莫·黑希特,第 8 期第
206 页。

A——(2)　　形式和内容。第 6 期第 209 页;第 8 期第
228 页。

A——(7)　　抵押借款的分散②:第 10 期第 216—217 页。

又一个假内行

(论《在光荣的岗位上》文集[38](1900 年圣彼得堡版
第 156—197 页)中维·切尔诺夫先生的文章)

1.“劳动的利益”(第 158 页)。大概是“纯粹的”吧?!

2.马克思主义观。(第 160 页)歪曲。(参看考茨基的书[39]第
304 页及其他各页)。

3.篇章的选择(考茨基,第 1 册第 2 部分)(第 160—161
页)。注 **161**(?)

4.四个特征。(第 162—166—**167** 页)“批判地分析”考茨基的

---

① 这句话用红铅笔勾掉了。——俄文版编者注
② “抵押借款的分散”用红铅笔打上了××,以示勾掉。——俄文版编者注

"全部论据"。

5. 对李卜克内西的伪善行为(第 166 页)。

6. 高利贷资本和农业资本。"勇敢的"维·切尔诺夫先生"感到自己脚踏实地了"(第 169 页)。

7. 把清谈丢到一边(第 169 页——

考茨基论高利贷资本——第 11、86、102 — **104**、118、**291 — 292** 页。

维·切尔诺夫《经济制度范畴的农民和工人》一文的摘录和批注^①

157。	"广泛的原则"。
	"劳动的利益＝人民的利益"。
158。	"保证劳动的正常进行"。
	"为劳动创造正常的条件"。
	……官吏、商人……从一个方面讲也是劳动者。
159。	70 年代**提出来的**"严整的世界观",《祖国纪事》杂志,"极端的彻底性"……
160。	广义的表述被**狭义**的表述代替。
	(把马克思主义庸俗化)
	农民**被排除在外**。
160—161。	对考茨基的书和篇章的选择。

----

① 见本卷第 107 页。——编者注

161。   福尔马尔。

161。   "他们〈农民〉在现行经济制度中的社会地位
         相同"。

         [一派胡言!]

162—166。 "一步一步批判地分析考茨基的论据"

         （一派胡言乱语。）

         切尔诺夫的"纲领"：

185。   **"终止农民的无产阶级化"**

188。   "国家保险"

195。   **"调整租佃合同"**

195。   "国家组织低息贷款"

196。   **在没收私有土地以后**，"保证供给农民协作社和
         村社以土地和生产资料"……

195。   在"**劳动和财产由土地占有者本人发起自由结合
         起来的**"基础上的"农业非资本主义演进"。

译自《列宁文集》俄文版第 19 卷
第 147—161 页

《德国农民状况》一书的摘录和批注[40]

(1901 年 6—9 月)

弗·赫茨对《农民状况》的摘引

(一)**萨克森**:"在集约化程度方面,较大的田庄和较小的田庄之间几乎没有差别。"

反对

(二)202—203。**大**田庄的占有者和承租人可以得到足够的资金。而且经营是合理的和集约化的。一般使用机器,实行深耕、施化肥和酿酒等等。几乎全是优良牲畜。

这些田庄的合理经营,对农民田庄几乎到处都起了良好的**反作用**(黑体是朗斯多夫用的!)(注意 反作用)(204)——特别是由于大土地占有者参加了农业联合组织(注意)⋯⋯ 在那些大田庄比其他地方多的地区,这种影响更为显著,而且经常可以听到,特别是在海拔高的矿山地区,说什么大牲口,也就是良种公牛的繁殖情况比较糟,是由于现有的贵族田庄数量不够。(204)

贵族田庄需要**做日工的人**×(不包括仆人)——在收获期他们从事农业劳动,在其他时间从事**林业劳动**,改良土壤(土壤改良),采石,做土方工程,修路等。通常他

原文
如此!

们(日工)×也有小块土地或租佃小块土地,并利用工余(原文如此!!)时间来经营。

地主也经常给他们土地。

农户的技术组织近年来无疑有了很大的进步,当然(**注意**),尽管这里也有例外,而主要是指小占有者,但贵族田庄的好榜样,无数农业联合组织的经常鼓励,农业委员的指示和工作,以及原先分小的地块的合并,都在这方面起了好的作用。在各个专区,特别是在土地比较肥沃(赫茨)的地区,现在未必能够发现**较大的田庄和农民田庄之间**的集约化程度会**有什么差别**;这种差别在山区较为明显,那里较大的田庄在经营中有较多的流动资金,但是就是!!!)在这种地方,农民农户的纯利润往往也并不少,因为低下的收入为高度的节俭所弥补了。在目前极其低下的消费水平下,这样节俭常常会使农民业主的生活比工业工人还要坏,因为工业工人有更多的消费。[①](222)

这就是赫茨!!(和布尔加柯夫:见他的书[41]第2卷第282页)的摘引。

(222)……在一些地区,例如格罗森海恩、德贝尔恩、瓦尔德海姆,轮作制已为大多数中等农户所采用,而三圃制几乎只有小农户才采用。

畜牧业也普遍有显著的进步。只有在繁殖牛和利用乳制品方面,农民明显落后于较大的地主。(223)

哈雷的母牛(关于萨克森)。(? 可能在第3卷。)

---

① 见本版全集第5卷第159页。——编者注

哈尔伯施塔特(原先是公国。现在是萨克森的韦尔尼盖罗德区)的 W.**格兰德**。

大土地占有者可以耕种新购买的若干摩尔根土地,而无需为此增加他们现有的流动资金……　小农户既不计算自己的劳动,也不计算存款的利息,如果有存款的话(131—132)……

……几乎到处都实行深耕。较大的农户到处都作出了好榜样,而且它们的经济同大土地占有者的经济未必有什么差别(第137页)……[较大的农户(小土地占有者)=超过 100 摩尔根(25公顷),较小的农户——20—100 摩尔根(5—25 公顷),最小的农户——不到 20 摩尔根(5 公顷),见第 137 页]……

……甜菜播种面积大扩展,势必实行深耕(138)……

小土地占有者还不能采用蒸汽犁耕种土地,尽管在公国内有 12 套供出租用的蒸汽犁,其中有 4 套属于私人所有(138)……　由于在耕种这样小的农民条形土地时要频繁搬运,使得(蒸汽犁)的工钱太高,结果我们上面提到的乔利的试验也没有带来积极的结果(138)。[这个试验的内容是,乔利的土地占有者协作社租用了一部蒸汽犁,由于多半是耕小地块而必须频繁换地,所以开支较大,试验失败了。(134)]

(145)较大的农户几乎在任何方面,无论是生产的集约化程度,还是纯收入,都不落后于恰恰是在这里进行高度发达的集约化经营的大土地占有者。中等的小土地占有者往往不能像较小的和最小的土地占有者那样投入更多的流动资金,但他们是相当勤劳和卖力的。　　(赫茨)

中小土地占有者提高收入的一个非常有利的促进

因素是,一些地方的糖厂把甜菜播种面积的摩尔根数量降低到 3 摩尔根为一股,这样只有 9 摩尔根的占有者也有机会参加糖厂并获得自己的一份利润;在其余方面,他们的处境同大占有者相比,从一方面来说,不那么有利,因为大占有者可以更充分地使用生产所需的农具,并且他们拿去出售的大量产品,总是可以获得较高的价格。但是从另一方面来说,中、小占有者的劳动花费较少,而对最大的土地占有者来说,恰恰是工资涨得最多;这种高工资给了最小的占有者以优势,因为他们利用晚间休息时间,或者对不起,经常利用星期日来完成田间作业。(146)

注意

!!

谢·布尔加柯夫对《农民状况》的摘引

(布尔加柯夫的书第 2 卷第 282 页)

(1)**爱森纳赫**的书第 1 卷第 72 页[总的来看文章太一般。笼统的意见居多。]

从第 66 页的图表可以看出,1 116 户农民土地占有者中:

1公顷以下 ——443	} 887
1— 5 ——444	
5—10 ——134	原文中没有总数,
10—20 —— 73	而只有 9 个村社
20—30 —— 18	各自的数字。
30—40 —— 3	
50—60 —— 1	

从这个对比可以看出,绝大多数农民土地占有者的土地少于 5 公顷,在实行一切旨在提高农民境况的措施时,首先要注意的正是这个土地占有者阶级,因为总的来看,应该认为他们的境况不太好(66)。

"现有的大土地占有即贵族田庄和其他田庄并不算多(占总面积 12.5%),还不能够使现有的一切日工劳动力和其他工人劳动力⟨原文如此!⟩都得到利用,并进而使 !!
小土地占有者这个阶级得到足够的工作和相应的工资。由于他们是在大田庄中干收割工、日工等活,所以他们的 !!
处境相对来说比较好一些"(67)……

第 72 页。**现在**看一看布尔加柯夫的一段论述摘要:"……虽然在技术工作方面还远远不能令人满意,特别是在小农户中,但除极个别情况以外,到处都可以看出力图更合理地进行经营的总趋势……" 较大的土地占有者使用的大部分是马(或犍牛)……而较小的土地占有者耕地用的却是母牛,有时是很弱的母牛。

(73)"副业收入是多种多样的……砍柴、林业劳动和运柴。这种劳动的条件很艰苦,我们在上面描述埃卡尔德斯豪森地区的农民状况时已经指出来了"……[第 69 页。虽然这样的劳动(即运柴)工资并非不多(一个人加一对犍牛一天的工资为 7—10 马克),但这些地方的繁荣景况仍然在衰落,而在某些情况下甚至完全被破坏了,原因是必须扔下农业,并且增加了额外开支——离家外出和经常长途跋涉,而且要习惯于这种不正常的生活方式。]……

　　(73)……林业劳动也未能给予足够的工资。在该区
的某些地方小土地占有者经营手工织布业,这给了他们

!　不错的收入……　总的来说,必须指出副业收入是不足
的……

!　　　……提供足够的副业收入,特别是在冬季,可以比什
么都更能促进农村居民经济状况的改善……(73)

　　作者在结尾称赞了乡下人"生活简朴"和"消费极少"
(要求微不足道)——他们健壮有力,甚至很奇怪,作者

!!　注意到贫苦阶级的食物缺少营养,土豆在这个阶级任何
一种食物中都是主要组成部分,他们甚至连豆类也不能
足够地享用……于是结论又是:注意为小土地占有者和

!＞　雇农提供适当的副业和副业收入……(73—74)。

　　　布尔加柯夫教授先生把这样一种景况理想化了!

第 2 段引文——普法尔茨。小农户收入更多。

大农户并不少见(在普法尔茨)(巴伐利亚莱茵河普法尔茨),
但占大多数的还是中等农户和大农户(对葡萄园来说,大农户是 5
公顷以上,中等农户是 1 公顷或 1½—5 公顷,小农户最多 1 公顷
或 1½公顷,第 249 页注释)。

　　在自由分割的情况下,土地分散日益加剧。

　　　"由于小地产总的来说提供了更有利地使用现有家

!!　庭劳动力的可能性,中小地产就逐渐变得更能获利了,所
以总的来说提供了比大田庄更高的收入(249)……　按
照特别高的价格出卖土地对大农户较为有利。

　　(250)农村居民总的来说是非常节俭的,并且怀有

!　发财的强烈愿望,这在很大程度上促进了它(这个过程)。

　　而且在第250页的下面重复说,大生产的有利方面(机器、信贷、出售条件更加有利等等)被小生产的更大劳动强度和更多使用本人和家庭成员的劳动力所抵消。总的来说中小地产提供了比大田庄更多的地租,这几乎已经无人表示异议了(251)。

　　得到土地和扩大自己的小块土地的可能性,是不断加紧进行活动和厉行节约的莫大刺激(251)。

　　第263页。在普法尔茨也有个别人声称大生产更合理,但大多数人认为没有实质性的区别。纯收入最高的是那些不雇用工人而自己劳动的农民。小农数量的增长证实了这一点。

　　(269)"做日工是整个普法尔茨的小农的副业收入来源。在葡萄园内,这种副业收入是相当可观的,那里的大土地占有者雇有长期日工,这些日工通常也有自己的小地产。但田间作业需要日工,大田庄尤其有这种需要,满足这种需要大部分靠小农,因为他们没有足够的土地来养家糊口并使全家都有活干,所以他们有时做日工挣点日工资。"

　　没有土地的长期日工几乎没有。

　　除此以外的副业收入还有林业劳动、手工织布(用亚麻)、编篮子、运木材、石头等,在煤矿劳动(圣英格伯特、贝克斯巴赫等等)——丈夫在矿上劳动,妻子"务农"(269)。

　　大卫也援引了第1卷第270页(在《野蛮的农民》一文中)。

　　布尔加柯夫的**第3段引文**,**慕尼黑专区**,大经济的技术进步。

　　(H.兰克博士:《慕尼黑郊区三个农民村社的经济状况》第1卷第273—294页)

　　村社:上比贝尔格、丁格哈尔廷和施特拉斯拉赫,在离慕尼黑大约20公里远的地方,舍夫特拉恩对面。

第276页:"毫无疑问,农民经济近20年来取得了相当大的成就。主要是由于牲畜的饲养改善了,用改良农具耕地更好了。"

副业收入——大农户没有

个别小农户——有手工业,做日工……

土地所有权的分布:

上比贝尔格: 　198人　30个房产主　　　　　　1 110.26公顷

施特拉斯拉赫:221人　35个房产主　　　　　　1 220

丁格哈尔廷: 　335人　53个房产主　　　　　　1 618

　　　　　　　754　　118 $\left(\begin{array}{l}\text{作者的书}\\ \text{第277页:119??}\\ \text{第278页:179??}\end{array}\right.$ $\left.\vphantom{\begin{array}{l}\\ \\ \end{array}}\right)$ 3 948公顷

$69\left\{\begin{array}{l}\text{38 户农民有地}>40\text{公顷}(40.7-103.5),\\ \qquad\qquad\qquad\text{总共 2 268}\\ \text{13 户农民有地 30—40 公顷 总共 451}\\ \text{18 户农民有地 20—30 公顷 总共 ?}^{①}\end{array}\right.$ $\left\}\begin{array}{l}\textbf{51 户农民}\\ \\ 2\,719\\ \underline{450(?)}(18\times25)\\ 3\,169(?)\end{array}\right.$

$15^{②}$ 户农民有地 10—20 公顷 　总共 ? 　　(225)(15×15)

$35\left\{\begin{array}{l}17^{③}\text{ 户农民有地}<10\text{ 公顷（它们总共有 77.8 公顷）}\\ \underline{18}\text{ 户手工业者 　　（它们总共有 }\textbf{116.7}\text{ 公顷）}\end{array}\right.$

　　119　　　　　　　　　　　　3 588.5(3 589)

---

① 作者非常粗心,有时计算的是**所有**田庄的面积(如 40 和 30—40 以上),有时不是。没有任何总计数字。

② 兰克称它们为"纯农民田庄"(278)。

③ 17 户"穷苦雇工或日工的小小地产"(279)。

6户没有土地(日工和手工业者)

约计:

38户农民——2 300公顷

46户农民——1 200公顷

<u>41</u>户农民——　200公顷

125　　　　　3 700公顷

在这三个村社中没有老爷田庄,只有农民田庄,然而农民田庄中面积很可观的有很多(278)。

"日工仅仅有很少的数量,而农民经济总的来说是以占有者本人及其仆役的劳动为基础的。"(279)

这些仆役、工人(280)和女工的数量?? 不详。

[[总之,这三个村社主要是用雇佣工人耕种的**大农**(119户农户中有69户的土地在20公顷以上,它们的土地占土地总数的¾,其中**38户**的土地在40公顷以上,平均每户59公顷,它们的土地约占土地总数的60%)。作者兰克先生几乎完全避开了有关这些工人的问题!]]

"日工首先是小土地占有者,即所谓穷苦雇工。他们由于自己的小块土地用不了他们的全部劳动力,所以一部分劳动力就去做日工活。"(278)作者把土地不足10公顷的所有非手工业者都列入这一类。

小农户的其他部分——手工业者。

H.赖赫贝格文章的摘录和批注

(1901 年 6—9 月)

在这一卷[42]中，**H.赖赫贝格**的巨著(《德国的职业和行业调查(1895 年 6 月 14 日)》)的最后部分。

在《副业》专门一节中指出：

能提供总收入中**很重要的**(第 148 页)一部分的"行业活动"算做"副业"。

按生产统计——5 558 367

按职业统计：

    2 522 539 主业独立经营者

    <u>2 159 606 副业独立经营者</u>

    4 682 145

        少 876 222

[统计者解释说，这是因为小占有者甚至认为不必要把自己耕种的一小块土地列为副业(第 149 页注释)，冯·迈尔则认为，这不是回答者的错误，而是因为他们可能对农业不重视。]

1882年日工兼独立经营农业者专列一类

1895年日工兼独立经营农业者已不专列一类,或者列入业主,或者列入日工。

因此,他说把1882年和1895年进行比较时,1882年兼营副业[在这一类中]的人数应当增加838 766人(第151页)。

总之,副业在下降:

1895年——3 273 446(14.29%)人在主业部门从业并拥有副业

1882年——3 979 275(20.96%)(在所有职业部门(A—F))。

(α)在农业中:1882年:1 510 170(18.34%)　　（第153页）

見背面①　　1895年:1 049 542(12.66%)

农业中100个有主要工作的人中间拥有副业的:

	1882年	1895年
独立经营者	410 034(17.92%)	495 908(20.39%)
职员	37.35	16.71
工人	1 075 245(18.28)	509 728（9.06）—— 赖赫贝格解释说,这是由于拥有土地的农业日工注册情况有了变化。

下面把兼营副业的独立经营者人数在10 000以上的职业**部**门的情况列举出来是很有意思的:

---

① 见下页第17—18行。——编者注

独立经营者 职业类别	绝对数		在独立经营者 总数中所占百分比	
	总的情况	特别是农业	总的情况	农业
磨坊 ……………………	26 849	25 481	87.6	83.2
铁匠 ……………………	44 181	42 984	70.9	68.9
大车匠和马车匠 ……	26 469	25 686	66.5	64.6
石匠 ……………………	35 953	33 566	61.8	57.7
木匠 ……………………	22 108	20 614	61.5	57.4
面包师 …………………	40 322	34 093	52.0	44.0
细木匠 …………………	52 946	49 249	49.8	46.3
屠夫 ……………………	30 114	26 485	43.1	38.2
客栈和小饭馆 ………	75 643	61 683	43.1	35.1
皮靴匠 …………………	87 254	78 636	40.4	36.5

"**副业情况**"的统计所提供的结果不同(与 α 不同)

		占全部主业和 副业的%	占全部副业的%
在农	1882 年:4 065 645	33.05	79.19
业中	1895 年:3 648 237	30.55	73.71

"迄今所进行的全部研究在这样一点上都是一致的,即应当在农业中寻找副业的重心。全部副业有¾是农业方面的……"(第165页)

妇女在每

(**A1**)   100 个独立经营者中所占的%:

	33.71
2公顷以下	10.98
等等	7.40
	6.08
	6.23
	<u>6.21</u>
	13.44

在本文中,赖赫贝格引用了1895年统计的**所有**总的数字和各个%(引自统计,不是他自己增加的),并用他的"评论"的水分冲淡了它们。

在这一卷中还有他的一篇文章:《德国的农业》。(《关于1895年6月14日的普查》)

1)对总数的 　各个%? 2)对1882年和 　1895年的绝 　对量的%?	[第563页注释:他说,这里犯了错误,因为对1882年和1895年亩数变化不仅进行了形式上的 1) 比较,而且还进行物质上的 2) 比较,并且还作了重新分组(?),这样赖赫贝格就同意了布尔加柯夫的批评(文库第13卷)**43**(!)]

在第593页,赖赫贝格把仅仅用母牛拉套看做"拉套畜力的质量下降"。

第594页(有关牲畜价值问题)——大农户的牲畜质量应当好些。

《农民问题和巴伐利亚
社会民主党(1893—1896)》
一书的摘录和批注

(1901 年 6—9 月)

B.R.M.	分类目录:
	农民问题。
	书号:巴伐尔 198^{li}①

《农民问题和巴伐利亚社会民主党(1893—1896)**》**。

维尔莱恩公司印刷出版,纽伦堡。

(日期是用铅笔补写的:1896。)

[该书共 24 页,是由巴伐利亚社会民主党领导根据纽伦堡党代表大会(1896 年)的决议而编写的,决议要求出版一份传单,根据党代表大会赞同的社会民主党议会党团策略的精神,说明巴伐利亚社会民主党对待"土地问题"的态度。第 1 页。]

该书分成若干小节,第一节**概况**(第 1—3 页),一开始是**不带引号**的恩格斯的话("农民是人口、生产和政治力量的非常重要的

---

① 藏书号。——编者注

因素")。

在巴伐利亚,80%的农户是小的和中等的(只有2.3%是大的,超过100公顷)。

债务超过15亿马克:收入 来自 土地的纯 收入 的⅓左右要偿付利息。

广大农民阶层受到的排挤和压迫日益严重,而且看来,如果国家不帮助他们的话,注定迟早要破产。抱有不同的经济观点的人都这样认为,甚至像施穆勒教授这样保守的人都作出了下列悲观的预言:"如果这个过程(债务的增长)无阻碍地发展下去,那么,很可能,经过20—30年,至多,经过50—60年,我国农民的和其他的土地占有将完全转让。"(第3页) ‖ 注意

农民运动(3—4)——从前农民"不关心政治",并跟着大地主走,现在他们开始觉醒并懂得,大地主是他们的敌人。除了老生常谈,举不出**任何**一件关于农民运动的事实。

种子税(4—5),讲这种税对农民的害处——这种税从1880—1889年掠夺了德国人民114 000万马克。

98.7%的土地少于50公顷的德国的农户——谷物播种面积**375万公顷**

1.25%的土地超过50公顷的农户——谷物播种面积**967万公顷**

(第5页,这就是农民-土地占有者的利润。)

慷慨的施舍(5—6)。糖税,白酒税等等。

各党派(6—7)。**中央**喜欢装成农民的特殊代表(6)……(但现在它们的影响开始下降……)

社会民主党(7—11)。教皇至上主义者造谣,说社会民主党人想消灭农民。

社会民主党人是为全体劳动人民的解放而斗争的民主主义者(8)。

至于**农村工人**,这是理所当然的。

但是独立经营的小**农**群众,就本身的含义来说没有理由不属于社会民主党(8)。

巴伐利亚的农业业主阶级⁹/₁₀是**独立的经营者**(着重号和黑体是原有的),也就是说,应该列入靠**自己的**劳动和自己家属的劳动经营自己的经济的人的行列。这些农民与无产阶级不同……　**这些农民与现代无产阶级在经济方面的不同只是在于,他们还是自己的生产资料的所有者**(8)(黑体是原作者用的)。

……如果认为他们(农民)对自己土地的依恋,不过是一种不体面的"财产狂"而已,那是……严重的目光短浅(9)。

社会主义——**农民反对资本的天然同盟者**(9)(黑体是原作者用的)。

当然,社会民主党不会采取措施来阻止生产力发展的必要进程或者使它倒退,无论是前者还是后者,都**不可能**(9)。但是,它也不能无动于衷地看着这样一大部分人破产(Untergang)(9)。……被压迫农民的状况,也和工人的状况一样,被装在它(社会民主党)的心上。它要尽力帮助他们同资本和国库作斗争,保护他们作为纳税人、债务人、有权利用森林和草地的人、人民生活所必需的农产品的生产者不受任何损失,简言之——尽力改善他们生存和斗争的条件,以便尽可能避免由骚动造成的困难和牺牲,**同时获得一个对社会进行有机改造的支撑点**(9,黑体是原作者用的)。

社会民主党这样做,既考虑到了共同的利益,也考虑到了工人运动的直接利益:由于无产阶级化的农民涌入城市,工人的状况正在恶化。

其次,毫无疑问,目前的经济衰退多半导致农民退化(9),而争取社会主义的斗争要求强有力的人。促使农民逃离土地和退化,对社会民主党丝毫没有好处,相反,它有一切理由同这两种情况进行有效的斗争,并竭力使农民改善自己的劳动条件,从而使他们能**依靠自己的农业劳动**勉强度日(9)。而使工人的生活水平提高即购买力提高,同样对农民也有好处。

由此可见,工业问题和农业问题有着非常密切的联系,工人和农民之间不存在**任何**矛盾,相反,**他们在利益上有着长远的一致性**(10)。

因而,社会民主党坚决地站在农民一边,它应当而且将极尽全**力使农民的命运更好一些,并促使他们向更高一级的生产形式过渡。社会民主党能够使他们避免落到无产者的境地,并且已经把他们作为农民吸引到自己方面,而这样的农民数量愈多,实现社会改造也就会愈迅速愈容易。**只要资本主义生产还没有普遍发展到它最后的合乎逻辑的终点,只要最后一个小手工业者和最后一个小农还没有成为资本主义大生产的牺牲品,社会民主党就不能放弃这种改造。**就这个意义来说,应该从社会资料中拨给农民以物质贡品,只有从资本主义经济学的观点来看,才能认为是胡乱挥霍;然而,这是资本的很好的转移,因为这也许能使整个社会改造**费用节省90%(10)。

最后,要注意的还有关于耕作技术的问题,它(耕作技术)将由于农民经济的灭亡而遭到破坏,而土地耕作对全体人民,因而对社会民主党有着切身的关系。

出于上述的一切考虑,社会民主党人已经许多年来**在丹麦、法国、比利时、瑞士**等一系列国家**里最坚决地**不仅为农村工人的利益,而且也为农民的利益而进行活动,因此,有关他们敌视农民的说法,愈来愈失去影响,这使反对者们大失所望。(10)

特别是在瑞士——巴塞尔州的"农民和工人联合会"是在社会民主党人的领导下,等等。在黑森、巴伐利亚——社会民主党人在议会里证明,他们为**切实**改善农业状况而勤奋工作着(11)。

……而总有一天,农民也会像工人一样明白,工人和农民的**苦难实质上是一样的**,因为他们受的剥削和奴役**是一样的**,虽然形式有所不同,因此,他们应该**手挽手地反对共同的敌人——资本主义**,只有依靠城市和农村的**一切**被压迫者和被剥削者的共同努力,在社会民主党的旗帜下,才能够战胜资本主义(11)。(讲社会民主党的这一段结束。)

饲料缺乏(第11页)——地主反对帮助歉收的人("行动不起劲")——社会民主党主张帮助(1893年在巴伐利亚议会)。

森林权和防止偷猎(12—13)。森林应该属于**整个国家**,这是社会民主党的观点。社会民主党坚决主张无限制地保持森林权(13)——因此,它**赞成**规定取消强制赎买的新森林法案,等等。

牲畜保险(13—14)。社会民主党人反对过去通过的(在议会?)法令,因为这一法令正在建立一个非常官僚主义的机器,并且**只给一半的补偿**。

动产保险(14—15)。中央要求这样做只是为了装装样子,而且已经在委员会里收回了。社会民主党人要求禁止私人保险而建立国家火灾保险。议会拒绝了这一提案(一个教皇至上主义者说,这是向社会主义国家迈进的一步——这是夸大其词,但是有一点是对的,发展的趋势是个人活动逐渐向社会活动过渡,把资本主义的剥削不断地从一个又一个领域排挤出去以有利于社会主义(15))。

土地赎金(15—19)产生于**封建**时代。这种封建赎金在巴伐利亚一直存在到1848年(而在1848年最强烈反对废除这种赎金的是目前的(17)教权派和保守派的先辈)。

但是,降低(1848年赎买法)仍然给农民留下了沉重的负担:资本化的*土地赎金的利息要交到1935年(即应当偿付到1935年)。

----

* "地租方面的债务"=14 333万,每年的利息=**575万**。再加上**200万**左右属于私人权限之内的土地赎金。

可见,正如人们所认为的,问题决不在于,单纯废除土地赎金受损害的只是过去的地主。相反,确切些说,问题在于,**过去的地主早就得到了应该归他们的赎金**,因此,后来的情况如何,对他们来说也许根本没有关系。所以,情况非常错综复杂(18)。因为土地赎金的每一次削减只是对国库的打击,也就是说,**对所有纳税人**的打击。

社会民主党最希望废除土地赎金,但是,现在谈不上,因为国家收入每年要减少1 300万。最好的出路[1]是积极加快偿付土地赎金(19)。社会民主党人建议把赎金从4%降到3%,并利用闲置

----

[1]在目前情况下,在我们还处于绝境的时候,——把我们带入这个绝境的,一方面是过去,另一方面是资本主义的现在(19)。

利息(4 减 3)来抵偿。议会里多数不同意。

国家抵押银行(20—23)。废除高利贷者的信贷并转交给国家。

抵押借款——国家化——旧的社会主义的(21)纲领性要求(1848 年共产党宣言,在弗·恩格斯的文集里(哪一卷?)以及其他)**44**。

在巴伐利亚,这个要求最初出现在纽伦堡 1887 年议会选举纲领中。

((反对**中央**在？年(1895 年或其他)曾提出过(22—23),但而后又搁置一边的类似的草案。))

结束语(23—24)。社会民主党人主张帮助作为国家公民的农民。所谓社会民主党人"敌视农民"的说法是无稽之谈。

译自《列宁文集》俄文版第 32 卷
第 10—23 页

威·李卜克内西《论土地问题》一书提要

（1901 年 8—9 月）

《论土地问题》

威·李卜克内西 1870 年 3 月 12 日在
梅兰射手之家礼堂作的报告。
1874 年莱比锡版（共 128 页）。

3。　直接理由——巴塞尔决议[45]引起极大震动。

4。　"人民党"[46]（李卜克内西加上"所谓的"，因为**人
民**和**党**互相排斥）要求我们拒绝巴塞尔决
议——企图利用该决议挑拨农村居民反对我
们。李卜克内西决心捍卫巴塞尔决议。

4—5。　"私有财产"（特别是在农业中）不是什么神圣
的、永恒的东西等。

5。　在希腊过去没有私有财产。

6。　古代最伟大的思想家是私有财产的敌人（柏拉
图、亚里士多德）。

随后到第 15 页，李卜克内西援引关于私有财产

的种种否定意见[直到费希特]。

17。　布鲁塞尔决议。

19。　巴塞尔决议。

20—21。　李卜克内西讥笑那种认为这是必须立即执行的
　　　　　"命令"的意见。

22。　两种典型的制度:小块土地经营制度和大规模
　　　经营制度(法国和英国)。

22。　法国(1861年)有780万土地占有者(?)。**人民
　　　的大多数**(??)。

24。　小块土地征服了君主制的欧洲(1789—1815
　　　年)。

25。　现在小块土地成了被人诅咒的东西,成了枷锁、
　　　绳索。

26。　济贝尔(民族主义自由派,甚至是为霍亨索伦
　　　王朝效劳的历史伪造者):法国农民在革命前的
　　　状况。**法国和英国的收成**。

27—28。　1851年:100亿抵押借款。(埃卡留斯的书第55
　　　　　页)。780万中有360万无法交纳税款——根
　　　　　据一位保守派议员的说法(注意)(埃卡留斯的
　　　　　书第55页[47])

　　　　　　　　　　　　　　　(引自埃卡留斯的著作)

28。　——346 000所住房只有门(1851年)

　　　　　1 817 535所住房有门和"一个窗户"。

　引自《1851年财产普查统计》

29。　比较**法国**和**英国**(埃卡留斯的著作)①

33。　英国人甚至没有"农民"这个词。"Boor"＝鲁莽汉(不公正的蔑视)

　　　"peasant"("农民")是个外来词,英国有许多人不理解这个词。

35。　英国勋爵的财富——一夜之间挥霍掉数以百计的人的劳动等。(还提到香槟酒等)

　　　[具有通俗演讲的特点]。

　　　李卜克内西在对**英国**的经济矛盾作了比较详细的描述之后,接着进行总结。

54。　法国——小块土地——"过时的观点"。大生产的排挤不可避免。

54—55。在德国是**英国**制度和**法国**制度相结合。

56—57。德国农村工人状况。

　　　一个家庭工资为**283**塔勒——付给日工100塔勒。

57—58。仆人 ⎫
58—59。仆人 ⎬ 他们的可怜状况(写得很精彩)。

60。　德国**小农**(英国人豪伊特关于普法尔茨的评论第60页)。苦活等。

61。　(1)普鲁士(按照拉萨尔的说法)有89%—96%的家庭收入为500和＜500塔勒。86%的家庭每户收入＜400塔勒。

---

① 埃卡留斯的书第56页末尾。1888年版的那个统计表。

62。　——其中将近⅔在农村。

62—63。　(2)萨克森1868年——34.6%的新兵不合格(许多人来自农村,——营养不良的结果)。

65。　**移民**——贫困的结果(主要来自农村)　……

68—71。　农业中的掠夺性经营。李比希。

72。　反动分子(1874年3月15日《北德总汇报》)想把工人拴在土地上。李卜克内西坚决反对。

74。　保卫共产主义。摘自约·斯·穆勒文章的几段引文,——他不绝对反对。

78。　萨维尼认为公共财产和公共使用是一种制度。

80—82。　又是穆勒(共产主义社会中的"勤奋")。

86—87。　**埃卡留斯**反对穆勒。

93—94。　对待小农应该**谨慎**:例子及其他(在社会主义变革的条件下)。

　　(卡·考茨基在第445页援引的文字)。

94。　国有土地("幸亏在德国还很可观")应当转交给农村工人团体。

100。　援引倍倍尔(《我们的目的》)。

101。　社会主义不但不是农业的对立物,而且是农业进一步发展所必需的。

101。　至于实现社会主义,那么在农村中甚至**比在城市工业中还要容易些。村社,农村——本身就是天然的联合体**,而且现代村社可以转变为联合体,完全保留现存财产关系而对村社全体成员有直接的明显的好处。(102)[48]

103—106。　我的书上的这几页被扯掉了。

107。　（末尾）——（有关农村的）社会主义诗作。

附录。

（108—121）。　I.英国农村工人。（马克思《资本论》德文第2版
第1卷第702页——）

（第122—124页）　马克思《资本论》德文第2版第1卷第527页：
论农业中的机器。

（124—128）　II.德国农业状况评述。

128。　李卜克内西的书的**跋**，1874年6月15日。

译自《列宁文集》俄文版第19卷
第161—165页

阿·布亨贝格尔《农业与农业政策》一书的摘录和批注

(1901 年 8 月和 1904 年 9 月之间)

阿道夫·瓦格纳《政治经济学教科书》第 3 编第 2 部分:**阿·布亨贝格尔《农业与农业政策》**。

第 1 卷——1892 年莱比锡版。

第 2 卷——1893 年莱比锡版[①]。

(看来,这里全是讲农业。下面是我在浏览时摘录的一些东西。)

第 1 卷第 81 页注释。

根据巴登的农业调查表——它们在这方面的结果同其他的调查材料(参看那些调查表的第 4 卷第 89 页及以下几页,**古·鲁兰德**:关于农业信贷问题的解决办法,1886 年)是一致的——**最低的几类土地负债的比例常常是最高的**,但是随着占有的土地的增

---

① 《政治经济学教科书》。**阿道夫·瓦格纳**整理出版。第 3 编:《实践政治经济学》。第 2 部分:**阿·布亨贝格尔《农业与农业政策》**。第 1 卷,1892 年莱比锡版。第 2 卷,1893 年莱比锡版。——编者注

加而在降低,甚至在负债最多的村社的最高的几类中"常常几乎消失"。根据巴登的这些材料可以编制下表:

土地占有的 类　别	所占土地的 买　价	负债的 比　例	债　务 总　额
不到 5 公顷	650(单位百万马克)	60%	390　(单位百万马克)
5—10 公顷	430	25	107.5(单位百万马克)
10—50 公顷	530	10	53　(单位百万马克)
超过 50 公顷	80	5	4　(单位百万马克)
	1 690		554.5

第 1 卷。

第 237 页……**农民**土地占有制……无疑值得保存……**大土地占有制也同样**(!!)

（也是瓦格纳的著作,《原理》)**[49]**

参考资料:巴登、黑森、**阿尔萨斯** 1884 年和**普鲁士**的调查表:1888—1889 年《普鲁士农业状况调查》。蒂尔《农业年鉴》第 18 卷,补卷第 3 卷和第 19 卷,补卷第 4 卷**[50]**。｜｜注意

第 391 页及以下几页。对**大**农业和**小**农业的评价。

大农业"毫无疑问"(390)农业产量高。收获通常是
小农业每公顷 20—30 公担(谷物)
合理的大农业(391)等每公顷 50—80 公担。

无论是酿酒业(法国南部和莱茵地区)还是蔬菜栽培业(在爱尔福特和奎德林堡附近)都有大农场,——乳品业和畜牧业也同样。

但是,无疑,小农场往往"繁荣发展"(392),因为"对

生活水平的要求**比较简单**"（392）："企业主的利润适中"、用作企业投资的利润的比例不高等等。"就这个意义上说，中小农场比大农场的纯收入要高，那是可能的；虽然，只要我们按劳动的全部市场价值来计算业主及其家庭成员所进行的劳动，这种收入非常重要的一部分就普遍地立即消失。"（392）

——但是，在如何比较好地分配占有的问题上有着政治的和社会的原因：在大农场和"赤贫农民"[51]之间存在着一条不可逾越的鸿沟，它很容易……引起不满和愤慨（396）；也应该使"小百姓"有可能获得土地和形成**小农和中农**（397）……

同时，**很显然**：大土地占有者（第 404 页及其他各页）和农民（第 57 页及其他各页）**在政治上是保守的**。

第 74 节。"**土地占有分配的理想**"。

"由此可见，土地占有分配的**理想**应该是：存在各种不同等级的占有规模，而且那些有可能为人们提供富足的经济生活和与此相应的稳固的社会状况的占有，也就是**中等规模的农场**〈黑体是原作者用的〉，要在所有的村社大量存在，而且要每一个村社都很多。"（420）

大土地占有者是带领进步的先锋，而大农和中农是中介，是通向进步的桥梁，是农业协作社的领导人，等等。

要小农积极参加农业协作社或阅读农业报纸，"公正地说，就不能要求小农在一年的大部分时间里从早到晚紧张地劳动"（421）。

　　"如果一幅描绘土地占有的合理分配的图画,反映的仅仅是独立的农业企业,哪怕是各种不同规模的企业,并且忽视了**最小的地块**;换句话说,如果对于完成大庄园上的现有劳动来说所必需的工人(雇农除外)完全丧失土地的话,那么这幅画就画得不饱满(421)。这样的占有的分配情况长时间内不仅会同需要劳动力的比较大的占有者的利益相抵触,而且会把那些,很遗憾,非常令人痛心地毒化了城市生活的社会矛盾带到农村去。因此,农村中靠给别人做工为生的穷人应该有绝对的可能获得土地,这样才能保障在失业时有一定的支持,对未来怀有希望,才能增强这些居民的自尊心和自重心。"(422)

注意

原文如此!

　　应当使农业工人有可能获得土地,"即达到'**工人-企业主**'的境况"(原文如此! 黑体是原作者用的)(第570页)。

　　无地的工人对自己的境况感到失望,而且比工业工人更甚。

　　"拥有土地的日工,其情况则完全相反,他的那一小块靠自己家庭来耕种的土地,是他的可靠的支柱,他可以指望,通过辛勤、冷静和全面的经营,他的小块土地将不断扩大。在有的国家里,土地占有制度不设置任何一点困难去阻碍小百姓获得土地,因此相当多的农业日工同时又是小农业企业主,这些国家的经验表明:那里较大的庄园对劳动力的需要可能〈比在无地工人的国家里〉要更容易更切实地得到满足……担心这样的'工人-企业主'会固执地向别处提供他们的劳动力,实际上是毫无

注意

根据的。相反，由于有了自己的家园，小百姓的依附受到了制约，这种依附是在某种程度上稳定地提供劳动的最好保证，同时，很有理由担心，工人们在寻找工作时的竞争，结果往往造成对他们本身不利的工资条件。应该多注意到，拥有土地的农业工人一般说来在政治方面是比较可靠的，比较难于接受反社会的倾向。"(570)

注意　　——社会民主党关于"消灭土地所有权"的诱惑对拥有一小块土地的人不起作用。

关于所占土地的分小问题，还要指出

？

？
"……来自小块土地的危险性在工业区大大削弱，那里为小农家庭的成员(子女)开辟了副业收入的经常性来源。在这些情况下，小农户主可以在一定条件下过非常满意的生活，这已为多次提到的南德意志'调查表'所再次确认(《巴登农业调查表》1883年第4卷第45页)——(第414页)。"

布亨贝格尔在第2卷中讲债务(1—291)、保险(292—360)、农业警察、农业奖励、"农业中的联合会"、危机和关税。

债务统计——**南德意志**调查表(巴登、黑森、符腾堡)最好。

在这些调查表里"所反映的抵押支款的情景明显地是不可信的"(第26页)，——因为几乎在所有被调查的村社里，差不多有一半的款子(Einträge)是"已经偿还了的债务的款子"。

在**巴登**：日工和小农(没有分类材料)负债的百分比"最高"(第33页)(在**符腾堡**也同样，第35页)。**黑森**也同样(第35页)。

(第2卷第34页)

巴登的(α)抵押契约和(β)抵押债务的废除的统计，是1884—

1890(7 年)的

　　　　总额 α 283.5(单位百万马克)

　　　　　 β 188.4(单位百万马克)

　　借方超出　　95.1

1890 年债务的基础:土地收买的差额占 54.2%;支付给继承人的占 14.2%

当然,布亨贝格尔主张建立**联合会**,认为它们的**最终宗旨**就是"**把农村居民按行业组织起来**"(第 524 页),去取代目前零星的协作社:一个业主往往属于许多协作社

　　——**按行业把各类农业人员联合起来**,去解决这个问题(同上)

　　——"由同行来管理他们的(＝农村居民的)生产工作"(第525 页)。

　　显然,布亨贝格尔**主张**实行粮食关税等。

译自《列宁文集》俄文版第 32 卷
第 114—125 页

《新时代》杂志摘录⁵²

（1901 年底—1902 年初）

《新时代》杂志第 10 年卷（**1891—1892**）。

要提出的文章有：

第 1 册：

　　拉法格:《埃·左拉的〈金钱〉》。

　　普列汉诺夫:《纪念黑格尔逝世六十周年》^①。

　　一个俄国革命者:《俄国状况》。

　　维尼亚尔斯基:《俄罗斯波兰的社会主义》。

　　多梅拉·纽文胡斯:《计件工作和社会主义》(附伯恩施坦等
　　人的**反驳**[并见第 2 卷])。

　　J.H.:《经济把戏》。

　　《一个俄国反动分子的哀号》。

　　弗·恩格斯:《德国的社会主义》^②[用法文为 1892 年法国
　　《工人党年鉴》⁵³而作](第 **580—589** 页)(这里还谈到俄国
　　的饥荒)。

　　[1891—1892,第 **19** 期]

---

① 见《普列汉诺夫著作选集》(五卷本)1956 年俄文版第 1 卷第 422—450
　　页。——编者注

② 见《马克思恩格斯文集》第 4 卷第 423—441 页。——编者注

城市人口的增长。

枪杀人质(巴黎公社史)。

第2册:《德国的工会运动》(麦·席佩耳)。

《现代卖淫》(医生阿·布拉施科)。

帕·阿克雪里罗得:《俄国工人的政治觉醒和他们庆祝 1891年的五一节》(第36、78、109页)。

鲁道夫·迈耶尔:《提升机的社会政治意义》。

作者同上:《粮食贸易的国家垄断》。

康拉德·施米特:《政治经济学中的心理学派》。

爱·伯恩施坦:《无政府主义的社会学说》。

(第2册)普列汉诺夫——《格列勃·乌斯宾斯基》①。

考茨基:《福尔马尔和国家社会主义》。**54**

《社会政治手册》。

其他:

(通俗文艺栏:弗·梅林:《莱辛传奇》)

第9年卷(1890—1891),第1册:

拉法格忆马克思。

作者同上:——加来和里尔代表大会。

——布朗热主义的破产等等。

普列汉诺夫:《资产阶级是如何回忆自己的革命的?》(克里切夫斯基的译本)。

(评保·雅奈《1789年革命一百周年》一书)

_____

① 见《普列汉诺夫全集》俄文第2版第10卷第9—65页。——编者注

作者同上:《文明与长河》①。

麦克斯·席佩耳:《萨克森地区的外来的农业工人》。

纪念弗·恩格斯诞辰
　　七十周年。

恩格斯:《政治经济学批判
大纲》。

第 8 期第 236—254 页。

作者同上:《布伦坦诺 contra
马克思》。

《帕德莱夫斯基开的一枪》[55]。

波·克里切夫斯基:《俄国
革命运动的过去和现在》

爱·伯恩施坦——《萨尔托里乌
斯·冯·瓦尔特斯豪森的
书》——关于铁的工资规律
问题。

卡·马克思《社会民主党纲领批判》[56]。

〔**第 18 期:**第 561—575 页〕

1877 年 6 月 6 日《前进报》第 65 号
(《德国社会民主党代表大会》(完))[57]

莫斯特及一些同志提出下列建议:"鉴于像恩格斯对杜林的论
战这类文章《前进报》的大多数读者都不感兴趣,今后在《前进报》
上不要再登载这些文章。"

---

① 见《普列汉诺夫全集》1923 年俄文版第 7 卷第 15—30 页。——编者注

有人提议应从纯形式和实际角度来考虑这一情况,这一建议被通过后,倍倍尔提出下列建议:鉴于这些文章很长,而且必须给对手提供发表反对意见的同样篇幅,今后这些文章可用单行本形式出版,尤其是只(原文如此! ——只)谈有争论的学术问题。

李卜克内西认为,由于莫斯特的建议不实际,所以讨论它没有意义。

莫斯特放弃自己的建议而赞成倍倍尔的建议。倍倍尔明确声明自己完全赞同恩格斯的文章,并使自己的建议成为纯事务性的建议。

瓦尔泰希说,他对《前进报》的做法总的来说始终是满意的,所以,如果他确认登载恩格斯的文章是个错误,使报纸和党受到很大的损害,那编辑部是会相信他的。恩格斯教训人的做法大多数党内同志是完全不能接受的。马克思和恩格斯给社会民主运动带来很大好处,而且可以指望今后继续带来好处,关于杜林也可以这样说:我们应该为了党的利益而利用所有这些人。但是如果教授们要争论,那么《前进报》不是解决这些争论的场所。

李卜克内西:他根本不清楚所有这些争论。既然决定不对这种争论的实质进行辩论,并且决定开辟学术附刊和《述评》,再讨论下去是根本没有好处的。当然,这些文章今后要在这一附刊或述评中发表。但是这一栏尚未开辟,所以除《前进报》外,我们没有任何其他报纸可供刊载。发表这些文章是**去年的代表大会**[58]**决定的**(黑体是《前进报》用的),而且这一决定是由杜林派挑起的。许多人觉得文章"太长"——但是,学术上只有同马克思才能相比拟的恩格斯这样的人要由《前进报》编辑部来指明如何写文章,是写短还是写长,这是不能设想的。这些文章**过去和将来都必定是长的**,

因为问题在于①……**59**

《**新时代**》**杂志**,第 14 年卷,第 2 册。

[**1895—1896,第 27—52 期**]

也是 597 页。
年份:"1896"
第 14 年卷,第
2 册。

顺便指出:**考茨基**:《波兰完了吗?》(第 484 页
　　和第 513 页)**60**

　　　　帕尔乌斯:《俄国的货币流通
　　　　　　(246—)。

　　　　帕尔乌斯:《政变和群众性政治
　　　　　　罢工》(共 5 篇文章)

　　　　恩格斯:《劳动在从猿到人转变
　　　　　　过程中的作用》。(545—)

梅林同司徒卢威的论战。

比阿特里萨·韦伯论榨取血汗
　　的制度

2 篇有关亚美尼亚问题等的
　　文章

　　　　第 14 年卷,第 1 册。海涅致马
　　　　　　克思(书信)。

　　　　　　卡·考茨基论布雷斯劳决
　　　　　　议等。土地问题札记。

---

① 手稿到此中断。——俄文版编者注

(1896—1897)

第 15 年卷,第 1 册。卡·考茨基同 Б.巴克斯的论战。

拉法格谈交易所和浪漫主义

马克思给施韦泽的信①。

艾尼尔曼:《两次社会民主党农民代表大会》。

(匈牙利)

等等

第 15 年卷,第 2 册。伯恩施坦的"问题"的开头。

卡·考茨基谈普鲁士邦议会的选举。

马克思 1848 年的信③。

梅林:《施泰因、赫斯、马克思》及其他。

帕尔乌斯:《世界市场和农业危机》。

弥勒和施米特谈巴伐利亚的农业调查。

恩格斯:《……力量和经济》②

下面摘自马克思《哥达纲领批判》一文 **61**(《新时代》杂志第 9 年卷第 1 册第 561—575 页;1890—1891,第 18 期)。

"…… 本段末尾'消除一切社会的和政治的不平等'这一不

---

① 指马克思 1868 年 10 月 13 日给施韦泽的信,参看《马克思恩格斯全集》第 1 版第 32 卷第 556—560 页。——编者注

② 《新德意志帝国建立时的力量和经济》,未完成的小册子《暴力在历史中的作用》的一部分(参看《马克思恩格斯全集》第 1 版第 21 卷第 461—533 页)。——编者注

③ 指马克思 1848 年 5 月底写给意大利佛罗伦萨的社会民主主义报纸《黎明报》编辑的信(参看《马克思恩格斯全集》第 1 版第 5 卷第 8—9 页)。——编者注

明确的语句,应当改成:随着阶级差别的消灭,一切由此差别产生的社会的和政治的不平等也自行消失……"(571)

["这一社会革命完全消除社会划分为阶级的现象,因而也就完全消除由这种划分产生的一切社会的和政治的不平等:"]

注意　　"……'总劳动的社会主义组织'不是从社会的革命转变过程中,而是从……'国家帮助'中'产生'的……"(571)

"在资本主义社会和共产主义社会之间,有一个从前者变为后者的革命转变时期。同这个时期相适应的也有一个政治上的过渡时期,这个时期的国家只能是**无产阶级的革命专政**。"(573)

[马克思说无产阶级的"**革命**专政",似乎不是无意的,所以尽管在"革命转变"中已经有了"革命"一词,他还是要重复这个词。这是否**仍是**"政治上的过渡时期"这一概念的**压缩**?]

(纲领的)(573)

"它的政治要求除了人所共知的民主主义的陈词滥调,如普选权、直接立法、人民权利、国民军等等,没有任何其他内容。……但是他们忘记了一点。既然德国工人党明确地声明,它是在'现代民族国家'内,就是说,是在**自己的**国家即普鲁士德意志帝国内进行活动——否则,它的大部分要求就没有意义了,因为人们只要求他们还没有的东西——,那么,它就不应该忘记主要的一点,就是说,这一切美妙的玩意儿都建立在承认所谓人民主权的基础上,所以它们只有在**民主共和国**内才是适宜的。

　　既然他们不可能[情况不允许]像法国工人纲领在路易-菲力浦和路易-拿破仑时代那样要求民主共和国——而这是明智的,因为形势要求小心谨慎——,那就不应当采取手法,不要向一个以议会形式粉饰门面、混杂着封建残余、同时已经受到资产阶级影响、按官僚制度组成、以警察来保护的军事专制国家,要求只有在民主共和国里才有意义的东西……(573)

　　'**信仰自由**'！如果现在,在进行文化斗争[62]的时候,要想提醒自由主义者记住他们的旧口号,那么只有采用下面这样的形式才行:每一个人都应当有可能满足自己的宗教[需要]……不受警察干涉。但是,工人党本来应当乘此机会说出自己的看法:资产阶级的'信仰自由'不过是容忍各种各样的**宗教信仰**自由而已,工人党则力求把信仰从宗教的妖术中解放出来。但是他们不愿越过'资产阶级的'水平。(575)

　　'**禁止儿童劳动**'！这里绝对必须指出年龄界限(575)——否则就会是'反动的',因为在按照不同的年龄阶段严格调节劳动时间并采取其他保护儿童的预防措施的条件下,生产劳动和教育的早期结合是改造现代社会的最强有力的手段之一。"

　　关于工厂视察问题,马克思想"明确地要求:工厂视察员只有经过法庭才能撤换;每个工人都可以向法庭告发视察员的失职行为;视察员必须是医生"(575)。

　　马克思注意到了工厂立法中关于卫生设施和安全措施……那一部分。

　　《新时代》杂志第9年卷第2册(1890—1891)

　　弗·恩格斯:《法兰西内战》(第 33—41 页)。

　　　　　(《内战》第 3 版导言)^①

　　弗·恩格斯:《家庭的起源》。

　　　　　(第 460—467 页)。

　　　　　(《家庭……》第 4 版序言)^②

普列汉诺夫:《1890 年俄国的社会政治状况》(6 篇文章,即登在 6

　　　期上）

《**新党纲草案**》。

　　[4 篇文章,未署名。包含考茨基对德国社会民主党执行委员

　　会的草案的批判和他提出的反草案,即经稍作修改后在爱尔

　　福特通过的那个草案。]

考茨基谈酗酒的一系列文章。

　　《新时代》杂志第 7 卷(**第 7 年卷**)—(**月刊**)(1888)

考茨基论贝拉米。

考茨基:《1789 年的阶级矛盾》。

两个年轻人——爱德华·艾威林和爱琳娜·马克思。

论经济史家布伦坦诺(F.弥勒)

评奥登堡(俄国的虚无主义)。评桑巴特(罗马的坎帕尼亚)、评海因

---

①　指恩格斯为马克思的《法兰西内战》德文第 3 版(纪念版)写的导言(见《马克
　　思恩格斯文集》第 3 卷第 99—112 页)。——编者注

②　指恩格斯《家庭、私有制和国家的起源》——《关于原始家庭的历史(巴霍芬、
　　麦克伦南、摩尔根)》一书德文第 4 版序言(见《马克思恩格斯文集》第 4 卷第
　　18—31 页)。——编者注

菲尔德谈判、评谢德林(生活琐事)。

《新时代》杂志第 8 年卷(1890)(月刊)。

考茨基——《奥地利的工人运动》(3 篇)

弗·恩格斯:《俄国的对外政策》①。　　｜｜　**舍恩兰克:**《小资产
　　　　　　　　　　　　　　　　　　｜｜　阶级的心理》。

拉法格:《法国的社会主义运动》。

考茨基同弗吕尔舍姆的论战

　　(关于土地所有制的改革)。

普列汉诺夫:《车尔尼雪夫斯基》②

评易卜生、斯特林堡、苏特讷尔、耶格尔

　　(法国革命)、康拉德(常用辞典)等人。

《新时代》杂志第 14 年卷第 1 册(1895—1896)。有以下文章:

恩格斯——《新德意志帝国建立时的力量和经济》

〃　〃　〃——《〈资本论〉第三册增补》③

考茨基和大卫——关于农业中的大小生产和布雷斯劳决议的论战

《新时代》杂志第 13 年卷第 2 册(1894—1895)

考茨基:《知识分子和社会民主党》。

考茨基:《我们的最新纲领(土地纲领草案)》。

---

① 指恩格斯《俄国沙皇政府的对外政策》一文,该文发表在《新时代》杂志第 5 期
　　上(见《马克思恩格斯文集》第 4 卷第 351—394 页)。——编者注
② 见《普列汉诺夫全集》俄文第 2 版第 5 卷第 60—122 页。——编者注
③ 指恩格斯的《〈资本论〉第三册增补》(见《马克思恩格斯文集》第 7 卷第
　　1003—1030 页)。——编者注

阿克雪里罗得:《俄国的革命力量过去和现在……》。

译自《列宁文集》俄文版第 40 卷
第 174—180 页

卡·考茨基《福尔马尔和国家社会主义》一文的摘录和札记[63]

（不晚于 1902 年 3 月）

卡·考茨基的出色的文章《福尔马尔和国家社会主义》(《新时代》杂志第 10 年卷第 2 册第 705—713 页；1891—1892 年第 49 期)分析了福尔马尔的小册子(关于国家社会主义)。卡·考茨基**把洛贝尔图斯**的国家社会主义作为例子,十分明显,他精心摘录的引文表明,洛贝尔图斯的特点是竭力促使阶级调和。对洛贝尔图斯来说,阶级斗争是非常糟糕的事。(第 707 页)

"在各得其所这个冠冕堂皇的[原则]的庇护下和根据这个原则来调和社会上的各个阶级"(各得其所是霍亨索伦王朝的口号)(第 707 页)。"长期的社会安定,政治上统一的政权,劳动阶级同这一政权牢固的、充满信任的联合……——这就是解决社会问题的先决条件。"(洛贝尔图斯语,第 708 页)

根据洛贝尔图斯的观点:"今天的实际工作不可能使共产主义早日到来,不可能使劳动群众达到为此所必需的成熟程度和力量;今天的实际工作的任务应该是:进一步巩固土地所有制和资本主义所有制,消除与之相联的并激起劳动阶级愤怒的消极现象。"(第 707 页)

下面是有关土地国有化的十分中肯的意见：

……例如在瑞士，社会民主党可以提出像粮食贸易国家垄断……之类的要求。在德国就没有。

在英国，先进工人可以要求土地国有化。可是，在德国这样一个军事和警察国家里，如果全部土地都变成国家的财产（einer Domäne），这会导致什么后果呢？实现这种国家社会主义的情况我们至少在相当大的程度上可以在梅克伦堡看到。（第710页）

卡·考茨基根本不同意福尔马尔的观点：对德国人来说国家社会主义已经没有危险。政府不会像现在这样一直执行和平政策。是鞭子还是甜饼？如果是后者，那么是布伦坦诺还是洛贝尔图斯？（第712页）。洛贝尔图斯更接近些。"如果到那时（＝政府按照洛贝尔图斯的思想实现国家社会主义）政府由有经验的国务活动家主持，对社会民主党来说国家社会主义就会变得更加危险，因为它会给我们的队伍带来混乱，它比1881年凯撒的使者们还要危险，因为从那时起我们的运动大大发展了，很难设想，广大新战士都已完全站稳了立场。另外，还必须及时考虑对广大群众开展相应的解释工作。"（第713页）

卡·考茨基反对在纲领里提国家社会主义，他认为还是在决议里提为好。他也不想像奥尔特尔在建议中所说的那样全盘否定福尔马尔，他在结尾中重申，他**没有**看到福尔马尔的小册子里有严重违背社会民主党的原则和策略的地方。

爱德·伯恩施坦的一篇详尽地（正统地）批评**蒲鲁东**的文章《无政府主义的社会学说》。

（第10年卷第2册，1891—1892）

在这一卷里还指出：

考茨基对**卢克斯**的书（《社会政治手册》）的批评意见指出了**许多统计错误和原则问题上的谬误**①。

梅林对库尔特·**艾斯讷尔**[64]论尼采一书的评论②。（梅林同艾斯讷尔进行辩论并鼓励他脱离尼采转向社会主义。）

关于华沙**地下室**的短评（根据**华沙市的卫生调查总结**第1卷）③。

席佩耳关于**梅克伦堡**的宪法和关于德国工会运动的文章④。

"给普鲁士带来地租的领地"。摘自手稿。

‖文章：奥地利的无产阶级。‖[65]

布拉施科关于卖淫的详细的文章⑤。

爱德·伯恩施坦的长文：祝贺弗里·阿尔伯特·朗格⑥。

"爱德"⑦在这时（1892年!! 1892年4月）还赞成唯物主义："恩格斯在自己的文章里扬弃了费尔巴哈的世界不可知论。"（第

---

① 指卡·考茨基写的关于卢克斯的《社会政治手册》一书的书评，发表于1891—1892年《新时代》杂志第2册第40期。——编者注

② 指弗·梅林写的关于库·埃斯涅尔的《精神的变态心理。弗里德里希·尼采和未来的使徒》一书的书评，发表于1891—1892年《新时代》杂志第2册第47期。——编者注

③ 短评《华沙市地下室》发表于1891—1892年《新时代》杂志第2册第37期。——编者注

④ 见《新时代》杂志1891—1892年第2册第47—49期。——编者注

⑤ 指阿·布拉施科的《现代卖淫》一文，发表于1891—1892年《新时代》杂志第2册第27—32期。——编者注

⑥ 指爱德华·伯恩施坦的《祝贺弗里德里希·阿尔伯特·朗格》一文，发表于1891—1892年《新时代》杂志第2册第29—31期。——编者注

⑦ 爱德华·伯恩施坦。——编者注

103 页）

"……哲学上的批判主义多半是为了满足自己'最后的和最强烈的怀疑的要求',夸大人类认识可能的限度。"（第 104 页）

……是否可以科学地论述人类智慧的"原始的和不变的"（朗格语）状态？难道人类现在的智慧还同它"原始时"一样吗？

"……批判主义以宗教告终。"（第 105 页）

［可怜的"爱德"！你"脱毛"真快啊！］

第 106 页，哲学上的唯物主义多半同实践上的唯心主义相联系，反过来说也一样（原文如此!!!）。朗格还没有放弃"所有改良主义者所特有的"愿望——缓和与掩饰阶级斗争和资本主义的根本矛盾。［伯恩施坦——反对改良主义者，赞成原则的"革命性"!!］

（对朗格的马尔萨斯主义的批评意见等）

译自《列宁文集》俄文版第 39 卷
第 36—38 页

弗·恩格斯《法德农民问题》一文摘录

（1903 年 2 月 10 日〔23 日〕以前）

弗·恩格斯《法德农民问题》①，载于《新时代》杂志第 13 年卷第 1 册(1894—1895)(第 292—306 页)。

指出社会革命党人对该文的"引证"。

《革命俄国报》第 14 号(第 7 版第 1 栏)**66**写道：

> "对农村和依恋土地的农民的策略改变,在某种限度内**甚至**是由科学社会主义之父之一的恩格斯**使之合法化了的**。与那种只有无产阶级化才能导致社会主义的教条相反,等等。"

！！

恩格斯专门谈到**小农**(Kleinbauer)。

小农——他的小块土地既没有大到自家的劳力不够用,也没有小到不足以养活家口。

> "因此,这个小农,像小手工业者一样,是一种工人,他和现代无产者不同的地方就是他还占有自己的劳动资料;所以,**这是过去的**(vergangne)**生产方式的一种残余**。"

注意

注意

他同农奴或依附农有三方面不同：(1)是**自由的**私有者；(2)

① 见《马克思恩格斯文集》第 4 卷第 507—531 页。——编者注

丧失了村社的权利;(3)丧失了副业劳动(家庭织布业等等)

<blockquote>

"捐税、歉收、继承人分家、诉讼,将一个又一个农民

驱向高利贷者;负债现象越来越普遍。而且每个人的债
</blockquote>

注意

<blockquote>
务越来越沉重(深重)——一句话,我们的小农,同过去

的(vergangne)生产方式的**任何残余**一样,**在不可挽回地**
</blockquote>

注意

<blockquote>
走向灭亡(unrettbar dem Untergang verfallen)。他们是

未来的无产者。"
</blockquote>

　　恩格斯接着援引了法国土地纲领[67]及其原理,并一开始就**全
面地**加以批驳。

　　他**首先**说道,法国纲领的原理("生产者只有在占有生产资料
时才能自由")应**补充**:**公共占有**。

注意

<blockquote>
"**个体生产者**对**生产资料的占有**,**在现代**已经不再赋予这

些生产者以**真正的**(wirkliche)**自由**。……靠自己劳动(selbst-

wirtschaftende)为生的小农,既不是使他得到生活保障的小块

土 地 的 占 有 者 , 也 不 是 自 由 人〈译 文 蹩 脚:Der selbst-

wirtschaftende Kleinbauer ist weder im sichern Besitz seines

Stückchens land,noch ist er frei.(靠自力耕种为生的小农既非

牢靠地占有自己的小块土地,也不自由。)〉"
</blockquote>

　　一切都属于高利贷者。

!

<blockquote>
"他们的生活比无产者更没有保障(unsicherer)。无产者

至少有时还能过上些安生日子,而受尽折磨的债务奴隶(ge-

peinigter Schuldsklave)却永远没有这样的事。"
</blockquote>

　　"你们〈法国人〉企图保护小农的所有权,这不是保护他们的自
由,而仅仅是保护他们被奴役的特殊形式而已;这种形式的奴役延
长着(verlangert)他们的求生不成求死不得的状况;因此,引证你

们纲领的第一段在这里是根本不适当的。"（第297页）

恩格斯在第一节里彻底批驳了法国人的整个土地纲领以后，在第二节里转而谈到真正的任务。

"坦率地说，在由小农的整个经济地位、由他们所受的教育和闭塞的生活方式所产生并且为资产阶级报刊和大土地占有者所助长的偏见之下，**我们只有向小农群众作出一些明知不能兑现的许诺，才能于朝夕之间把他们争取过来**（gewinnen）。这就是说：我们得向他们许诺不仅要在任何情况下都保护他们的财产，反对一切向它进攻的经济力量，而且要把这些财产从现在就已经压在它身上的重担（Lasten）下解放出来：把佃农变成自由的所有者，为被典押压得喘不过气来的所有者偿还其债务。即使我们能够做到这点，也只会回到那必然要重新发展成现在这种情况的局面。我们不会使农民得到解放，而只会延缓一下（Galgenfrist）他们灭亡的时间。①

但是，我们的利益决不是要立即（今天或明天）就把农民争取过来，好使他们后天在我们不能实现自己的诺言时又离开（脱离）我们。我们是不需要期望我们永久保存其小块土地所有制的农民来做党员的，正如我们不需要那些想永久保存其师傅地位的小手工业师傅来做党员一样。这种人属于反犹太主义者之流。**68**让他们到反犹太主义者那里去吧，让他们向后者取得拯救他们的小生产的诺言吧；当他们在那里知道这些夸夸其谈的

---

① 本段中从"这就是说"起，用黑铅笔轻轻勾掉了。——俄文版编者注

(glänzende)话语有什么意义,反犹太主义者天堂里的小提琴演奏的是些什么样的曲子(Welche Melodien die Geigen spielen,von denen der antisemitische Himmel voll hängt),他们就会越来越懂得:虽然我们许诺得少些,并且完全是从另一个方向寻求解救,但我们毕竟是更加可靠的人。假如法国人那里曾经发生过像我们这里一样

注意 喧嚣的反犹太主义的煽动,那么他们未必会犯南特的错误。"(第 301 页)

恩格斯接着问道:

"在我们夺得国家政权的时候,我们应该怎样对待小农呢?"(第 301 页)

——剥夺他们的想法是荒诞的。

　用**榜样的力量**把他们的私人经济变成社会经济(第302 页)并为此给他们提供帮助。"无论如何**到那时候!! 我们将有足够的手段**",使小农懂得(in Aussicht stellen)他们本来现在就应该明了的好处。

　"差不多 20 年以前,所谓丹麦的社会党人就已经提出了(entworfen)类似的计划……一个村庄或教区的农民……应当(sollten)把自己的土地结合为一个大田庄,共同出力耕种,并按入股土地、预付资金和所出劳力的比例分配收入。在丹麦,小土地所有制只起次要作用。可是,如果我们将这一思想运用于小块土地所有制地区,我们就会发现:把各小块土地结合起来并且在全部结合起来的土地上进行大规模经营的话,一部分过去使用的劳动力就会变为多余的;劳动的这种节省也就是大

规模经营的主要优点之一……"(第302页)

给这些剩余劳动力找工作,**或是**扩大土地占有,把邻近的土地拨给农民协作社,**或是**为他们提供可能去从事副业。

"在这两种情况下,他们的经济地位都会(stellt man sie)有所改善,并且这同时会保证总的社会领导机构(allgemein-gesellschaftliche Leitung)有必要的影响,以便逐渐把农民合作社转变为更高级的形式,使整个合作社及其社员个人的权利和义务跟整个社会(der grossen Gemeinschaft)其他部门(zweige)的权利和义务处于平等的地位(ausgleichen)。**至于怎样具体地在每一个特殊场合下实现这一点**,那将决定于这一场合的情况,以及**我们夺得政权**时的情况。"

> 《革命俄国报》第14号第7版第1栏的引文[69]

①"我们永远也不能向小农许诺,给他们保全个人财产和个体经济去反对资本主义生产的优势力量。我们只能向他们许诺,我们不会违反他们的意志而强行干预他们的财产关系。其次,我们可以促使(eintreten)资本家和大土地占有者反对小农的斗争现在就尽量少用不公正的(unrechtlich)手段进行,并且尽可能阻挠现在常常发生的直接掠夺和欺诈行为。这是只有在例外的场合才可做到的。在发达的资本主义生产方式下,谁也搞不清楚到哪

---

① 这一整段都用黑铅笔轻轻勾掉了。——俄文版编者注

里为止算是诚实(暴利),从哪里起就算是欺诈。然而政权是站在欺骗者(Preller)方面还是站在被欺骗者方面,这始终是有很大差别的。而我们则坚决站在小农方面;**我们将竭力设法(alles nur irgend zulässige)使他们的命运(境遇)(Loos)较为过得去一些。如果他们下决心,就使他们易于过渡到合作社,如果他们还不能下这个决心,那就甚至给他们一些时间,让他们在自己的小块土地上考虑考虑这个问题。**我们之所以要这样做,不仅是因为**我们认为自食其力的小农可能来补充我们的队伍**,而且也是为了党的直接利益。我们使之免于(ersparen)真正沦为无产者,在还是农民时就能被我们争取过来的农民人数越多,社会改造的实现也就会越迅速和越容易。我们用不着(无须)等到资本主义生产发展的后果到处都完全显现出来以后,等到最后一个小手工业者和最后一个小农都变成资本主义大生产的牺牲品以后,才来实现这个改造。……"(第303页)

> 《革命俄国报》第14号的引文

"可见(Hiernach),如果我们许下的诺言(durch Zusagen)使人产生哪怕一点点印象,以为(auch nur den Schein)我们是要长期保全小块土地所有制,那就不仅对于党而且对于小农本身也是最糟糕不过的帮倒忙。这就简直是把农民解放的道路封闭起来并把党降低到招摇过市的(Radau)反犹太主义的水平。恰恰相反。我们党的任务是随时随地向农民解释:他们的处境在资本主义还统治着的时候是绝对没有希望的,要保全他们那样的小块土地所有制是绝对不可能的,资本主义的大生产将把他们那无力的过时的小生产压碎(hinweggehn uber),正如火车把独轮手推车(Schubkarre)压碎一样是毫无问题的。我们这样做,那就是按照必然的经济发展的精神行动,而经济发展会使农民的头脑接受(offne machen)我们的话。"(第303页)

恩格斯在结束他对法国的土地纲领的意见时写道:

"**不管怎样**,他们〈法国的同志们〉应该更详细地说明他们的纲领,而下届法国代表大会则**必须对它进行彻底审查**。"(第304页)

然后,恩格斯谈了中农和大农,说向他们作出保持现状的许诺,就近乎背叛。(第304页)(对小农作出许诺是愚蠢。)

他们的处境同手工业者的处境十分相似。"当然,我们关心得更多的是他们的男女长工和短工,而不是他们。"(第304页)

"大概"我们在这里也将拒绝实行暴力的剥夺。

干脆地剥夺大土地占有者。剥夺。要补偿吗?(第305页)看情况而定!(马克思常说,赎买下这整个匪帮,是便宜的事情。)在社会监督下,转交给农业工人的协作社。

我们给农村无产者展开一幅光辉的远景,就像给工业无产者所展开的一样。把易北河以东地区的农业工人争取过来,——整个德国就会改变风向。(打垮容克的傲慢和骄横。)

"易北河以东地区的农业工人实际上的半农奴状况,是普鲁士容克统治的主要基础,因而也就是德国的道地普鲁士霸权的主要基础。"(第305页)　　注意正因为如此,争取易北河以东地区的农村无产者比争取德国西部的小农或者甚至比争取德国南部的中农都重要得多。这里,普鲁士易北河以东地区正是我们决战的战场……(第306页)①

译自《列宁文集》俄文版第19卷第287—293页

---

① 手稿上,在最后一段引文之后,列宁接着批注:"**恩格斯**。见下面。"——俄文版编者注

卡·马克思《废除封建义务的法案》和弗·恩格斯《法兰克福关于波兰问题的辩论》的摘录

(1903 年 2 月 10 日〔23 日〕以前)

马克思在《新莱茵报》上写道(第 3 卷第 149 页[70]):

"在波罗的海和黑海之间的各个**大农业**国家,只有实行**土地革命**,把**农奴制的或徭役制的**(frotanpflichtigen)农民变为**自由的土地占有者**,才能摆脱宗法封建的野蛮状态,这个革命和 1789 年**法国农村中的革命如出一辙**(ganz dieselbe)。"①

而关于 1848 年德国的土地"改革"和改革草案,马克思写道(同上,第 131 页):

"过去在为了取消封建义务(这些义务现在应该废除)而进行赎买时,也像在进行任何赎买时一样,农民受到了贪贿的、为贵族谋利益的委员会的可怕欺骗。**现在农民要求修改**旧政府时代所缔结的一切赎买契约,**农民是完全正确的!**"(第 131 页)②

马克思在《新莱茵报》上还谈到了反对宗法封建的专制政体而

---

① 参看《马克思恩格斯全集》第 1 版第 5 卷第 390 页。——编者注
② 同上书,第 329 页。——编者注

争取"**土地民主制**"的斗争(第 131 页),而且当时他还指出,这种土地民主制是"**东欧唯一可能的民主制形式**"(第 131 页)[①]

　　　　"土地民主制的恢复对波兰来说不仅是生死攸关的

政治问题,而且是生死攸关的**社会问题**…… 　如果**农奴**

注意 ‖ **制的**或'**徭役制的**'(robotpflichtige)农民不能**成为自由的**

土地占有者,那么波兰人民赖以为生的农业就要毁灭。"

(第 163 页)[②]

译自《列宁文集》俄文版第 19 卷
第 303 页

---

① 参看《马克思恩格斯全集》第 1 版第 5 卷第 391 页。——编者注
② 同上书,第 407 页。——编者注

罗·罗基尼《农业辛迪加及其活动》一书的提要和摘录

（1903年2月10日〔23日〕以前）

| 国家丛书
8开本10562页 | （社会博物院丛书） |

德·罗基尼伯爵《农业辛迪加及其活动》1900年巴黎版[71]。

定价:4法郎

前言中已经指出:"农业辛迪加存在仅仅15年,而它们的活动有益于进步与和谐,所以被认为是和平解决社会矛盾最可靠的方式之一。"(第VI页)   注意

……——"削弱社会的不平等现象"(第VIII页)。

初期的形式:

"农业协会"和
"农业会议"[72] ⎰(第3页)
数 目
1 200左右⎱ 协会举办展览,授奖,等等。

"农业协商室"〔官方机构〕(是根据1852年的一项法令建立

的)实际上从来没有开展过活动。(第 4 页)

同上,第 **11** 页

农业危机的影响(第 6 页):"早该组织起来斗争"
(7),以降低生产价格(7),"又好又省地进行生产"
(8)——"中小"经济联合会(7)特别是中等的＋小
的——第 8 页

注意!　　购买肥料:价格贵(零卖)和掺假(第 12 页)。第一
步:成立联合会(1883 年 3 月)来共同购买肥料(12)。

从那时起化学肥料的使用迅速地增加(13)。

适于改善农民的精神状况和社会状况的设施就是从
这种微不足道的开端中发展起来的(17),——从合作到
互助,到巩固社会和平(第 17 页)。

麦林(麦林自己!)欢迎这种"最大规模的运动"(1897 年 10 月
31 日,第 17—18 页),——当然,罗基尼先生对此非常高兴。

给农村居民提供两种服务:(1)物质的(改善土地的经营);
(2)经济的和社会的。

"可以肯定农业辛迪加就是为了研究和维护农业的
经济利益而建立起来的种地者、土地占有者、农场主、对
分制佃农、农场职员和一切从事有助于农业生产的辅助
性行业的人的联合会。"(第 20 页)

出租土地的土地占有者也可以参加。

宗旨:

例子(安德尔镇)

(1)研究立法改革和向政府提出申请(税收、税率等);——
(2)普及农业教育;——(3)推广农业的改进措施(肥料、机器和"一

切能减轻劳动和降低成本的其他手段"(第 24 页));——(4)促进建立信贷、互助、保险等等协会(其中包括"劳动"供求事务所);

这就是有关"劳动"的一切。(5)充当产品、肥料等买卖的中介人;

(6)监督辛迪加成员的需求和供售工作;(7)提各种各样的建议并在涉及农业工业的一切方面提供帮助。

还有更好的:(波利涅地区)

辛迪加竭力使人热爱这个几百年来创造了祖国主要财富的值得热爱的行业,竭力把农村居民拴在他们的家乡和他们耕种的土地上,它采取它所拥有的一切可能来重新把农业劳动提到光荣的地位并使它有更多的收入。(第 26 页)　！

伯爵的注释:

……这个公式作为农业辛迪加的基本原则写在装饰社会博物院大厅的宣传画上……(第 26 页)　！

成员数目:从 **20—25** 到 **10 000**…… 有的辛迪加只包括一个村镇-公社等等,有的包括**全法国**(例如,法国果树业辛迪加)(第 28 页)

以多大规模作为一个单位比较好呢? …… 县。那样可以建立"一个大家庭"(30),**一个大的农村家庭**……及其他……

收入:**会费**(**大部分**每年 2—3 法郎,甚至 50 生丁。来自**买卖的提成**(1%—2%,偶尔 4%)(第 33 页)资金正常来源(第 34 页),各种协会和内阁等等的补助。

有时候,**小业主、工人、创始人成员**等等的会费是不注意！‖‖ 同的（第34页），有时候（偶尔）按公顷数（塞纳-瓦兹、马恩、热尔等省）或税额交纳。

有的辛迪加资本达3万 — 6万法郎，有时甚至达10万法郎，但是小辛迪加的资金却**很少**（（"maigres"））。

辛迪加是由谁组成的？**主要是混合的**（＝由业主和工人组成），它不同于工业，那里大部分——**或者**由业主组成**或者**由工人组成。

　　……如果把这些辛迪加看做是为了大私有制的利益而臆想出来的机构，那就要犯极大的错误，因为辛迪加所提供的服务尤其为小业主们所感觉到，这些服务为小业主们提供他们所缺少的办法和手段，从而在大农和小农之间建立了某种耕作条件的平衡，这对后者非常有利。(37)

　　?

　　??

在里昂第一次全国代表大会上（1894年）**格里阿**先生说：

"我刚刚列举的农业辛迪加的一切特性借以产生的真正源泉是什么呢？先生们，问题在于，它们实际上成为混合辛迪加是客观情况造成的，而不是事先设想好的。在农业中，区别业主和工人的界限并不像工业中那样明显。在普通的农业短工和普通的私有者之间，你会发现一个如此完整、如此循序渐进的、情况相互交错的发展过程，以致无法精确地确定情况变化和利益分开的标志。资本和劳动如此深刻地联系在一起，它们的利益如此紧密地交织在一起，以致对抗成为不可能，双方的努力自然而然地用到同一个目标上"(38)。

因而代表大会决定："联合会的混合性质仍然是农业辛迪加的绝对原则"。

第三次代表大会（1897年于奥尔良）同样作出决定："特别要

努力吸收(小农和农业工人)"。

"好在农业辛迪加的最初的组织者们知道,为了使它们的活动成为真正进步的活动并使这种活动具有高度的社会意义,面对工业劳动界很多的不同意见和误解,需要建立一种在业主和农业工人中间占优势的团结。**建立土地占有者、农场主**或管理者,即完全是业主的**辛迪加,也许会引起与业主的辛迪加相对抗的农业工人辛迪加的建立;**这将意味着把农业分成两个敌对大军,**策划战争,而不是和平。**混合的辛迪加,这是社团组织的理想,因为按其本性来说,它是**协调和团结的工具并阻止参加辛迪加的人之间不健康的纷争的发展。"

!!
!!
!!

!!

"无疑,在农业中,业主或企业主同工人之间的关系并不像工业中那样动荡不定;但是,**要很好关心使这种关系在任何时候都不受农业社会主义空口许诺的影响而变得动荡不定**(39)。"(**明白啦!**)

!!!

他们以帮助病老、寻找工作、降低生活费用等办法来竭力吸引工人。

诚然,大部分辛迪加工人还很少,但也有例外,如卡斯特利诺达里地区一个辛迪加1 000人中就有600个工人(41)。

"这个事实证明,农村地区最质朴的劳动者对农业辛迪加没有任何的成见和任何的不信任;它还说明纯工人的农业辛迪加的发展很差以及它们在道义上的失败。而这是容易理解的,因为这些辛迪加不可能组织得充分有力,能像混合辛迪加那样给自己的成员提供许多服务,另一方面,一般说农业主或企业主同工人之间在劳动条件问题上的交往太容易,以致工人们没有任何实际的兴趣去建立专门的辛迪加。由于加入混合辛迪加,并且抱着互相支持的目的,在辛迪加中把自己的利益同其他范畴的农业人员的利益融合在一起,所以在他们自己看来,提高了自己的身价,并为自己的社会地位的提高作了准备。而且,在法国的许多地方,所有制已如此地民主化,以致不存在农业无产阶级。可以说,再也找不到单纯的雇佣工人。农业工人往往同时也是小私有者;他们出租自己的劳动,但却拥有自己的房屋和一小块自己耕种的土地;因而,他们能够利用辛迪加向小经济提供的服务。"(42)

反对古·鲁瓦奈(《社会主义评论》[73],1899 年第 2 期)①

注意

建立新的联合组织的**三种**设想:合作社、同业公会、互助会(43)。

(中世纪的联合会的"直接继承者",44)

　辛迪加的数目

1884:5,1890:648 有 234 234 人(第 47 页)

　　　　1893: 952——353 883

　　　　1898:1 824——491 692

　　　　1899:2 133———

　　不下 2 500

------

① 见本版全集第 56 卷第 368—369 页。——编者注

　　"平均"按350计算,**800 000**人左右(!!??)

‖(社会博物院):《农业辛迪加概况》‖

　　L.奥特弗伊《农业辛迪加年鉴》

　　　　《行业辛迪加年鉴》(奥特弗伊)。

　　按地方来说:它们非常出色地把小经济在全区的范围内联合起来,把葡萄园在全地区范围内联合起来;大规模的谷物经济区和牧业区,对它们来说情况不大顺利(53)。

　　参看**皮埃罗**(《农业辛迪加》,1894年巴黎版)。1893:952个辛迪加。48个有1—20人;174个有21—50人;199个有51—100人;195个有101—200人;184个有201—500人;77个有501—1 000人;55个有1 001—2 000人;14个有2 001—5 000人;4个有5 001—10 000人;2个在10 001人以上。

　　辛迪加组成联合会(中央的、区域的和省的)。

　　中央**联合会**:截至1899年12月31日止:936个辛迪加,有40—50万人,出版**每月通报**。

列入它的会议的"议事日程"的,也有这样的问题:"**制止流浪**"(第70页)。　　‖注意

　　各区域联合会:和消费协会还设立相互保险等等(灾祸保险),信贷等等。

　　东南联合会既出版每月通报,又出版**《法国农业辛迪加丛刊》**。

　　有时代表机关(在联合会里)是这样组成的:每个县出1名县长和3名代表——其中1名私有者代表、1名农场主代表、1名工人代表(**第88页**)。罗基尼事先说明:我不知道多大程度上合乎

实际。

<table>
<tr><td>注意
?!</td><td>第 95 页：
　　乔治·莫兰《农业辛迪加和社会危机》。1898 年尼姆版。"……准备在马赛大工业和农业主的要求之间达成协议"。</td></tr>
</table>

罗基尼

"法兰西种地者中央辛迪加"（建于 1886 年）有 **6 个部分**（第117 页）：

（1）肥料；（2）技术改良；（3）种子；（4）各种产品；（5）牲畜和（6）农业丛书。

（参看"钢铁工厂厂主办事处"！）$\left\{\begin{array}{c}实　验　室\\寻找工作\\委　员　会\end{array}\right\}$　像德埃兰技术委员会

1886 到 1900 年的周转额——6 400 万法郎
　　1899 年　　　　——　600 万法郎　　　法律咨询所

"法兰西农业经济辛迪加" 建于 1899 年 从事宣传的——《农村民主》杂志（领导人——M.凯加尔）。

<table>
<tr><td>注意</td><td>他们制定了"纲领"（1889 年选举前夕）——修改关税率，降低税收和运费，发展 1884 年协会法等等——**有 300 多名代表**（多数）**通过了这个纲领**，并建立了众议院农业小组。</td></tr>
<tr><td>注意</td><td>1898 年"土地纲领"：（1）保持关税率；（2）在不久前采取的降低 2 500 万税收的基础上，进一步利</td></tr>
</table>

用公债条款变更获得的款项来冲销主要的土地税;(3)取消饮料税和入市税;(4)建立农业代表机关(像工商业一样);(5)在工会组织的协助下向农村提供帮助(assistance),以及排除立法阻挠;(6)取消有碍于合作社建立的法律;(7)修改农业教育纲领:它应当是理论＋**实践**;(8)详细规定议会的主动权,以制止随便提供经费;(9)**"防止任何累进税或递减税制度列入我们的法律,不管它采取什么形式征收,也不管人们力图采用这种制度来征收的是什么样的税"**(黑体是原作者用的);(10)实行地方分权制(行政上)。

> 参看古·**鲁瓦奈**"农业党"①

注意

　　(第126页)"**农业经济辛迪加**不满足于调节农村力量在农业同国家政权之间的关系中所起的作用;它还有一个目的,就是建立社会保护联盟,来同农村中的社会主义–集体主义宣传作斗争。《农村民主》杂志正在勇敢地进行这种出色的斗争;《农村民主丛刊》的目的,就是驳斥社会党代表大会向农民所许的虚伪的诺言,并向农民证明,既然问题与他们有关,那么只有实行行业联合,即建立农业辛迪加,才能使他们真正切实地解决社会问题"(第126页)……　凯加尔先生竭力使农业辛迪加近似于工业中的工人联合会。

!

　　(第127页)"……**农业经济辛迪加的反社会主义纲**

①　见本版全集第56卷第368页。——编者注

领在于**保护与社会主义思潮相对立的思潮**。与社会主义关于废除私有制、国家大力干预、极端集中化、阶级斗争、消灭资产阶级的学说相对立，它作出了相反的决定：**扩大私有制、尽量缩小国家的活动**、实行地方分权制、**阶级团结**、建立自由联合会的**资产阶级**参谋部"（第 127 页）。**凯加尔**先生提出了一个"成功的公式"——"永生团结"，保尔·德沙内尔先生在议院（1897 年 7 月 10 日）颂扬这一公式，反对"可恨的公式"——"阶级斗争"，反对"无效的公式"——"为生存而斗争"。

!!

"果树业辛迪加"（建于 1891 年），——养蚕员等，——家庭酿酒业，——农村酿酒业，——饲马员（第 132 页），——甜菜籽生产者等等。

——灭五月金龟子辛迪加（第 141 页）……在相应的时节派一批雇佣的工人到滋生地去寻找……

——天主教辛迪加（第 144 页）发展"团结和友好"（145）

注意

"**纯工人的**"辛迪加——为增加工资而斗争。它们*是 1891 年（第 147 页）在中部各省（谢尔、卢瓦雷、涅夫勒）伐木工人中间产生的，是**罢工的产物**。

大多数伐木工人在夏天也从事农业劳动（148）。

在南部和西南部也有工人辛迪加（为工资而斗争，有时**为反对农业机器**而斗争）（第 149 页）。1897 年 12

＊　关于它们的论述见《**行业工人联合会**》1899 年**劳动部**版。

月31日：13个辛迪加有973人（劳动部统计），伐木工有38人。

"集体主义的党极力希望把农村无产阶级组织起来进行阶级斗争，因此在每个公社建立工人的农业辛迪加，这种辛迪加根据（第149页）（第150页）同市政府委员会达成的协议，有可能规定最低限度的工资……"（罗基尼引证自己的《农业辛迪加和农业社会主义》一书第139页及以下几页）"农业工人一般不受这种前景的诱惑；他们习惯于同农业主自由地、相互公平地讨论劳动报酬的条件，他们知道在田间劳动时间内罢工只会给他们带来贫困；他们宁愿加入混合的辛迪加，由于种地者在行业上的团结非常牢固，混合辛迪加努力使工人的生活条件不断得到改善。"

?!

"但是不应该忽视勃艮第、莫尔比昂、科雷兹和法国南部的几个小的农业辛迪加或葡萄酒酿造业辛迪加中的某些比较明显的社会主义因素，这些辛迪加是根据完全同当地其他辛迪加（不是原来意义上的工人辛迪加，因为它们接受小私有者加入自己的队伍）的思想和倾向相对立的思想和倾向建立起来的。"（150）

"其中有许多辛迪加公开地力图增加从事耕作的雇农、计件工人和日工的报酬和工资，并力图使他们同工业工人联合起来。它们只接受亲自从事劳动的小私有者加入自己的行列（151），这种辛迪加主要是力图同小私有者结成联盟来反对大、中私有者的利益的农村无产阶级的组织。这些辛迪加**所展示的联合**并不是一切范畴的农业人员的**行业联合**，1897年通讷尔地区建立的小葡萄园主和农业工人的辛迪加可以说是这种联合的一个范例；这是在农业社会主义**旗帜下准备反对其他阶级的阶级的联合**。这种辛迪加可能成为农村地区产生**巨大危险的策源地**：阻止这种辛迪加发展的最好办法（**我们不认为重复**这一点是多余的），**就是我们的农业辛迪加要成为对农村地区全体居民都有利的更高的经济状况和社会状况的宣传者**。"（第151页）

注意

注意

！

第2册（第157—249页）——农业辛迪加的职能——"物质方面的服务"（第3册——"给农村居民以经济的和社会的服务"）。

（浏览过的片断：）产品的买卖和加工等，罐头食品的生产。

"罗凯韦勒种地者辛迪加"1895年生产了约40万公斤杏泥。

生产费用——每100公斤约14法郎。收入＝24—26法郎。

同我们的
罗斯托夫
相比较

"辛迪加支付1万多法郎的工资，大部分是用于辛迪加成员的家庭。在一个月内，辛迪加向大约200名妇女和女孩提供工作，她们每天平均挣2法郎。"（第207页）

根据杏子交纳的多少来分利润。（!!）辛迪加的有些成员投入30 000—35 000法郎作流动资本。

同**埃利·库莱**[①]（和**古·鲁瓦奈**[②]）的辩论（第208页），他在这里看到农业的集中和**垄断的趋势**。

----

① 见本版全集第56卷第367页。——编者注
② 同上书，第368页。——编者注

按成员的播种面积的比例摊钱购买（第 216 页）**筛选机**。

改良牲畜,恢复葡萄园,等等等等。

第 3 册(249—390)。

农业教育,试验田,讲课等。反对**库莱**,第 74 页①

第 11 章:"消费和生产方面的合作社"。

辛迪加近似于股份公司:　　　　　　　　　　　　‖ 注意

(1)1891 年,蒙彼利埃辛迪加的创办者把它改造成
"拥有可变资本的匿名公司"(第 270 页)

(2)1896 年,东比利牛斯省的辛迪加在自己附近以
同样名义创办了这种"匿名公司"(第 271 页)。

辛迪加建立的消费公司,=股份公司,每股例如,50 法郎(第

275 页,同上,第 278 页)至 100 法郎(第 281 页)等。
　　　　　　　　　　　　　　　　　　　　　　　　第 367 页

"合作生产"=由辛迪加来安排**磨坊**、牛奶厂和干酪　‖　！

厂等(第 294 页)、酿酒厂(distillerie)(294)、罐头厂(295)

见德·罗基尼《农业生产合作社》1896 年劳动部巴

黎版。②　　　　　　　　　　　　　　　　　　　　　　注意

第 12 章。**农业信贷**。(**297**—

"波利涅地区农业辛迪加"建于 1884 年。1885 年,它建立了

法国第一个农业信贷机构("采取了拥有可变资本的匿名公司的形

式",第 298 页):资本=2 万法郎=40 股,每股 500 法郎,利润

---

① 引证库莱的书的页码(见本版全集第 56 卷第 367 页)。——编者注

② 罗基尼的书的全称是:《农业生产合作社、农业辛迪加和合作协会(受劳动部
委托)》,1896 年巴黎版。——编者注

3%。这也就＝储蓄银行。

贷款只能用来购买种子、牲畜、肥料或农具。最多＝600法郎。

其次，**农业银行**……这是……拥有可变资本的用集体名称的公司。

……火灾保险（第323页—）……（"互相保险"）

冰雹保险

疫病保险（有50家公司参加。4 846个公司成员参加保险的牲畜，价值超过500万法郎（第337页）[就是说，平均每个成员1 000多法郎！]；截至1900年1月31日止有64家公司；5 980个公司成员参加保险的牲畜，价值达6 115 000法郎（第337页））。

灾祸保险

"奥尔良互助会"（建于1891年）。1897年包括的面积有**5万公顷**（每公顷交0.50法郎），参加的成员有**800**左右（第346页）。因而50 000÷800＝平均1个成员62公顷??

第14章。

"预见与帮助"

互助银行（主要是防备**生病**）

防备殡葬

防备年老

寻找工作委员会。

调解室。

"阶级接近"问题（第381页）。一个农民告诉德加雅尔-邦塞尔先生说："我们乐意看你们的城堡，这是我们的星星！"（第389页）

!!

摘自结束语：

大土地占有者不超过全体成员的 5%（保尔·德沙内尔）第 392 页。85 万参加辛迪加的种地者中，土地超过 100 公顷的不过 4 000 人（勒特雷佐尔·德拉罗克先生）——第 393 页。在下比利牛斯山的一个辛迪加中，5 500 个成员中土地超过 100 公顷的有 26 人（第 393 页）。

因而，"责难农业辛迪加的"社会党人是不正确的。

注意

译自《列宁文集》俄文版第 32 卷第 24—49 页

卡·考茨基《社会主义和农业》一文的摘要和批注[74]

(1903 年 3—4 月)

从卡·考茨基反对大卫的文章(1903 年《新时代》杂志第 22—26 期)中**看出**：

第 22 期第 679 页。　1848 年以后,资产阶级经济学家**转而支持小生产**。

——第 679 页。　小资产阶级社会党人和无产阶级在运动之初支持小生产。

——第 683 页。　马克思主义把工业的规律运用到农业上。

——第 684 页。　**不对**:土地**聚集**和零碎化(李卜克内西语)

——第 685 页。　"修正"的原因: $\left\{\begin{array}{l}\text{(1)海外的竞争}\\\text{(2)工业高涨时期需要人手。}\end{array}\right.$

　　　　　　　新的事实

——第 687 页。　农民分裂成**小资产阶级和无产阶级**(注意)
　　　　　　　"……我们的干预……阶级矛盾的加剧……"

第 23 期第 728 页。　……大卫……一个新型蒲鲁东主义者……

——第 731 页。　……大卫坚决支持小生产。"有机的和机械的"生产。难道在工业中就没有差别吗? 矿业呢? 化学工业呢? 农业和畜牧业呢? 医疗事业呢?

第 24 期第 745 页。　——有 4—6 个**劳力**的农民家庭?

一个整劳力!

——第 748 页。　——"心理因素",户主的兴趣——(资产阶级

的论据)——家庭劳动,不知疲倦的活动。

——第 749 页。　大卫用的是**资产阶级**术语;卡·考茨基用的

是无产阶级术语。

——第 757 页。　《瑞士农业年鉴》(1903 年,伯尔尼)——>大

生产的收益。

第 25 期第 782 页。　——"协作社""社会生产"。大卫的混乱(第

785 页)。

——第 786 页。　大卫"理论上的混乱"。

第 26 期第 808 页。　……说手工劳动的"百分比"随着劳动强度的

增加而增加,这话不对……

第 26 期第 813 页。　——深锄耕作法幻想—— ——减少深锄耕

作法。

——第 814 页。　**蔬菜**业(工业)日益集中……

$$\left\{\begin{array}{l}\text{纯商品生产}\\\text{生产单位与家庭分离}\end{array}\right\}$$

——第 817 页。　大卫想用**现代**生产方式中的美好前景吸引

农民。

——第 818 页。　大地主欢迎大卫的书。

——第 819 页。　大卫抛弃了农业领域中的社会主义。

对米·奥里明斯基
《当前的任务》一文的意见⁷⁵

（1905 年 1 月初）

1

当前的任务

[1] 〈a—〉[在革命的刊物中,曾千百次地写道,专制制度快要覆灭了。至少近 30 年来,我们都在预言专制制度的迅速灭亡。这样的预言令人觉得很有道理,也大约有 10 年之久了。〈—a〉

1896 年发生了彼得堡大罢工,那样大规模的罢工是俄国空前未有的现象。于是,我们真的认为:专制制度的日子已屈指可数了。尔后在彼得堡和其他城市爆发了三月游行示威,——又是空前未有的现象,它表明了革命力量的巨大增长。接着又发生农民的骚动,南方的罢工运动,——那美好的希望每一次都在鼓舞着我们。现在俄国终于处在这样的高潮之中,政府如此混乱,以致令人觉得〈可能令人觉得,仿佛〉^①下命令列队冲锋是完全适时的。]^②

---

① 尖括号内的话是列宁用铅笔写在奥里明斯基的手稿上的。——俄文版编者注

② 方括号内的话是米·奥里明斯基勾去的。——俄文版编者注

[1—2] 我们能否满怀信心地说,俄国正处在革命高潮的巨浪中,这种巨浪终将消灭我国万恶的亚洲式的国家制度呢? 许多革命组织——社会民主主义的、一般民主主义的、自由主义的和民族的组织,都正在冲刷着沙皇宝座的基础。各种小组、个人聚会、宴会、群众集会、游行示威,注满了整个社会生活。数量空前的革命书刊正在唤醒人们的思想,激发、鼓舞、号召人们起来反抗。所有这一切,都是革命行将到来的征兆。但是,这里有一个问题:这种种征兆的数量应该有多大,才能使我们满怀信心地说:"和专制制度最后决战的时刻已经到来"? 革命力量应该有多强大,我们才能够说:"是的,这一时刻到来了"? 对于这个问题,无论在俄国,无论在那些不止一次发生过革命的国家里,都还没有一个圣人能作出正确的回答。

无法预见革命发生的时刻。这就是为什么社会民主党人无论在什么地方都没有准备革命的确定时间。社会民主党策略的基本原则是:时刻准备好参加革命,时刻为革命作好准备,并且,任何时候也不应因为即将来临的革命而忘记那种加深无产阶级阶级自觉的[平凡的]基本的[①]日常工作。

比如,无论在俄国争取政治上的自由是多么重要,无论当前的政治局势是多么严重,我们都不应该忘记,我们最主要的任务是赢得社会主义制度。而在这一斗争中,最后决战的时刻还很遥远。所以,我们不应该因为反对专制制度的斗争很重要,而忘记和资本家的斗争,忘记整个社会民主运动的需要,忘记这一运动的正确进程。我们应该注意自己的活动,并且毫不延误地改正一切错误〈尽管纯粹是偶然的〉、片面性和狂热性。顺便指出,党的活动的外部标志是党的刊物。我希望读者予以重视。

[2—3]《火星报》"党的生活"栏中登载了各地方委员会印发传单的资料。这些资料很简短,有时自相矛盾。此外,也很不完整。更不必说俄国寄来的信件经常不能送到编辑部,必须记住,绝大多数委员会已断绝了和《火星报》编辑部的一切同志式的联系。所以,对这一报纸提供的资料所作的详细分析,还不能充分和确切地说明地方出版物的情况。那不是统计,而是统计游戏。但是,总还可以作出某些一般的结论,而不至于太冒犯错误的危险。

根据《火星报》(第53—75号)的资料来看,不到一年,各地方组织,不包

---

① 列宁用铅笔作的增补:奥里明斯基同意增补,但勾掉了"平凡的"一词,并用钢笔把列宁的增补圈起来。——俄文版编者注

括大学生组织,已出版了 453 期①传单、地方报纸和小册子。其中 219 期②
合计为 558 525 份,即每期平均发行 2 600 份。以 453 乘 2 600 份,得
1 177 800 份。根据内容,这些出版物可分为:(1)关于战争的有 173 期,其中
96 期合计为 285 360 份;(2)其他政治题材(除战争外)198 期,其中 86 期合
计为 182 585 份;(3)一般经济题材 20 期,其中 12 期合计为 60 000 份;(4)地
方经济题材 62 期,其中 25 期合计为 29 580 份。根据《火星报》的资料,彼得
堡委员会总计出版了 40 期传单,某些传单数量达 10 000 份;敖德萨委员会
出版了 15 期,其中 11 期合计为 95 000 份;顿涅茨委员会出版 28 期,其中 27
期合计为 55 900 份;叶卡捷琳诺斯拉夫委员会出版 23 期,其中 12 期合计为
60 175 份;基辅委员会出版 30 期,其中 21 期合计为 53 700 份。

[3—4]　这些数字中,首先引人注意的是整个地方出版物的分量。即使根
据几乎置身党外的《火星报》的资料,总份数已**超过**①一百万,我们有根据认
为,总出版数量不是一百万份,而是几百万份。三分之一以上的传单是写战
争的,但占更大数量的出版物还是一般政治题材的。无论是关于战争的传
单,还是其他政治题材的传单,有时和本地区的利益有联系。但是,事实仍然
是,地方委员会在很大程度上是在做本来中央机关应该做的工作。显然,中
央的工作不能满足要求。就是一些个别的例子也可证实这个总的结论。乌
拉尔委员会两个月之内总共才收到中央委员会两期传单,数量是 2 000
份,——而且这还是给三个工业很发达的省的!(《火星报》第 78 号)。中央的
工作做得不够,致使手工业生产在那最不适宜使用手工业生产方式的领域中
发展了起来。〈6—〉地方委员会翻印中央委员会和中央机关报编辑部初版的
传单,这种消息就包含着对中央委员会的直接责备:显然,这些传单送到地方
的数量是微乎其微的。③〈—6〉

　　写经济题材的传单数量是很少的。彼得堡委员会、顿河区委员会、克里
木委员会、顿涅茨委员会、特维尔委员会和叶卡捷琳诺斯拉夫委员会比较重
视经济生活的要求。还应该附带说明,凡面向一个工厂的工人、一个生产部
门的工人或者一个地方的工人的传单,我都编入地方经济的传单中去,——
不得不只根据传单的标题来分栏。尽管今年政治事件异常多,尽管地方委员

---

①　这个词,列宁用铅笔加上了着重记号。——俄文版编者注
②　在其他各期未说明份数。
③　整个句子已勾掉了(参看下一文件《列宁的意见》)。——俄文版编者注

会对于这些事件不得不担负几乎全部必要的出版宣传工作,——但仍然不能认为对无产阶级的日常利益不够注意是正常的。令人担心的是,对社会民主党的工作方法和工作任务的错误观点在这方面也起了某些作用。

[4—5] 大约两三年前,在党内进行了反对所谓经济主义或者经济主义思潮的激烈斗争。这种思潮同以民主主义之名著称的组织形式密切联系着。那时,经济主义和民主主义已经根本破产,并且为党所抛弃。但是,后来我们开始逐渐忘记,所进行的斗争不是一般地反对经济斗争和反对民主主义,而只是反对这些现象的特殊形式。由此却产生了一种奇怪的现象:"经济的"和"民主主义的"这两个词开始被社会民主党人用做贬义词,几乎用做骂人的话。甚至党的某些领导者有时也开始混淆概念。

人们开始认为,不管怎样,只要在经济方面进行斗争,就等于流入经济主义的歪门邪道。逃避经济斗争,正意味着重蹈经济主义者的覆辙,这还需要证明吗?一位工人在给旧《火星报》的信中称经济主义者为残缺不全的人。但是,忽视经济利益、使政治脱离经济,那就是像过去的经济主义者一样的残缺不全。残缺不全正好就是一种歪门邪道,它是过去的经济主义者和现在过分着迷于政治的政治家所共有的特点。〈к〉

[5—6] 社会民主党是无产阶级在阶级斗争中的先锋部队。但是,如果一切阶级斗争都是政治斗争,那么还不能由此就得出结论说,在一切政治斗争中,各阶级都明显地和尖锐地互相对立着。常常有这样的情况,同样的一项政治任务,既是无产阶级当前的首要任务,也是资产阶级当前的首要任务。于是,可能产生有害的错觉,似乎资产阶级和无产阶级存在着比实际情况还要多的共同利益。社会民主党人不应该忘记这种错觉的危险性。但是,怎样避免这种危险性呢?在解决这个问题时我们可能发生分歧。我们中的或多或少有点残缺不全的人可能开始忙碌地奔波,在为实现资产阶级和无产阶级的共同要求的斗争中寻找一条特殊的纯无产阶级路线;他们能在这种情况下谈到资产阶级和无产阶级迎头相撞的计划,——但有一个附加条件,即:要使资产阶级额头上碰出的疙瘩不至于引起资产阶级张皇失措,并且不会成为反动派的杠杆。

[6—7] 但是,无产阶级斗争的纯洁性不是靠喜剧性的额头相撞来保持的。〈л〉保持纯洁性要靠自己的彻底性,要靠经常不断地,尽可能深刻地说明各阶级利益的矛盾。而且应该经常把本工厂的工人或者本生产部门的工人的日常利益、当前全国的政治任务同无产阶级整个阶级的利益联系起来

看，——应该从阶级观点上加以阐述。这种阐述应该是宣传社会主义的基础。当然不能由此得出结论说，应当根据工厂生活中的任何琐事就号召人们去推翻专制制度。今天党委会出一张关于个别工厂的个别人的丑恶现象的传单，明天又以同一党委会的名义印发比较一般性的经济题材的传单，后天——则是纯属政治题材的传单，接着是谈论与政府这个资产阶级阶级利益的保护者的一般政策有关的经济问题的传单，——而所有这些传单一起组成一个统一的整体，全部传单一起显而易见地说明了各阶级利益的对立。这种配合得当的鼓动的一个结果是使工人自己起来积极参加写作活动，这在无产阶级的阶级自我教育中也是很重要的。我提醒一下，在1902年列宁曾就这点写道：

[7—8]　——"俄国工人经济斗争的广泛开展和加强，是同创办揭露经济（工厂方面和职业方面的）情况的'出版物'密切相联的。'传单'的主要内容是揭露工厂中的情况，于是在工人中很快激起了进行揭露的真正热情。工人一看见社会民主党人小组愿意而且能够给他们提供一种新的传单，来叙述工人的贫困生活、无比艰苦的劳动和无权地位的全部真实情况，他们也就纷纷寄来了工厂通讯。这种'揭露性的出版物'不仅在某一传单所抨击的那个工厂里引起了强烈的反响，而且在所有听到揭露出来的事实的工厂里都引起了强烈的反响。既然各行各业工人的贫困和痛苦有许多共同之处，'叙述工人生活的真实情况'就使所有的人赞赏不已。甚至在最落后的工人中，也产生了一种想'发表文章'的真正热情，一种想用这种萌芽形式的战争去反对建立在掠夺和压迫的基础上的整个现代社会制度的高尚热情。这些'传单'在绝大多数场合下都真正成了一种宣战书，因为这种揭露起了极大的激励作用，使工人一致要求消灭各种令人发指的丑恶现象，并且决心用罢工来支持这种要求。……总之，经济方面的（工厂方面的）揭露，过去和现在都是经济斗争的重要杠杆。只要还存在着必然会使工人起来进行自卫的资本主义，这方面的揭露将始终保持这种意义。即使在最先进的欧洲各国，现在也还可以看到，揭露某个落后的'行业'或某个被人遗忘的家庭手工业部门的种种丑恶现象，可以成为唤起阶级意识、开展工会斗争和传播社会主义的起点。"（列宁《怎么办？》第40页）①

用阶级观点同时深入进行政治斗争和工会斗争，建立经济斗争的任务和

---

① 见本版全集第6卷第52—53页。——编者注

政治斗争的任务之间的密切联系,指明斗争的目的是社会主义制度,只有这样,无产阶级的政治活动才实质上是无产阶级的阶级的政治。尽管从表面来看,对旁观者来说,它在个别情况下与居民中非无产阶级阶层的先进部分的政治很少区别,但它仍然是阶级的政治。相反,即使是在现在这样紧张的时候,只一味着迷于政治,倒有助于形成一种错觉,以为资产阶级和无产阶级的利益是一致的。这种错觉,不仅在革命后的第二天,而且就在革命时期,都会极其有害地影响无产阶级的利益。

一年多来,《火星报》大量散布了种种毫无道理的攻击党(所谓的布尔什维克)的责难,而且许多人相信这些责难。布尔什维克的罪状中有一条就是片面地着迷于政治。但是,数目字表明,无论是在布尔什维克中,还是在孟什维克中,政治问题都同样占优先地位。地方传单便是一个鲜明的证据,说明这种罪名是凭空捏造的。如果去看一看孟什维克中央的出版物,那么,即使只按照表面现象来判断,可以被指责为片面地着迷于政治的恰恰正是《火星报》的编辑人员。比如:该报的"工人运动新闻和各工厂来信专栏"有时候是完全不见了,有时候则只是塞满了文不对题的报道(见《火星报》第 80 号)。在《火星报》的版面上几乎看不到工人。但是,我们宁愿认为,事情的原因,不是片面着迷于政治,而是绝大多数的委员会停止了和编辑部的一切同志式的联系。

[9—10] 不过,有时编辑部人员的直接声明也可能是引起误解的原因。比如:阿克雪里罗得对社会民主党工人党员说:"同志们!你们的职责是在使我们党着手动员无产阶级广大群众有组织地参与我国**政治**生活的进程方面起最有力的作用。**只有在这条道路上**……社会民主党工人党员才能够……成为我国工人阶级的真正领导者。"

在当前反对专制制度斗争的紧张时刻,阿克雪里罗得的话可能成为引起误解的原因。人们可以反驳说:"要使社会民主党人成为工人阶级的领导者,就得要求他们不仅参与国家政治生活的进程,而且要全面领导无产阶级的阶级斗争。"顺便指出,阿克雪里罗得的声明忘记了党的第二次代表大会关于党必须领导工人的工会斗争的决议。为了防止别人谴责阿克雪里罗得陷入了片面性,我应该谈几句。作为一位好作家而著称的阿克雪里罗得近来却出了点怪事。比如:他发明了俄国的工人运动是知识分子运动产物的产物。这无异于要人们相信暴动的发起人就是一切暴动的原因。同样,阿克雪里罗得指出罗斯托夫的同志和基辅的同志抱怨工作做得不好和收不到出版物后补充说:"但是,最令人惊奇的是就在这个时期,一系列委员会"……寄来了决议,对《火星报》编辑部破坏纪律和根本动摇表示谴责。的确,令人惊奇的是:

基辅和罗斯托夫的情况不妙，而就在这个时候，彼得堡和特维尔的人竟敢说，《火星报》编辑部刊登了坏文章。真是风马牛不相及啊！最近老是缠住阿克雪里罗得的写作事故，使我有理由认为，连那种专门涉及政治的威胁性言论也并不确切表达阿克雪里罗得和整个《火星报》编辑部的意见。这样，害怕任何分歧的人们就可以放心：在社会民主党人的策略中，关于经济斗争的意义问题，我们和《火星报》编辑部之间不存在原则的分歧。如果在这种情况下也可以责备《火星报》编辑人员〈[和布尔什维克……①]**和党以及党的中央机关**〉有什么不对的话，那么恐怕只能责备他们有一点点着迷……

2

列宁的意见

第 1 页。

a—a　要改写成这样：总的预言（关于专制制度的灭亡）是**正确的**，然而是一般的。**请看事实**，请看**运动**的发展。

（否则，就会有一种这样的味道：似乎预言是随便作的。那是十分有害的。）

第 2 页。不妨补充一句类似这样的话："在加紧准备无产阶级对专制制度进行可能在最近的将来就会发生的决战时，我们一分钟也不会离开这个最主要的任务。"

第 4 页。б—б。最好删去对中央委员会和中央机关报的责备。

第 5 页。к。**务必**注明，旧《火星报》已经指出过这种**在某些情况下**着迷于政治的问题（第 43 号和第 47 号——作**比较详细的引**

---

①　一个被勾掉的词无法辨认。——俄文版编者注

证)[76]，而把这种着迷(不是理论上可能发生的，而**只是**因犯错误才可能发生的)同多数派和少数派联系起来是荒谬的。第4页提到的五个委员会中，三个是多数派，一个是少数派，一个曾经又是多数派，又是少数派。

关于"着迷于政治"这一点，全部应加以改写，**不让孟什维克歪曲真相！！！！**

第6页。(л.)和**第8页K**。阶级斗争不只是＝政治斗争＋**经济**斗争。还要发展我们开展得不够的**社会主义的**宣传工作。这点必须补充。

用《**空想的分歧和现实的需要**》或类似的题目来改写这篇文章，是否更好一些?

3
列宁的系统意见

我看，文章还要作更全面的改写。

主题没有抓住，基本思想丢掉了。二者取其一：或定主题为——阿克雪里罗得和新火星派分子的胡言乱语——那就应该是另一种标题和结构。或定主题为——"略谈传单"，"地方出版工作"(就是这样的标题也可以确定文章的重心)。当前的任务——这给主题的阐述加进了不正确的调子。

第3页——(顺数第3行)——应该引证9月2日会议记录

中**唐恩**的话[77]。否则,会被认为是**作者说的!!**

3——"统计游戏"——删去,否则,人们会嘲笑的。本人就在要弄自己称做游戏的**玩意儿**。

第4页——关于"标题"及其他等等——施瓦尔茨是对的。[78]

第4页——(倒数第4行)"错误的观点",我看,应该去掉。

4—5。务必彻底改写。**现在,我们以这样的方式承认**"着迷于同经济主义作斗争",就简直等于自打耳光。

这就会给敌人奉送一千张王牌,却一点也不说明问题。

必须删去这一点(施瓦尔茨是非常正确的),代之以这样的论述:

——对日常利益注意不够

——那些从不**庸俗地**捏造分歧的社会民主党人早就指出过这一点

——引用《火星报》**第43号**(和托洛茨基的分析!)和《火星报》第47号(反复说明)。这全是旧《火星报》。

——应该从这些例子中得出结论,关于布尔什维克忽视工会斗争的话(引用托洛茨基、阿克雪里罗得、马尔托夫、"**一工人**"的话[79])——是谎言和诽谤(马尔托夫在**第77号**上谈"多数派的圈子")。

第5页。——关于残缺不全的话,也**一定**要删去。这在目前是最不策略的。

应该引用以前的材料作出结论,说我们(=旧《火星报》)从来主张工作要有**充实的**阶级内容。

第5—6页,我看,可保留下来,但是,要作一些修改,使之符合整个论述过程的变动。

第8页——用《怎么办?》一书中的话作补充,**第115—116页,特别是第86页**。①如果要谈经济斗争和政治斗争的关系,那么应该**反复说明**我们原来的态度,因为这是**一个迫切的问题,这个问题**现在只提一下是不行的。

第8页(在结尾上)就《火星报》的内容空洞问题作比较详细的发挥。并把这个问题与它和各委员会的脱节联系起来看。

设想一下:把新《火星报》和旧《火星报》作一比较!

第9页——您对阿克雪里罗得**解释得不正确**。他不是那个"只有"!!("另一个""只有")**80**请带原文来,让我们来争论一番!

不应该对敌人作不正确的解释从而给敌人提供武器!

第9页——风马牛——这很好,**作为结尾**。

第10页——"《火星报》的一点点着迷"应该删去。这是**不对的**。这不是着迷而是**必然**重复工人事业派的话。应该证实这种必然性。

译自《列宁文集》俄文版第16卷
第261—267、268—269页

---

① 这里指的是《怎么办?》一书1902年斯图加特版的页码,见本版全集第6卷第143—144、107—108页。——编者注

亚·波特列索夫《我们的厄运》
一文的摘录和批注[81]

(1905 年 1 月 11 日〔24 日〕以前)

1
亚·波特列索夫
《我们的厄运》一文摘录

《火星报》第 78 号。斯塔罗韦尔:《我们的厄运(1.关于自由主义和**领导权**)》。(注意)

"……再没有比社会民主党对当代俄国社会先进分子的解放运动的态度问题更为**老生常谈**的问题了……"

正是曾经同令人厌恶的含糊不清作斗争的列宁,自己却表现了"最大量"的含糊不清……

列宁的"残缺不全的毫无价值的渺小思想",即说自由派是不彻底的,说他们是机会主义者……

列宁的"奇文":(1)支持自由派的**要求**("支持自由派**运动**是一回事,支持**要求**是另一回事……(多深刻!))

(2)……使自由派和社会民主派的活动**彼此相互补充**……"

……(幻想)……

"列宁对俄国自由派的荒诞不经的概念……"

——自由派的**精神**特性(½①,软弱性等)……

"毫不动摇地相信,他们自由派是贫穷的和软弱的……"
引自(第 18 号)(**明白了!!**)[82]

"我们独立自主地蔑视自由派资产阶级,因此〈!!〉我们可以不必去清算它的阶级的和集团的心理。"

贵族首领……

"列宁观点的大杂烩……观点离奇古怪"

梁赞诺夫和列宁

↓

"有许多正确的东西"(!!),但是"在他自己关于俄国自由派的观念中,正如列宁一样,根本没有民主派的先锋队社会民主党能够随时影响的社会成分的地位……"　　注意错误的症结!

查清化名人:《**曙光**》**杂志上的文章**是列宁的。——《**火星报**》第 **26** 号《**政治斗争和政治手腕**》,同上,第 **16** 号《**政治鼓动和阶级观点**》,第 **18** 号《**一封给地方自治人士的信**》,《曙光》杂志第 2—3 期合刊《**内政评论**》,都是列宁的。

斯塔罗韦尔的同样的错误更明显:

"如果自由派真的像列宁所描绘的那样,如果为了同他

---

① 不彻底性。——俄文版编者注

们做交易不得不接近各位贵族首领先生或主张资格限制的
地方自治人士,而不去接近**别人**,那么……最好是抛弃领导
权的思想……

"……因为俄国自由派,如果**除掉**它的历史上必要的部
分,除掉它的**运动神经**(!),即除掉它的资产阶级民主派这一
半,就只配挨蝎子鞭责打……"

症结就在这里!地方自治机关+资产阶级民主派。贵
族首领和地方自治人士是不中用的。"资产阶级民主派"(=
知识分子)是有用的。

我们时代的自由派**远非**50年代和70年代的那个
自由派。——地主集团和官僚的自由派……
+"当代资产阶级民主派的相当大的部分……"

"一种要求清除(??)思想杂质……追求不加粉饰的立宪
自由思想的强烈民主**倾向**。"(写得多漂亮!)

往下:全是空话!
"20年以前资产阶级民主派已初露头角……民主派〔到民间
去〕,到社会和地方自治机关去……"

{这=为文化而文化}

资产阶级民主派——**知识分子民主派**(第3页,第3栏,倒数
第9行)。

资本主义造成了**"对知识分子民主派的劳动的需要**……"

……——"地方自治自由派集团和资产阶级民主派的结
合……"

——"第三种分子"

"区别彼此逐渐接近的集团的社会地位……"〈**地方自治人士和资产阶级民主派**〉(补)第9页,第1栏。

把他们分开的问题是:**同人民一起或是不要人民参加**?

译自《列宁文集》俄文版第16卷第20—22页

2

亚·波特列索夫
《我们的厄运》一文批注

斯塔罗韦尔的两个基本思想:

I.列宁关于俄国自由派的观念是不正确的。除地方自治机关外,列宁没有看到**资产阶级民主派**。

在列宁的观念中根本没有先锋队社会民主党能够影响的社会成分(在自由派中)的地位。

II.把斯塔罗韦尔决议案的"条件"说成是虚构的,这是不正确的。可能有并且经常有这种会接受这些条件的自由民主主义的流派。

关于I——从坏的民主派资产阶级中分出"好的"——颂扬**知识分子**(并使之脱离阶级基础)。

关于II——粉饰资产阶级民主派(法国的激进派,意大利的共和派,德国的自由思想派)。

斯塔罗韦尔以此证实了我在《进一步,退两步》中对他的**两点**责备①。

(1)忽视阶级分析:

$$\left\{ \begin{array}{l} \text{(a)人民中的农民和手工业者} \\ \text{(b)知识分子中的社会革命党人} \end{array} \right\}$$

(2)不适当地追求"条件"。

("列宁不能够理解我的观念")

关于I。关于对**忽视**"第三种分子"等的责备,我只需引用《曙光》杂志第2—3期合刊就够了。**83**

$$\left\{ \begin{array}{l} \text{把知识分子作为资产阶级民主派来提是一种混乱,是} \\ \text{离开了阶级观点,是忘记了广大民主派的人民群众基础。} \end{array} \right\}$$

$$\left\{ \begin{array}{l} \text{(运动神经\quad 第78号)("独立的力量"\quad 第77号)}^{84} \\ \text{忘记了知识分子中的社会革命党人} \end{array} \right.$$

关于II。"石蕊试纸**85**,有效试剂⋯⋯"(写得多漂亮!)

把普列汉诺夫的决议案同斯塔罗韦尔的决议案作一比较

灵活性和完整性

两种任务的混淆与诡辩

[斯塔罗韦尔]你不要模糊无产阶级的意识,**那**才有

新火星派的　可能达成协议

观点

赞同社会

民主党!!

---

① 见本版全集第8卷第327—331页。——编者注

| 而如果赞
同社会革
命党?? | 我们的: | 自由派和资产阶级民主派不可能不模糊无产阶级的意识。我们和他们达成协议是由共同的斗争来决定的,而不是取决于是否"模糊",因为我们**不管达成什么协议**,都将同这种模糊进行斗争。 |

译自《列宁文集》俄文版第 16 卷
第 20—24 页

《马克思论美国的
"土地平分"》一文的材料①

（1905 年 4 月 7 日〔20 日〕以前）

马克思反驳克利盖

1846 年。（《马克思遗著》第 2 卷第 420 页。）**86**

"美国民族改良派〔或者：土地改革者、反对收租者〕称土地为〔人类〕**全人类的公共财产**（Erbtheil）——并要求国民立法机关设法把尚未落入强盗般的投机分子手中的 14 亿英亩土地**保留起来**，作为**全人类不可转让的公共财产**（Gemeingut）。"

第 10 号所载的《我们要求的是什么？》（«Was wir wollen?»）②一文就是这样阐明美国民族改良派的目的的。

马克思写道：

"我们完全承认**美国民族改良派运动的历史合理性**（in ihrer

① 《马克思论美国的"土地平分"》一文，见本版全集第 10 卷第 50—56 页。——编者注

② 海尔曼·克利盖《我们要求的是什么？》，载于《人民论坛报》第 10 号。——编者注

historischen Berechtigung）。我们知道,虽然这个运动所力求
达到的结果在**此刻**[目前]（für den Augenblick)**或许会促进现
代资产阶级社会工业制度的发展**,但它既然是无产阶级运动
的成果,是对一般土地所有制的攻击,特别是对美国现存条件
下土地所有制的攻击,其结果必然会(muss)**导向共产主义**。
克利盖曾同侨居纽约的德国共产主义者一起参加过抗租运动
（Anti-Rent-Bewegung),他竟以那些**激昂慷慨的词句**来掩盖
（überklebt)这个简单的（dünne)事实,而**不去考察**运动的实际
内容,这就证明,他完全不清楚青年美国和美国社会境况之间
的联系。"（第 420 页)①。

克利盖接受了民族改良派的"计划":每一个农民都分给不超
过 160 英亩土地,而且只能用于自耕。②

资本论第 3 卷(下册)

关于农民**所有权**

从第 **153** 页至第 **341** 页。第 340—341 页和第 **341** 页。

资本主义的土地占有权是"封建的土地所有权或小农[作
为小农]维持(个人)生计的农业(在后一场合,土地的**占有**是

---

① 参看《马克思恩格斯全集》第 1 版第 4 卷第 9 页。——编者注
② 同上书,第 10 页。——编者注

直接生产者的生产条件之一,而他对土地的**所有权**是**他的生产方式的最有利的条件,即他的**生产方式得以繁荣的条件)**转化成的形式。**①

黑体是马克思用的

(这在地租一章的**开头**部分。)

而马克思在这章末尾专门一节(第 47 章第 5 节)论"农民的小块土地所有制"中说道:

"自耕农的这种自由小块土地所有制形式,作为占统治地位的正常形式,一方面,在古典古代的极盛时期,形成社会的经济基础,另一方面,在现代各民族中,我们又发现它是封建土地所有制解体所产生的各种形式之一。英国的自耕农,瑞典的农民等级,法国和德国西部的农民,都属于这一类……②

"**自耕农的(Sellbstwirtschaftend)自由所有权,对小生产来说,**也就是对下述生产方式来说,**显然是土地所有权的最正常的形式,**——在这种生产方式中,土地的占有是劳动者对本人的劳动产品拥有所有权的一个条件;在这种生产方式中,耕者不管是一个自由的土地占有者,还是一个隶属(Umterlasse)农民,总是独立地,作为单独的劳动者,同他的家人一起生产自己的生存资料。**土地的所有权是这种生产方式充分发展的必要条件,正如工具的所有权是手工业生产自由发展的必要条件一样**。在这里,土地的所有权是**个人独立性发展的**[根据]**基础**。它是**农业本身发展的一个必要的过渡**

---

① 见《马克思恩格斯文集》第 7 卷第 693—694 页。——编者注
② 同上书,第 911 页。——编者注

点……"(第 340—341 页)①

接着,马克思指出了它灭亡的原因(＝它的限度):(1)农村(手工)工业被破坏;(2)土地枯竭;(3)公有地——它在一切地方都在补充着小(小农)经济,并使它有可能饲养牲畜——被(大土地所有者)霸占;(4)(种植园经济,＝)使用奴隶经营或资本主义经营的大经济参与竞争。②

(关于<[减少量]c/v)马克思引自东巴尔和理·琼斯著作,第 3 卷下册第 293 页。)③

第 3 卷下册第 210 页——关于殖民地问题(反马斯洛夫)。

译自《列宁文集》俄文版第 5 卷
第 125—127 页

《莫斯科事变的教训》一文的材料①

(不早于 1905 年 8 月 29 日〔9 月 11 日〕)

《福斯报》摘录

"自治权使教授有可能自由地进行教学工作。因此,所有大学和高等学校的教授都同意必须积极复课。教授们正在利用②自己的一切影响,以便唤醒大学生们,使他们放弃社会民主党的口号。在许多高等学校,例如,在彼得堡综合技术学校,他们做到了这一点。在莫斯科,决定性的斗争尚未结束。新选出的校长谢·尼·特鲁别茨科伊公爵和他的助理曼努伊洛夫亲自出席大学生的集会,并竭力说服大学生至少不要让任何异己分子到大学来。教授与大学生之间,以及各派学生之间——今年学生已不像往年那样意见一致了——这类斗争[也]同样在其他高等学校和大学中进行着。在彼得堡大学,那里教授的影响较弱,社会民主党的决议以1 072 票对 243 票的压倒多数获得通过。此外,他们还决定抵制 7

---

① 《莫斯科事变的教训》一文见本版全集第 11 卷第 380—388 页。——编者注
② 手稿头两页丢失。第 3 页从"利用"一词的后半部开始。头两句是根据《列宁全集》俄文第 2 版第 8 卷第 315 页(本版全集第 11 卷第 385 页。——编者注)复原的。——俄文版编者注

个不受欢迎的教授并要求辞退他们。然而目前到处还在继续上课。甚至莫斯科大学也可能重新开放。如果还没有，那在这几天内也一定会重新开放，问题只是能维持多久。"[87]

对于评价资产阶级背叛的本性来说，这是一份绝妙的材料！他们珍惜"文化"［作用］，因而规劝学生放弃与特列波夫之流作革命斗争！！资产阶级为了"和平的"反无产阶级的"文化"而想与特列波夫之流**勾结起来**。曼努伊洛夫之流与特鲁别茨科伊之流的"学者"先生们以为，学生不会识破他们的伪善面孔，不会撕下他们"学者"的假面具，这当然是痴心妄想。

译自《列宁文集》俄文版第 5 卷
第 414—415 页

在卡·马克思《路易·波拿巴的雾月十八日》一书上作的标记⁸⁸

（1906 年）

卡·马克思《路易·波拿巴的雾月十八日》
1906 年莫斯科版

[473]^①<u>19 世纪的社会革命不能从过去,而只能从未来汲取自己的诗情。它在破除一切对过去的迷信以前,是不能开始实现自己的任务的。</u>从前的革命需要回忆过去的世界历史事件,为的是向自己隐瞒自己的内容。19 世纪的革命一定要让死人去埋葬他们的死人,为的是自己能弄清自己的内容。从前是辞藻胜于内容,<u>现在是内容胜于辞藻。</u>

[474] ……**无产阶级革命**,例如 19 世纪的革命,则经常自我批判,往往在前进中停下脚步,返回到仿佛已经完成的事情上去,以便重新开始把这些事情再做一遍;它十分无情地嘲笑自己的初次行动的不彻底性、弱点和拙劣;它把敌人打倒在地,好像只是为了要让敌人从土地里汲取新的力量并且更加强壮地在它前面挺立起来;它在自己无限宏伟的目标面前,再三往后退却,<u>直到形成无路可退的局势为止</u>,那时生活本身会大声喊道:这里是罗陀斯,就在这里跳跃吧!⁸⁹

---

① 这里方括号内的数字是《马克思恩格斯文集》第 2 卷的页码,下同。——编者注

[476—477]　　但是,当事变已演进到引起实际冲突,当人民已投入街垒战,当国民自卫军采取消极的态度,军队不进行认真抵抗而王室已经逃走的时候,成立共和国似乎就是自然而然的事情了。

每个政党都按自己的观点去解释共和国。手持武器夺得了共和国的无产阶级,在共和国上面盖上了自己的印记,并把它宣布为社会共和国。这样就表露出了现代革命的总的内容和目的,这个内容和在当时的情况与条件下、在群众已达到的教育水平上用现成材料所能立刻直接实现的一切都是极为矛盾的。

[477]　　由国民选出而于1848年5月4日开幕的国民议会**90**,是代表国民的。这个议会是对二月事变的奢望所提出的活的抗议,并且要把革命的结果降低到资产阶级的水平。巴黎无产阶级一下子就看出了这个国民议会的性质,所以他们在国民议会开幕后不几天,即在5月15日,就企图用强力停止其存在,把它解散,将国民中起反动作用的思潮所借以威胁他们的这个机体重新分解为各个构成部分,但是这个企图没有成功。**91**

[478]　　无产阶级中有一部分人醉心于**教条的实验**,醉心于**成立交换银行和工人团体**,换句话说,醉心于**这样一种运动,即不去利用旧世界自身所具有的一切强大手段来推翻旧世界,却企图躲在社会背后,用私人的办法,在自身的有限的生存条件的范围内实现自身的解救,因此必然是要失败的。**

当六月事变中无产阶级与之斗争的**一切阶级**还没有在无产阶级身边倒下的时候,无产阶级大概既不能使本身恢复自己原有的革命的伟大,也不能从重新缔结的联盟中获得新的力量。

[479]　　……六月起义者的失败,固然为资产阶级共和国的奠基和建立准备和扫清了基地,但同时它也表明,欧洲的问题并不是争论"共和国还是君主国"的问题,而是别的问题。它揭示出,**资产阶级共和国**在这里是表示一个阶级对其他阶级实行无限制的专制统治。

[481]　　六月事变以后的制宪国民议会的历史,是资产阶级共和派统治和瓦解的历史,这个派别是以三色旗共和党人、纯粹的共和党人、政治的共和党人、形式主义的共和党人等等称呼闻名的。

[482—483]　　……实际情况超过了早就自命为七月王朝的合法继承人的资产阶级共和派的理想。但是,这个派别取得统治权并不像它在路易–菲力浦时期所幻想的那样,是通过资产阶级举行反对国王的自由主

义叛乱,而是由于**无产阶级对资本**举行了被霰弹镇压下去的**起义**。资产阶级共和派认为最革命的事件,**实际上却是最反革命的事件**。

[483]　人身、新闻出版、言论、结社、集会、教育和宗教等自由(1848年各种自由权的必然总汇),都穿上宪法制服而成为不可侵犯的了。**92**这些自由中的每一种都被宣布为法国公民的绝对权利。

　　然而总是加上一个附带条件,说明它只有在不受**他人的同等权利和公共安全**或法律限制时才是无限制的,而这些法律正是要使各种个人自由彼此之间以及同公共安全协调起来。

[484—485]　宪法第45—70条规定,国民议会可以用合乎宪法的办法排除总统,而总统要排除国民议会却只能用违背宪法的办法,即只有取消宪法本身。可见,这里宪法本身是在号召以暴力来消灭自己。宪法不仅像1830年的宪章**93**那样尊崇**分权制**,而且把这种分权制扩大到矛盾重重的地步。

[500—501]　与联合的资产阶级相对抗的,是小资产者和工人的联合,即所谓的社会民主派。1848年六月事变以后,小资产者发觉自己受到了亏待,自己的物质利益受到威胁,而那些应当保证它有可能捍卫这种利益的民主保障,也受到了反革命的危害。因此,它就和工人接近起来。另一方面,它在议会中的代表,即在资产阶级共和派专政时期被排挤到后台去的山岳党,在制宪议会存在的后半期,因为同波拿巴及保皇派阁员们进行了斗争,又重新获得了已失去的声望。山岳党和社会主义的领袖们结成了同盟。1849年2月举行了和解宴会,制定了共同纲领,设立了共同的选举委员会,提出了共同的候选人。无产阶级的社会要求已被磨掉革命的锋芒,发生了民主主义的转折,小资产阶级的民主主义要求则丢掉了纯政治的形式而显露出社会主义的锋芒。这样就产生了社会民主派。由这种联合产生出来的新山岳党所包含的成员,除了几个工人阶级出身的配角和几个社会主义的宗派分子,还是和旧山岳党所包含的成员一样,不过是人数多点罢了。但是,逐渐地它就随着它所代表的那个阶级一同变化了。

[561]　今天的法国采用了议会制共和国这一成熟的形式。

[565]　最后,议会制共和国在它反对革命的斗争中,除采用高压手段外,还不得不加强政府权力的工具和中央集权。一切变革都是使这个机器更加完备,而不是把它摧毁。**94**

[568]　在政变以后发生的各次起义中,一部分法国农民拿起武器抗议他们自己在 1848 年 12 月 10 日的投票表决[95]。

[570]　……由此可见,农民的利益已不像拿破仑统治时期那样同资产阶级的利益、同资本的利益相协调,而是同它们相对立了。因此,农民就把负有推翻资产阶级制度使命的**城市无产阶级**看做自己的天然同盟者和领导者。

译自《列宁文集》俄文版第 40 卷
第 198—201 页

在卡·马克思《历史著作集》一书（1906年圣彼得堡版）上作的批注[96]

（1906年和1908年之间）

[95]① 二月革命已把军队逐出巴黎了。国民自卫军，即资产阶级各个阶层的势力，成了唯一的军事力量，但是它觉得自己还不能对付无产阶级。而且，国民自卫军尽管进行了极顽强的抵抗和千方百计的阻挠，也不得不逐渐地、部分地开放自己的队伍，让武装的无产者加入进来。这样一来，就只剩下了一条出路：**使一部分无产者与另一部分无产者相对立**。

为了这个目的，临时政府组织了24营**别动队**，每营1000人，由15岁到20岁的青年组成。这些青年大部分属于**流氓无产阶级**，而流氓无产阶级在所有大城市里都是由与工业无产阶级截然不同的一群人构成的。这是盗贼和各式各样罪犯滋生的土壤，是专靠社会餐桌上的残羹剩饭生活的分子、无固定职业的人、游民——gens sans feu et sans aveu；他们依各人所属民族的文化水平不一而有所不同，但是他们都具有拉察罗尼[97]的特点。他们的性格在受临时政府征募的青年时期是极易受人影响的，能够做出<u>轰轰烈烈的英雄业绩和狂热的自我牺牲</u>，也能干出最卑鄙的强盗行径和最龌龊的卖身勾当。

[96] 这样，当时与巴黎无产阶级相对立的，就有一支从他们自己当中招募的年轻力壮、好勇斗狠的24000人的军队。无产阶级向列队通过巴黎街头的别动队欢呼"万岁！"他们把别动队看成是

---

① 这里方括号内的数字是《马克思恩格斯文集》第2卷的页码，下同。——编者注

自己<u>在街垒战中的前卫战士。</u>他们认为别动队是同资产阶级的国民自卫军相对立的**无产阶级**自卫军。他们的<u>错误是情有可原的</u>。　注意

　　除了别动队之外，政府还决定在自己周围募集一支产业工人大军。马利部长把10万个因危机和革命而失业的工人编进了所谓国家工场。在这个响亮的名称之下不过是以23苏的工资雇用工人去从事枯燥、单调和非生产性的**掘土工作**罢了。国家工场只不过是**露天的英国习艺所**[98]。临时政府以为这样就组建了**第二支反对工人本身的无产者大军**。这一次资产阶级把国家工场看错了，正如<u>工人把别动队看错了</u>一样。它原来是创立了一支**暴动军**。　注意

[99]　5月4日，由**直接普选产生的国民议会**开会了。普选权并不具备旧派共和党人所寄托于它的那种魔力。旧派共和党人把全体法国人，或至少是把大多数法国人看做具有同一利益和同一观点等等的公民(citoyens)。这就是他们的那种**人民崇拜**。但是，选举所表明的并不是他们**意想中的人民**，而是**真实的人民**，即分裂成各个不同阶级的代表。

[99—100]　国民议会所宣告成立的、唯一合法的共和国，<u>不是一种反对资产阶级制度的革命武器</u>，而是在政治上对它实行的改造，是在政治上对资产阶级社会的重新加固，简言之，就是**资产阶级共和国**。　注意

[100]　二月共和国是<u>工人在资产阶级消极支持下争得的</u>。　注意

[103]　巴黎无产阶级在资产阶级**逼迫**下发动了六月起义。<u>单是这一点已注定无产阶级要失败</u>。既不是<u>直接的、公开承认的要求</u>驱使无产阶级想用武力推翻资产阶级，也<u>不是无产阶级已经到了有能力解决这个任务的地步</u>。　注意

[104]　如果说六月起义在大陆各处都加强了资产阶级的自信心，并且促使它公开与封建王权结成联盟来反对人民，那么究竟谁是这个联盟的第一个牺牲品呢？是大陆的资产阶级自身。六月失败阻碍了它巩固自己的统治，阻碍了它使<u>人民</u>在半满意和<u>半失望中停留于资产阶级革命的最低阶段上</u>。

[111]　1848年8月22日，国民议会否决了友好协议，而1848年9月19日，即<u>在戒严期间</u>，路易·波拿巴亲王和囚禁在万塞讷监狱的<u>共产主义者拉斯拜尔</u>当选为巴黎的代表。

[161—162]   **奥普尔的通令**,使宪兵被加封为省长、专区区长尤其是镇长的宗教裁判官,使密探活动向各地蔓延,直到穷乡僻壤;**教师法**,使身为农民阶级的专门人才、代言人、教育者和顾问的学校教师受省长任意摆布,使身为学者阶级中的无产者的学校教师从一个乡镇被赶到另一个乡镇,就像被追猎的野兽一样;**镇长法案**,在镇长们头顶上悬着一把免职的达摩克利斯剑[99],时时刻刻把他们这些乡村总统跟共和国总统和秩序党对立起来;**军令**,把法国17个军区改为四个帕沙辖区[100],并把兵营和野营作为民族沙龙强加给法国人;**教育法**,秩序党靠它来宣布法国的愚昧状态和强制愚化是该党在普选权制度下生存的条件——所有这一切法律和规定究竟是什么呢? 就是拼命企图为秩序党重新赢得各省和各省农民。

作为**镇压措施**来看,这是一些使秩序党自己的目标落空的拙劣办法。

[164]   **反对资产阶级专政,要求改造社会,要把民主共和机构保存起来作为他们运动的工具,团结在作为决定性革命力量的无产阶级周围**——这就是所谓社会民主派即红色共和国派的一般特征。

[165]   在革命进程中,形势成熟得这样快,连各种色彩的改良之友,要求极其温和的中等阶级,都被迫团结在最极端的主张变革的党的旗帜周围,团结在**红旗**周围。

[165—167]   这种**资产阶级社会主义**,和任何一种社会主义的变种一样,自然也吸引了一部分工人和小资产者。跟这种资产阶级社会主义不同的是本来意义的社会主义,即**小资产阶级社会主义**,地道的社会主义。资本主要以**债权人**的身份来迫害这个阶级,所以这个阶级要求设立**信贷机关**;资本以**竞争**来扼杀它,所以它要求设立由国家支持的**协作社**;资本以**积聚**来战胜它,所以它要求征收**累进税**、限制继承权并由国家兴办大型工程以及采取其他各种强力抑止资本增长的措施。既然它梦想和平实现自己的社会主义——至多允许再来一次短促的二月革命,那么它自然就把未来的历史进程想象为正在或已经由社会思想家协力或单独设计的种种**体系**的实现。于是这些思想家就成为各种现有社会主义**体系**,即**空论的社会主义**的折中主义者或行家,这种社会主

义只有在无产阶级尚未发展为自由的历史的自主运动的时候,才是无产阶级的理论表现。

这种**乌托邦**,这种**空论的社会主义**,想使全部运动都服从于运动的一个阶段,用个别学究的头脑活动来代替共同的社会生产,而主要是幻想借助小小的花招和巨大的感伤情怀来消除阶级的革命斗争及其必要性;这种空论的社会主义实质上只是把现代社会理想化,描绘出一幅没有阴暗面的现代社会的图画,并且不顾这个社会的现实而力求实现自己的理想。所以,当无产阶级把这种社会主义让给小资产阶级,而各种社会主义首领之间的斗争又表明每个所谓体系都是特意强调社会变革中的某一个过渡阶段而与其他各个阶段相对抗时,**无产阶级**就日益团结在**革命的社会主义**周围,团结在被资产阶级用**布朗基**来命名的**共产主义**周围。这种社会主义就是**宣布不断革命**,就是无产阶级的**阶级专政**,这种专政是达到**消灭一切阶级差别**,达到消灭这些差别所由产生的一切生产关系,达到消灭和这些生产关系相适应的一切社会关系,达到改变由这些社会关系产生出来的一切观念的必然的过渡阶段。

由于本文叙述范围所限,我们不能更详细地来讨论这个问题。

我们已经看到:正如在**秩序党**中必然是**金融贵族**占据领导地位一样,在**无政府派**中也必然是**无产阶级**占据领导地位。当结成革命联盟的各个不同阶级在无产阶级周围聚集起来的时候,当各省变得越来越不稳定,而立法议会本身越来越埋怨法国的苏路克[101]所提的要求时,延搁已久的为填补6月13日被逐的山岳党人空缺而安排的补缺选举临近了。

[167—168]　政府的种种挑衅行为只是加强了对现状的普遍不满,并没有能阻止完全处于工人影响下的选举委员会为巴黎提出下列三位候选人:德弗洛特、维达尔和卡诺。德弗洛特是六月被放逐者,只因波拿巴有一次企图笼络人心才获得赦免;他是布朗基的朋友,曾经参加过5月15日的谋杀行动。维达尔是共产主义作家,以《论财富的分配》一书闻名;他曾在卢森堡宫委员会[102]当过路易·勃朗的秘书。卡诺是一位从事过组织工作并赢得胜

利的国民公会议员的儿子,《国民报》派中威信丧失得最少的成员,临时政府和执行委员会的教育部长,因为提出民主主义的人民教育法案而成了对抗耶稣会会士的教育法的活生生的象征。这三个候选人代表着三个互相结成同盟的阶级:为首的是一个六月起义者,革命无产阶级的代表;其次是一个空论社会主义者,社会主义小资产阶级的代表;最后,第三个候选人是资产阶级共和派的代表,这一派的民主主义公式在与秩序党的冲突中获得了社会主义的意义而早已失去了它本来的意义。**这就像在2月那样,是为反对资产阶级和政府而结成的普遍联合。但这一次无产阶级是革命联盟的首脑。**

[177]　4月28日选举的新胜利使山岳党和小资产阶级得意忘形。山岳党心花怒放,认为它可以用纯粹合法的方式实现自己的愿望,而不用掀起一场再度把无产阶级推上前台的新的革命;

[178]　普选权已经完成了自己的使命。大多数人民都上了有教育意义的一课,普选权在革命时期所能起的作用不过如此而已。它必然会被革命或者反动所废除。

[519]　面对着这样的事变,他们却让民主派来驾驭自己,为了一时的安逸而忘记了自己阶级的革命利益,由此放弃了作为制胜力量的光荣,屈服于自己的命运,并且表明,1848年6月的失败使他们多年丧失了战斗能力,最近的历史进程又要**撇开**他们而自行发展。

[526]　法国公众对波拿巴和尚加尔涅之间这次纠纷的评判,和一位英国记者的评论相同,这位记者写道:"法国的政治女仆们正在用旧扫帚扫除革命的灼热熔岩,而她们在这样做的时候又互相争吵得不可开交。"

[550]　这个议会外的资产阶级,对于为它本阶级的统治而进行的单纯的议会斗争和文字斗争表示激愤,并且出卖了这一斗争的领袖人物;但是现在它却敢于在事后责备无产阶级没有为它进行你死我活的流血战斗!

[410]　我们已经看到,3月13日革命胜利以后维也纳各阶级的状况如何。我们也已经看到,德意志的奥地利的运动如何同∨德意志的奥地利各省的事变交错在一起并受到后者的阻碍。

∨非

[450—451][1]　历史向共产主义政党表明:继中世纪的土地贵族之后,最早的资本家的金钱力量怎样成长起来并且夺取了政权;这个金融资本家集团的社会影响和政治统治怎样被工业资本家这一新兴力量(从使用蒸汽时起)所取代;而目前另外两个阶级即小生意人阶级和工业工人阶级又在怎样要求统治权。1848—1849年的实际革命经验证实了一种理论推理,从这种推理得出的结论是:必须首先由小生意人民主派当政,然后共产主义的工人阶级才能指望确立自己的政权并消灭使它处于资产阶级压迫之下的雇佣奴隶制。由此可见,共产党人的秘密组织不能抱有推翻德国现存各邦政府的直接目的。建立秘密组织不是为了推翻这些政府,而是为了推翻迟早必将取它们而代之的那个叛乱政府。

注意

第 **24** 页:＋和——流氓。

第 **34** 页:"资产阶级革命的**最低**阶段"。

78、9、95、107、9、10、112、21、201、9、238。**103**

译自《列宁文集》俄文版第 40 卷
第 203—209 页

---

①　这里方括号内的数字是《马克思恩格斯全集》第 1 版第 8 卷的页码。——编者注

在弗·恩格斯《1871—1875年论文集》一书(1906年圣彼得堡版)上作的批注[104]

(不早于1906年)

1874年[105]

[44—45] ……这33个人亲自向我们声明:他们是(1)<u>无神论者</u>,(2)共产主义者,(3)革命者。

我们的布朗基主义者与巴枯宁主义者有一个共同的特点,这就是他们都想成为走得最远、最极端的派别的代表者。因此,顺便提一下,尽管他们的目的与巴枯宁主义者根本对立,他们采用的手段却常常与后者相同。这就是说,他们要<u>在无神论方面比所有的人都激进</u>。在我们时代,当个无神论者幸而并不困难。在欧洲各工人政党中无神论已经成为不言而喻的事,虽然在有些国家中它往往带有那位西班牙巴枯宁主义者的无神论所带有的那种性质,这位巴枯宁主义者说:信奉神,同整个社会主义是背道而驰的,但信奉童贞马利亚则完全是另一回事,每一个正派的社会主义者当然都应该信奉她。至于德国绝大多数的社会民主党工人,则甚至可以说,无神论在他们那里已成了往事;这个纯粹否定性的术语对他们已经<u>不适用了,因为他们已经不只是在理论上,而且在实践上根本不相信神了</u>;他们<u>干脆把神打倒</u>,他们在现实世界中生活和思考,因此他们是唯物主义者。在法国情况也是如此。<u>如果不是这样,那么最简单的做法莫过于设法在工人中广泛传播上一世纪卓越的法国唯物主义文献</u>。这些文献迄今为止不仅按形式,而且按内容来说都是法兰西精神的最高成就:考虑到当时的科学水平,<u>在今天看来它们的内容也仍然有极高的价值,它们的形式仍然是不可企及的典范</u>。但是,这却不合我们的布

注意这在1844年说过

朗基主义者的胃口,他们为了证明自己比谁都激进,于是像1793年那样,用法令来取消神:"但愿公社使人类永远摆脱昔日苦难的这个幽灵〈神〉,摆脱人类现今苦难的这个原因〈这个不存在的神意是原因!〉。——在公社中没有教士的位置;一切宗教宣传和宗教组织都应加以禁止。"而这个要求,即遵照穆夫提的吩咐①使人们成为无神论者,是由两位公社委员签署的,而他们一定已有充分的机会体验到:首先,在纸上可以随便写多少条命令,而用不着去实际执行;其次,迫害是巩固不良信念的最好手段!有一点是毫无疑义的:在我们的时代唯一能替神帮点忙的事情,就是把无神论宣布为强制性的信条,并以禁止一切宗教来超越俾斯麦的文化斗争中的反教会法令。②　　注意

[48]　而德国的社会主义工人在1870年证明他们完全摆脱了一切民族沙文主义,现在他们会把法国工人接受正确的理论原理(尽管这些原理是从德国来的)这一事实看做良好的预兆。③

[73]　"……如果俄国继续走它在1861年所开始走的道路,那将会失去当时历史所能提供给一个民族的最好的机会,而遭受资本主义制度所带来的一切灾难性的波折。"④106　　注意

[77]　我不敢判断目前这种公社是否还保存得这样完整,以致在一定的时刻,像马克思和我在1882年所希望的那样,它能够同西欧的转变相配合而成为共产主义发展的起点。但是有一点是毋庸置疑的:要想保全这个残存的公社,就必须首先推翻沙皇专制制度,必须在俄国进行革命。⑤

译自《列宁文集》俄文版第40卷
第210—212页

---

① 意即根据上面的命令。——编者注
② 见《马克思恩格斯文集》第3卷第361—362页。——编者注
③ 同上书,第365页。——编者注
④ 见《马克思恩格斯文集》第4卷第462页。——编者注
⑤ 同上书,第466页。——编者注

在《约·菲·贝克尔、约·狄慈根、弗·恩格斯、卡·马克思等致弗·阿·左尔格等书信集》一书（1906年斯图加特版）上作的批注[107]

（1907 年 4 月 6 日〔19 日〕以前）

[IX]

弗·恩格斯致弗·左尔格	伦敦,1889 年 1 月 12 日…307	
— —	伦敦,1889 年 2 月 23 日…309	
— —	伦敦,1889 年 5 月 11 日…311	6 个月
— —	伦敦,1889 年 6 月 8 日…312	的 6 封
— —	伦敦,1889 年 7 月 17 日…316	信[108]
— —	伦敦,1889 年 7 月 20 日…318	

卡·马克思致弗·波尔特

1871 年 8 月 25 日于布赖顿

[25]　下星期您将收到总委员会为公社流亡者求援的呼吁书**109**。他们大部分人在**伦敦**(现有 80—90 人)。总委员会在此以前把他们从死亡线上救了出来,但是近两个星期以来,我们的经费快用光了,而新来的人逐日增多,所以他们的处境极为悲惨。①

卡·马克思致弗·阿·左尔格

1871 年 11 月 9 日[于伦敦]

[33]　在这里的法国流亡者当中成立了一个国际的支部——1871 年法国人支部(约有 24 人),由于我们要求修改它的章程,它很快就同总委员会发生了争执,可能事情会闹到分裂的地步。这些人跟在瑞士的一部分法国流亡者共同行动,而那些流亡者又同被我们解散的社会主义民主同盟(巴枯宁)派勾结在一起**110**。他们攻击的对象,不是那些联合起来反对我们的欧洲各国政府和统治阶级,而是伦敦的总委员会,特别是鄙人。我花了将近 5 个月时间为流亡者奔波,并用"关于内战的宣言"挽救了他们的声誉,而他们对我的报答却是这样。②

卡·马克思致弗·波尔特

1871 年 11 月 23 日[于伦敦]

[42—43]　在工人阶级在组织上还没有发展到足以对统治阶级的集体权力

---

①　参看《马克思恩格斯全集》第 1 版第 33 卷第 284 页。——编者注
②　同上书,第 320—321 页。——编者注

即政治权力进行决定性攻击的地方,工人阶级无论如何必须不断地进行反对统治阶级政策的鼓动(并对这种政策采取敌对态度),从而使自己在这方面受到训练。否则,工人阶级仍将是统治阶级手中的玩物,法国的九月革命已经证明了这一点,而格莱斯顿先生及其同伙在英国直到今天还能够耍把戏也在某种程度上证明了这一点。①

卡·马克思致弗·阿·左尔格

1872 年 5 月 27 日于伦敦

[57]　埃卡留斯既变成了傻瓜,又变成了无赖。这个星期,我还要更详细地就这件事写信给您。②

弗·恩格斯致弗·阿·左尔格

1872 年 9 月 21 日[于伦敦]

注意

[62]　黑尔斯在这里,在联合会委员会中掀起了轩然大波,竟然责备马克思不该说英国工人领袖被收买了,但是这里的一个英国支部和一个爱尔兰支部已经表示反对,认为马克思说得对。111 这些家伙——黑尔斯、莫特斯赫德、埃卡留斯等人,由于从他们手里夺走总委员会而暴跳如雷。③

---

①　见《马克思恩格斯文集》第 10 卷第 369 页。——编者注
②　参看《马克思恩格斯全集》第 1 版第 33 卷第 472 页。——编者注
③　同上书,第 521 页。——编者注

1907 年列宁在《约·菲·贝克尔、约·狄慈根、弗·恩格斯、
卡·马克思等致弗·阿·左尔格等书信集》
一书封里上作的批注的手稿

弗·恩格斯致弗·阿·左尔格

1872 年 10 月 5 日于伦敦

[65]　黑尔斯在这里发动了一场反对马克思和我的大规模的诽谤战争,然而,这场战争已经反过来针对他自己了,尽管我们对此连一个指头都没有动一下。<u>黑尔斯的借口是马克思关于英国工人领袖被收买的声明112</u>……①　　注意

卡·马克思致弗·波尔特

1872 年 3 月 12 日于伦敦

[93]　除了埃卡留斯这个《泰晤士报》的走卒私下塞进该报的那篇短评外,这次代表大会113开得无声无息,但是它会被大陆上的分裂主义者所利用。荣克在代表大会上的发言荒诞和无耻到了极点。<u>满篇都是谎言、歪曲和胡说,只有播弄是非的老太婆才说得出来。</u>②

[95]　埃卡留斯在伦敦那次见不得人的代表大会上十分天真地宣称,**应该同资产阶级一起搞政治**。<u>他在灵魂深处早就渴望卖身投靠了。</u>③

卡·马克思致弗·阿·左尔格

1881 年 6 月 20 日[于伦敦]

[177]　从科兰算起,所有这些"社会主义者"都有一个共同点:

---

① 参看《马克思恩格斯全集》第 1 版第 33 卷第 526 页。——编者注
② 同上书,第 566 页。——编者注
③ 同上书,第 568 页。——编者注

他们不触动**雇佣劳动**,也就是不触动**资本主义生产**,他们想哄骗自己或世人,说什么把地租变成交给国家的赋税,资本主义生产的**一切弊端**就一定会自行消灭。可见,所有这一切无非是<u>企图在社会主义的伪装下**挽救资本家的统治**,并且实际上是要在比现在**更广泛的基础上来重新巩固资本家的统治**。</u>

注意

亨利·乔治的论调显然也露出了这种狡猾的,同时也是愚蠢的用心。他这样做是更加不能原谅的,因为他本来应当反过来提出问题:在美国,既然<u>广大人民曾经相对地,即同文明的欧洲相比,容易得到土地</u>,而且在某种程度上(也是相对地)现在还是这样,那么,怎样解释美国的资本主义经济及其对工人阶级的相应的奴役比在其他任何一个国家都发展得**更迅速**、**更无耻**呢?

另一方面,乔治的书以及它在你们那里引起的轰动,其意义在于,这是想从正统的政治经济学中解放出来的第一次尝试——虽然是不成功的尝试。

<u>看来,亨·乔治根本不了解那些与其说是理论家不如说是实践家的早期**美国抗租者**[114]的历史</u>。①

弗·恩格斯致弗·阿·左尔格

1886 年 4 月 29 日于伦敦

[219]　德卡泽维尔罢工[115]使他们同激进派之间发生了分裂——,其他 5 个议员站在他们这一边。现在激进派不得不向工人表明他们的政策,而由于政府是靠激进派才得以存在的,所以这就弄得十分难堪了,因为工人理所当然地要他们对政府的一切行动负责。总之,激进派——克列孟梭和所有其他的人——的行径是卑鄙的,<u>于是就产生了在此以前用任何说教都没有达到的结果:**法国的工人离开了激进派**。另一个结果是:一切社会主义派别联合起来,采取一切行动。</u>②

注意
(1)
(2)

①　见《马克思恩格斯文集》第 10 卷第 463 页。——编者注
②　参看《马克思恩格斯全集》第 1 版第 36 卷第 470—471 页。——编者注

[220—221]　这里的运动幸好**没有任何**进展。<u>海德门及其同伙</u> 　　? 是会把一切事情弄糟的<u>政治野心家</u>,而在社会主义同盟**116**中无 政府主义者却取得了迅速的进展。莫里斯和巴克斯,一个是感伤 的社会主义者,<u>另一个是哲学奇谈的追求者</u>,他们现在完全受无政 府主义者的控制,而且肯定会亲身体会到受控制的滋味。你从下 一期的《公益》**117**上会看到,主要是由于杜西的努力,艾威林再也 不对这种诈骗行为分担责任了,这是一件好事。这些糊涂虫居 然也想领导英国工人阶级! 幸亏英国工人阶级根本就不买他们 的账。①

弗·恩格斯致弗·阿·左尔格

1886 年 9 月 16—17 日于伦敦

[235]　美国是一个自然形成的国家,它是沿着纯粹资产阶级的道路发 展起来的,完全没有经历封建时期,但在发展过程中<u>却不加审察地从英 国接受了大量封建时代遗留下来的意识形态</u>,诸如英国的普通法、宗教、 宗派主义;在这个国家里,对实际活动和资本集中的迫切需要导致了对 任何理论的普遍轻视,这种轻视理论的态度,只是现在才在最有教养的 知识阶层中有所克服,——在这样一个国家里,人们只有通过自己接连 犯错误,才能认清自身的**社会**利益。这种情况工人也避免不了;工联、社 会主义者、"劳动骑士"**118**等等队伍中的混乱局面还要继续存在一段时 间;他们只有在受到损失以后,才会变得聪明起来。但是重要的是,他们 已经投入了运动,事情总的说来正在进展,坚冰已被打破,一切甚至将迅 速地、而且比任何其他地方都要迅速地向前发展,尽管<u>他们所走的是一 条他们所特有的、从理论观点看来几乎是荒唐的道路</u>。②

---

①　参看《马克思恩格斯全集》第 1 版第 36 卷第 472—473 页。——编者注
②　同上书,第 522 页。——编者注

弗·恩格斯致弗·阿·左尔格

1886 年 11 月 29 日于伦敦

[238—239]　　亨利·乔治的成就[119]当然已经暴露了一大堆骗局,我感到高兴的是,我当时没有在场。但是,尽管如此,那还是一个划时代的日子。德国人一点不懂得把他们的理论变成推动美国群众的杠杆;他们大部分连自己也不懂得这种理论,而用学理主义和教条主义的态度去对待它,认为只要把它背得烂熟,就足以满足一切需要。<u>对他们来说,这是教条,而不是行动的指南。</u>此外,他们原则上是不学英语的。因此,美国的群众不得不自找出路,看来他们首先在"劳动骑士"那里找到了这种出路,这一团体的混乱的原则和可笑的组织看来是同他们自己的混乱情况相适应的。但是根据我所听到的一切来判断,"劳动骑士"已经成了一种真正的力量,特别是在新英格兰和西部地区,而且,由于资本家的疯狂反对,这种力量将日益增大。我认为,必须在他们中间开展工作,在这批还完全可塑的群众中培养一个核心,让这一核心了解运动和运动的目的,从而在目前的"骑士团"必然发生分裂的时候能自然而然地把该团的领导权(至少是一部分领导权)抓到手中。<u>"劳动骑士"的最大的弱点就是他们在政治上的中立态度</u>,结果出现了鲍德利[120]等人的十足的欺诈行为。可是这种中立态度已经在 11 月选举时期,特别是在纽约,由于群众所采取的行动而遭到挫败。每一个新参加运动的国家所应采取的第一个步骤,始终是<u>把工人组织成独立的政党,不管怎样组织起来,只要它是一个真正的工人政党就行</u>。而这一步已经做到了,并且比我们所预期的要快得多,这是最主要的。这个党的第一个纲领还是混乱的和极不完备的,<u>它还打着亨·乔治的旗号,这都是不可避免的缺点,然而也是暂时的缺点</u>。群众需要有时间和机会来成长,而只要他们有了自己的运动——不管这种运动采取什么形式,只要是<u>**他们自己的**运动</u>——,他们就会有这种机会,因为在这种运动中,他们将通过本身的错误而取得进步,吃一堑,长一智。

注意

注意

注意

　　美国的运动正处在我们在 1848 年以前所处的那种阶段上, <u>那里真正有才智的人物首先应当起共产主义者同盟在 1848 年以前在各个工人联合会中所起的那种作用</u>。不同的是, 在美国, 这一切目前将进展得无比迅速; 运动开展不过八个月, 就能在选举中取得那样的成绩, 这简直是闻所未闻的。而如果有做得不够的地方, 资产者就会去补做; 全世界没有哪一个地方的资产者像你们那里的资产者那样无耻和专横, 你们那里的法官比起俾斯麦手下的那帮帝国讼棍来有过之而无不及。凡是资产者用这种手段进行斗争的地方, 斗争很快就会见分晓, 如果我们在欧洲不加紧行动, 那么美国人很快就会超过我们。不过, 恰恰是现在, 你们那里更需要<u>有几个我们方面的人</u>, 他们要在理论和久经考验的策略方面毫不动摇, 同时要能说英文和写英文, 因为美国人由于各种显而易见的历史原因在所有理论问题上都远远落后, 他们虽然没有接受欧洲中世纪的制度, <u>但是接受了大量中世纪的传统、宗教、英国的普通(封建)法、迷信、降神术</u>, 总之, 接受了过去对做生意并不直接有害而现在<u>对愚化群众</u>则非常有用的各种荒唐的东西。如果那里有几个理论头脑清醒的人, <u>能预先告诉他们</u>, 他们自己的错误会造成什么后果, 能使他们弄清楚, 任何一个运动, 要是不始终把消灭雇佣劳动制作为最终目标, 它就一定要走上歧途, 遭到失败, 那么, 许多**蠢事**都可以避免, 整个过程也将大大地缩短。可是, 这必须按英国的方式去做, 德国的特点必须抛开,《社会主义者报》**121** 的先生们未必能胜任这一工作, 而《人民报》**122** 的先生们也只是在**做生意**方面比他们聪明一点。①

注意

---

　　① 见《马克思恩格斯文集》第 10 卷第 557—559 页。——编者注

弗·恩格斯致弗洛伦斯·凯利-威士涅威茨基夫人

1886 年 12 月 28 日于伦敦

[242—243]　我的序言①当然将完全转到论述美国工人最近十个月来所取得的巨大进展上来,自然也要涉及亨·乔治和他的土地改革计划。但是不能要求非常详尽地谈论这个问题。而且我并不认为这样做的时机已经到了。使运动扩大,使它协调地发展,扎下根子并尽可能地包括整个美国无产阶级,要比使它从一开始就按照理论上完全正确的路线出发和前进重要得多。要获取明确的理论认识,最好的道路就是从本身的错误中学习,"吃一堑,长一智"。而对于整整一个大的阶级来说,特别是对于像美国人这样一个如此重视实践而轻视理论的民族来说,别的道路是没有的。最主要的是使工人阶级**作为阶级**来行动;一旦做到了这一步,他们就会很快找到正确的方向,而一切进行阻挠的人,不论是亨·乔治还是鲍德利,都将同他们自己的小宗派一起被抛弃。因此,我也认为"劳动骑士"是运动中的一个极重要的因素,不应当从外面冷眼看待它,而要从内部使之革命化,而且我认为,那里的许多德国人犯了一个严重的错误,他们在面临一个强大而出色的、但不是由他们自己创造出来的运动时,竟企图把他们那一套从外国输入的、常常是没有弄懂的理论变成一种"唯一能救世的教条",并且同任何不接受这种教条的运动保持遥远的距离。我们的理论不是教条,而是对包含着一连串互相衔接的阶段的发展过程的阐明。希望美国人一开始行动就完全了解在比较老的工业国里制定出来的理论,那是可望而不可即的。德国人所应当做的事情是,根据自己的理论去行动——

∧∧∧注意

---

①　见弗·恩格斯《美国工人运动。〈英国工人阶级状况〉美国版序言》(《马克思恩格斯文集》第 4 卷第 316—325 页)。——编者注

如果他们像我们在1845年和1848年那样懂得理论的话——，参加工人阶级的一切真正的普遍的运动,接受运动的实际出发点,并通过下列办法逐步地把运动提到理论高度:指出所犯的每一个错误、遭到的每一次失败都是原来纲领中的各种错误理论观点的必然结果。用《共产主义宣言》里的话来说,就是他们应当在当前的运动中代表运动的未来。可是,首先要让运动有巩固自己的时间,不要硬把别人在开始时还不能正确了解、但很快就会学会的一些东西灌输给别人,从而使初期不可避免的混乱现象变本加厉。一二百万工人在下一个11月投票拥护真正的工人政党,在目前来说,要比十万人投票拥护一个在学理上无可挑剔的纲领更有价值得多。①

弗·恩格斯致弗洛伦斯·凯利-威士涅威茨基夫人

1887年1月27日[于伦敦]

[248—249]　当我们在1848年春天回到德国的时候,我们参加了民主派,因为这是唯一能引起工人阶级注意的手段;我们是该派的最先进的一翼,但毕竟是它的一翼。当马克思创立国际的时候,他草拟的总章程②使当时**一切**工人阶级社会主义者——蒲鲁东分子、皮埃尔·勒鲁分子、甚至英国工联中比较先进的部分都可以参加国际;就是由于这种广泛性,国际才成为它当时的那个样子,即成为逐步融解和吸收除无政府主义者外的各个比较小的宗派的一种工具,无政府主义者在各个国家的突然出现不过是公社失败以后资产阶级的极端反动的结果,因此我们可以泰然地让他们寿终正寝,事实上也已经是这样了。如果我们在1864—1873年间坚持只和那些公开承认我们纲领的人合作,那我们今

注意

注意

---

① 见《马克思恩格斯文集》第10卷第559—561页。——编者注
② 参看《马克思恩格斯全集》第1版第16卷第15—18页。——编者注

注意 ‖ 天会处于什么境地呢？我认为，**我们的全部实践**已经证明,可以在工人阶级普遍性的运动的各个阶段上同它进行合作,而无须放弃或隐瞒我们自己的独特立场甚至组织;我担心的是,如果在美国的德国人选择另一条道路,那他们要犯大错误。①

弗·恩格斯致弗·阿·左尔格

1887 年 3 月 3 日于伦敦

注意 ‖ ［256］　只要有倍倍尔同他**123**在一起,他尽管会引起不少不必要的麻烦和纠纷,但是不会犯大错误。事情一旦弄到同市侩们分裂的地步,他到最后一刻还会为他们辩护,但在决定关头,他会采取正确的立场。②

弗·恩格斯致弗·阿·左尔格

1887 年 4 月 23 日于伦敦

！ ［262］　在德国,一个迫害接着一个迫害。看样子,俾斯麦似乎要将一切都准备停当,以便在俄国爆发革命时(现在看来,这也许只是几个月内的事),人们在德国也会立即揭竿而起。③

弗·恩格斯致弗·阿·左尔格

1887 年 6 月 18 日于伦敦

｜［270］　由于巴克斯和布雷德洛在进行论战,我暂且给你寄去《公

---

① 见《马克思恩格斯文集》第 10 卷第 562—563 页。——编者注
② 参看《马克思恩格斯全集》第 1 版第 36 卷第 609 页。——编者注
③ 同上书,第 629 页。——编者注

益》。**124**据广大读者看,巴克斯未必能战胜狡猾的布雷德洛。巴克斯很<u>有才能,博学多识,</u>‖但是‖<u>还深深陷入德国哲学</u>,也许将来能突破它,<u>但目前还远没有消化</u>。

……

现在快到发表马克思给你的那封评论亨·乔治的信**125**的时候了。或许是**在**行将举行的纽约十一月选举**126**之后,如果乔治又在那里自吹自擂的话。<u>要给他留个选择余地,或者向前发展,或者自毁名声,看来,他宁取后者</u>。①

弗·恩格斯致弗·阿·左尔格

1887 年 8 月 8 日于伊斯特博恩

[274]　你们那里终于动起来了,如果我没有看错美国人,那他们肯定会不仅以他们运动的宏伟而且以他们所犯错误的严重而使我们大家非常惊异,他们也终究会从这些错误中吸取教训而头脑清楚起来。在实践上走在所有人的前面,在理论上还在襁褓之中,情况就是这样,而且不能不是这样。<u>此外,这是一个没有传统的(宗教传统除外)、从民主共和国开始的国家</u>,是一个比任何别的民族都要精力充沛的民族。运动的进程决不会沿着一条标准的直线,<u>而会是非常迂回曲折的</u>,并且有时候好像是在后退,不过同我们这里比较起来,这种情况在他们那里更加无关紧要。<u>亨·乔治是个不可避免的祸害</u>,但是他将被人遗忘,正像鲍德利一样,甚至像麦格林**127**一样,麦格林在这个虔信上帝的国家里驰名一时是完全可以理解的。②

---

①　参看《马克思恩格斯全集》第 1 版第 36 卷第 656、657 页。——编者注
②　同上书,第 668 页。——编者注

弗·恩格斯致弗洛伦斯·
凯利-威士涅威茨基夫人

1887 年 9 月 15 日于伦敦

[277]　　乔治宣布与社会主义者断绝关系**128**,我认为是一件不召自来的好事,它能在很大程度上纠正下述不可避免的错误:把乔治放在一个连他自己都不理解的运动的领导地位。乔治作为整个工人运动的旗手,是有危害的;乔治作为乔治派的首领,很快就会成为历史遗物,成为像美国数以千计的其他宗派那样的一个宗派的首领。①

弗·恩格斯致弗·阿·左尔格

1887 年 9 月 16 日于伦敦

注意

[280—281]　　马克思关于乔治的那封信②,只有等我着手整理东西的时候,也就是说,等我收到订购的新书柜,有了空地方的时候,才能再把它找出来。那时你会马上收到一份译文。不必着急,乔治肯定还会陷得更深。他宣布与社会主义者断绝关系,对我们来说是一件最大的好事。去年 11 月把他推为旗手**129**,是个不可避免的错误,为此肯定要付出代价。只有通过适合各国国家和适合特定情况的道路(这大部分是迂回曲折的道路),才能把群众发动起来。只要群众真正醒悟了,其余一切都无关紧要。但是,在这中间犯的一些不可避免的错误,每一次都得受到惩罚。这就使人担心,把一个宗派创始人推为旗手,会使运动多年受到这个宗派的愚蠢行为的拖累。而乔治撇开运动的创始人,建立自己特殊的正统的乔治宗派,宣布自己的肤浅见解为整个运动的界限,这样他

---

① 参看《马克思恩格斯全集》第 1 版第 36 卷第 679 页。——编者注
② 见本卷第 237—238 页及《马克思恩格斯文集》第 10 卷第 461—464 页。——编者注

就挽救了运动,毁灭了自己。①

弗·恩格斯致弗·阿·左尔格

1888 年 2 月 22 日于伦敦

[291]　不管会不会发生战争,危机正在日益临近。俄国的现状不可能长久保持下去。霍亨索伦王朝完蛋了,王储病得要死,他的儿子是残废,是一个傲慢的近卫军尉官。**130** 在法国,剥削者的资产阶级共和国日益临近崩溃。像 1847 年那样,各种丑闻可能引起一场鄙视当局的革命。**131** 幸好,一种直觉的社会主义还在抵制某些社会主义组织的各种固定的教条公式,这种直觉的社会主义在这里愈来愈多地掌握群众,因而将会比较容易地吸收群众参与决定性的事件。只要有一个地方开始举事,资产者就会对原来是隐蔽的、到那时爆发出来变为公开的社会主义大吃一惊。②

弗·恩格斯致弗·阿·左尔格

1889 年 6 月 8 日于伦敦

[314—315]　问题主要在于:过去国际中的分裂和以前在海牙的斗争 **132**,又提到日程上来了。这也是我努力工作的原因。对手还是过去那些人,只是无政府主义者的旗帜已经换成了可能派的旗帜:同样是向资产阶级出卖原则,以换取小小的让步,主要是为几个领导人谋取一些肥缺(市参议会、劳动介绍所等等);而且策略也还是过去那一套。《社会民主联盟宣言》显然是由布鲁斯写的,这篇宣言只不过是松维利耶通告 **133** 的再版而已。布鲁斯也知道这一点:他还是用同过去一样的谎言和诽谤来攻击权威的马克思主义,而海德门则随声附和——关于国际和马克思的政治活动的一些消息,他主要是从这里的总委员会中的不

注意

---

①　参看《马克思恩格斯全集》第 1 版第 36 卷第 680—681 页。——编者注
②　参看《马克思恩格斯全集》第 1 版第 37 卷第 23 页。——编者注

满分子埃卡留斯和荣克之流那里获悉的。

可能派和社会民主联盟结成的同盟,本来应当成为预定在巴黎成立的新国际的核心;德国人如果愿意作为第三个同盟者**134**参加的话,那就和他们联合,否则就反对他们。因此就接连不断地召开了许多小型的、但人数不断增加的代表大会;因此同盟的参加者就将法国和英国的其他一切派别统统排除在外,仿佛他们都是不存在的;因此就拉帮结派,特别是勾结巴枯宁也曾依靠的那些小民族。可是,当德国人在圣加伦决议**135**后也十分天真地(他们一点也不知道其他地方发生了什么事情)加入争取召开代表大会的运动时,这样做就困难了。由于这些小人宁愿反对德国人,而不愿同他们合作——因为觉得他们受马克思主义的影响太深——,斗争就不可避免了。<u>你简直想象不到德国人幼稚到何等地步。我连向倍倍尔说明问题所在,也花了很大力气</u>,虽然可能派对这一点知道得很清楚,并且天天都在谈论它。①

弗·恩格斯致弗·阿·左尔格

1889 年 7 月 20 日于伦敦

[319]　啊!调和的幻影在巴黎已经破灭。多么幸运,可能派和社会民主联盟正确地估计了自己的地位,宁愿踢我们的人一脚,这样,骗人的把戏就收场了。一切事情都是老早就准备好了的,这从两个月以来这些先生们的一系列手段和宣言可以得到证明,这些手段和宣言到现在是可以理解了。这还是巴枯宁派对海牙代表大会等等的那种老一套的诽谤,说我们一贯使用假的代表资格证。**136**这种从 1883 年起由布鲁斯一再重复的诽谤,在他们看到自己被所有的社会主义者抛弃,只能向工联求救的时候,是一定会在这里重新使用的。**他们的代表资格证究竟怎样**,一定会在目前正在展开的激烈争论中揭示出来。这种老一套的破烂货,就是在 1873 年也没有起作用,而现在更不会起作用;但是,这些先生们既然已经丢尽了脸,就肯定会想出一些办法来掩盖掩盖。<u>我们那些多愁善感的调和主义者极力主张友爱和睦,结果遭到屁股上被狠踹一脚的报应。</u>

注意

---

①　参看《马克思恩格斯全集》第 1 版第 37 卷第 222—223 页。——编者注

也许这会把他们的病医好一些时候。①

弗·恩格斯致弗·阿·左尔格

1889 年 12 月 7 日于伦敦

[323—325] 这里的情况表明:即使掌握了从一个大民族本身的生活条件中产生出来的出色理论,并拥有比社会主义工人党所拥有的还要高明的教员,要用空谈理论和教条主义的方法把某种东西灌输给该民族,也并不是那样简单的事情。现在,运动终于**开展起来了**,我相信,它是会一直继续下去的。可是,运动并不直接是社会主义的,而英国人中最懂得我们的理论的那些人都站在运动之外:海德门,因为他是一个不可救药的阴谋家和忌妒者;巴克斯,因为他是一个书呆子……

注意

这里最可恶的,就是那种已经深入工人肺腑的资产阶级式的"体面"。社会分成大家公认的许多等级,其中每一个等级都有自己的自尊心,但同时还有一种生来就对比自己"更好"、"更高"的等级表示尊敬的心理;这种东西已经存在得这样久和这样根深蒂固,使得资产者要搞欺骗还相当容易。例如,我绝不相信,在约翰·白恩士心中,他在本阶级中享有的声望会比他在曼宁红衣主教、市长②和一般资产者那里的声望更使他感到自豪。秦平(退伍的中尉)历来同资产阶级分子、主要是保守派分子串通一气,却在教会的教士会议上鼓吹社会主义等等。甚至连我认为是他们中间最优秀的人物汤姆·曼也喜欢谈他将同市长大人共进早餐。只要把他们同法国人比较一下,就会发现革命有什么好处。不过,资产者即使把几个领导人引诱到他们的网罗之中,他们也不会赢得多少东西。等到运动变得相当强大的时候,这一切都会

---

① 参看《马克思恩格斯全集》第 1 版第 37 卷第 245 页。——编者注
② 亨利·阿伦·艾萨克斯。——编者注

被克服掉。①

弗·恩格斯致弗·阿·左尔格

1890年8月9日于伦敦

[343—344]   在德国,正在为代表大会**137**预先制造小小的争吵。<u>李卜克内西培养出来的席佩耳先生以及其他著作家,要出来反对党的领导人并成立反对派</u>**138**。在反社会党人法**139**废除之后,要禁止这样做简直是不可能的。党已经很大,在党内绝对自由地进行辩论是必要的。否则,根本不可能同化和教育最近三年

注意

来入党的数目很大的新成员,<u>这些新成员有的还很不成熟,很缺乏锻炼</u>。对于三年来新补充的70万人(只计算选举人),不可能像对小学生那样进行填鸭式的教育;在这里,辩论、甚至小小的争吵是必不可免的,这在最初的时候对于克服纷争是有益的。<u>丝毫不存在分裂的危险,12年压迫的存在消除了这种危险。但是这些冒失的著作家,企图用强力来使自己的不可一世的自大狂得到满足,竭力搞阴谋,结帮派,</u>因而给党的领导人造成了许多异乎寻常的麻烦和苦恼,也引起了他们的愤慨,其强烈程度超出了这些

注意

著作家所应承受的限度。……   <u>如果党内各派不能充分地发表意见,那么这个帝国最大的党就不可能存在,所以即使是施韦泽式专制</u>**140**的**假象**也应当避免……②

弗·恩格斯致弗·阿·左尔格

1891年10月24日于伦敦

[371]   虽然俄国发生了饥荒,战争的危险依然在增长。俄国人

---

① 见《马克思恩格斯文集》第10卷第575—577页。——编者注
② 参看《马克思恩格斯全集》第1版第37卷第435—436页。——编者注

想通过外交途径迅速而充分地利用俄法新联盟[141]，尽管我确信俄国外交界不希望战争，在饥荒的情况下进行战争简直是发疯，但也不排除这样一种可能，即军国主义的和泛斯拉夫主义的倾向占上风（现在，**极强大的**工业资产阶级为了扩大市场，支持泛斯拉夫主义倾向），而且在维也纳、柏林或者巴黎，也可能干出种种导致战争爆发的蠢事。关于这个问题，我和倍倍尔通过信，我们认为，如果俄国人向我们开战，德国社会党人就要同俄国人及其同盟者进行殊死的斗争，不管这些同盟者是谁。<u>德国如被扼杀，我们也会和它一起同归于尽。</u>如果发生最有利的情况，斗争变得异常激烈，以至于德国只有采取革命的手段才能站住脚，<u>那样一来我们就很可能不得不掌握政权，演一次 1793 年</u>。倍倍尔就此问题在柏林发表了演说，引起法国新闻界的一片喧哗。[142]我将尝试用法国人自己的语言，向他们解释这个问题，当然，这不是轻而易举的事。尽管<u>我认为，如果事态的发展终于导致战争，并使我们提前掌握政权，这将是很大的不幸</u>，但对这种情况仍应有所准备。我感到欣慰的是，<u>我们同志中最干练的倍倍尔在这个问题上和我站在一边</u>。①

注意

\\\注意

弗·恩格斯致弗·阿·左尔格

1893 年 1 月 18 日于伦敦

[390]　在伦敦这里，费边派[143]是一伙野心家，他们有相当清醒的头脑，懂得社会变革不可免，但是他们决不肯把这个艰巨的事业交给粗鲁的无产阶级单独去做，所以他们惯于自己出来领导。害怕革命，这就是他们的基本原则。他们是地道的"有教养的人"。他们的社会主义是市政社会主义：生产资料应当归**公社**所有，而不应当归国家所有，至少在开头应该这样。此外，他

---

①　参看《马克思恩格斯全集》第 1 版第 38 卷第 180—181 页。——编者注

注意

们把自己的社会主义描述为资产阶级自由主义的一种极端的、然而是不可避免的结果,因此就产生了他们的策略:不是把自由党人当做敌人同他们进行坚决的斗争,而是推动他们作出社会主义的结论,也就是哄骗他们,"用社会主义**渗透**自由主义",不是用社会主义候选人去同自由党人相抗衡,而是把他们硬塞给自由党人,强加给自由党人,也就是用欺骗手段使自由党人接受他们。费边派这样做不是自己被欺骗,被愚弄,就是欺骗社会主义,这当然是他们所不了解的。

费边派除了出版各种各样的恶劣作品外,还尽力出版了一些好的宣传品,这是英国人在这方面所出版的最好的东西。但是他们一谈到他们的特殊策略——抹杀阶级斗争,那就糟糕了。他们之所以疯狂地仇视马克思和我们大家,就是因为阶级斗争问题。

费边派当然有许多资产阶级信徒,所以也有钱。在外省,他们拥有很多干练的工人,这些工人根本不愿同社会民主联盟沾边。这个组织在外省的成员,却有六分之五在不同程度上同意我们的观点,并且在关键时刻会坚决离开费边派。在布拉德福德(他们的代表也出席了),他们一再坚决表示反对费边派的伦敦执行委员会。①

弗·恩格斯致弗·阿·左尔格

1894 年 5 月 12 日于伦敦

[412]　这里的社会民主联盟**144**同你们在美国的德国社会主义者**145**都有一个显著的特征:它们是唯一把马克思的发展的理论歪曲成死板教条的党派,这些教条,工人不是根据他们自身的阶级感情得来,而是必须当做信条不加思考地囫囵吞下去。因此,这两个党派仍然只是宗派集团,并且像黑格尔所说,它们从无通过无到无……②

---

①　参看《马克思恩格斯全集》第 1 版第 39 卷第 8—9 页。——编者注
②　同上书,第 236—237 页。——编者注

弗·恩格斯致弗·阿·左尔格

1894 年 11 月 10 日于伦敦

[414]　这里的运动至今仍然同美国的运动相似,只是**多少**走在你们前面一点。群众本能地感到,工人必须建立自己的政党来同两个官方的政党相对抗;这种本能日益增强,而且在 11 月 1 日的市政选举中又表现得比任何时候都更为明显。但是由于各种陈旧的传统观念以及缺乏能把这种本能变成自觉行动并在全国范围内把它联合起来的人,运动停滞在思想不明确和各地分散行动的早期阶段上。盆格鲁撒克逊宗派主义在工人运动中也很盛行。社会民主联盟同你们那里的德国人的社会主义工人党完全一样,竟把我们的理论变成了正统教派的死板的教条;它目光短浅,故步自封,而且由于海德门的缘故,它在国际政策中固守着腐朽透顶的传统,这种传统固然时有松动,但是还远远没有被彻底打破。独立工党¹⁴⁶在策略上十分含糊,它的领袖基尔-哈第是一个极其狡猾的苏格兰人,对他的蛊惑人心的诡计是丝毫不能相信的。他虽然是一个出身于苏格兰煤矿工人的贫民,却创办了一家大型周刊《工人领袖》¹⁴⁷,要是没有一大笔钱,这是办不到的,毫无疑问,这笔钱是他从托利党或自由党人合并派¹⁴⁸即从反对格莱斯顿和地方自治¹⁴⁹的人那里弄来的。他在伦敦文坛上臭名昭著的交往和一些直接资料以及他的政治态度都能证实这一点。因此,他很可能……在 1895 年的普选中失去他的议席。

注意

[415]　在大陆上,随着各种成果的取得,渴望获得更大成果的心理也在增强,而名副其实的争取农民的活动也就风行起来了。起初,法国人在南特通过拉法格不仅声明说:通过直接干预去加速小农的破产,这不是我们的事情,这一点资本主义会替我们操心(关于这个问题我已经写信和他们谈过^①);而且还说:必须直接**保护**小农,使他们不受国库、高利贷者和大地主的剥削¹⁵⁰。但是这一点我们是

注意

---

① 参看《马克思恩格斯全集》第 1 版第 39 卷第 282 页。——编者注

不能赞同的,因为第一,这是愚蠢的;第二,这是不可能的。接着,福尔马尔又在法兰克福发表演说[151],他打算收买全体农民,但是他在上巴伐利亚要收买的农民,不是莱茵地区的负债累累的小农,而是剥削男女雇工并大批出卖牲口和粮食的中农甚至大农。

注意 除非我们放弃一切原则,否则是不能同意这一点的。我们要把阿尔卑斯的农民以及下萨克森和石勒苏益格—荷尔斯泰因的大农争取过来,就只有把雇农和短工出卖给他们,而这样做,我们在政治上就会得不偿失。①

弗·恩格斯致弗·阿·左尔格

1894 年 12 月 4 日于伦敦

注意 [418]　巴伐利亚人已经变得非常机会主义了,并且几乎成了鄙俗的人民党(我指的是大多数领袖和许多新入党的人);他们在巴伐利亚邦议会中投票赞成整个预算,特别是福尔马尔还在农民中间进行鼓动,其目的是为了吸引上巴伐利亚那些占有 25—80 英

注意 亩(10—30 公顷)土地因而不得不使用雇工的大农,而不是为了吸引那些大农手下的雇农。他们并不期望从法兰克福党代表大会[152]上得到任何对自己有利的东西。所以,在法兰克福代表大会前 8 天,他们召开了自己的巴伐利亚党代表大会[153],并在会上组织了一个道地的宗得崩德[154],责成巴伐利亚代表按照巴伐利亚代表大会上事先通过的决定,在法兰克福就所有巴伐利亚问题进行集体投票。于是,他们来到法兰克福并声明说,他们在巴伐

注意 利亚不得不赞成整个预算,在当前不这样就不行;他们还说,这纯粹是巴伐利亚的问题,外人无须干预。换句话说,如果你们通过任何不利于我们巴伐利亚人的决定,如果你们拒绝我们的最后

---

① 见《马克思恩格斯文集》第 10 卷第 672—673、673—674 页。——编者注

通牒,那么,一旦发生分裂,罪过就在你们了!①

    159**155**——莫斯特和杜林。

        赫希柏格②。

    163——论莫斯特③。

    176——论乔治④。

    199:市侩偏见⑤

    203—**4**同上⑥

    220⑦

    250⑧

    260—**2**⑨

    199:市侩偏见(《关于轮船公司补助金》**156**)

---

① 参看《马克思恩格斯全集》第1版第39卷第318页。——编者注
② 见1877年10月19日马克思致左尔格的信(《马克思恩格斯文集》第10卷第420—421页)。——编者注
③ 见1879年9月19日马克思致左尔格的信(《马克思恩格斯全集》第1版第34卷第386—388页)。——编者注
④ 见1881年6月20日马克思致左尔格的信(《马克思恩格斯文集》第10卷第461—464页及本卷第237—238页)。——编者注
⑤ 见1884年12月31日恩格斯致左尔格的信(《马克思恩格斯全集》第1版第36卷第264—265页)。——编者注
⑥ 见1885年6月3日恩格斯致左尔格的信(同上书,第320—323页)。——编者注
⑦ 见1886年4月29日恩格斯致左尔格的信(同上书,第470—473页)。——编者注
⑧ 见1887年2月9日恩格斯致弗洛伦斯·凯利-威士涅威茨基夫人的信(同上书,第591—592页)。——编者注
⑨ 在书的第260—262页刊印1887年4月9日、4月23日和5月4日恩格斯致左尔格的信(同上书,第623—625、628—629、633—634页及本卷第244页)。——编者注

203 同上

注意 **204** 同上（分裂）

220：在平静时期一切都变得庸俗了

250

260 和 262　在俄国和德国都会干起来

147——谈到车尔尼雪夫斯基[157]

137——英国工人①

65②

270——谈到巴克斯和 **221**③

248——马克思我们在 48 年是民主派的"一翼"。

论乔治：238、

270、274、

277、280④

恩格斯

243　关于美国工人运动。

243　"不是教条，而是"

参看第 238 页（注意）在错误中学习（86 年
的信）

235——美国工人运动。

---

① 见 1874 年 8 月 4 日马克思致左尔格的信（《马克思恩格斯全集》第 1 版第 33
卷第 636—639 页）。——编者注
② 见 1872 年 10 月 5 日恩格斯致左尔格的信（《马克思恩格斯全集》第 1 版第 36
卷第 526—527 页及本卷第 237 页）。——编者注
③ 见 1887 年 6 月 18 日和 1886 年 4 月 29 日恩格斯致左尔格的信（同上书，第
656、467 页及本卷第 244—245、238—239 页）。——编者注
④ 见 1886 年 11 月 29 日、1887 年 6 月 18 日、1887 年 8 月 8 日、1887 年 9 月 16
日恩格斯致左尔格的信和 1887 年 9 月 15 日恩格斯致弗洛伦斯·凯利-威士
涅威茨基夫人的信（同上书，第 565—568、656—657、667—668、680—681、
679 页和本卷第 240—241、244—245、245、246—247 页）。——编者注

（"从理论观点看来是荒唐的道路"）①

译自《列宁文集》俄文版第 40 卷
第 213—232 页

---

① 见 1886 年 9 月 16—17 日恩格斯致左尔格的信（《马克思恩格斯全集》第 1 版
第 36 卷第 522 页和本卷第 239 页）。——编者注

对波兰社会民主党代表团提出的俄国社会民主工党第五次(伦敦)代表大会关于对资产阶级政党的态度的决议草案的意见¹⁵⁸

(1907 年 5 月 12—16 日〔25—29 日〕)

波兰的 波兰社会民主党

关于党团的报告的决议

代表大会听取了社会民主党杜马党团的报告后认为:1.

I— ——党

社会民主党 杜马代表 的基本任务是 促进 对无产阶级最广大群众的

进行阶级教育①

阶级教育,这既是为了捍卫党的总的利益,又是为了发挥政治领袖的作用,

—I

这是觉悟了的无产阶级在当前的革命中应该发挥的作用。

　　II— 在社会民主党同资产阶级和小资产阶级政党的关

　　2.根据这一点, 社会民主党党团在发表意见时,它的 阐述和解释 应该

---

① 按列宁的意思,这句话应该作如下修改:"社会民主党的基本任务是对无产阶级最广大的群众进行阶级教育"。——编者注

系方面,无产阶级的特殊阶级地位以及强调无产阶级区别于其他

成为指导原则; 在各种最重要的场合,社会民主主义的革命无产阶级的原

所有反对派、革命派的集团和政党的特殊利益和任务应成为指导

则阶级立场应区别于所有其他反对派政党和革命政党, 包括立宪民主党

原则

　　　　　—II

和社会革命党。

　　III—

　　3.这个任务,社会民主党不管在什么情况下,不管同 杜马内的

　　　政党　　　　　　　　　　　　　　　—III

任何政治 集团 搞什么共同的反对派行动都 不能置之不顾。

　　IV—

其他政党

　　4.最后,社会民主党团在同杜马中其他集团的关系上的策略任务是:

揭露自由派资产阶级的实质上反革命的政治,保持自己的有别于

在保持 自己的有别于 自由派资产阶级的特殊立场的同时,要在自己的领导

　　它的政治

下 尽可能地 同各个劳动集团、反对派集团和①革命集团联合起来

　　　在两条战线上开展共同的

斗争,既反对专制制度及其黑

帮盟友,又反对自由派的动摇、

妥协和背叛。

　　　　　—IV

---

　　① "反对派集团和"这几个字被勾掉了。——俄文版编者注

把对波兰草案的修改意见反映到对资产阶级政党的态度的决议案中去

考虑到

I—I

——代表大会认为

    1.II —II。

    2.III—III。

    3.IV—IV。

译自《列宁文集》俄文版第39卷第53—54页

在阿—娃娅《现在需要什么?》一文上作的批注¹⁵⁹

（不早于 1909 年 3 月）

[11]　　　　　　现在需要什么?★

· ·

[13]　群众的组织性吗? 难道经历了这一切之后还去幻想负有战斗任务的广泛的组织,去重复说了又说的一套老话吗? 况且,只是沃罗涅日省的经验就已经表明,建立这样的组织以防万一,就意味着或者激发群众中最优秀的分子去进行毫无目的的冒险,或者因阻止他们行动而使他们士气沮丧,最后使他们感到失望而削弱了他们……

特别抱怨群众组织建立不起来吗? 我们在 1905 年已经看到,当运动的浪潮高涨起来的时候,群众组织形成得多么快呀。

如果谈的只是党的干部组织,那么必须指出,由于大家都理解的原因,这事当前在各政党内都经历着严重的危机。

还有一个关于经济组织的问题。但是,因为谈的是革命的破坏作用方面,这些组织没有多大的意义,关于这些组织我们下面再谈。

· ·

──────────

　★　[《国外组织地区委员会通报》编者按:]编辑部虽然在自己的**讨论性**刊物上为这篇涉及许多有意思的问题的文章提供了篇幅,但必须指出,编辑部根本不同意作者的基本论点和结论。

[14—15]···

　　我们来研究一下这个具有决定意义的问题:究竟什么东西能唤起这种英雄狂呢?

　　各民族对激发的反应能力是各不相同的……

　　但是有<u>一条所有民族都最敏感的心弦。这就是民族感</u>。这里不是谈论这种现象产生的原因和评价它的地方。只是必须承认:<u>最容易收效的任务之一,就是基于民族主义的宣传工作——不论是好战的沙文主义也好,或者是以文化进行自卫的民族主义也好</u>……

[15]　或许有人会反对我说,我们不应该热衷于这样半自觉地传播我们的思想,我们是在打算获得更大的成就。好吧,<u>在这种情况下,我们只好把我们的希望搁置到全体群众达到自己先进部队的觉悟水平的时候了</u>……

　　……难道不是保卫民族的要求把法国大革命推到白热化的程度吗?在我们这里,不也是<u>非俄罗斯民族走在革命的前列</u>(他们强烈的民族反抗情绪使政治口号和社会口号更加炽烈),有时甚至于<u>令人痛心地远远地脱离革命</u>吗?那还用说!只要回忆一下对日战争(不是战争中的困难,而正是战争中的民族失败)的革命化的影响就够了。

[16]　……宗教教派按自己的方式生活着,探索着。外界使他们接受异端思想的一切尝试,最后都是毫无结果的。

　　我们顺便说一下,<u>宗教意识比宗教教徒差一些的、但仍受教堂影响的小市民、农民和相当一部分工人中的一些分子,在自己的生活中仍旧给予宗教以比我们习惯所想象的要大得多的地位</u>。

　　这里,<u>在群众心灵深处响着的仍然是强烈振动的心弦,这里是最易受到激发的所在</u>。我并不想评价这一事实,只是要<u>正视它,而不要用教条主义的公式去回避它</u>。

　　该是承认这一事实的时候了:有一条下层人民生活的广阔的巨流,它的边缘触及我们的细流,它从我们旁边奔腾向前。

　　须知宗教不仅局限于本身的内容,它也可以包括、吸收社会政治的理想,它可以用社会政治理想来革新自己,并把这些理想推向它们的顶峰。当然,我说的不是"模仿宗教"来炮制某种党的纲领,因为对党来说,谎言是一个极不适当的基础;对先进工人阶层来说,这样的党纲可能会不必要地破坏了思想习惯;对广大的、无组织的群众来说,这样的党纲可能会成为知识分子思想产物中最矫揉造作、最难理解的东西。

　　不,宗教能够造成广泛的运动;宗教能够成为引力中心,成为俄国各种教派的汇合中心;宗教对百孔千疮的整个俄罗斯来说是可以理解的;宗教通过情感影响人心,从而具有广泛的感染力——这样的宗教应当从传统的基督教信仰的根子上有机地发展起来;它应当在一定的程度上与这些信仰有共同基础和共同语言;无论从纯宗教方面看,还是从社会政治方面看,它都应当是革命的、革新的;最后,它应当由具有真正狂热信仰的人来传播。

　　现在俄国是否有这样的宗教学说的种子,这些种子能否发出苗壮的幼芽,我不想加以判断。一部分社会主义知识分子(其真诚是毋庸置疑的)断言,这样的种子是有的,——他们在人民中间看到了,在自己身上也觉察到了这些种子。无论如何新的宗教宣传的尝试,大概是要进行的。

注意

　　这类运动同党的活动属于完全不同的范围,实际上,我们社会革命党人用不着对此发表意见。但必须事先弄清楚,我们应当如何对待它。

　　正统思想的传统要求反对人民意识这样偏离"直路"。但直路总是生疏的、狭窄的、严峻的。全体劳动人民走直路是走不通的。于是劳动人民现在恐怕就要涌向自己曲折的、坎坷不平的,但却宽大的轧实了的道路。他们急着要走。

　　难道我们要拦住他们,挥手喊叫:"回去,回去! 尽管你们是去那个方向,但走的不是那条路! 我们已经完全按科学道理给你们铺好了一条新路。"如果群众只是把我们踏倒,朝某个方向继续前进——,逃出这个地狱,那就更好了。不过要快一点,快一点! 否则就晚了……

[17]　二者必居其一:或者自由这个目标对我们来说是无限珍贵的,或者我们迷恋于自己的"为时代所推崇的"道路。难道我们害怕宗教社会高潮,更甚于陈腐不堪、根深蒂固的奴隶地位吗? 这只是因为我们当中多数人完全没有宗教信仰……　于是,有的庄

稼汉便骂诗人、画家是懒汉和疯子。

大概有人会反驳我说,道路不是无关紧要的:宗教狂热的道路,也会部分地预先决定未来的文化内容。那又怎么样? 我们同它没有什么要争的,我们不是竞争者。社会主义并没有,不可能也不应当用自己的内容去充实团结一致的社会的新的、自由的形式。毫无疑问它会对人们的心理施加健康的影响,但它不能向人们提供新的精神珍品,即新的要求和新的目的。我们作为社会主义者,只是人的保护者和仆人,但不是他的先知者:我们要帮助他打碎身上的锁链、穿上舒适、美丽的服装,要把鲜花和武器交到他手里,至于他要到哪里去,参加什么庆贺,投入什么战斗,这我们就不得而知了……

因此,当发生这类宗教运动时,我们不要和它竞争,不要阻止它,而要公开承认它的积极意义,尽量使我们的行动同它协调起来,而且必要时给它提供技术援助。

现在我们谈谈可以想象到的、能够摆脱反动绝境的最后一条出路。

有一种东西,它能够鼓舞群众,使群众充满能够取得胜利的信念和对敌人的蔑视,从而推动群众去进行斗争。这就是成功。这时不是刺激因素增大,不是理想变得更活跃、更亲近。这时是关于阻力的概念在削弱,敌人力量的吸引力在降低。已经使人民意志麻木的敌人大炮的炯炯目光现在开始暗淡下去,仿佛愈来愈远了。

但是,如果不想同上面讲的一切相矛盾,那我们就不能指望群众运动会取得巨大的成功。这里说的只能是人数不多的孤立的小组或个人成功的战斗行动。即使这些小组和个人的胜利只能说明他们本身的力量,而这种胜利本身并不增加群众胜利的机会;即使这种胜利甚至于只是一种侥幸;反正一样——成功就具有感召力,成功会不由自主地扩展开来,每个人都感到这个成功就像是他自己的成功一样。而遭到准确打击的敌方,也会感到这种成功的心理作用,这种心理作用同真正给予敌方的损害远远不成比例,因为失败麻痹了敌方的意志,使它脱离了常轨。

只有打击是指向聚集人民无数联想和感情的焦点,只有这种打击不需任何解释就对所有的人来说都立即具有象征意义,并像不胫而走的传说那样深入人民生活——只有在这些条件下,上述这些情况才能发生。那时群众就能进入高度敏感状态,就像在暴风雨前大气中军队和人民中间产生了无可代替的社会心理感染的电流一样。那时人民意识的训练就会发挥作用,从而使各阶层人民易于相互了解。

对中央进行冲击可能具有的意义就是这样。我说可能,是因为在目前情况下,一切希望都建立在社会心理性的看法上,而在这个诱人但阴暗的森林中,只能摸索前进······　　　　　　　　注意

[18]　······我再说一点,最好不要过多地期望冲击会造成政府的直接瓦解。在目前政府对冲击有防备的情况下,应该对这种行动产生深刻的怀疑。　　　　　　　　　　　　　　　　　?

······秘密的战斗活动,自然仅占用党的一小部分力量。那么全党究竟该做什么呢?

首先,不是做党至今所做的事:不是一下子什么都做。须知现在每一个委员会的活动都试图包揽一切:如工人工作,想尽可能包括工会斗争机构;农民工作,某些地方想包括合作社领导机构;知识分子工作,军事工作和出版工作······如果从使人昏迷的滚轮旋转的催眠状态中清醒过来,从旁观察一下这些工作结果的话,那么所有这些活动——请同志们原谅我——就像杯中风浪。在党的现有力量的情况下,在地下工作的情况下,在缺少革命高涨的客观条件的情况下,要想把历史进程导入理想方向,只了解生活的复杂性是多么不够,只尊重人民是多么不够。因为,假如不这样想的话,那么我们的努力为的是什么呢? 难道是由于习惯和不适于干其他事情······

······在宣传我们的集中全力来创造和保存好的书刊这种观点方面,最好我们也不要孤芳自赏。我只讲创造和保存,因为我认为群众自己寻求并找到传播书刊途径的时刻已经来临了。说实在的,**无组织的**群众将很少同社会革命党人接触,甚至群众疏远了我们,即疏远了党吧,也不是什么大不了的事,因为我们已经看到,我们在高涨时刻能轻而易举地赢得群众的信任。最后,只要我们的思想深入群众,我们那个"商号"就可以倒闭······　　　　　　注意

[19]···

　　但是,很显然,秘密组织容纳不下群众。而且群众在其中也无事可做:在集中制的组织中(在目前条件和党的任务目前这种安排下,组织形式只能是这样)我们学不会自我管理。在这种组织中,群众的主动性也许只有在防范警察方面能够部分地得到发挥。在地下工作的冒险主义、浅尝辄止和奸细活动的有害影响只能毒害而不能振奋意志薄弱者的地方,是谈不上道德和智力教育的。即使党从前是纯粹献身者的团体,即使这些献身者现在在党内仍然发光,但在目前总的形势下,这什么也改变不了。

注意　　至于说到党的组织吸收群众中的先进分子,这实际上是不能实现的,那些目前同党保持正式联系的工人和农民,远非始终是最革命的、最有觉悟的、最为群众所爱戴的、最基本的社会革命党人。渴望一贯积极地、创造性地干预周围生活的优秀人物,在这个政治上死气沉沉的时代往往被排除在党的异国天地之外。不过,实在说,由于这些人时常被卷入我们虚构的综合性工作的旋涡里,我们只能对以下现象表示遗憾:他们被引离开生机勃勃的细流,而人民生活正是靠着这些细流前进的,———直向前进,几乎自发地前进。

注意　　人民生活在前进。尽管有各种迫害,但仍存在许多经济组织:工会、消费合作社、购销协作社以及生产劳动组合……

　　诚然,它们的任务是有限的。但它们对劳动人民各个阶层来说是可以理解的、可贵的,其成效是有目共睹的……

　　诚然,这些组织成员的工作不是英雄事业。但这种工作同平素日常生活有千丝万缕的联系,它同这种生活结成一体,并把新的社会心理的习惯、新的文化上的需求,灌输到这种生活中去,改造着这种生活范围内的人们,而党的政治活动,对多数非职业革命家来说,

注意尽管它高于生活,却仍然是或多或少位于生活之外的。党的政治活动是类似星期日做礼拜一样的东西,对传统的教徒来说是类似星期五斋戒一样的东西。

　　诚然,经济组织遭到政府的种种迫害。但这些迫害部分地似乎是经济运动的"思想上的领导者"为了体面而招来的,他们发表各种声明,叫嚷一些早已成为一般人的常识而完全不需要他们捍卫的

啊哟!原则。

[20]　**不管革命能否达到我们最低纲领所规定的限度,或者将飞快地进入最高纲领派分子的"劳动共和国",——国家的经济生活都要在或大或小的程度上进行改建,而在经济生活的新的大厦里,劳动者的经济组织将起巨大作用。**

顺便提醒一句,在我们队伍中有人反对最高纲领派分子,与其说是反对强占工厂的可能性,不如说是反对强占工厂的愿望。但运动的逻辑并不总是遵循思想逻辑给它规定的连贯性的。而在这种情况下,两个世界的竞争拖延愈久,就愈是这样……

. . . .

[21]　我们与其把自己组织的套环碰运气地投入无组织群众的汪洋大海里,不如在群众自发地集中的那些集结点上巩固下来,这些集结点将有可能成为群众结晶的中心……

. . . .

我们应当用经济组织方面的理论知识为经济组织服务,向它们介绍尚未试验过的一些协会形式★。

我们应当在工会中同社会民主党人想给工会贴上党的标签和原则上缩小工会任务的倾向作斗争。

我们应当观察、努力认清运动的全部微妙之处,应当在运动的洪流中学习求实精神,而主要的是培养自身对<u>生活的敏感</u>。哎,对生活的敏感——这是一种难得的才能。但在我们大家身上,这种才能即使没有消失,<u>也因长期过地下生活而变得大为迟钝了</u>……

[22]　……当然,有人会对我说,不能在无所事事中积聚力量。　　注意
<u>那么绕着空地打转转——就行吗?</u>……

这种由于策略改变而引起的自然的<u>撤销组织</u>,将为我们提供　　注意
一个干脆而彻底地肃清我们队伍里的冒险主义分子和奸细的极好的机会。

<u>附带说明一下,这里并不是对秘密政党及其各方面的任务的原</u>　　注意
<u>则上的否定。这里只是认为,它在这种情况下,在这样的时刻是不</u>　　注意
<u>适宜的</u>……

★　作为一个例子,我想提一下以确立城乡互助为宗旨的<u>同乡会组织</u>;　　注意
关于这种组织的想法曾提出过,但在我们当中似乎<u>丝毫没有</u>引起重视。

[23]　……下列摆脱当前状况的出路在客观上是可能的:

(1)暂时退出斗争而相对地变强了的政府,在欧洲社会动荡的影响下,可能因失去国际支援而动摇起来,那时劳动人民将会把它打垮。

(2)退出斗争而相对地变弱了的劳动人民,在同他们的情感联系更密切的新的刺激因素——民族的或宗教的——影响下,可能在自发的热潮中吸引了军队,像暴风雨般地突然袭来,把专制政体这棵害树连根拔去。

(3)对中央成功的打击,可以破除恐惧这个妖术而在沙皇制度这堵墙上打开一个缺口,而人民大海的巨浪将意外轻易地冲进这个缺口,淹没惊慌失措的沙皇制度。

我们应当抛弃一切教条主义而支持一切有利于这些机会的东西。

为了最有效地使用我们所拥有的不大的力量,我们在目前时期应当仅限于用书籍报刊同无组织的群众进行联系;而把主要力量用于在经济斗争的基础上、已经为经济斗争而组织起来的分子中间进行工作。

……毫无疑问,会有相当多的爱叫喊的人,而且其中有一部分也是十分诚实、正直的人,他们会指责我们背叛自己和自己的事业。那有什么,总有一天会表明,我们是否忘记了自己的目的,是否不再会战斗了。就让党的声望也暂时下降吧。难道这比党一贯为之服务的那个事业的利益更重要吗?

……我不追求观点上的标新立异,因为我提出的不是理论,而是行动路线。不过我不否认各种影响。我尽可能公正地研究了自己思想过程之后,我认为,近几年来这些巨大思潮没有一个对我没有影响。但我并不以此来责备自己。没有什么可以学习、没有什么可以充实自己世界观的人是不好的;觉得自己不够坚强、因而把自己的信奉者同整个文化思想的巨流隔开的世界观也是不好的……

关于宗教——**第 16 页**。

译自《列宁文集》俄文版第 25 卷
第 186 — 193 页

对列·加米涅夫一篇文章的意见

(1909 年 8 月 14 日〔27 日〕以前)

加米涅夫**第二篇文章**[160]的开头是不能令人满意的。

一开始他总是反复提到(第 35—38—41 页)引自阿克雪里罗得(第 38 页)的"**并肩与联合**"(与资产阶级**革命**派)这几个字。

加米涅夫把这一点解释成是机会主义,这是明显的吹毛求疵和**无稽之谈**,因为与资产阶级**革命**(加米涅夫**忘记了**这个词)派一道**走**的是布尔什维克。

我认为必须把第 41 页之前的东西**删去**(或者彻底改写,缩短为**几句话**,并且**无条件地把引用阿克雪里罗得的不妥当的话去掉**)。

从第 41 页到第 59 页的行文应仔细地修改。

译自《列宁文集》俄文版第 38 卷
第 32 页

在涅·切列万宁《当前的形势和未来的展望》一书上作的批注[161]

(1909 年 11 月 28 日〔12 月 11 日〕以前)

切列万宁：当前的形势和未来的展望

[VI] 果真像考茨基和许多布尔什维克不久前所想的那样，只有立即彻底改造我们的土地关系才能摆脱我们现在的危机吗？反之，((自然的))经济发展过程不能完全或大体上做到这一步吗？必须首先回答这些问题，才能为比较科学地预见未来铺平道路。

原文如此！

[1—2] ……随着对革命及其前途的失望情绪的增长，斯托雷平先生的土地措施的反动色彩在许多马克思主义者的眼里将逐渐模糊起来，他们对这些措施的同情也将更自由地表现出来。从这方面来说，莫斯科《一小时报》(1907 年第 44 号)刊登的马克思主义者嘉科诺夫的题为《农村宪法的实质》一文就是一个很大的征兆。在笼罩着社会，也同样笼罩着报刊的一片沮丧和冷漠之中，这篇文章的特点是它的朝气勃勃的乐观愉快的调子。这篇文章是很不严肃的，因为它没有证明任何东西，也没有举出任何事实来证实自己的论点，但是它充满信心和希望，而这种信心和希望是朝向斯托雷平先生的土地措施的。这篇文章很大胆，它是一个开端，后继者也许会接踵而来，从这一点来说文章很有意义……

??

哈哈！

[4]　……但是,竟然需要 40 多年,这种旧制度的危机才能到来!

也许,还需要同样这么多年,现在的准立宪制才能在采取土地措施之后为真正的立宪制度所代替?

那么,我和嘉科诺夫大概都不会活到那个美好的时候,而嘉科诺夫欢欣鼓舞的调子大概也就没有什么特别重要的根据了。

但是,如果把这一点抛在一边,那就必须承认<u>嘉科诺夫的观点对马克思主义者来说并不是什么不自然的、不正常的东西</u>。

马克思主义者总是要求个人自由退出村社,斯托雷平先生迎合这一要求,并对自由退出村社给予保证。

所有的马克思主义文献都一致证明,农村内部的分化对俄国的经济发展来说是<u><u>必然的</u></u>,也是<u>((必要的))</u>。斯托雷平先生力求引起并加速这种分化。他不但提供了脱离村社的可能性,而且提供了在农民银行的帮助下几乎无需立即付钱就能给自己买到土地的可能性。

[6]　……<u>如果一部分农民已经得到满足</u>,如果另一部分农民也向往着脱离村社和购买土地,那么<u>农民阶级就不再是一个对地主同仇敌忾的统一的整体了</u>;它分离了,分散了,它被内部矛盾削弱了,于是它对政府来说就不是可怕的了。

如果斯托雷平先生的土地政策一方面在促进俄国生产力的发展,另一方面又能解除农民阶级这个现存制度的敌人的武装,<u>那它是很厉害的,是难以对付的</u>。批评斯托雷平先生土地政策的人,正应当注意它的这两个方面,而不应当把它同它根本没有给自己提出过的任务——使所有不富裕的农民得到满足——加以对比。

因此,我们不得不抛开诸如普罗柯波维奇先生所提出的一类论点,而首先从<u>发展生产力的观点</u>来研究这个独立性问题,即斯托雷平先生的措施和反对党解决土地问题的尝试。

[8]　……如果我们按农业人口计算耕地,则<u>每人平均有</u>

注意
对"新东西"
感到惊奇了,
傻瓜!

??

注意

土地 1.96 俄亩,而不是 2.59 俄亩。但是俄国每个**农业人口**的**耕地**仍然比德国和法国的每个农业人口的耕地多(1.75 和 1.81);此外,在德国和法国,大、中土地占有者掌握的土地所占的百分比却比俄国的大。即使我们拿中部黑土区来说(就占有土地来说,它在俄国各区中是倒数第二位,倒数第一位是西南区),就是在这个区每个**农业人口**的**耕地**(1.35 俄亩)也比比利时(1.31)、奥地利(1.26)、瑞典(1.22)、意大利(1.01)、匈牙利(0.96)每个农业人口的耕地多。

〉〉 [9] ((总之))我们得出俄国缺少耕地的两个基本原因是:(1)耕作落后;(2)加工工业不发达。

[11] ……从居民的收入中经常征收几十亿卢布,这些钱他们本来是可以用于提高生产力,现在却消失得无影无踪了,没有还之于民,没有通过国家活动为发展生产力

‖ 服务。可是这怎么能阻碍工业的发展呢? 直接向工业代表人物征收的税款是微不足道的。我国预算的主要负担,通过间接税,以及部分地通过直接税落在劳动者身上,也就是说,首先,也是最大部分落在农民群众身上。这样一来,我国预算**直接**压迫的是农村,而不是城市。

当然,在另一种非生产性消费(地主手中积累的收入)上,这一点是更加明显的……

这两种非生产性消费怎么能压迫工业呢? 显然,它们对农村的压迫有多大,对农业生产力发展的阻碍有多大,那它们对工业的压迫也就有多大。它们压制我国工业的国内市场,从而妨碍工业的发展。从马斯洛夫引用的非生产性消费的材料中得出的结论无疑就是这样……

‖ [25] 俄国还有一些土地辽阔的地区,但其中大多数地区要达到适宜于耕作的地步,还需要庞大的生产费用,而直接适宜于耕作的备耕土地目前甚至在西伯利亚也不是特别多的;此外,需要土地的农民离这些备耕土地还很远,要把他们迁移到那里也需要大量费用。……

[27]　……用来证明它^①的最有力的意见是这个反面证据:假如没有这一规律,那么一俄亩土地就能生产出养活全世界所需要的粮食。马斯洛夫在他的著作中也引用了这个意见,遗憾的是他由于承认这个臭名远扬的规律而严重地破坏了他对"农业发展条件"的很有意义的分析。他说:"假如同一面积土地上再投入的劳动和资本能够获得不少于前次投资所获得的产量的话,那扩大耕地就没有意义了。"(《俄国的土地问题》第67页)……

注意

[33]　……这样一来,由于欧洲农业发展的单纯历史条件,问题并不仅是只有一部分设施和花费在经济上是不合理的,而是整个资本主义农业大厦开始摇晃了。

欧洲土地危机的原因可能而且照我看来应当这样解释,正如读者所看到的,这与土地肥力递减规律完全无关。

[42]　不管怎样,要驳倒布尔加柯夫先生是很容易的,因为在他看来土地肥力递减规律是非常可怕的,以致他预见将来农业人口甚至要靠城市人口来增加,从而使文化水平降低。弗拉基米尔·伊林在他的《土地问题和马克思的批评家》这篇有意义的著作中,仅仅指出欧洲各国在粮食生产增加的同时农业人口减少这一毫无疑义的事实(《土地问题》第168页),便很容易地驳倒了这些悲观的预言。伊林认为他以此也就驳倒了这个"规律",那不过是徒劳而已。

注意!

粮食生产可能增长,农业工人人口可能减少,然而用于生产农具和人造肥料产品的劳动量却可能因此大幅度地增长,而用于农业的总劳动量可能比粮食生产增长得更快。

但是,即使我们能够证明劳动生产率随着农业人口的减少而增长了,但马斯洛夫作出的那种解释的"规律"并没有被驳倒。

"即使"!

……

[44]　总之,"土地肥力递减规律"失去了一切重要的依

丁

---

①　指所谓"土地肥力递减规律"。——编者注

据,农业生产发展的事实与其说证明了它,不如说驳倒了它。

[47]　……如果俄国的潜力是如此之大,那么这种潜力能不能通过逐渐改变不良社会条件的方法来克服这些条件,**而不用立即从根本上打破,即不采用激进手段来改革土地关系呢?如果这种激进的改革不是必要的,那么**立即从根本上打破政治制度也就不再是必然的了,那么俄国按照普鲁士式甚至按照奥地利式来发展就成为可能了。……

注意

民粹派

　　……许多反对旧秩序的战士自觉地把通过改造土地关系来给我国大生产的发展设置障碍作为自己的目的。在这方面他们追随西方社会主义者中间倾向于根据西欧的经验在农业上使小生产比大生产具有优势的相当明显的思潮……

"明白了笨蛋!"

既新鲜又巧妙

[53]　……因此,假如可能给我国农业大生产的发展设置障碍的话,那么**这就意味着会给俄国的经济高涨设置障碍。**
……

注意

[56]　土地占有的条件无疑是在极其有力地决定着经营方式。但是大土地占有在这方面比小土地占有更富有弹性……

[68]　总之,我们能得出什么结论呢?

注意

不但理论上的意见,而且西欧国家的历史都无可辩驳地证明,**农业和工业一样,发展大生产是经济进步的必要条件。**

我们用这个结论来分析俄国农业发展的障碍以及可能排除这些障碍的条件。

一团糟
(1)

[69—70]　农民解放后,我国农业生产力的发展可以有三条道路,从而产生农村内部分化的三种形式。首先,在大土地占有的地区,由于土地占有者本人的生产活动,或者由于他们把土地租给大的资本主义承租人,因而大型资本主义经济能够发展。如果农业资本主义经济的发展走这一条路,那就不可避免地会从农民中间分化出一个规模愈来愈大的、完全或主要依靠雇佣劳动为生的阶层。

(2)

其次,农民自身内部的分化可能导致分离出一个力求通过购买或租赁地主土地来扩大自己经济的富裕阶层。

最后,第三种分化方式,这就是各个地区之间的分化,例如:南方省份的土地占有者和农民利用中部省份破产农民的雇佣劳动。

（3）

这三种方式都能发展俄国的生产力,而且由于俄国地大物博,<u>看来</u>在<u>解放改革后</u>的<u>40年间</u>,俄国的农业和工业,都<u>能够</u>有巨大规模的发展。

只是"能够"而已

但实际上,工业发展相当缓慢,而且从1891年起就出现了农业危机,表现为频繁的歉收和饥荒。

显然,农业生产力在解放改革后或者很低,或者根本没有发展。

[72]　在我们说到的三种分化形式中,<u>只有</u>地区之间的分化这一种形式<u>无阻碍</u>地发展了。在南方一些新罗西亚省份内,不仅地主经济,而且农民经济都发展起来了,农民的马匹数增长了,使用各种农具的数量也增多了,同时农民离开中部省份被雇佣到这些省份从事农活的情况也多了。

胡说

[74]　要多少有点成效地从事经营的困难不断增加,这使农民贪婪地盯着地主的土地,不惜以任何牺牲和费用为代价去租赁地主的土地,以求扩大自己的经济。农民的日益贫困使地主阶级有可能通过对农民进行完全非生产性的剥削来不断增加自己的收入。许多贵族地主本来就没有能力来发展农业,<u>而现在通过把土地租给农民或者用农民的农具牲畜耕种土地能够得到愈来愈多的收入</u>,这就使他们愈来愈失去从事独立经营的任何兴趣了。

[75—76]　为了提高农业水平,他们本来应当有可能租赁或按合适的价格购买地主的土地,但是大多数农民破产了,他们除了在农村务农外再没有任何其他出路,这就使地租和地价上涨得很厉害,以致租赁土地对富裕农民来说也变得好处不大了,而购买土地变得既无利又困难了。结果农民大部分被推入了贫困的深渊,还有一些较富裕的人,他们在另外的条件下是能够使自己的经济比较牢固地站住脚的,现在也被引向了贫困的深渊。

注意①

　　许多中部农业省份和一部分伏尔加河流域省份的情况就是如此。

注意

　　如果<u>整个</u>俄国的情况是如此,那就使土地和政治方面的<u>最激进的改革成为完全不可避免</u>的了。这样一来,出路只有一条:完全消灭或严格限制国家和地主的非生产性的剥削。而这一点只有以<u>几乎完全消灭许多地方的贵族土</u>地占有和实行政治制度<u>彻底民主化</u>为代价,才能得到。

[77]　其次,在欧俄南部和欧俄东部的部分省份,在北高加索,在西伯利亚,我们看到富裕农民在许多情况下都在顺利地提高农业劳动生产率。

??

　　上述情形一般说来 完全足以 使人相信:农业生产力发展的<u>不正常</u>的条件能够引起在土地和政治方面进行重大改革的极其强烈的要求,但这些条件<u>仅仅对俄国拥有少</u>数农民人口的<u>一小部分地区有效。</u>

[78—79]　农业和工业发展之间的这种相互作用最终能够逐步使相当大一部分农业人口摆脱他们所陷入的那种困境。

　　<u>既然不能排除这条发展道路的可能性,那么,</u>这样一些看来本身纯系<u>治标</u>的措施就<u>可能具有巨大的意义</u>,如:合理组织移民,在农民银行的帮助下协助农民购买地主的土地,等等。

　　这样一些措施虽然<u>迥然不同于</u>用激进手段解决问题的办法,但却能<u>大大</u>促进农业向正常发展过渡,<u>如果这种</u>

注意

!! 注意②

<u>不经过激进改革的过渡真的可能的话。</u>当然,只有至少逐步改变政治制度,即在政治制度上确立自由的立宪原则时,这一切才能发生作用。没有这个条件,俄国经济的发展是根本不可能的。但是从这种逐步的发展距政治制度在

注意

最近时期的<u>彻底民主化</u>当然还离得很远。后者只有在用

―――――――――――

①　"注意"二字写在该书这一页的左上角。——俄文版编者注
②　"!! 注意"写在该书第79页的右上角。——俄文版编者注

‖ 激进手段改革土地关系时才是不可避免的。

那么,这样的发展道路是否可能呢? 俄国能否不采用激进手段打破土地关系而通过 ⌈自然的⌋ 经济发展达到稳固的经济高涨呢? 》原文如此!!

即使现在农业生产力发展下降的趋向占优势,<u>也没</u>有理由对这个问题作出否定的回答。

[85]　1896——1906 年这一时期内马铃薯播种面积,从 2 265 100 俄亩增加到 2 699 100 俄亩,即增加 19.2%。

……

[94]　<u>农民群众贫困和破产的程度</u>愈来愈超过<u>工业增长的程度</u>,有使工业最后停止增长的危险。

<u>我国</u>经济发展中的<u>这一深刻的矛盾</u>,由于受到对日战争的强大冲击,<u>成为我国革命的主要原因和主要动力</u>。

[95——96]　我们的分析表明,自然的经济过程的特点是具有巨大的力量的,在稍微有利的条件下它甚至有可能胜过阻碍经济发展的那种影响。<u>既然不排除这一可能性</u>,那么用激进手段改造土地关系在<u>经济上</u>是否必要<u>值得怀疑了。但也仅仅是值得怀疑而已</u>。无论是理论上的理由还是实际资料,都不能使我们相信:农业发展中的积极方面同临近革命的时期一样将继续比消极方面占优势。 **注意**①

[96——97]　因此在设想经济发展的最有利的条件时,必须承认自然的经济过程应当得到其他某些辅助因素的帮助,否则俄国就避免不了<u>严重的农民骚动</u>,从而俄国的经济生活也就避免不了<u>严重的周期性的动荡</u>。 注意

上面我们已经看到是哪些原因在妨碍农村的经济发展,这些原因就是农业人口文化和智力水平低下以及国家和地主对他们过分的非生产性的剥削。

我国落后的这两个基本原因作用愈小,<u>自然的</u>经济发展过程困难就愈小,它就能愈快地完成复兴俄国的工

---

①　**"注意"**写在该书这一页的左上角。——俄文版编者注

作。当然,只有在克服经济发展的原有障碍的同时不再人为地设置新的障碍的情况下,这一点才能实现。

[98]   ……社会革命党人和整个民粹派可以在那里炫耀自己的荣誉了。的确,我们看到,由于受到中等农业省份紧张而急剧的运动的影响,我国革命在很大程度上涂上了民粹主义的色彩。一些民粹主义党派(劳动团分子、人民社会党人、社会革命党人)在革命中开始发挥突出的作用;另一方面,最积极地参加了运动的农民的思想也影响了社会民主党,在它内部引起了相当明显的拥护平均分配土地的思潮。

!!①

注意!!

[99]   我在那里还指出,奥尔洛夫斯基由于醉心于分配土地而完全无法理解地方公有化的观点。在赞成后一种观点的人把阻止对大农场的野蛮摧残作为自己的任务时,奥尔洛夫斯基却相反,完全不能"理解,对大农场,除了加以消灭,然后把相应的土地分配给小私有者以外,还能有什么办法……"

甚至在我同布尔什维克奥尔洛夫斯基论战的文章写成以后,他的观点在伯恩施坦主义者普罗柯波维奇的《土地问题的数字说明》这本小册子里得到了更为详尽的发挥和论证。在他那里分配土地是不受任何限制的,地主的全部土地都要分配,同时不同地区农民之间要拉平。

原文如此!②
原文如此!

[102]   这样一来,分配土地将使全民收入减少,但最低限度能否多少改善一下农民的生活状况呢?

[103]   当然,普罗柯波维奇的数字只是大约的数字。但是,不管这样的计算多么不精确,至少下面这一点是无疑

注意

的:把私有土地分配给所有的贫苦农民,也不会使他们的生活状况有较大的、可靠的改善。

[107]   在这样的条件下,从前破了产的农民在分配到地主的土地以后对工业品的需求几乎也不会提高。

---

① 这两个叹号是写在该书这一页的右上角。——俄文版编者注
② "原文如此!"这几个字是写在该书这一页的左上角。——俄文版编者注

　　但是,工业品的市场却会大大缩小,这是因为:第
一,农业收入总额减少了;第二,地主的收入没有了;第
三,少地省份的农民迁往地多省份将给那里的农民造成
损失。

!!
(1)　(2)
(3)

[108—109]　野蛮摧残西南边疆区经营得很好的大农
场,不仅会使那里以前收入的总额下降,而且很可能甚至
使农民的收入也下降。于是,西南边疆区的农民在自己的
农业收入大大下降之后,现在也和其他省份(如库尔斯克
省、沃罗涅日省)的农民一道怀着同样的目的到新罗西亚
草原去。他们在那里会把新罗西亚地主经济和农民经济
中曾经有过的相当大的技术进步化为乌有。由于劳力过
剩,地主土地上使用过的农业机械在很大程度上看来是多
余的了。而当地农民的生产收入在总收入中的比重将因
总收入的减少而大大增长。他们租赁的土地将转入外来
的农民之手,他们在地主土地上的收入也就没有了。

＃

　　农民的劳动生产率和农业收入将大大下降。

　　然而,正是新罗西亚和北高加索的省份以及东部省份
这样一些地多的省份的农民能够较多地增加对工业品的
需求。

　　市场将缩小,对劳动的需求将减少,主要的受害者则
是无产阶级。无产阶级当然不会由于分配土地而消失。
不能把土地分配给工厂的工人,此外,他们的队伍将得到
大批农业无产阶级的补充,后者在私有农场消灭之后由于
缺乏生产工具而仍然无事可做,在农村也找不到工作。无
产阶级的人数将增加,而对其劳动的需求却在减少。同
时,对日益贫困的农民来说,打发家中多余成员进城市去
谋生的可能性将减少。

原文如此!

!!

　　这样一来,在部分农民生活状况明显改善的同时,无
产阶级和相当多的农民阶层的生活状况将发生同样明显
的恶化。

　　但是,甚至无产阶级生活状况明显的恶化也不能迫使
社会民主党反对这样的改革,如果这一恶化是暂时的,如

果以这种暂时的恶化为代价能够达到农村生产力的发展的话。但是平均分配土地不仅不会使生产力发展,而且

(1) 有充分根据证明它将成为这一发展的障碍。它将消灭那
(2) 些文化发源地,许多地方的私有农场就是这样的发源地;
它将引起那些地多的边疆区的贫困化,这些边疆区在某
(3) 些地方曾使劳动生产率得到高度的发展;它将使曾经推
(4) 动土地集约化的工业增长缓慢下来;它将严重阻碍大农场的发展,因为极端的贫困和破产仍然无碍于农民小私有者保有自己的那块土地并为之拼命奋斗。

[110—111] 国家和地主对农民的非生产性的剥削之所以阻碍了生产力的发展,正是因为这种剥削削弱并妨碍了农村内部的分化。而平均分配土地则试图排除这个阻碍,

蠢货!   **其办法是把这种分化消灭在它形成的地方并为其将来的发展设置最大的障碍。**

分配土地的方案力求阻止自然的经济过程发挥它迄今一直发挥的作用,但并没有同时为生产力的发展开辟任何新的道路。

平均分配土地的方案是一个真正野蛮的方案。

它严重地阻碍着经济的进步,甚至直接使无产阶级群众的生活状况恶化。

因此,无产阶级政党如果不最坚决地拒绝这一改革,那它就背叛了无产阶级的利益。

当然所有这些见解不能适用于比较温和的改革——在当地农民之间分配他们租赁或用他们的农具牲畜耕种的那一部分地主的土地。

这样的改革也会有很严重的缺点。在目前以小农为主的地方,大农场也许能发展起来,要是土地完全转归他们私有,就会长时期内排除这种发展的可能性。……

[112] 但是,只限于这种部分分配的改革还有一个根本性的缺点:在革命时代它可能不会使农民满意,而且无产

噢,糊涂虫!▷ 阶级如果仅仅提出这样的改革,又可能妨碍他们和农民结成巩固的联盟。

　　正在发展的农民运动曾经提出剥夺地主全部土地的口号,而且只有在这一口号的基础上才能在革命高潮时期建立起<u>无产阶级和农民之间的紧密联系</u>。

　　但是,无产阶级政党若不背叛自己的原则,就只能以一种形式——<u>土地地方公有化</u>形式来接受这个口号。

（b）土地地方公有化

　　在《农民和社会民主党》这本小册子里,我不得不详细分析列宁加以发挥的土地国有化方案。这一方案实际上是把谁将<u>支配</u>没收来的土地这个问题完全留做悬案了。

　　方案如果是让中央政权<u>支配</u>分布在俄国辽阔疆域上的土地,那它就<u>荒谬得不值一提</u>了。

　　<u>(如果)</u>作为最高的土地所有者的国家让地方自治机关支配土地,那么这样的国有化就在很大程度上接近地方公有化。这种国有化与地方公有化不同之处<u>仅仅是</u>在复辟取代革命高潮时可能产生一定的不良的政治后果而已。　哈哈!

[113]　地方公有化方案是以中等农业省份贫困程度相同的农民的运动为出发点,分配方案也就迎合了他们的愿望。只有在农民运动极盛时期,在它能够动摇旧制度的基础时,平均分配土地和地方公有化这样一些极端的方案才可能有意义。　注意但是,平均分配土地的方案盲目地追随破产农民的反动欲望,而公有化方案则力求使<u>农民超脱他们的小资产阶级幻想</u>,以此来增加农民利益和无产阶级利益之间的<u>共同点</u>。地方公有化方案排除对大庄园的<u>野蛮摧残</u>,　原文如此!对分配地主土地持否定态度,只是万不得已时才容许把那些实际上由小农场经营的地主土地分配给农民。

　　<u>这个方案虽然保留农村中的大农场</u>,但绝不是打算原封不动地保留它。

[114]　……瓦连廷诺夫自己不但认为下面这一点是非常可能的,而且表示确信不疑:新式农业生产也将不只是由资本主义私人企业主来组织。这种农业生产既可能在<u>地方自治机关组织的示范农场及其他农场</u>的基础上发展起来,也可能在把地方公有土地租赁和交给无地工人协　地方公有
社会主义

会和农民共耕社的基础上发展起来。(同上,第52页)

　　现在,由于革命低潮引起的普遍清醒,这样的论断对许多人来说,不过是完全不切合实际的美丽的幻想而已。但是,即使不能否认斯德哥尔摩代表大会以来已有许多事实引起了人们对能否实现我们土地纲领的理所当然的怀疑,我们目前仍然没有任何理由放弃这一纲领。

[115]　现在,在哪一种解决土地问题的办法获胜的问题还不能彻底解决以前,社会民主党有一切理由坚决果断地坚持自己的土地纲领。它有责任向无产阶级和破产农民坚决指出,如果自然的经济过程最终也能引起经济高涨,那么,这是以巨大的牺牲为代价,以千百万劳动人民挨饿受苦为代价换来的。只有社会民主党的土地纲领才能完全防止这种牺牲。……

(c)立宪民主党解决土地问题的办法

　　布尔什维克在其反对立宪民主党人的斗争中不止一次地竭力抨击他们,把他们时而同大地主联系起来,时而同大资产阶级联系起来;为了证明立宪民主党人代表剥削阶级的利益,不止一次地利用了立宪民主党人的土地方案。实际上,再没有比立宪民主党人的土地方案能更好地证明立宪民主党的小资产阶级性质了。

[116—117]　……在第二次代表大会期间成立的土地特别委员会曾试图给纲领加上两点补充,使其性质略有改变;它试图:第一,对剥夺地主的地产加以严格的限制;第二,对贯穿在土地纲领中的国有化思想予以打击。**可是这两个尝试都遭到了失败。**

　　对剥夺地主地产加以限制的提案具有如下特征:

　　(1)在私有土地中,出租的土地(租金、对分制、工役制等等)和用农民的农具牲畜耕种的土地应立即毫无限制地予以转让。

　　(2)土地占有者用自己的农具和牲畜经营的私有土地,应在地方特别委员会所规定的当地的迫切需要范围内予以转让。

(3)在第二类土地中,上述机关可以认定属于在作物栽培方面对当地居民有特殊意义的那些典型示范农场的土地不应转让。

众所周知,这些限制终于<u>赢得了立宪民主党的纲领的承认</u>,但在第二次代表大会上却引起了"长时间的辩论",并且,按切尔年科夫先生的话★来说,代表大会上的辩论主要正是集中在似乎最没有问题的最后一点上。保护示范农场免受野蛮摧残,看来是参加代表大会的小资产阶级分子所难以理解的。

[118—119]　对于方案中这一方面的评价,在社会民主党的队伍中不存在分歧。

在斯德哥尔摩代表大会上提出了国有化思想的列宁,<u>甚至在他的布尔什维克党团中也只获得少数</u>。然而<u>他还是认为,只有政治制度完全民主化,国有化才是可行的。</u>

立宪民主党人并不力求达到这种完全的民主化,他们的整个纲领是"按照公平的价格"给土地占有者以报酬,<u>指望旧政权同人民妥协</u>。

在这样的条件下,国有化使国内土地资源归国家所有,并在很大程度上扩大本来就很大的国家经济,所以,与其说它是为立宪国家建立物质基础,不如说它是为东方式的专制制度建立物质基础。

<u>因此</u>,对立宪民主党向第二届杜马提出的法案这个最新产品中<u>完全排除国有化和国家土地的思想,只能表示欢迎</u>。　　　　　　　　　　　　　　　说到底了!

但是,如果说在第三次代表大会的方案中国有化思想仍是不可动摇的,甚至还得到了进一步的发展,那么第二次代表大会上表现出来的<u>对待大农场的野蛮态度当时就受到了一些限制</u>。　　　　　　　　　　　原文如此!

[120]　这样,我们便得出一个普遍分配土地的方案,它

★　《人民自由党的土地纲领及其以后的修订》,载于1907年《人民自由党通报》免费附刊。

是民粹派设计的,在布尔什维克中间有一些追随者,而且由伯恩施坦主义者普罗柯波维奇作了详细的发挥和论证。立宪民主党人也想入伙。他们也准备对所有的大农场进行野蛮的摧残,仅仅对示范农场表示宽恕。后一点自然是立宪民主党人的优点,但却是很微不足道的优点。

! ‖

《《

特别是在一个落后的国家里,大农场的存在具有巨大意义:它处于发展过程中,它拥有小农场所没有的广阔前景。立宪民主党的方案却要中断大农场的这一发展过程,只保留少数几个"非常集约化的示范农场"。

[122] 实际上,在英国不合理的并不是那种能够把土地的生产率提高到全世界最高水平的大农场,而是那种由于工业发达而增加到骇人听闻的高度的地租。这种地租在蒸汽运输工具使廉价粮食充斥英国的情况下而成为不合理的了。俄国则是在蒸汽运输工具的条件下发展的,因此它任何时候都不会遇到英国曾遇到过的那样的情况。

[123—124] 中等农业省份的农民大多数已经落到完全没有能力发展自己经济的那种破产的地步。即使地主的全部收入归他们所有,他们也没有足够的能力做到这一点。小农场一般说来不能取得大农场那样的进步,而我国的小农在长时间内就连小农场所能达到的进步也不能表现出来。

混为一谈 ‖

在这样的条件下,若以消灭农业中已经发展起来的大农场作为进一步发展国家经济的赌注,那纯粹是丧失理智。在地多的地方,在农民自己能耕种自己的和地主的全部土地的地方,通过把地少的农民迁到那里的办法,使农民从劳动标准降到消费标准,这同样也是丧失理智。

[124—125] 立宪民主党是小资产阶级政党,但混入了大量的大资产阶级分子。后者的混入使立宪民主党在政治问题上不那么民主,但在土地问题上同一些民粹主义政党相比却不那么反动。立宪民主党第二次代表大会是1905年12月召开的,它甚至对示范的大农场也不能容忍。第三次代表大会是在第一届杜马召开之前,在已经比

\#

较平静的时期召开的,它对大农场已持比较宽容的态度,
但大体上赞成附有消费标准的方案。

[127]   雇农需要的不是消灭大农场,而是限制对他们劳
动的剥削,使反剥削的斗争易于进行。

既然立宪民主党的方案蓄意侵犯大农场,那它就与农
业发展的利益相抵触,也与无产阶级的利益相抵触。只有
社会民主党的方案才完全符合这两者的利益,这个方案不
是要消灭大农场,而只是把土地所有权和地租收归人民地
方自治机关所有,把大农场置于它的监督之下。

只有采取这样的形式来剥夺经营大农场的大土地占
有者**才能证明是正确的。**

如果不能实行这种形式的剥夺,那么对大农场来说剥
夺是完全不适宜的。于是,为了发展生产力,就只允许强
制转让用农民的农具牲畜耕种的土地。立宪民主党最近
的方案与问题的这种提法颇为接近,所以实现这一方案可
能被认为是一件进步的事。 │‖ 原文如此!

[129]   向第二届杜马提出的立宪民主党的方案暴露出
一种要把消灭大农场缩小到最低限度的倾向。这是对土
地占有者利益的让步,同时这也是对社会发展利益的让
步。但是该方案的另一项新措施则只是对土地占有者的
让步和对社会发展有害的让步。 │‖ 原文如此!

按照第三次代表大会的方案,付给地主的报酬是由国
库发给"为此目的而发行的按票面价值计算的有息证券",
而按照提交给第二届杜马的方案,这种报酬是发给**现金**。

这是对土地占有者的重大的、无法自圆其说的让步。 ‖ 注意

[130—131]   但是,这种担心可以用发给记名债券的办
法来消除,这种债券只发给地主,他无权转让给冒名顶替
者,但国家以后也无权转让。用这样的证券来清偿对国
民经济也比较有利,因为它能消除发给地主的酬金用于
非生产性消耗的可能性。这将保证地主按照"公正的评
价"拥有他们的收入,也将保证国民经济有可能通过适当
的税收以减少这种收入,如果人民的利益和进一步发展

经济的利益要求减少这种收入的话。

注意①
原文如此!

假如立宪民主党人能对自己的方案作这样的修正,那么在一定条件下这个方案就可能作为当前的迫切要求将所有反对派联合起来。

经过这样修正的方案不会束缚民粹派和社会民主党人力求进行更广泛的土地改革的手脚,如果这种改革以后有可能的话。

但是,付给地主20亿—30亿现金,在目前国家破产的情况下不能不遭到一切以人民利益为重的人的最强烈的反对。

[137—139] 这样一来,农民通过农民运动得到的成果必定加强私有经济中进步倾向的发展,并在将来使这种经济的地位变得更加巩固。

注意
叛徒②

但是,为了使这些成果对农民和农业来说不致成为暂时的和偶然性的,就必需保证农民有可能为改善自己的劳动条件进行合法的斗争。如果农民没有可能通过联合会和罢工进行斗争,就像西西里和匈牙利的农民所进行的那样,那么农民运动将周期性地具有自发的破坏性,表现为大规模的破坏、抢劫和纵火。

立宪民主党!

但是在我国,在农民运动已开始失去破坏性而具有较为和平的罢工的性质以后,政府和行政当局却为了地主的利益而开始用暴力镇压罢工。1906年4月15日的法令对参加罢工的人以刑事处分相威胁,而就在这个1906年拥有特命全权的地方行政长官威胁罢工者,要用火与剑进行残酷镇压。

其实,毫无疑问,除了用激进手段打破土地关系以外,如果还有其他出路能够使农业生产力的发展成为可能的话,那么这种出路只能是农民为改善自己的生活状况而进行自由的、有组织的斗争。

---

① "**注意**"二字写在该书第131页的右上角。——俄文版编者注
② "注意　**叛徒**"这几个字写在该书第138页的左上角。——俄文版编者注

也许革命的和反政府的党派在暴风雨般的 1905 年为了实现用激进手段改革土地关系和政治关系的远景，做得过头了。许多当时看来毫无疑义的东西，现在看来却是非常值得怀疑的。然而现行的准立宪制同经济发展的需要的绝对矛盾无论如何是没有疑义的。所以，如果我国的土地问题无需采用激进手段改革土地关系也能解决的话，那么要解决这个问题无论如何需要自由立宪制。

注意

但是，我们尚未研究斯托雷平先生的措施。也许，他的措施会给我们开辟另一前景。

[139—140]　嘉科诺夫不肯列举任何实际材料以证明他所描绘的情景是正确的。显然，他没有这类事实，显然，他完全不考虑现实，只是从理性出发进行推论。而现实恰恰远不是他所划定的框框所能装得进去的。在斯托雷平先生的措施里根本没有他从中找到了的那种统一的思想。如果愿意的话，对这些措施可以作出甚至完全相反的解释。

问题不在于"思想"

[140]　……农民向银行申请购买土地的数量大大增加了，但同时购买者的成分却有了很大的变化：农村共耕社购买的百分比由 5.6%增长到 15.8%，而协作社和个人购买的百分比却减少了。如果我们列出下表，则这个结果会看得更加明显：

时　期	年　平　均　数				
	农村共耕社申请书份数	协作社申请书份数	单独农户申请书份数	申请书总数	申请购买的土地数准贷款
1901—1903 年	457	5 708	2 033	8 197	1 065 523
1905 年 11 月 3 日至 1907 年 9 月 1 日	1 361	5 394	1 861	8 616	1 360 944

2 年还是 3 年？22 个月

[142—143]　这样，银行新的活动的特点无疑是由较富裕的农民负担费用来加紧协助地少的农民购买土地。

？

然而银行活动的这一新趋势早在斯托雷平先生执政前就已经开始了,斯托雷平先生只是从 1906 年下半年起才有可能影响银行的活动,同时我们也没有 1907 年银行活动情况的资料。也许,银行活动的成果因此才不能记在斯托雷平先生的账上吧? 然而我们面前却<u>有一份不久前公布的土地规划委员会截至 1907 年 10 月 1 日的活动概述</u>。从这份概述中我们看到什么呢? 在土地规划委员会的帮助下,购买银行土地的人在购买土地以前,每户土地不到 3 俄亩的占 52.9%(**其中 30.7%不到 1 俄亩**),有 3—8 俄亩的占 30.4%,有 8 俄亩以上的只占 16.7%。同时概述的作者肯定地说,帮助购买者买 8 俄亩以上的土地是发生在伏尔加河左岸的一些省份,因为在这些省份有 8 俄亩土地还算是地少的。但是如果我们把甚至有 8 俄亩以上的这一类户和半数有 3—8 俄亩的户列为地多的户,那么这两类共占 31.9%,这样一来,要购买的全部土地有 68.1%即⅔<u>以上应由地少的农民购买</u>。

?　**可见,土地规划委员会并不是力求促进农村的分化,而是力求促进改善不太富裕的农民的生活状况。**

政府在移民方面工作的宗旨也就在于此。

在这方面,还在革命前不久就由 1904 年 6 月 6 日的法令规定了明确的方针,该法令的宗旨是改善"绝对少地的"那一部分农民的生活状况,而最近几年来的一切资料,特别是 1907 年加快迁移农民的做法使我们确信:政府没有违背这个方针,而是仍然力求主要迁移少地的农民,而不是像嘉科诺夫所想的那样仅仅迁移中等富裕的农民。

我们注意到所有引用的事实,就可以比嘉科诺夫拥有<u>更多得多的权利作出完全相反的结论:斯托雷平先生的政策旨在改善少地农民的生活状况</u>。如果我们用嘉科诺夫式的马克思主义者所特有的那种简单化的马克思主义方法继续推论下去,我们就可以说:斯托雷平先生的活动改善了不太富裕的农民的生活状况,与其说它加强了农民的分化,不如说它削弱了这种分化,它妨碍了农民的无产阶级化,因而具有反动性。

[145]　……而11月9日法令则使所有拥有多余土地的农民有可能把他们使用的全部土地归为己有。

这项法令刺激这些受到优待的农民的欲望,使他们有可能通过退出村社来逃避土地的重新分配,从而使村社失去其继续存在的任何意义。

因此,11月9日法令不是分离村社的法令,而是人为的、用强制手段破坏村社的法令。同时,这是一个剥夺多数农民一部分土地而给予受到优待的少数农民的法令。

所有由于家庭缩小或增长较慢而处于优越地位的农户分离出来了,这就使村社中份地的平均面积缩小了,村社所能拥有的土地也减少了。

嘉科诺夫没有能用自己的思想把斯托雷平先生的措施统一起来,但是用相反的思想也不能把这些措施统一起来。

斯托雷平先生的一些措施是力求削弱农村中的分化,而另一些措施则是力求加强这一分化;一些措施是试图改善少地的农民的生活状况,而另一些措施则是力求使农民少地的现象更加严重。

[150]　亚·阿·考夫曼也像其他民粹主义者一样,他的　？
注意力全被固定在一个非常狭隘的任务上,这个任务就是力求使农民保持与土地的联系,并尽可能从土地上获得更多的产品……

[150—151]　……我国从事农业的人口占总人口的70%,而德国只占35%。诚然,德国自己生产的粮食和肉类还不能满足需要,而必须进口这些产品,但是大部分消费品仍然来自本国的农业。俄国应由本国的农业来满足其全部需要,因此,它要把自己农业人口的百分比降到35%是比较困难的;假定50年后农业人口将略高一些,我们的目标是在这一时期内使它达到50%。对这样的时期来说,这仍然是一个非常微小的任务。于是在50年过程中农业人口不是同全体人口一样增加1倍,而是大约增

加二分之一。但农产品的生产却应增加 2 倍,从而**农业劳动生产率应增加 1 倍**。

现在我们来看一看,如果把全部注意力集中到土地集约化上,这个微小的任务可以实现的程度有多大。首先很清楚的是,如果根据普罗柯波维奇加以发挥了的平均分配土地的办法,这个任务在 50 年内无论如何也不能实现。在第 3 章里我不得不同土地肥力递减规律的辩护士展开热烈的辩论。但是,如果农业集约化必定降低劳动生产率这一总的原理不对,那么毫无疑问的是,用农业集约化的

?? 办法很难达到劳动生产率的提高,这只有在非常合理地安排经济的情况下才是可能的。因此对于小农经济来说,可

?? 以认为毫无疑问的是,农业集约化将会降低劳动生产率,无论如何不会导致这种生产率的提高。

? [152] 至于技术上的进步,农户很少能用得起,它也很少能提高农户的劳动生产率。

[157] 因此,当彼舍霍诺夫先生总是把移民作为他的民粹主义幻想的主要构成部分时,他对进一步发展经济的利益理解得比考夫曼先生清楚得多。

但是,移民当然还不能给民粹主义幻想提供特别有利的根据。直接适用于定居的土地数量很少,而增加这个数量并帮助移民定居到空闲的土地上却需要巨大的费用……

[164] ……然后,从土地规划委员会活动概述中我们得知,交给土地规划委员会出卖的官地总共不过 1 056 000 俄亩。但是从这一"总额"中拨出出卖的只有 112 000 俄亩,而转到买主手中的土地目前仅有 11 000 俄亩稍多一点! 交给土地规划委员会的"总额"的大部分(884 000 俄亩)出租给农民了。

[165—166] 从 1905 年 11 月 3 日到 1907 年 9 月 1 日

1 100 万俄亩　这 22 个月内给银行提供了 10 092 个田庄,其面积为 10 904 000 俄亩以上。据库特列尔先生计算,这约占全俄私有土地总面积的七分之一(14.3%),但在某些地区提供

的土地的百分比还要高得多;在东南部地区相当于
38.3%,在东部地区相当于27.8%。

而且提供的多半是一些大田庄:500俄亩以下的田庄
所占的百分比很小,500—2000俄亩的低于平均百分比,
2000和2000俄亩以上的高于平均百分比(占私有土地
的16.7%,占面积的16.1%)。如果银行当时有能力购买
所有提供给它的土地,如果继续以这样的规模提供土地,
那么几年之内就可以通过农民银行完成消灭大部分的大
土地占有,并形成可供农民分配的数量确实可观的土地。
但实际上纷纷给银行提供土地这一现象在我国具有掠夺
的性质,同最近在爱尔兰的情形一样。土地占有者乐于把
自己的土地提供给银行,但地价却是银行无力支付的。银
行所同意的每俄亩土地的平均价格比卖主所要的价格低
34%。结果,银行实际上购买的土地面积比提供给它的要
少得多。农民银行认为,从1905年11月3日到1907年
10月1日,在提供给它的土地中只能购买4 671 114俄
亩。但它的这个决定还绝不是意味着它已购买了土地。
在这些已决定购买的土地中到10月1日得到卖主同意的
只有3 100 525俄亩,即只占决定购买的土地的66.4%。
这还**不到**这一时期土地占有者所提供的土地的$\frac{1}{3}$,仅占全
部私有土地的4.3%。在后几个月里,土地总数增加得很
少。到1908年1月1日决定购买的土地数量只增加到
4 835 566俄亩,在这些土地中到1月1日只有3 238 581
俄亩得到了卖主的同意[1],只占全部私有土地的4.5%。
实际上,可能还要少,因为即使在卖主同意之后,也有部分
交易不能成交。

[169]　总而言之,如果从移民政策和建立土地储备的政
策来看,我们都应当承认,斯托雷平先生旨在改善少地农
民生活状况的全部活动都收效甚微。这一活动现在已部
分地遭到失败,将来还会遭到更大的失败。同时,这方面

右侧批注:

注意

(467万俄亩)

300万俄亩

320万俄亩

注意

---

① 见《工商报》第45号。

的一些措施对发展生产力几乎没有产生任何效果。农民可能完全没有切身感受到斯托雷平先生这一活动,可是他的另一活动,旨在用强制手段破坏村社的活动,却引起他们更灵敏得多的反应。

[171—172]　11月9日法令给村社带来纠纷,把农民分成敌对的两部分,它将毫无疑问地削弱农民阶级,削弱他们采取任何一致行动的能力。这显然就是斯托雷平先生的期望。但多数农民将因他的法令而受到损失。这一法令不得不违反多数人的意志而强制推行。结果,可能产生严重的农民骚动,其矛头已不是指向地主,而是指向用强制手段破坏村社的人……

注意

[173—174]

第二部分
第三届杜马、它出现的
原因和它的前途

1. 革命的失败及其原因

在我的《革命中的无产阶级》(哥尔恩、梅奇、切列万宁:《俄国革命中各种社会力量的斗争》,第2册)一书中,我详细地论述了无产阶级及其觉悟的阶层——社会民主党所犯的错误,这些错误势必要推迟革命进程并给革命的胜利造成困难。我这本书是在第二届杜马开幕前写的,当时尚未充分弄清最近将来的发展前景,还不能完全确切地断定革命将要失败。

一般说来,我决不放弃我在《革命中的无产阶级》这本书中所作的分析。无产阶级和社会民主党无疑犯了一系列错误,**就算革命在过去有可能胜利**,这些错误也不能不给它造成困难。但是现在已经需要提出这样的问题:这种胜利在当时是不是真有可能? 无产阶级和社会民主党的错误是不是革命失败的唯一原因? 这个问题提法本身就

注意

自然地提示了问题的答案。革命的失败异常惨重,反动势
力的统治异常牢固(至少在今后几年中),要把造成这种局
面的原因说成是无产阶级犯了某些错误,那是根本说不通
的。显然这里的问题<u>不在于错误,而在于某些更深刻的原</u>　　‖ 注意
<u>因</u>。正是为了能多少弄清问题的现状,我们必须对这些原
因加以分析。

　　在 1904 年底和 1905 年初政府好像完全孤立了;好像
它在居民中间没有同盟者,没有多少可以依靠的比较重要
的社会力量。

　　知识分子和一小部分开明的贵族掌握了地方自治机
关,并造成一种幻想,似乎贵族通过自己的代表机关—地
方自治机关已经成为政府的反对派了。<u>贵族的惰性和政</u>　　（ 胡扯!
<u>治上不开展</u>(现在的立宪民主党人因此才能领导大量的地
方自治机关)给人一种他们不断反对政府的印象。<u>但是如</u>　　< ?
<u>果许多贵族的反对立场是假的</u>,那么大资产阶级中间的反
对情绪的毫无疑问的增长就不是假的了。……

[174—178]　自农民改革以后,我国政府总是与俄国的
两个统治阶级——大地主和大资产阶级——保持密切的
联系。在 1904—1905 年这个联系好像要中断了。1 月 9
日彼得堡工人向皇宫的和平游行以遭到血腥的大屠杀而
告终,这给各个阶层的居民以强烈的印象,并加强了他们
反对政府的立场。

　　资产阶级看到祖巴托夫政策这种出人意料的结果兴
高采烈,并要求建立法制(《莫斯科市和莫斯科区大厂主的
报告》、《圣彼得堡厂主的报告书》,致财政大臣先生)。贵
族的地方自治机关就正在兴起的革命向政府提出警告,也
提出同样的要求。

　　<u>居民中间所有阶级联合起来反对政府的这种美景一</u>　　‖ 注意
<u>直持续到十月罢工</u>。因此政府 10 月 17 日的投降当然不
是偶然的。政府不得不投降,因为它看不到自己的面前
有任何能够依靠的社会力量。特别值得注意的是,无论
是布里根的或是维特的选举法体系,二者都力求依靠农

民,把自己的最后希望寄托在这一阶层的愚昧无知上。

以后的全部发展历史就是这样一种过程的历史,这个过程使政府依靠自己从前的同盟者——大资产阶级和贵族,使这些同盟者又依靠他们旧的支柱——官僚主义政府。

在这整个过程中起着巨大的、决定性的作用的是无产阶级。回顾过去,现在可以说,这就是它必然要起的作用。

注意①

布尔什维克的倾向,忽视居民中其他阶级的状况,对斗争力量不作任何认真的估计而横冲直撞——这一切都更使无产阶级在日益激烈的斗争中充当了可悲的角色,但是所有这些错误没有起过决定性的作用。

我们知道,孟什维克一直坚持孟什维主义的立场,并没有在革命高潮的影响下变成布尔什维克,虽然他们参加了彼得堡的十一月罢工,参加了强制实行八小时工作制,参加了抵制第一届杜马的运动。

我们知道,就连无产阶级也一直处于真正的孟什维克的领导之下并按孟什维克的方式行事。即使那时无产阶级的策略改进了,它的一些基本意图也不可能改变,而这些意图是必然会使它遭到失败的。

任何一个阶级都不能只靠比较遥远的目标而生存,它也应当靠现实而生存。无产阶级不能把在以前整个发展过程的基础上进行革命时自己所达到的那种相当高的觉悟程度和组织水平,随便用来为资产阶级服务,以仅仅实现资产阶级也能赞成的那些目标。要使无产阶级能够热情地投入革命斗争,必须具备这两个条件中的一个:或者无产阶级听命于资产阶级,天真地把资产阶级的利益当成自己的利益,把资产阶级的目标当成自己的目标;或者无产阶级具有相当高的阶级觉悟,给自己提出为战胜资产阶级、为消灭其剥削尽快开辟道路的任务。当然,从后一种提法还不能得出帕尔乌斯和托洛茨基打算把俄国

(1)

(2)

---

① "注意"二字写在该书第176页的左上角。——俄文版编者注

从半野蛮状态直接引向社会主义这种<u>显然轻率</u>的观点。但是，即使觉悟到自己与资产阶级处于完全的阶级对立，无产阶级也只有当自己能够指望在这个革命中取得反对资产阶级的重大胜利成果的时候，才能被革命的热情所振奋。通过直接斗争和通过工厂立法认真改善物质状况、实行罢工和结社的完全自由、实行使资产阶级难以迫害无产阶级的广泛的政治民主，以及为此目的把国家的警察和军事职能缩小到最低限度，——所有这些趋势都是无产阶级革命斗争中完全不可避免的，所有这些趋势都是对资产阶级的挑战。在我们的革命中无产阶级和资产阶级必然要以最不可调和的方式相遇。无产阶级在经济和政治领域所取得的<u>胜利必然要引起资产阶级最不可调和的仇恨</u>，这种仇恨比起无产阶级力求要破坏的旧秩序更加不可调和。　　）注意

　　无产阶级在自己的斗争中能够依靠哪些力量呢？它能否用自己的力量获得什么结果呢？我们先来看看统计资料。我国的无产阶级究竟是多大的一个阶层？我们看一看 И. 切尔内绍夫的《论普选权》这本小册子，该书对1897 年人口普查资料作了详细研究，首先在第 311 页的表上就可以找到<u>无产阶级</u>在经济上自立的居民总数中所<u>占的百分比。</u>　　《注意

　　<u>这个百分比为 27.6。</u>但这个百分比给人的一种概念是把无产阶级的力量<u>过分夸大了</u>，总的说来，不大符合实际情况。首先必须从无产阶级总数中除去<u>农业无产阶级</u>。无产阶级的这一阶层的阶级自觉性到处发展得很慢，比工业无产阶级要慢得多，而在我国这还是一个完全不成熟的阶层。除去这一阶层，无产阶级<u>在经济上自立的居民总数</u>中的百分比便会降低到 20%。但是我们必须施行对无产阶级力量更加致命的手术。列入"靠其他生活来源"一栏里的阶层<u>几乎占其余无产阶级的一半。</u>靠其他生活来源列在什么之后呢？

　　列在从事工业、商业、运输业的无产阶级之后。这是什么样的"其他生活来源"？这就是当仆人、做零工等等，

他们是分散的无产阶级分子,是思想不大开展、缺乏任何组织能力的人。指望这些分子会给整个无产阶级的斗争以某种齐心协力的、始终不渝的协助当然是不可能的。只有在政治上的自由能长期存在下去以后,这些分子才可能具有重要的意义。目前不得不把他们暂时除外。而

注意 这就意味着减少了 300 多万。这样,<u>从事工业、商业和运输业的全部无产阶级将只有 3 224 985 人</u>,即只占所有经济上自立的居民的 <u>10%</u>。但是就在无产阶级这一部分群众中,也只有<u>工厂</u>无产阶级多数可以成为革命的牢固支柱。而这样的无产阶级,<u>根据 1897 年的调查</u>,总共有<u>2 538 379 人</u>,即只占所有经济上自立的居民的 <u>8.7%</u>。

[179—181] 实际上很清楚,占全体居民人数百分比很小的城市无产阶级不仅不可能向往社会主义,而且要取得任何重大的民主成果,也需要其他居民阶层的坚决支持。

(1) 这些居民阶层首先<u>可能是</u>城市居民的<u>中间</u>阶层,其次是
(2) <u>农民</u>。

从事工业、商业、运输业和依靠其他生活来源(除农业外)的居民总数,根据调查占全体居民的 25.8%,或者,除去无产阶级居民,只占 14.7%。

这些居民的成年男人中绝大多数在选举第二届杜马时都参加了城市选民团。但是<u>左派(比立宪民主党人左的)在这个选民团中只赢得了 25% 的复选人</u>。当时投票赞成左派的城市居民阶层的同情并不是特别可靠的,选举第三届杜马时,在比以前全部城市选民团具有更多的民主思想的第二城市选民团中,左派只赢得了全体复选人的 18%。这样一来,在城市和工商市镇 14.7% 的非无产阶级居民中,无产阶级只能指望有 3%—4% 赞同它的彻底的民主意图。这样一来,**无产阶级的革命力量**,连同追随它

哈哈! **的城市居民阶层,只占全体居民的 8%—15%。**

显然,无产阶级只有在农民的帮助下,才能在革命中取得某些重大的胜利。

社会民主党尖锐地感觉到了这一点——,尖锐的程

度甚至使一部分社会民主党人表现出比伯恩施坦主义者和德国南部社会民主党人更大的机会主义。但是这些<u>机会主义者</u>不是为布尔什维克的叫喊所欺骗的立宪民主党人、伯恩施坦主义者准备拉入自己阵营的孟什维克,而是以奥尔洛夫斯基等人为代表赞同完全反动的平均分配土地方案的"<u>毫不妥协的</u>"布尔什维克……

!!

[183]　……农民及其所选出的代表之间的联系松散到什么程度,可以从农民复选人形形色色的成分得到说明。以哥尔恩同一篇文章中的数字为例,我们可以看出,选举第二届杜马时,农民复选人中间各派的百分比如下:左派占25.7%,进步党人占25%,立宪民主党人占4.5%,十月党人和温和派占8.9%,右派占25%,无党派人士占10.9%。而在左派中既有社会民主党人,又有社会革命党人,还有劳动派分子。

[184]　但我在第一部分第四章中曾经不得不指出,由于农民的生活状况,仅仅少数省份有坚决实行土地改革的强烈要求。我们现在尽力对<u>农民的革命力量作一个近似的计算吧</u>。

#

　　首先必须指出,只有<u>依靠地主土地生活的</u>农民才可能产生坚决实行土地改革的强烈要求,可是他们还<u>不到全体农民的一半</u>。其次,应当从这个半数中不仅要除去全俄国的相当大一部分农民阶层,而且也要除去欧俄47省(不包括波罗的海沿岸各省和斯塔夫罗波尔省)的相当大一部分农民阶层。第一,应除去<u>一些</u>工业省份的农民,因为他们的生活状况不会由于剥夺地主土地而有很大的改善;第二,应除去西北和西南各省的农民,因为那里发展了大农场,那里的农民没有要消灭大农场的任何愿望;第三,应除去南部和东部相当大一部分省份的农民,因为他们的生活比较富裕。结果,我们可以看出,要求坚决实行土地改革的<u>可能</u>只是<u>少数</u>农民,<u>甚至是相当少的一部分农民</u>。对1905年下半年和1906年上半年高度发展时期农民运动的分析就<u>极好地</u>证明了这一点。

(1)

(2)

(3)
(4)

[185] 我们可以预言,凡是农民有消灭地主土地占有制和占有地主土地的强烈愿望的地方,这一运动在极其紧张的时刻,特别是在我国农民那样的文化水平的情况下,不能不导致对地主庄园的破坏,不能不引起对地主财产和地主土地的瓜分。

相反,凡是我们见到的只是私砍树木,而没有破坏地主庄园的地方,我们可以断定,这只是由于农民的贫困。至多是对待森林私有制的不可调和的态度,<u>但没有占有地主土地的愿望</u>。最后,凡是我们发现只有罢工斗争,而没有破坏和私砍树木的地方,我们就会陷入通常的资本主义关系范围,不可避免地产生雇佣劳动同资本斗争的关系范围。

如果我们看一下萨瓦连斯基的材料,我们就会发现,<u>在俄国的半数省份里根本没有破坏地主庄园的现象</u>。

[188] 在五个地区,破坏性运动席卷了 42.9% 的县,但是由于在其余一些地区,没有这种运动,因而它在 45 个省份中只占所有县数的 21.6%。在普罗柯波维奇的材料中也有类似的数字:根据他的材料,在 47 个省的 478 个县中,99 个县,即 20.7% 的县里有破坏性运动(《土地问题的数字说明》第 25 页)。

我们在这里看到我们对不同地区作的<u>一般分析极好地证明</u>:力求消灭地主所有制的<u>不可调和的</u>运动只是在<u>少数</u>农民中找到自己的立足点。

[191] 我们现在概括一下刚刚分析过的 7 省的情况,就

?? ‖   可以说这些省份是<u>具有反动政治面貌的省份</u>:右派复选人占全部复选人数的 <u>58%</u>,进步党人只占 <u>18%</u>,而且在所有 47 省里,右派复选人占 42%,左派复选人占 37%。在这些省里,一般来说地主只受到微不足道的损失,而且多半不是庄园受到破坏,而是树木遭到盗伐。……

[192—194] 总之,不可调和的农民运动的范围在我国是相当狭小的:它只包括 12 个省……

<u>指望在农民运动发展时,这个地区能有较大的扩展,</u>

是没有任何根据的。哈尔科夫、图拉和梁赞省的部分地
方——就是这个地区扩大的界限。这样,12 个省就相当
准确地勾画出了不可调和的农民运动的地区了。这个地
区的政治面貌也证明这一点。在这 12 个省里右派复选人
仅占 30.6%,在欧俄全部 47 省里竟达 42.2%,而在 35 省
里(不算 12 个省)达到 46.6%。在 12 个省里进步党人的
复选人占 55%,而在 47 省里占 37.2%,在 35 省里占
30.4%。此外,在 12 个省中,有 7 个省进步党人的复选人
的百分比大大超过了这个地区的平均数,在萨拉托夫省达
到 70.4%,在萨马拉省达到 84.4%,在辛比尔斯克省达到
94.1%,在奥廖尔省达到 95.1%。只有在库尔斯克和坦波
夫这两省,农民是如此愚昧无知,尽管有大的破坏性运动,
农民在这些省里提出了占压倒多数的右派复选人。

　　这 12 个省到底有多少农民呢? 这些总的来说人口
非常稠密的省份的居民人数,根据 1897 年的普查,除城市
居民外,男女共 24 799 971 人,占农村总人口的 30.8%,
占 47 省总人口的 27%。

　　要算出从事农业的农民人数,这个百分比还应当降
低。这些省的农业人口约占总人口的 24%—25%,此外,
如果从农业人口中除去所有私有业主及其雇佣人员(管
家、领工),那么百分比还要降低一些。但是,鉴于也要把
其他一些省(哈尔科夫、图拉、梁赞省)的部分地区列入破
坏性地区,我们可以同意:破坏性地区的农民人数约占欧
俄 47 省总人口的 27%。

　　不言而喻,要把这 27%全部列为革命力量是完全没
有道理的。

　　首先,从第一表和第二表的对比中可以看出,整个破
坏性地区有近半数县参加了破坏活动,而这远远低于农民
人数的一半,因为在某些县里运动的规模很小,而任何地
方它都没有能包括全体农民。

　　其次,从破坏行为到强大的持续的政治斗争还有一段
很大的距离。

……为了说明理想的农业省份的情况(在这些省份里无产阶级真正能够指望得到多数农民的支持),可以拿<u>萨拉托夫省</u>为例。土地占有者所受的全部损失,有三分之一落到萨拉托夫省(28 872 000 卢布中的 9 550 000 卢布)。但是,这个省并非只此一点与众不同。这个省的农民提出了 70%的进步党人的复选人,而所有<u>这些复选人从一开始就宣称他们属于极左党派</u>。在所有 12 个破坏性省份中宣称自己是极左党派的复选人只占全部复选人的27.8%,而在欧俄 47 省中只占 18.3%。

注意①　[195—196]　引证的全部资料非常清楚地说明了,就是在破坏性地区具有民主意图的无产阶级也只能在少数农民中找到立足点。但是,<u>即使我们取破坏性地区的农民的一半,那么也只有 1 200 万人</u>,即占欧俄 47 省<u>总人口的13.5%</u>。

如果我们把这个百分比同<u>表示无产阶级革命力量</u>的百分比加在一起,那么欧俄 47 省坚决要求实行民主革命的可能的力量有 21.5%—28.5%,<u>即约占总人口的**四分之一**</u>。

绝妙

（第 180 页）

$+\ 8\ \ \ -15$

$13.5-13.5$

$21.5-28.5$

但是,或许对彻底的土地改革没有切身利害关系的其他省份的农民也会给革命民主运动以重大的支持? 如果单从思想观点来观察各种社会力量的斗争,如果相信思想本身能够驱使任何人去从事任何事情,那当然可以提出最大胆的设想。<u>但是,如果用唯物主义观点来观察社会现象,这些幻想的翅膀就会遭到无情的摧折。</u>

噢,阉人!

[197—200]　……在西北和西南 9 省中能够为无产阶级提供一点基础的只有基辅和维尔纳两省,——这是因为城市无产阶级对正在无产阶级化的农民产生了巨大的影响。这两省提出了占压倒多数的进步党人的复选人,而在其余的 7 省里,右派复选人在农民复选人中占了显著

---

① "**注意**"二字写在该书第 195 页的右上角。——俄文版编者注

的优势。

如果我们对这几省也加以注意，那么民主革命的人数将略有增加，但这个人数只是民主革命的**可能拥有的力量**，只有团结起来，组织起来，它才能成为现实的力量。但是，要把所有可能的革命分子团结并组织起来是极其困难的。因而组织和团结这个少数人口的所有步骤应当是：第一，使多数地主和大资产阶级同官僚们勾结起来；第二，使革命分子同城市居民中间阶层的关系冷淡下来……

‖ 注意

回顾过去，我们确实看到，革命运动的发展曾经使大资产阶级和贵族同官僚们勾结起来了，而在无产阶级和农民的革命分子同很大一部分资产阶级民主力量之间却造成了尖锐的敌对关系。这种敌对关系的发展无论如何都嫌过早；依靠资产阶级民主的立宪民主党暂时还没有妨碍无产阶级和农民的革命分子；这些力量之间的暂时联盟是完全适宜的。但是随着民主力量逐步接近于决定性的胜利，这种联盟无论如何是会破裂的。

注意①
‖ 注意
×！！

＜原文如此！！

这样一来，革命只能拥有少数居民，而在这种条件下革命的任何成就在萌芽时期就一定孕育着日后不可避免的失败。这些成就必定使革命分子同一部分资产阶级民主力量之间的关系冷淡下来，必定使有产阶级同官僚们勾结起来，并推动他们同革命作坚决的不可调和的斗争。

这些力量拥有健全的组织机构和军队。如果多数居民参加了革命运动，那么主要由农民组成的军队就很可能会背叛政府。但是，运动，这里也包括自发的农民运动，一般只是少数居民参加，而在这个少数居民当中又有相当一部分人对待政治事件的态度是完全不自觉的——竟然不自觉到这种程度，他们一面破坏地主的庄园，一面有时还选出右派的复选人。在这种条件下，军队中的大部分人不可能站到革命方面来。

---

① "**注意**"二字写在该书第198页的左上角。——俄文版编者注

但是，波罗的海沿岸地区、波兰、高加索这些革命边疆区呢？也许，在这些边疆区的帮助下革命运动能够取得胜利？可是，这些边疆区有可能被俄国军队平息和镇压下去，在这个军队里甚至以前参加过农民运动的人也并没有觉悟到，他们只要抛开民族的差别，就能把拉脱维亚人、波兰人、犹太人和格鲁吉亚人看成是自己的盟友。

根据上面的分析，我们看到革命的失败是完全不可避免的，民主革命胜利的任何物质条件在俄国现实中都是不存在的。这是不是说这种条件将来也不会发展起来呢？当然不是。但是，由于无产阶级所占的百分比小，由于农民的水平低，由于只有少数农民对彻底的土地改革有兴趣，因而只有在许多年内农业和工业的生产力按人口比例不是增长，而是下降的情况下，产生胜利的民主革命的有利条件才能得到发展。然而在俄国拥有巨大的自然财富的情况下，只有在反动派掌握俄国的命运，只有它的统治持续相当久的情况下，这才能实现。

2. 希望得到政权的立宪民主党人

我们在上一章中看到，具有远大的民主意图的无产阶级即使在它竭力设法把其他阶层组织起来以达到其目的的情况下，它也会遭到失败。但实际上从十月罢工一直到十二月失败，觉悟的无产阶级的活动是建立在几乎完全忽视其他居民阶层的基础之上的。在11月和12月获胜的甚至不是布尔什维克的策略，而是帕尔乌斯和托洛茨基的策略。觉悟的无产阶级在进行活动时，就好像它是唯一天然希望得到政权的阶级，好像我国革命应当以无产阶级的社会主义专政而告终。提出无产阶级和农民的专政作为革命理想这一比较明智的布尔什维克的观点却退到了次要地位。至少，觉悟的无产阶级的领导层并没有采取任何重大步骤来弄清农民的力量，并使自己的行动同农民的行动配合起来。当然，这就使革命更容易失败了。无产阶级作为希望得到政权的阶级在1905年12

月遭到了彻底的失败。由于命运的戏弄,只有在这次失败以后,在任何对旧政权的新的冲击都是非常困难的时候,希望得到政权的各种社会力量——<u>无产阶级、农民和部分城市民主力量</u>——新的更广泛的联合的政治面貌才开始显现出来。

　　这种联合的政治代表是所谓的<u>左派联盟</u>……

[202]　……民粹派社会主义者和社会民主党人远在革命之前很久就相当<u>明显地互相隔绝了</u>,但这不妨碍他们在革命时期<u>感到需要经常互相接近</u>。然而,立宪民主党人不仅一方面与无产阶级和农民隔绝,另一方面也与大资产阶级和土地占有者隔绝,而且在整个革命时期他们与社会力量的这两种联合之间的敌对关系也在不断地发展。……

[204]　<u>再没有比布尔什维克</u>中间传播的那种把立宪民主党看成<u>资本主义土地占有制政党</u>的观点<u>更为荒谬的了</u>……

[206]　在立宪民主党人和大资产阶级之间制造敌对关系是没有什么根据的。<u>第三届杜马的选举</u>就确实表明了,<u>大资产阶级比土地占有者更为赏识立宪民主党人。</u>

[208—209]　当然,无产阶级政党与立宪民主党之间终于不可避免的对抗,一点也没有消除他们为<u>反对共同的敌人</u>而暂时<u>联合起来的益处与必要性</u>。但是,在<u>革命高潮</u>中,在革命目的看来接近实现的时候,却很难为<u>明智的孟什维克策略</u>打开一条道路,这个策略提出,为了自己的斗争,也应当去利用那些只能与之一起走到革命某个阶段的人们。革命的最终目的使参加革命的人看不到最近的阶段,并使那些在社会斗争中追求不同目的的政党之间哪怕结成暂时的同盟也变为极端困难的事情。

[212]　在这样的条件下,立宪民主党的实际力量何在呢?在力求实现自己的纲领时它能期望什么呢?<u>无论从右边或从左边</u>,它都不可能拥有彻底支持它的忠实的盟友。显然,它的<u>力量</u>只能扎根于它所处的各种斗争力量的<u>中间</u>。这个中间地位就使它在各种斗争力量之间起调解

注意

注意

注意

注意

人的作用成为自然的和不可避免的了。斗争中的任何一
方都不希望调解,每一方都力图消灭另一方。但是旧政权
作为有产阶级的代表,可能在革命力量的进攻面前支持不
住,可能感到需要作出重大的让步,这时立宪民主党人就
会登上舞台了。

注意　[216]　这样一来,立宪民主党人连同他们自己的"围攻"
策略一起陷入了可笑而又可怜的境地。为了避免冲突,
立宪民主党人屈辱地提出了一些同他们的信念完全相
矛盾的希望,而当政府完全明白了这一点时,杜马已被解
散了……

[219]　……六三法令把十月党人推上了台,——能否把
他们置于自己的影响之下并同他们一起组成立宪的多数
呢?这就首先需要消除革命嫌疑,消除大资产阶级和比较
进步的贵族队伍中对立宪民主党人的成见,这种成见是由
于立宪民主党人企图在第一届和第二届杜马中同左派组
成议会的多数而形成的。于是,立宪民主党首领米留可夫

注意　先生在《言语报》上作了公开忏悔。他在一篇专门文章中
突然同革命左派断绝往来,并称他们不只是立宪民主党人
的敌人,而且是全俄国的敌人。《同志报》中无题派的进步
党人也开始忙乱起来。不久以前他们还站在左派联盟的
立场上,但是在第二届杜马解散以后他们对左派联盟完全
失望了。他们丧失了对革命的信心,同立宪民主党人一样
充满了对议会的盲目崇拜,因此他们把自己对未来的全

注意　部希望开始寄托在立宪民主党人同十月党人的可能的联
盟上……

[227]　……十月党人的领袖们自己非常了解他们在斗
争的各政党中间的地位和政府交给他们的任务。他们拒
绝了同立宪民主党人在选举中达成任何协议,却到处同右
派,直到同俄罗斯人民同盟携手并进。

十月党的性质本身由此而发生了根本的变化。这个
党与其说变成了资产阶级的政党,不如说变成了土地占有
者的政党。根据哥尔恩收集的材料(《现代世界》杂志第1

期《俄国的救星》一文),在选举出的 104 名十月党人中,55% 是土地占有者,24%是资产阶级的代表,3%是官僚的代表,2%是僧侣,11%是农民。土地占有者在十月党人代表中所占的百分比在右派政党中大得多。在俄罗斯人民同盟、君主派和右派政党的代表中只有 31%是土地占有者,而且一般说来右派政党的民主成分比十月党人要多得多:在选出的十月党人中,土地占有者、资产阶级和官僚的代表占全部成员的82%,而在右派政党中只占 50%,加上上层僧侣,也只占57%;十月党人中农民只占 11%,而在右派政党中却占 25%。

注意

55
24
3
2
——
84
[11
95]

[235]　在自己整个调查过程中,我都非常谨慎地对待各种革命的和反政府的政党的前景问题;并且仔细地权衡了其他前景的可能性。然而我不能不得出一个果断而坚定的结论:斯托雷平先生是没有前途的。

注意

[237—238]　斯托雷平先生的政策极少促进生产力的发展,就连工人农民把自然经济发展引起的经济进步成果拿来为己所用它都要强行阻挠。斯托雷平先生用强制手段破坏村社,斯托雷平先生促使土地集中在富裕农民的手里。这个集中无疑会提高农业劳动生产率,但是,如果没有其他促进因素,这一集中本身也是毫无结果的。俄国需要的不只是农业劳动生产率的提高,而且是农业生产的增长,它需要使这个增长能够超过人口的增长,因为现在的农业生产还满足不了大量人口的需求。

注意

　　而要使农业生产能够相当迅速地增长,就需要不让饥饿的租赁制排挤大农场的发展,就需要使供农民迁移用的土地数量逐年增长并扩大,最后,还需要使农民经济不断进步,逐步过渡到用改良的方法耕种土地,过渡到提高土地的集约程度……

注意

[242—243]　在第一章我们已经看到,在我国现实中,彻底的民主革命及其政治代表——左派联盟★——取得胜

────────────

　　★ 我说的左派联盟,指的不是布尔什维克所显然希望的那种具有内部纪律的团结的组织,而是无产阶级的、农民的和城市民主力量的革命分子事实上的联盟。

??

利的可能性是多么微小。但是,如果正在发展的工业不给
少地的、破产的农民提供足够的出路,如果现在威胁着中
等农业省份的农民的那些不正常条件将愈来愈向南部和
东部省份发展,最后,如果农民的罢工斗争将被行政当局
用暴力镇压下去,这些可能性就会增长。

注意　　如果反动派将顽固地长期坚持它的统治而阻碍农业
和工业生产力的发展,俄国必将重新受到革命的猛烈
冲击。

但是,在这次革命爆发以前很久,有可能会不断出现
威胁性的征兆,这些征兆将削弱官僚们的自信以及他们对
注意　　镇压具有无限力量的信心。首先,严重的农民骚动在不久
的将来是完全不可避免的,而这些骚动又不能不影响城市
无产阶级的情绪和积极性。

注意　　[245]　由于农民在政治上不太开展,在前两届杜马失败
以后,他们对选举的兴趣低落了,大概这也就是反对派在
农民中间遭到削弱的原因。在选举第二届杜马时,反对派
在农民中间赢得了全部复选人的半数以上,在选举第三届
杜马时则不到半数。在农民运动重新兴起时,反对派在农
民中的加强是完全不可避免的。

反动势力在第一城市选民团统治多年之后,反对派的
加强同样是不可避免的。50年代,在普鲁士,在革命被镇
注意　　压和选举法被修改以后,形成了一个土地占有者、大资产
阶级和官僚的联盟,就其情绪和活动来说,真像第三届杜
马中形成的那个联盟……

注意①　　[246]　立宪民主党人在同和平革新党人的联盟中,有一
注意　　切理由在最近的将来把大量属于城市业主的资产阶级同
城市民主力量联合在自己的旗帜之下,甚至把十月党人从
第一城市选民团中排挤出去。

这样,就是根据六三法令,反对派的胜利在某些条件

---

① "**注意**"二字写在该书第246页的左上角。——俄文版编者注

下也是完全可能的。如果现实生活根本取消不了这个法令，在反动派比较长期存在以后，这个胜利甚至也是不可避免的。有可能下一次选举就会使反对派获胜。但是立宪民主党人用不着采用人为操纵的手法在本届杜马中组成议会多数，也能够取得这个胜利。相反，任何模糊他们同十月党人以及斯托雷平先生的界限的做法，都将使他们在国内的影响和威信丧失殆尽。

只有国家愈来愈需要摆脱反动派的罗网，才能使立宪民主党人有可能甚至在六三法令的情况下取得胜利，而且也只有这种要求才能迫使官僚们违背自己的意愿重视立宪民主党人。

很有可能的是，立宪民主制在取代斯托雷平先生的制度之后，能够用必要的改革来阻止那些可能使革命爆发成为不可避免的不正常条件的增长。　　｜｜注意

但是，如果这些条件发展得太厉害，立宪民主制也可能站不住脚，况且立宪民主党人同和平革新党人的接近以及他们网罗大资产阶级的意图都将削弱他们从事复兴俄国工作的能力。

重要论点汇集[162]

第 246 页：立宪民主党能够防止革命。——

第 198—199 页：革命只能拥有少数；没有胜利的任何物质条件

第 176 页：孟什维克在革命高潮影响下变成了布尔什维克

第 174—176 页："说明"。

第 138 页：也许革命的和反政府的党派"做得过头了"

第 130—131 页：立宪民主党人的土地方案，经过某些修改，可能"将所有反对派联合起来"。

译自《列宁文集》俄文版第 26 卷
第 366—411 页

在《布尔什维主义的危机》
一文上作的批注[163]

(1909 年 12 月—1910 年 1 月)

布尔什维主义的危机

[1] ……我们到处都可看到旧的、革命前的心理一再出现。国外派别之间的争吵，以及它的冒充为机智的赫列斯塔科夫式的放肆和冒充为严厉的原则性的、粗野的谩骂这些高明手法，——这种潮湿的迷雾有从时代的黑暗中升起的危险。好像又一次冲决了堤坝……洪水奔流，无数小旋涡旋转起来，浪花开始在水面上愉快地飞溅…… 的确，这是多么令人快慰的情景啊！ 这一切与当前极其严重的局势是多么相称啊！……

[2] ……我们绝不想否定列宁在创立和发展"布尔什维主义"上所起的巨大作用；也不想否定个人和个人恩怨在社会民主党分裂的历史上总是起过不小的作用。有什么办法呢！这是一切政党常犯的**幼稚病**。但是，把**一切**都归咎于个人以及他们的反复无常、异想天开和自命不凡，那似乎也太过分了。

当然，在布尔什维主义最初**产生**时个人因素起了决定性的作用，这是对的。但在政党的历史上常有这样的情况，争执和单纯个人中心的形成只是一种形式，然后生活逐渐往这种形式里注入比较不带个人成分的内容。首领们之间可以因任何事情争吵，但是围绕着他们的结合将按元素的化学亲和力进行；既然已经开始了的结晶过程将继续下去，那么，已经形成的随从、学派、听众，经

过一段时间将会**引导**自己的**首领**前进。"导师"和"领袖"如果了解自
己的地位,就应该记住梅菲斯托费尔的这句话:"你以为你在推动别
人,实际上是别人在推动你"……

[3]　1905年底的事件发生时,两个派别已经形成了……

　　……布尔什维克**主张接近**社会革命党人和民粹派分子以反对 ?
立宪民主党人,而孟什维克却拒绝这种接近,愿意支持立宪民主党
人……

　　……这一切除了证明一切时代、一切民族的"软弱无力"的机会
主义分子对局势转变特别敏感外,什么也证明不了……

[4—5]　……当然,不能说这些首领的个人素质同意见分歧和组
织分裂的发展"毫不相干"。但首领身上的这些素质接受听众的教
育和培植的程度,大于这些素质本身决定全部听众的程度。正是自
己人过分的崇拜和外人同样过分的、故意引人注目的、夸大的蔑视
和讥笑的态度,不能不使近乎病态的自尊心得到发展,这种自尊心
披着道貌岸然的外衣,同时对微不足道的刺激却十分敏感。这些人
物之所以成为首领,只是因为他们的个人素质同其团体的心理一
致,符合它的特殊需要,直到水乳交融的程度。<u>布尔什维克需要有
权威的,哪怕是固执而笨拙的,但却绝对完整的、坚如磐石的"革命
的正统派分子";而孟什维克却同样需要随机应变的、灵活的(哪怕
达到没有骨气、印象主义的程度)、"广泛实践主义"的辩护人。</u>假如
没有列宁和马尔托夫的话,那也要把他们臆造出来……

　　……当布尔什维克在第三届杜马选举前试图捍卫抵制主义的 (?)
立场时,列宁的改变态度以及他在这一个别问题上<u>转向孟什维克方
面,</u>对他那一派来说当然是一个出人意料的、不愉快的消息……
但不必用"领袖叛变"这一表面现象来给自己催眠;那就会意味着<u>只 正是
触及表面</u>而看不到更深刻的一致性。在第三届杜马选举之前,布尔 这样
什维克已经接受了一系列拒绝抵制的**前提**;列宁在别人之前从这些
前提中作出了合乎逻辑的结论。只有在布尔什维克执行或准备执
行进攻策略的情况下保留抵制的立场才有意义。但这一策略会以
什么形式表现出来呢?<u>他们从来不赞成**恐怖手段**,</u>而**群众性**的工人
战斗队形式在第三届杜马前几乎被他们完全取消了……　那么,这
时为什么还要保留一个抵制主义呢?当然,布尔什维克群众很难立

即放弃这个习惯了的口号;这个口号挽救了革命精神的外表,却没有复活它的实质。布尔什维克群众只能慢慢地顺应第三届杜马及其党团。这种情况正在我们眼前发生——在很大程度上已经发生了。要想使自己的派别"越过其发展的各个自然阶段",直接达到最终目的,单靠列宁的全部个人影响是不够的。对于建立社会民主党"党中央"问题的态度同样也是这样。这个问题大家谈得很多,大家期待着由似乎即将实现的列宁同普列汉诺夫的接近来解决。但是即使他们两人都热望接近而不是记住"两熊不同窝"这一谚语,也完全不会产生任何结果。如果现在就出现建立"中央"的巨大的可能性,那只是因为布尔什维主义渡过了**内部**危机,经历了蜕变过程,从而向"中派"转移了(从前列宁用色调更鲜明的、纯俄语词"泥潭"来代替"中派"这一外来词)。

"最后通牒派"和"召回派"(我不提"造神说",因为卢那察尔斯基的这种**语文学家**革命同真正的革命没有多大关系)本来想逆流而上,阻止布尔什维主义的蜕变。但为此他们必须首先放弃把这种蜕变看做是"列宁的阴谋"的观点。这是一个拙劣的论战手法,这种手法除了能蒙蔽那些滥用这些手法的本人以外,未必能蒙蔽其他任何人。研究布尔什维主义蜕变的深刻原因,可使左派社会民主党人清楚地理解,抵制主义的**起消极作用的革命性**,如果不同另一个<u>战斗</u>**策略的起积极作用的**革命性相联系,那它是毫无结果的。看来,他们现在还没有这种明确的认识;有的只是模糊不清的、本能的感觉。这一点在布尔什维克派的"被清除者"的宣言里以<u>某些工人战斗队</u>的腔调反映出来。但反映的是如此模糊不清、捉摸不定,以致列宁在自己的答复里嘲笑他们不是完全没有根据的。

如果召回派希望复活社会民主党"左派",那么,对他们来说,只是证明目前正式的布尔什维主义由于在反动的消沉时期在各种弯弯曲曲的羊肠小道上徘徊,因而丧失了与非取消派孟什维克不同的一切主要之点,这是不够的。抓住抵制策略的**消极的革命精神**这一面,对他们来说,也是不够的。他们需要十分具体地弄清楚,他们的**积极的革命精神**是什么,他们应当提出什么样的**具体的战斗行动路线**。否则,他们的日子是屈指可数的。

*   *   *

恐怖手段?

来自召回派阵营的"对现代俄国社会民主党政治原理的批评"
(我们要在下面《劳动旗帜》上予以刊登),也是布尔什维主义危机引
人注目的征兆。文章的作者尼·哈利从前在《无产者报》上写过文
章,就其世界观的出发点来说还是一个马克思主义者,但他的马克
思主义只有一半是社会民主党的马克思主义,而另一半是工团主义
的马克思主义。我们之所以在自己的机关报上登载这篇文章,第
一,是因为在一些策略问题上,文章的观点符合我们的观点;第二,
是因为这篇不无意义的文章未必能指望登载在社会民主党报界现
有的派别机关刊物上。但我们认为,这篇文章在其错误方面也有教
育意义,关于这些错误我们现在要稍微谈一谈。

现代国家杜马这个斯托雷平制度的装饰品的可怜的性质是召
回派最大的王牌之一……

[6] ……不难理解,一些不像样子的丑事(第三届杜马常常是这些
丑事的舞台),曾经不止一次迫使反对派——其中甚至还有立宪民
主党! ——退出会议大厅以示抗议。毫不奇怪,工人阶级中由于
服从党的纪律才投杜马选票的、不那么有耐性的那部分人,不满足
于这种**象征性**的抗议。就影响来说,因为多次重复这些抗议并未产
生任何效果。**召回派**集中了这种情绪,要用真正的退出杜马来代替
象征性的退出,要用完成体来代替多次体,并且认为,从一个门出去
马上又从另一个门进来是过于天真、同严重的形势极不相符的举动。

为了驳斥召回派这个最具"王牌性的"理由,即指出第三届杜马
的反动性,列宁和他的拥护者,按照自己的习惯登上了革命辞藻的
最高峰。对超革命精神来说,贵族杜马的反动性算得了什么? 世界
上一切议会都是反动的,都是阶级统治的工具…… 持这种超革命
观点的盖得曾经说到这种程度,他宣布,不管国家政体是君主制,还
是共和制,对无产者来说都是无关紧要的……

[9] ……然而,议会制这个大而复杂的问题同第三届国家杜马问
题关系不大,因为不管社会民主党的反召回派和反抵制派在自己理
论的奥林匹斯山上爬得多么高,我们的杜马与最坏的资产阶级国会
之间的距离,甚至从最美好的远方看,也不是小到可以不受惩罚地
予以忽视的。所有这些结果只能有一个:不仅搞乱了如何对待俄国
的国家杜马的问题,而且也搞乱了关于议会制的整个问题。这种混

乱是随着布尔什维克主义危机而来的特有现象之一。如果要揭发某些召回主义者"工团主义的"罪状，可以要多少有多少，而且还不是没有根据的。但"原罪"必须在布尔什维克主义的根子上找。布尔什维克主义原理的逻辑指使布尔什维克主义犯下这个罪孽；当布尔什维克主义登上了"反正一切都无关紧要"这样的革命精神的顶峰后，试图摆脱社会民主党被第三届杜马俘虏的可悲处境时，它就不能不犯下罪孽。可惜，这里尽力想跟着先前的导师亦步亦趋的还有许多召回派分子。不过他们自己因此就在削弱他们"对现代俄国社会民主党政治原理的批评"的矛盾中迷失方向。

　　但愿他们能摆脱这一种羁绊……　因为不摆脱在国际社会主义策略这个主要问题上的动摇，在行动上就不会有坚定的政治路线。对于想使俄国社会民主党内**革命的**一翼复活的派别来说，这种路线却是最需要的。

译自《列宁文集》俄文版第 25 卷第 193——197 页

在尼·哈利《幽灵》一文上作的批注

(1909 年 12 月—1910 年 1 月)

[13—14]   幽   灵★

对现代俄国社会民主党
政治原理的批评

———

一

···

    建立党中央是每个有原则性的组织的生活中一件普通的事,但迄今还没有一个地方像我们这里那样,在建立党中央的同时,强行截割了不合这个中央心意的<u>左翼</u>……

[14 — 15]   实际上在这里论述会议上关于孟什维克取消派

    ★   本文作者是社会民主党人,<u>还在不久以前在《无产者报》上写过捍卫"召回派"的文章。</u>不过我们仍然把他的文章刊登在我们的机关报上,因为作者所代表的那种色彩的社会主义思想暂时还没有自己的机关刊物,而且也不可能在社会民主党的报刊上刊登。同时这一派在某些地方(特别是在对待第三届杜马的态度上)符合我们党的策略立场。关于我们对作者所涉及的问题的态度,编辑部在本期社论里发表了意见。   ?

的种种议论是完全多余的,因为未必有人会"认真"对待这方面所说的一切。每个人都清楚,这只是"暂时"这样说,实际上,我们的机会主义者在"革新"党右翼的庇护下很快就会给自己找到一个安乐窝,这个右翼迄今一直是小心翼翼地隐蔽着的,但不久就要大显身手。**砍掉左翼,暂时隐蔽右翼,**——这就是《无产者报》编辑部当前的口号和真正的行动路线。格奥尔吉·普列汉诺夫这位公认的我们的"实际政治家"的领袖,以其特有的敏感断定,"无产阶级的"风似乎想向他这方面吹来,于是他把自己右手的几个指头急忙藏进衣袋里,从另一个衣袋里抽出整个左手,"诚心诚意地"伸向目前独臂的列宁。列宁迎上前去,要知道,列宁早就尽力想脱开自己的左手,他甚至承认,他的这种意图"近来招来了那些**自命为**布尔什维克的同志们的不少攻击"。结果,这些同志的布尔什维克取决于列宁的位置:布尔什维克列宁同他们在一起,他们就是布尔什维克;"布尔什维克"列宁离开他们,转到孟什维克的立场上,而他们却不紧跟他,仍然留在原地,那他们就不再是布尔什维克了。他们离开向右转的、真正的布尔什维克列宁而留在左边。而布尔什维主义的左边是什么东西呢?喏,这谁还不知道呢?当然是无政府主义了!有了名称,于是就万事大吉。反证是:比列宁左的是召回派,召回派是无政府主义者,因此列宁是布尔什维克。

列宁这样极其简单地得出答案后就心安理得了。但是我们仍然要尽力证明:召回派不是无政府主义者,列宁不是布尔什维克,而是孟什维克。

我们的杜马党团注定要成为决定属于无政府主义还是社会民主党这一问题的试金石……

这些关于**从事**杜马党团工作**长期性**的话,正是问题的症结。这些话的意思是,党团可以不去改进自己,但是党却始终**要尽力**改进它。对它要施加各种压力,然后是最后通牒,然后再施加压力,等等。这是说了又说的一套老话。但是把这种长期的白费气力叫做党对杜马党团的长期工作,党对杜马党团的教育……

关于教育不成器的孩子的规定的最长期限却有意避而不谈,但从这种独特的"最后通牒主义"的性质本身可以得出结论,最长期限就是杜马党团或者……就是杜马本身存在的期限。同时他们忘记了,革命的无产阶级和无地的饥饿的农民,不论对杜马党团,还是对

《无产者报》扩大编辑部的建党政治手腕,都丝毫不感兴趣,因此扩大编辑部大概很快就只好自己又当作者又当读者了……

……决议规定:鉴于**缺乏派别内部的思想一致**,宣布将这类最后通牒分子其中包括马克西莫夫★开除出派别。那么,对于那些也**缺乏派别内部的思想一致**的工人,又该怎么办呢? 请读一读这个"决议"的下面一段吧:

"如果地方工作人员把会议决议理解为号召我们把有召回主义**情绪**的工人从组织中驱逐出去,**甚至**把有召回派分子的地方组织立即解散,那就会犯严重的错误。我们提醒地方工作人员,千万不要采取这种办法。"

这难道不是玩弄权术吗? 要知道,工人既是需要的,又是无害的。组织("不应解散组织!")需要工人,而工人之所以是无害的,因为在代表会议和代表大会上被工人选入党的机关的代表的意见,经常会被**不通过工人遴选**进入这些机关的人士截然相反的意见所抵消。为此举行"委员会扩大会议",然后,把会上通过的决议(应该读做:"民主的",——谁要是往坏处想这个词,那他是可耻的),作为必须执行的命令寄给地方委员会去执行。在表现出这类"民主作风"之后,就不大好意思像从前那样,大喊大叫什么"六三政变"了,而只好自豪地转向"革命地利用议会(杜马)"。没有必要还认为第三届杜马只是内阁的办公室了,应当把它当做一个**战胜**专制制度的成果陈列出来,以便证实这个"胜利"果实已经收获。

……专制制度被叫做"代议制",贵族黑帮杜马被叫做议会。由此就可以作出进一步结论:社会民主党是代议制的党,所以它应当参加杜马;谁不愿意参加杜马,谁就是反对议会,因此他就是无政府主义者,社会民主党内就不应有他的容身之地。真是惊人的简单、明了!

但是,在这里我们新型的"布尔什维克"遇上了一件小小的不愉快的事:要知道,孟什维克取消派分子,立宪民主党人,——啊,真可

★　顺便提一句,马克西莫夫同志的最后通牒主义,在我看来,完全不是像列宁所认为的那样一个十足的最后通牒主义。无论如何我不想把他同抵制主义 — 召回主义混同起来。

怕！——甚至还有十月党人……恰恰也是这样说的……

所以，布尔什维主义和孟什维主义一样，在杜马问题上完全是使用第三届杜马提供的宣传材料。但是，只要我们还记得孟什维克在第一届杜马期间为反对抵制所说的和所写的一切，我们就会看到，这个口号是**纯粹**孟什维克的口号。而且，非常引人注目的是，同我们现在的《无产者报》的"布尔什维克"相比，那时的孟什维克是真诚得多的布尔什维克，因为在第一届杜马时期出版比较自由的情况下，这个口号**当时**★是能够实现的，而现在，由于目前的出版情况，甚至现代"革命的"社会民主党人有意识地力求赋予这个口号以革命性的那种**假象**，谁也不会相信了。

其次，在引用的摘录中谈到了使用宣传材料的问题，这些材料
!   **不是社会民主党杜马党团**，而是……第三届杜马提供的。在这里，杜马党团究竟还有什么"意义"呢？……假定就其组成性质来说，杜马党团全由《无产者报》扩大编辑部的现有人员来代表；**甚至更进一步**，杜马党团是彻底革命的。我们假定是这样并扪心自问：**这样的杜马党团能否完成《无产者报》**集团交给它的任务，即能否**成为宣传不合法思想的合法基地之一**呢？

人人都清清楚楚地知道，**不能**。在目前的出版情况下这是绝对不可能的。我们"布尔什维克"的半官方刊物打算教育杜马党团掌握的全部马克思主义、革命主义以及其他高尚品质，在上述出版情况下，好的话，只能留在塔夫利达宫里；坏的话——而这有更大的可能性——连塔夫利达宫也没有机会听到用《无产者报》的精神教育出来的社会民主党党团的声音，因为在俄国目前代议制的法律程序下，发表这样的意见，需要有十月党人霍米亚科夫或公开黑帮沃尔康斯基的恩许。★★

合法基地在这出议会滑稽表演里到底留下了些什么呢？或许留下了社会民主党杜马代表同无产阶级的合法来往？关于这一点，早就连想都不要想了。通过报刊合法地阐明杜马的活动吗？也不

★   如果我没有弄错的话：列宁**当时**谈的是"三人小组"和"五人小组"。

!!   ★★   在报纸报道杜马中别洛乌索夫与古利金事件时，本文已经写好。还需要证据吗？

可能。那么，到底留下了什么呢？**用合法的手段什么也办不成！**社会民主党党团本身在杜马的整个"活动"结果究竟怎样呢？往好处说，这种"活动"给秘密传播的非法读物提供最广泛的材料，这些读物的题材是占杜马多数的黑帮如何不公平地"违背宪法地"对待社会民主党的代表。第三届杜马**本身**能够为社会民主党的秘密宣传提供的材料，即使它内部没有工人代表也能提供出来。那么社会民主党杜马党团作为与非法活动**相联系**的合法设制，还有什么必要呢？况且还是这样一个党团，为了改变它跟在立宪民主党后面亦步亦趋的坏习惯，首先要用社会民主党的精神来教育它呢？

　　问题就在于：这里没有，也不可能有任何**真正**的联系。这种联系是**虚构的**，是《无产者报》编辑部想出来的，**目的在于保持**它早已失去的布尔什维克的纯洁的**外表**。划清《无产者报》"布尔什维克"与召回派布尔什维克的根据，绝不是利用合法机会的问题，而是关于第三届杜马的作用和社会民主党代表在杜马中的意义这个问题的原则性的分歧。因此马克西莫夫同志是对的，他责备（《无产者报》编辑部说得多么委婉哪！）会议背叛了革命的布尔什维主义的口号，转向孟什维克的观点。

〔注意〕

　　曾经有个时期，不只是关于策略问题的分歧，而**主要**是原则性的分歧把我们同孟什维克区别开来。对力量的对比、革命的发展、农民的意义和作用等等，我们都有不同的估计。这些分歧现在跑到哪里去了呢？关于这一点只字不提。只有一点是清楚的，即**这些分歧不再存在了**。而且《无产者报》扩大编辑部自己也用下面一段话证实了这一点：

〔16〕　"布尔什维克应当怎样对待这部分目前人数还不多的反对来自右面的取消主义的孟什维克呢？毫无疑问，布尔什维克应该竭力接近这一部分马克思主义的有党性的护党派。这决不是说抹杀我们同孟什维克的**策略**★　分歧……"下面还说："……在目前这种困难的时期，如果我们不向其他派别的那些维护马克思主义的护党派伸出手来，那真是一种犯罪行为……"

　　这真是一针见血。如果用普列汉诺夫不久前在日内瓦的一次

　　★　即使出于礼貌，提一提原则性分歧也好！

会上说过的预言性的话,即"布尔什维克当中也有用马克思主义思考问题的分子"★,来补充这些意见,那么……一切马上就清楚了。可见,我们是处于完全妥协的前夜。

二

……所有这些都是陈词滥调,完全是从我们早已熟悉的西欧机会主义"实际"政治家那里搬来的。《无产者报》的政治家们自己也并不否认自己与这些政治家的共同性,他们直言不讳地说,现在到了学习"**说德语**"的时候了,即到了停止给运动提出最能推动运动前进的口号,并开始放慢行动的时候了……　不过,俄国的无产者估量了《无产者报》的"布尔什维克"打算同<u>格奥尔吉·普列汉诺夫</u>一道推行巴黎《无产者报》新的"革命"路线这一情况以后,大概能够轻而易举地作出对这条路线的应有的评价。这不正是确凿的证据吗? 同普列汉诺夫结盟的革命性本身难道不替它自己说话吗?……

毫无疑问,在估价现代议会对于无产阶级的意义上,我们同国际"正统"议会迷鼓吹者有很大的分歧,但是我们仍然要使他们感到痛心,<u>因为我们不会发表任何无政府主义的东西</u>。不管别人怎么样,我们不厌其烦地着重指出的正是**这一点**:资产阶级议会几乎到处都<u>不过</u>是压迫工人阶级的工具而已。有时,有些国家的议会的这一法规有部分的例外,在那里**议会里**的力量分配符合于**人民力量**的实际分配,**也就是说,在**那些民主共和制的国家里,虽然议会也会变成压迫工人阶级的工具,但那只是在无产阶级的利益同小私有者的利益发生冲突的时候。因此,对我们来说,议会在资产阶级制度中的作用,只能有一个定义:**任何议会**,作为资产阶级制度——**就其本质来说,是敌视工人阶级的制度**——的政治工具,只能是压迫工人阶级的工具,而不会是别的什么东西。因而我们同议会迷社会民主

★　真是无愧于这样一位伟大思想家的发现。我一向清楚,普列汉诺夫这类言论是有针对性的。但是听到这话时,我承认,我并没有马上猜出是怎么回事,当时我想他说的是谁呀:<u>是波格丹诺夫还是卢那察尔斯基?</u>

党人的分歧,完全不在议会历史使命的定义上,而是在**把议会看做无产阶级阶级斗争的工具上,看做**全民政治革命时期**人民革命斗争的工具上**。正是议会迷德国社会民主党的历史(这一历史是我们的正统派分子非常喜欢引证的,它在专制的代议制舞台上的辉煌的胜利使他们振奋不已),使我们中间许多人得出了<u>完全不同的结论</u>……　　　　　　　　　　　　　　　　　　　　**!**

[18]　……我的确认为:"召回主义"不是**理论上清一色**的派别,我认为它也包括本质上已大大<u>超出</u>现代社会民主主义的那些派　**?!?**
别……

译自《列宁文集》俄文版第 25 卷
第 197 — 202 页

在关于合作社的
比利时决议草案上作的批注[164]

(1910年8月16—19日〔8月29日—9月1日〕)

第一委员会
合作社的实质

鉴于……

代表大会宣布：

合作社运动本身虽然永远不能导致劳动的解放,但它仍可成为

A) **阶级斗争的有效武器**,工人阶级进行阶级斗争是为了达到自己的迫
切目的,即夺取政治和经济权力,以便使一切生产资料和交换手段
公有化,工人阶级极其关心**使用这一武器**……

第一委员会
合　作　社

鉴于:消费合作社不但向自己的成员提供直接的物质利益,而
且还负有下列使命:

(1)通过取消中间人并建立受组织起来的消费者管辖的生产企
业来增加无产阶级的力量;

(2)改善工人的生活条件;

(3)教育工人以完全独立自主的精神处理本身事务,从而帮助

(B) ? ‖ 他们准备实行交换与生产的力量的民主化和社会化;

考虑到:仅靠合作社不可能实现社会主义所追求的、旨在为实行劳动资料公有化而取得政权的目的。——

代表大会尽力警告劳动者要反对那些断言合作社依靠自己的力量就能够解决问题的人,同时宣布:工人阶级极其关心在自己的阶级斗争中使用合作社大军。　　　　　　　　　　　　　((A))

因此,代表大会责成一切社会主义者和一切工会会员积极参加合作社运动,以便增进他们的社会主义精神,并防止合作社偏离其教育和团结工人的任务。

社会主义合作社工作人员应在自己的合作社中为实现下列任务而奋斗:　　　　　　　　　　　　　　　　　　　((C

(1)多余的收入不要只是退还给社员,部分通过合作社本身,或通过联合社或批发商店,用于接济社员、发展合作社生产,用于教育和教学目的;　　　　　　　　　　　　　　　　　　　　　　?

(2)与工会协商,调整合作社工资和劳动的条件;

(3)合作社的劳动组织应当成为模范的劳动组织,在合作社购买商品,必须考虑到生产商品的人的劳动条件。

每个国家的各种合作社有权解决它们是否要直接用自己的资金来帮助政治运动和工会运动以及帮助到什么程度的问题。　　　?

鉴于合作社运动本身愈强大、愈团结,则合作社能够提供给工人阶级的帮助就愈显著,代表大会宣布,每个国家所有根据本决议建立起来的合作社应组成一个联合社。

此外,代表大会宣布,工人阶级在反对资本主义的斗争中,应极其关心使工会、合作社和社会主义政党,在充分保持各自的自主和完整性的同时,用日益增进的关系联系起来。　　　　　　　注意

(C₂)

译自《列宁文集》俄文版第25卷
第248—251页

在亚·伊兹哥耶夫
《走向复兴的路上》一文上作的批注[165]

(1910 年 8 月 29 日和 9 月 2 日〔9 月 11 日和 15 日〕之间)

注意：伊兹哥耶夫的文章

文学社会日记

走向复兴的路上

　　进行最无情的自我批评、承认自己的错误是走向复兴的第一步,这在理论上有谁不同意啊! 不过要是有人打算真的运用这个真理、开始批评起"自己人",并指出他们的错误,那么在那些"理论上"承认这个真理的人中很少有不对这个胆大妄为者加以痛斥的。我们俄国马克思主义者实践家终于下定决心进行这种不可避免的、没有它一步也不能前进的自我批评,他们不得不饱尝在这种情况下先驱者注定要吃的苦头。人们给这些实践家起了个轻蔑的、侮辱的外号:"取消派",准备把他们从俄国统一的"饭桌和床铺"上赶走等等。不久前在《言语报》上刊载了"当家人"普列汉诺夫的刻薄责难,他痛斥他们是"叛徒"。但是他们仍未屈服,他们正在从事自己的、无疑是有益的工作。

　　在刚出版的 7 月份的《我们的曙光》杂志上刊载了弗·列维茨基的文章,此文从上述观点说来是很有趣味的……

　　……弗·列维茨基完全正确地指出,历史提出的当前任务是"建立工人政党"。……列维茨基先生以下列论断作为自己全篇文

章的基石……"自 1905 年以来，政治形势起了变化……<u>只是自</u>
<u>1905 年以来，工人阶级真正的政治斗争在俄国才有了可能</u>，这种斗
争是西欧式的、<u>马克思主义的，而不是布朗基主义的，是无产阶级有</u>
<u>觉悟的先进阶层的阶级的首创精神</u>"。……

　　列维茨基先生列举了所有在适当条件下<u>用以组成公开的工人</u>
<u>政党</u>的"成分"。在脱离了旧式社会民主党的工人当中，正在培养<u>工</u>
<u>人自己的知识分子</u>，"<u>密切联系群众的、优秀的工人领袖……</u>"　工
人阶级在国家杜马里有一个讲坛，不管是什么样的。"<u>第一次造就公</u>
<u>开的群众运动的活动家……</u>"。

　　<u>必须有一个公开的工人政党。</u>目前工人明显的"不问政治"现 注意
象没有使弗·列维茨基感到为难……

　　列维茨基先生以下的见解是有代表性的、珍贵的："如果<u>从前的</u>
<u>社会民主党</u>是争取政治自由的<u>全国性</u>斗争的领导者，那么将来的社
会民主党便是<u>投入自己历史性运动中去的群众的阶级政党……</u>"

　　关于"领导权"、关于统治整个社会、关于领导社会斗争的梦想，
直到现在还使俄国许多知识分子马克思主义实践家的头脑<u>发昏</u>。
这些梦想在一定程度上<u>妨碍他们</u>从事自己的<u>当前工作</u>，妨碍他们从
事<u>建立</u>阶级的工人的政党。在现有社会力量对比的情况下，工人政
党在俄国<u>只能起有限的作用</u>，但它对我们社会的正当发展无疑是必
要的，它正是作为<u>阶级的工人</u>的政党，才是必要的。

　　<u>波特列索夫先生和列维茨基先生等人</u>现在经过痛苦的经验之
后得出的<u>全部思想</u>，我自 1905 年以来，先在《北极星》杂志上，后在
《俄国思想》杂志和《言语报》上，<u>就多次发表过</u>，并且几乎用了<u>同样</u>
<u>的语言</u>。

　　应当高兴的是，对于实际情况的理解愈来愈深入到马克思主义
知识分子的头脑里。这无疑是复兴的开端……

亚·索·伊兹哥耶夫

译自《列宁文集》俄文版第 25 卷
第 202—204 页

在格·普列汉诺夫
《概念的混淆》一文上作的标记[166]

（1911 年 1 月 18 日〔31 日〕以后）

[1]　　　　　　　　概念的混淆

（列·尼·托尔斯泰的学说）

（续　　完）

四

报刊上发表了弗·格·切尔特科夫同一些去过亚斯纳亚波利亚纳的别斯图热夫卡学校的女生的一次有趣的谈话的消息。据切尔特科夫先生说:"列夫·尼古拉耶维奇没有离开亚斯纳亚波利亚纳,即没有离开对他来说是痛苦的,但他又认为是较好的生活,因为他把这种转移看做是利己的做法。"自托尔斯泰从他的家园"出走"以来,这几乎是人们所说的唯一有道理的话。正是如此,正是利己的做法! 纠缠不休地要求自己的"导师"采取这一做法的先生们没有考虑到这一点。而且还不只是利己的:我再说一遍,这种做法是同托尔斯泰的整个学说相矛盾的。这一点也是他们没有料想到的……

[2]　……托尔斯泰说到他自己无力战胜控制了他的各种诱惑,他

希望人们责备他本人而不要责备他所走的道路。但实际上这些诱
惑，即使存在，在这里也完全没有起决定性的作用，因此，过错不在
托尔斯泰本人身上而正是在他所走的道路上，说得确切些，是在他
试图走的道路上。

　　这条路是通向死气沉沉的、无为主义的国度的。而托尔斯泰是
一位过分富于朝气的人，他在这个国度里不会感到舒畅。他竭力想
从这个国度后退……

[5]　　　　　　　　　五

　　在《我是怎样生活的？》小册子中有些段落值得所有想正确评价
托尔斯泰学说的人充分注意。这些段落是：

　　"每当我在自己的意识中摧毁了世俗学说的诡辩时，理论立即
同实践结合起来了，我的生活和一切人的生活的实际也就成了理论
的必然结果。"

　　"我明白，一个人除为自己个人的幸福而生活外，不可避免地还
要为别人的幸福服务；如果拿动物界来比较的话——有些用动物
界的生存竞争来为暴力和斗争辩护的人是喜欢这样做的——那就
应该拿蜜蜂这样的社会性的动物来比较，因此人既在理智上又在天
性上负有为别人、为全人类的目的服务的使命，且不说人生来就具
有对亲人的爱了……"

[9—10]　……他的①那个认为革命家想"毁灭所有制"的论断，也
是错误的。我还要说，习惯于清楚、明确地思考问题的人，甚至都理
解不了"毁灭"这个动词用在像所有制这样的社会结构上是什么意
思。而毫无疑义的是，当代的绝大多数革命者——就是说，无政府
主义者仍然要除外，他们是极端可疑的革命者——他们想的不是
"毁灭"所有制，而是赋予它新的性质：用生产资料公有制代替生产
资料私有制。如果把"消灭"所有制理解为暴力消灭或破坏体现所
有制的物体的话，那么革命者过去和现在始终都是对它进行严厉的
指责的，认为这是一种有害的行为，它只能说明干这种事情的人丧
失意识。

　　但这并不重要。而在重要的方面托尔斯泰是完全正确的。过去

_____

　　①　即托尔斯泰的。——编者注

和现在都没有比现代社会主义者距离托尔斯泰更远的人了…… 说得确切些,是他们中的那些完全掌握了自己的理论观点和自己的实际意图的意义的人。最生动的说法是:"这就像没有闭合的圆环的两端…… 要连接两端上的东西,就得绕遍全环。"谁不理解这一点,谁就犯了混淆概念的错误。

我们这里是否有很多人犯了这样的错误,让读者自己去判断吧……★

格·普列汉诺夫

译自《列宁文集》俄文版第 25 卷
第 204—205 页

★ 我愿向那些想避免犯这种错误的人特别推荐柳·阿克雪里罗得(正统派)的优秀著作:《托尔斯泰的世界观及其发展》,1902 年斯图加特斐迪南·恩克出版社版。

在布尔什维克调和派传单上作的标记[167]

(1911 年 7 月底和 9 月上半月之间)

告俄国社会民主工党全体党员书

正式的布尔什维主义和中央机关报编辑部多数派怎样理解同取消主义作斗争的任务,他们是否如全会决议要求的那样切实进行这一斗争,对此可以有不同看法,但每一个哪怕只看过一次全会决议的人都会毫不怀疑,他承认斗争的必要性,他已一劳永逸地同取消派划清了界限。★

……派别政策从来没有像全会之后这样具有如此尖锐的、在任何一个党内都不能容忍的性质……

我们应当<u>特别痛心地</u>声明,布尔什维克的正式代表<u>在派别意向方面</u>不仅没有落在所有这些集团后面,而且恐怕<u>还超过了他们</u>。在同取消主义斗争中建党的任务,<u>被布尔什维主义的领导人理解得太狭隘了</u>。他们不是在同取消主义斗争中联合一切护党派,不是为了党进行这一斗争,而是为了派别而进行斗争。在这一派别斗争中,他们<u>与其说是使取消派在党内孤立起来,不如说</u>

★ 我们不能对下列事实保持沉默:《真理报》没有估计到取消派的全部危险性,对于取消派向党的公开攻击没有给予坚决的回击,显然,只是打算让事物的客观进程来"克服"它。

是使自己离开其他站在秘密的社会民主党立场上的思潮（"前进"、《真理报》）而孤立起来。布尔什维克领导人不是在广阔的党的舞台上与我们最亲密的同盟者孟什维克护党派更紧密地接近起来，而是提出"两个有力派别的联盟"的口号，在这个口号后面隐藏着尖锐的派别斗争，但是却看不到为争取党的组织统一的斗争。列宁派布尔什维克的派别政策带来了巨大的危害，是因为他们在最主要的党的机关中占多数，由于这一点，他们的派别政策就替其他各派在组织上的独立活动作辩护，武装他们去反对正式的党的机关……

……这样，我党仍然面临一年半以前的那些任务，这些任务现在特别迫切地需要解决。

最近一年的事件：罢工斗争的活跃，托尔斯泰之死引起的罢工和游行示威，学生运动，工人中政治上的活跃以及四届杜马选举的临近——所有这一切直截了当地提出了恢复秘密的俄国社会民主工党和党的组织统一的问题，这是社会民主党领导发展着的运动的基本条件。派别斗争带到俄国，地方上分裂，这将使党长期丧失政治作用。

这种分裂将大大削弱经受了巨大的困难和重大牺牲而成长起来的秘密的党组织…… 一直需要解决，而还没有得到解决的任务造成了党内危机，用党内方式解决这一危机已根本不可能了……

但是，全会以来俄国发生的一切实际上不仅要求解决这一危机，而且也使这一危机更容易解决。

全会的一切工作都是以国外上层领导达成协议的形式进行的。

不错，全会的决定是符合整个俄国现实和俄国工作所要求的精神的，但签订协议的上层领导却没有与这一工作紧密联系，无论如何组织上没有受其任何约束。其原因……主要在于俄国工作本身当时处于完全瓦解的状态……

现在则不同了，四面八方传来重新开展工作的消息：群众的活跃也使工作活跃起来。到处出现秘密的社会民主党小组和组织。而且党的工作的恢复是充分自觉地估计到了最近发生的一切的。在我们党内，召回主义已经找不到公开的支持者和辩护士了。地方干部也充分认识到取消主义的危险，不仅在党的工作中，而且在工会工作中与它划清了界限。同时，大家都承认，党的一切派别正在这一秘密组织的基础上联合起来。

在这种条件下,对所有希望党统一的人来说,当前情况的唯一的出路就是召开全俄代表会议……组织这次代表会议的过程将会把地方上现有的秘密组织联合起来,并以此推动地方的积极工作。只有国内的干部聚集在一起才能将国内与国外组织联系起来,从而使后者有可能给国内以帮助、协助和领导,这也是已形成的局势赋予国外组织的任务。所以,我们欢迎中央委员会议的决定并决定参加召开代表会议的组织工作。

有人对我们说,我们这样做是在破坏党的形式,制造分裂。我们并不想这样。但是,如果事情真是这样,我们也不会害怕这一点。我们珍惜党形式上的统一,但更珍惜它实际上的统一。所以,只有在给我们指出摆脱目前状况的正式出路时,我们才能认识到自己的错误。但在国内没有中央委员会的情况下,在中央委员会国外局违背章程不愿召开全会的情况下,当人们拿中央委员会下赌注,当任何一个中央委员被捕或顺利地逃出流放地都可能使情况发生根本变化这些条件下,我们看不出这一正式的出路。正因为如此,我们非派别的布尔什维克(或曰调和派——这里对我们的一种很不妥当的称呼)……在确信党的形式已开始充满派别内容之后……——正因为如此,我们参加了召开全俄代表会议的工作……　正因为如此,我们参加了组织委员会和技术委员会。

我们参加这两个委员会并开始在里面工作时,还不知道党的其他派别将对它们持什么态度。但是,现在,当这些派别由于这种或那种原因拒绝参加这些委员会时,我们仍将继续在其中工作……　我们参加这些机构,是为了在里面创造必要的条件,使愿意巩固和建立秘密的俄国社会民主工党的所有其他派别的代表都能参加这些委员会……

有人对我们说,参加国外组织委员会和技术委员会,我们就离开了国内工作的基础并卷入了那些国外纠纷。这话不对!任何一个由在俄国没有能够正确发挥作用的组织的各种派别的代表组成的委员会,即使是全俄委员会,由于缺乏地方组织或地方组织不健全,最初都可能是由国外指定的并同国外有密切关系的人组成的。在这方面,不必抱什么幻想。

如果召开代表会议的要求在俄国各地没有成熟,如果代表会议将只被认为是给迄今还只是在国外进行的派别斗争提供更广阔的舞台，那么任何委员会，即使是全俄委员会，都不能使事情免于失败。但如果不是这样，如果地方组织有联合的要求……如果他们感到有巩固秘密的俄国社会民主工党的需要，以便与建立合法的党的愿望相抗衡…… 那么，国外委员会也不可怕……我们希望，或是现在，或是最近的将来，或是在筹备召开代表会议的国外委员会中，或是在相应的国内的委员会中，我们将与愿意巩固和组织好秘密的俄国社会民主工党的所有其他的派别的代表会晤并一道工作。

布尔什维克护党派小组

译自《列宁文集》俄文版第 25 卷
第 98—101 页

在社会党国际局反战通告上作的批注

（1912年10月5日〔18日〕以前）

> 这是一个重要文件：社会党国际局反战通告 **168**。可以看做布鲁塞尔的来信。

国际反对战争。

　　或是：**工人党国际局反对战争。**

　　土耳其和巴尔干国家的社会党发表了反对战争的共同宣言，并且执行了斯图加特（1907年）和哥本哈根（1910年）国际代表大会的决议，他们就应当采取什么样的措施来尽快地和平解决当前的冲突问题进行了磋商。

　　……在笼罩着巴尔干的混乱不安中，只有社会主义才有益于普遍和平。

　　东方国家的社会党人，不管经受多么厉害的折磨，不管自己人数多么少（在落后的资本主义国家里这是很自然的），他们却毫不动摇地在街头和议会里呼吁和平，反对资本家阶级人为地煽动战争的企图。

　　在塞尔维亚的"议会"里，拉普切维奇和卡茨列罗维奇这两个社会党代表，一致反对整个资产阶级，激烈抗议战争。

在保加利亚的人民"议会"里，唯一的一名社会党代表萨卡佐夫，独自一人再次反对整个资产阶级，发言拥护和平。当他走出议会时，却遭到沙文主义匪徒的袭击和枪杀。

在奥地利这个特别关注巴尔干形势的国家里，社会党人无论在集会上和议会里都一贯坚持主张实行民主的对外和对内政策，这种政策的基础是民族自治，它竭力避免可能导致普遍战火的内部摩擦。

社会党国际局执行委员会在它的1911年11月的宣言里指出了这种扩大战火的可能性。这个宣言是由于国际社会党人抗议的黎波里塔尼亚战争而在当时发表的。宣言指出，意大利的侵略行为会有其必然的后果。同这一行动本身有着必然联系的是摩洛哥的胜利和几个大国的侵略。这些大国现在似乎想在巴尔干各国阻止它们自己容忍过、煽动过、甚至已在北非干过的那种事情。

所有这一切都被资本主义体系这一链条的各个环节联系着。如果摩洛哥能使的黎波里发动侵略，如果的黎波里能够在巴尔干动员起来，那么明天我们就会看到其他的动员。当然，军事预算就会不断增涨。

1910年，军事预算已达到115亿法郎（约450万卢布）。从1910年到1911年，军事预算的数字上升了5亿，而1912年，我们看到，英国又为海军拨款数百万。奥匈帝国声称，它的军费应当达到4.5亿。

军国主义的不断发展，只能加速灾难的到来。这就是国际社会主义运动不断地发出反对战争野蛮行为的呼声的原因。

国际局执行委员会声明，它同巴尔干国家的社会党人一起，反对武装侵略,争取裁军,争取通过仲裁法庭来解决国与国之间的争端。

———

附言:如果不准刊登,则建议把"社会主义"一词**统统**删去,只留下"国际局"和"工人党"。

译自《列宁文集》俄文版第39卷
第85—86页

《民族问题(II)》笔记[169]

(1912年12月1日〔14日〕以后)

民族问题(II)

关于民族问题

晓戈列夫
乌克兰运动
司徒卢威论"乌克兰主义"
各民族社会主义政党代表会议记录

C.晓戈列夫《乌克兰运动
是南俄分离主义的现代阶段》
一书的摘录和批注

[2]　**C.晓戈列夫**:《乌克兰运动是南俄分离主义的现代阶段》,1912 年基辅版(2 卢布 50 戈比)。(共 588 页)。

密探的一大袋引文! 唾沫四溅地咒骂波兰的一切,而自己却用诸如"привабливание"("引诱")(第 415 页及其他各页),"кордон"("哨所")(第 35 页及其他各页),"виктория"("胜利"),"ревеляция"("强烈反应")(第 60 页),"артефакт"("假象")(第 168 页)之类的来自波兰文的用语写文章。写得文理不通:"工具比那个驴颌骨好的一种东西"(第 227 页)。

不学无术的人:把布隆和**伯尔尼**混为一谈(**第 133 页**):(**伯尔尼!!** 奥地利社会民主党人的民族问题)。

该书的价值在于有一大堆摘自乌克兰书刊的**引文**。对历史和现代**乌克兰**运动作了系统的(密探的)概述。

疯狂的黑帮分子:用**卑鄙**的话咒骂乌克兰

人(第 45、47 页——"制造乌克兰问题的老手",第 73 页——"异教头目"格鲁舍夫斯基;第 124 页等——"暴徒";第 48 页——科斯托马罗夫因"官运欠佳而恼恨";等等)。

列了一大批**名字**,就是为了**告密**(参看第382、393 页及其他各页)

[3]　**迫害**:

1863 年 1 月 20 日——暂时停止用小俄罗斯文出版书籍。

1863 年——禁止小俄罗斯人在国民学校任教。

1876 年——德拉哥马诺夫被剥夺教授职位。

1876 年 5 月 18 日——采取了反对乌克兰人的**新措施**。

| 禁止输入小俄罗斯文书籍;——禁止用小俄罗斯语演出,——禁止印刷和出版小俄罗斯文书籍(文学作品和历史文献除外)。 | 没有正式发表!!第 65 页 |
| | "严格而有效的限制"!! 第 61 页 |

赞扬**司徒卢威***):司徒卢威论"俄罗斯文化"

*)参看 1912 年《**俄国财富**》杂志第 4 期和1912 年《**乌克兰生活**》杂志第 2 期叶弗列莫夫(乌克兰人)**反对**司徒卢威。**170**

（**1911** 年和 1912 年《**俄国思想**》杂志第 1 期），论"统一的俄罗斯民族"在俄国（政治和文化中的）"领导权"等等的提纲是"**非常好的提纲**"（第 513 页）。

　　司徒卢威的演说是"**对 1876 年和 1881 年各种限制的情不自禁的赞扬**"——（第 513—4 页）。

　　‖ !! 注意!!

　　"**我们同意有才干的政论家彼·司徒卢威的口号**。"（第 555 页）

　　‖ 注意!!

[4]　要指出（如果晓戈列夫的引文正确）"民主的"乌克兰运动的领导人格鲁舍夫斯基和弗兰科的**反动**论据。

　　米·谢·格鲁舍夫斯基："有无必要提起自 19 世纪 60 年代到昨天为止参加过革命运动和恐怖运动的无数乌克兰人的名字？有无必要列举在这些运动中起过重要作用的人物？一种力量被剥夺了（原文如此！晓戈列夫注）成为创造力的可能性以后，就不可避免地会变成破坏力。"（**米·谢·格鲁舍夫斯基**《俄国的乌克兰运动》第 25 页）。晓戈列夫援引这一段话（第 504 页）时，补充写道："因此教授认为，乌克兰'运动'是驯服恐怖分子并把他们变成温顺的绵羊的一种简便的方法。"

　　‖ 见本笔记第 15 页①

---

① 见本卷第 363 页。——编者注

在同一书中,**伊万·弗兰科**(在《青年乌克兰》第 107 页)援引热里雅鲍夫们、基巴利契奇们和许多乌克兰人的话时说:"耗费了多少力量,牺牲了多少优秀人物"(在反对君主制的无成效的斗争中——晓戈列夫注)。"内心(弗兰科的。——晓戈列夫注)感到十分痛苦和遗憾。因为如果这些人能够找到乌克兰民族的理想……如果是为这个理想而牺牲自己的生命,那么关于自由的自治的乌克兰问题现在在俄国和欧洲会提到日程上来了。"(晓戈列夫的叙述)

注意 K.**奥别鲁乔夫**(统计著作):《农民和国民学校》(晓戈列夫著作第 394 页)。

一系列**关于民族情况的**材料(大俄罗斯人,小俄罗斯人,波兰人等)。

[5] 许多材料(第 407 页及其他许多页)谈到:南方的**地方自治机关**(尤其是哈尔科夫的和波尔塔瓦的)表现出形形色色的"乌克兰主义"(第 386 页及以下其他各页),**城市**也如此(基辅,第 **409** 页及其他各页,波尔塔瓦,哈尔科夫)。

K.福尔图纳托夫在《俄国民族地区》一书①中提供的基辅省的数字：乌克兰人＝79.1％；大俄罗斯人＋白俄罗斯人＝6％；犹太人＝12.1％；波兰人——1.9％(共计＝99.1％)。

我们得出总和(绝对数字)＝3 559 000。

那么＝[大俄罗斯人＋白俄罗斯人]213 540；[犹太人]430 640；[波兰人]67 620。共计＝711 800。

根据奥别鲁乔夫的材料(晓戈列夫著作第394页)基辅省74所学校中有：乌克兰人——86％；大俄罗斯人——1.9％；波兰人——2.6％；犹太人——6.9％，而在基辅省(《拉达报》)一共有[乌克兰人]——79.2％；[大俄罗斯人]——6.1％；[波兰人]——2％；[犹太人]——12.1％。

但他说乌克兰人文化程度较低，这是由于**异族**语的原因。

---

① K.福尔图纳托夫《俄国民族地区(对1897年普查资料的统计研究尝试)》，1906年劳动和斗争出版社版。——编者注

南方城市的民族成分

晓戈列夫对这一点提出异议说:"**基辅**省3 559 000 的人口中(根据 1897 年的材料)——445 000,即大约⅛是**城市**人口。几乎全部大俄罗斯居民和半数以上的波兰人和犹太人都住在城市"(第 395 页)…… "75 000 大俄罗斯人,占**波尔塔瓦**省居民 3%弱,主要是知识界和工商业阶级的骨干。"(第 395 页)

"从最近出版的巴尔托谢维奇先生关于波兰的统计著作(J.巴尔托谢维奇《在罗斯。波兰的领地》1912 年基辅版)中可以看出,西南边疆区 3 个省的人口(1 200 万以上)中小俄罗斯人占 76%,大俄罗斯人占 4%,波兰人占 4%,犹太人占 12%。"(第 541 页)巴尔托谢维奇把俄罗斯文化的优势解释为完全由于政府支持(俄语等)的缘故;虽然如此,他相信波兰文化也会做出成绩。

[6] 乌克兰人在滨海省——54%(第 542 页)。在阿穆尔省——80%。《拉达报》和乌克兰人的其他刊物以及出版社把这里看成"远东的乌克兰",但是抱怨西伯利亚的乌克兰人**丧失民族特征**。

小俄罗斯人丧失民族特征?

《拉达报》认为国家杜马(第三届)中右派代表,即民族党人和十月党人大约 55%来自**犹太人居住区**,而这个地区参加杜马反对派的=16%(第 430 页)。1912 年 4 月召开过**乌克兰**

人代表大会(拉达)。他们的纲领是全国性的("立宪民主党人、劳动派和崩得分子"——晓戈列夫的话),也是乌克兰地方的(在小学里讲授乌克兰语文;在中学和高等学校讲授乌克兰文学、历史等;在法庭和教堂等处自由使用乌克兰语(第 **431** 页))。(1912 年《拉达报》第 114、84、171 号)。

有各城市的乌克兰代表(第 431 页)。

哈尔科夫人强求"乌克兰教会独立"(第 432 页)等。乌克兰的知识分子(《拉达报》的观点),甚至连人民也倾向于**教会合并**(第 423 页);乌克兰司祭要求有**乌克兰正教教会**,而让白俄罗斯人有**白俄罗斯正教教会**(第 423 页——1911 年《拉达报》第 89 号)。**在利沃夫设立了教会考古博物馆**,《拉达报》称这个博物馆为"**民族的**"(乌克兰的)。**创始人安德列·舍普季茨基是合并教会的总主教**,"**加利西亚教权派的首领**"(晓戈列夫著作第 424 页)。

　！！

　！
注意

"在沃伦、波多利亚和赫尔姆地区有很多小俄罗斯天主教徒。"(第 463 页)波兰的天主教教士有时讲乌克兰语(第 464 页)。

M.**斯拉文斯基**在莫斯科作关于乌克兰**文化**的讲演时声称,小俄罗斯人"有自己的一切":语言、领土和**宗教**(第 523 页)。[《教会合并》][1912 年《基辅思想报》第 75 号和第 76 号。]

注意

[7] 1908 年 3 月底 37 个成员向第三届杜马提出"关于在小俄罗斯居民区小学里使用乌克兰语教学的"申请书(第 427 页)。

签名人中有索卢哈神父(无党派人士),特列古博夫神父(右派十月党人),卢奇茨基,马克拉柯夫等,还有布拉特等。

1910 年 11 月(米留可夫)卢奇茨基修正案(拥护推行乌克兰语——学校法案)得到 132 票(第 427 页)。

1910 年 12 月波多利亚人 M.**辛德尔科神父**(进步党人)在国家杜马中发言拥护推行乌克兰语,后来他向右转了。

齐赫泽论乌克兰人("受奴役的")和**波克罗夫斯基**在第三届杜马中(第 429 页)。(1912 年《拉达报》第 18 号和第 111 号。) 波兰人**为占有**乌克兰而斗争:"查波罗什"工厂的管理人员(波兰的)在卡缅斯科耶暗地里为职工子弟开办了 15 所波兰学校(第 462 页)。

乌克兰人重视南方的**史敦达教派**(第 495页及以下各页)。晓戈列夫硬说:教派分子如海绵吸水一样吸收俄罗斯文化,宗教分化运动在乌克兰的斗争中不能充当王牌。"宗教分化运动作为宗教改革的一种学说是进步的,而乌克兰运动是极反动的;宗教分化运动引导自己的信徒走向基督教社会主义和福音的世界主义("没

注意
(哈哈!)
愈来愈荒唐!

有希腊人,没有犹太教人"),而乌克兰运动停止在分离主义的加佳奇——皮里亚京准爱国主义上……宗教分化运动是纯理性的,而乌克兰运动实际上是非理性的。"(第499页)

晓戈列夫(第364—5页)根据1897年的材料把识字人占15%—27%的乌克兰各省(波多利斯克,哈尔科夫,波尔塔瓦,沃伦,基辅,切尔尼戈夫,叶卡捷琳诺斯拉夫,赫尔松和塔夫利达)和识字人占13%—21%的大俄罗斯各省(普斯科夫,奔萨,辛比尔斯克,坦波夫,斯摩棱斯克,奥廖尔,卡卢加,梁赞,图拉和诺夫哥罗德)加以比较,以此来反驳乌克兰人文盲较多的论据。

[8] 晓戈列夫著作中有关于学校、戏剧的乌克兰化,关于捍卫者-波兰人和奥地利人等等的详细资料。(他疯狂地**反对**乌克兰语,**特别是**语音正词法,认为这种语音正词法是在加利西亚空想出来的,小俄罗斯人不懂)。俄罗斯的和加利西亚的乌克兰运动史。

1846年。"基利尔-密福基耶夫协会"主张建立斯拉夫自治州联邦和共和国(34)。(舍甫琴柯,库利什,科斯托马罗夫。)

舍甫琴柯对莫斯科的仇恨(第43页及其他各页)。

《**基础**》杂志是科斯托马罗夫和库利什举办的刊物(从1861年1月到1862年9月),**文章**

既用小俄罗斯语又用俄罗斯语刊登。他们的小册子。

从 1899 年起 10 年内圣彼得堡的"廉价书籍出版公司"用乌克兰语出版了 56 种书籍共 665 000 份(第 74 页)。

加利西亚。

> 1848 年加利西亚的波兰贵族**支持**匈牙利革命运动,而切尔沃诺俄罗斯人民却**奉公守法**(第 81 页)。
>
> 从 1861 年起乌克兰运动就在加利西亚("流行")——第 85 页及以下各页。

加利西亚。

> 1867 年加利西亚的**议会**。亲莫斯科派和乌克兰人。
>
> 1868 年议会(波兰人)通过了关于在学校用乌克兰语教学的法律。
>
> 19 世纪 70 年代:"激进派"的政党(弗兰科和巴夫利克)——乌克兰民族民主党人。

19 世纪 80 年代:他们"讨好"波兰人。

1894 年:用乌克兰语讲授南俄历史(利沃夫):米·谢·格鲁舍夫斯基。乌克兰语出版物(奥地利政府给津贴——**第 115 页**)1900 年以前出版了 **80 多卷**,研究乌克兰人民、文学等等(格鲁舍夫斯基和弗兰科)。

1897 年——加利西亚乌克兰人的四个党派:

(1)民族民主党人(乌克兰人)

(2)亲莫斯科派

(3)激进派

(4)社会党人

1899 年——"**民族民主主义政党**"("партия соборной Украины")(创始人格鲁舍夫斯基)是加利西亚乌克兰人的政党(1+3)。("独立的乌克兰罗斯"。)(乌克兰民族统一运动。)

"**谢奇**"的群众组织(1910 年大约 600 个协作社)和"**索科尔**"小组(700 多分部)。民族主义组织。

[9] 俄国的革命。

1904 年——为乌克兰语言等提出申请。**地方自治机关**和**南方城市**。1905 年 11 月 24 日获准自由使用小俄罗斯语(乌克兰语)。

科学院为捍卫**乌克兰**语和它的使用自由、为捍卫它的语音纯洁所作的报告。晓戈列夫**说疯话**:第 151 页及其他各页。

乌克兰机关刊物《**拉达报**》(日报)于 1906 年在基辅创刊。

大学生小组("格罗马达")。宣传使用乌克兰语讲课。乌克兰语词典(Б. 格林琴科)(共 2 000 页,每面两栏)。

1908—9 年。(科学院奖金。)

现在(1912 年)在俄国用乌克兰语出版 **12** 种报刊:**基辅**有 5 种杂志和 5 种报纸,**叶卡捷琳**

诺斯拉夫和哈尔科夫各有一种报纸。

《拉达报》(从 1906 年年底起)——3 000 ——4 000——3 500 份(第 175 页)。

《言论》——《村庄》——《庄稼地》—— 1 500——2 500——2 000 份(第 176 页)。

《列喇琴》——1 200 份(第 177 页)。

《文学和科学通报》——2 200 份(利沃夫 1 100;俄罗斯 700)(第 179 页)。

《思想报》从 1910 年起在赤塔用三种语言 出版:俄语、乌克兰语和蒙古语。

注意 《俄国财富》杂志。1910 年第 3 期——乌 克兰人宣言(叶弗列莫夫)。

乌克兰出版物的数目

1908 年——220

1909 年——191

1910 年——196 $\left. \begin{array}{l} \\ \\ \end{array} \right\}$ 一年 50 万—60 万份

1911 年——242

"语文学家"!! 晓戈列夫引用叶弗列莫夫 1909—10 年说的 话:乌克兰民族是"著作家的民族"(第 193 页)。

(叶弗列莫夫:《在恭顺的人中间》)

斯里布良斯基在 1910 年《乌克兰农舍》杂 志第 11 期中也承认这一点。

基辅的乌克兰教育协会"希望"(1906 年 6 月—1910 年 4 月)。它的出版委员会为本民族 出版了 34 种小册子共 164 000 份(因"破坏君主制政权的威信"等罪名被查封:第 197 页)。

[10]　乌克兰报刊上关于乌克兰**国旗**的争论
(《拉达报》发表了许多文章赞成用蓝黄两
"色"!!)。加利西亚等地采用这种旗子。

1.鲍罗齐茨:《你看,在俄罗斯人的沙文主义统治之下生活多好》,1912 年克拉科夫版。	?	注意

摘自《拉达报》的许多引文(1910 — 1911年)证明,在俄国的乌克兰人已经**俄罗斯化了**(第 221—2 页)。	?	

作者以西欧历史为"例",竭力设法证明乌
克兰语是人为的。企图**恢复**普罗旺斯语(19 世
纪末)——德国民间方言(在同一时期),——
布列塔尼语(19 世纪 40 年代等),——苏格兰
盖尔语等等。

1912 年 9 月**涅楚伊-列维茨基**(74 岁的小俄罗斯作家)出版了小册子:《哈哈镜中的乌克兰语》。他责备加利西亚人的波兰语风(尤其是责备格鲁舍夫斯基)。		? 注意

南俄的"**希望**"(教师专修班等),图书馆等("гуртки"——小组),俱乐部("格罗马达")等。		注意 (南俄农村 协作社)

　1910 年 1 月 20 日的斯托雷平的通令把乌

克兰人列为"**异族人**"(!)

1911 年 11 月在**分会**(**莫斯科**的"斯拉夫文化协会的乌克兰分会")的年会上社会民主党人(?)**西·瓦·佩特留拉**为两个很有意义的论点辩护:"1. 俄国资产阶级知识分子永远不会明白乌克兰运动的需要,并且也不会给它积极的帮助;这种帮助它只能指望从社会主义知识分子那里得到。"

"2. 不是通过组织的途径,而是通过论证的途径来支持乌克兰运动的乌克兰人,对我们(对党)来说是毫无用处的。"

(晓戈列夫在第 292 页上援引 **1911** 年《拉达报》**第 60、267 号**和其他出版物)。也就是这个佩特留拉好像在莫斯科协会乌克兰分会的会议上承认了乌克兰运动是**微弱的潮流**("невеличка течія")——1912 年《拉达报》第 63 号,引自晓戈列夫著作第 516 页。

1909 年夏天在**利沃夫**召开"第一次乌克兰教育经济代表大会"。768 人参加(15 人来自俄罗斯)。

[11]　晓戈列夫先生详细地"告发"了"学校的乌克兰化"(第 14 章),甚至连"企图把孩子送往加利奇纳"也告发了。

好像有些地方教师分为两个阵营,反对"觉悟的"乌克兰人的那一派声明:"我不愿意用小

注意

注意?

?

俄罗斯腔讲俄语,因为别人到处笑话我们不会

正确地讲俄语。"(第 379 页)

顺便说一下,晓戈列夫指出"南俄各省的经

济福利每 10 年的增长情况,并把大俄罗斯中

心的经济贫乏状况与之相对比"(第 391 页)。

1906 年 7 月连格鲁舍夫斯基也欢迎"自治

联邦派联盟"的成立(第 425 页)。

第二届杜马中有"乌克兰格罗马达"……

格拉纳特出版的《乌克兰人民的今昔》四

卷本(1912 年 6 月开始刊印)。

社会民主党人**查茨基**和**雷巴尔卡**(《**当前**

问题》,1910 年利沃夫版)主张在工人中间进行

乌克兰主义的宣传,反对俄国马克思主义者的

中央集权制(第 446—7 页)。

《拉达报》(1912 年)刊登了有 **433 个工人**

签名的 12 份贺词,对**利沃夫**的乌克兰大学表

示支持。

东加利西亚:

	1880 年	1910 年
波兰语占人口	28.1 %	39.8 %
乌克兰语占人口	64.6 %	58.9 %
天主教徒占人口	22.17%	25.31%
合并宗教派的		
信徒占人口	63.4 %	61.7 %

‖　？

┌─────────┐
│　　　　　　　　│
│　注意　　　　│
│　　　　　　　　│
└─────────┘

彼·司徒卢威论"乌克兰主义"

（《俄国思想》杂志上司徒卢威文章的摘录）

[12]　**司徒卢威:《自由谈》。1911 年《俄国思想》杂志第 1 期。**

　　"……我们面对着……一个将整个俄罗斯文化一分为二或一分为三的大阴谋,一个真正极大的〈原文如此!!〉阴谋"(第 185 页)……　有人要想"故意"制造小俄罗斯人的和白俄罗斯人的文化(同上)。

　　(("俄罗斯文化在俄国的领导地位是我国全部历史发展的成果,是十分自然的事实。"(第 187 页)))

　　"我深信,就以创办用小俄罗斯语进行教学的中等和高等学校来说,这将会是对居民精神力量人为的、无谓的浪费。"(第 187 页)

　　同一作者。(1912 年《俄国思想》杂志第 1 期)《**全俄文化和乌克兰分立主义**》。答乌克兰人(载于 1911 年《俄国思想》杂志第 5 期)。

　　关于俄罗斯文化的发展及其影响的详细材料和意见。"资本主义现在不讲,将来也不讲小俄罗斯语,而是讲俄罗斯语"(第 72 页)……

　　末尾是:"俄国的进步舆论应当坚决地、毫不含糊地、毫不宽容地着手同'乌克兰主义',即同这种削弱甚至在某种程度上是取消我国历史的巨大成果(全俄文化)的倾向进行**思想**〈黑体是司徒卢威用的〉斗争"(第86页)。

(司徒卢威坚决谴责反动势力反对乌克兰人的叫嚣。)

《俄国各民族社会主义政党代表会议记录》
一书的摘录和批注[171]

议会图书出版社。

[13] 《俄国各民族社会主义政党代表会议记录》，**1907 年 4 月 16 — 20 日**，1908 年圣彼得堡版。

第 151 页：波兰社会党**左派**的信：说不出席会议是由于"技术方面的障碍"。我们遗憾的是，没有把**社会民主党人**请来(！！)。

I. **关于保护少数民族权利的决议：**

"代表会议认为，建立在按比例选举的原则上的全国议会选举法必须**保障**占人口少数的**各民族的权利**，只要那些旨在保护各少数民族的措施不与阶级斗争的利益相抵触。"(第 143 页)

一致通过：第 40 页

不明朗！！ 想有"民族选民团"，但又不好意思直说！

II — III. **关于民族自治和地域自治的决议**

(1) 一致通过

（对问题加以**讨论**）

（2）在社会革命党和波兰社会党弃权的情况下，由四个组织通过（即：**犹太社会主义工人党**、白俄罗斯**格罗马达**、**达什纳克楚纯**和**格鲁吉亚**社会主义者联邦派**赞成**）。

[13—14]"会议认为，只用地域自治和地方自治的办法不可能使没有地域的少数民族的民族权利问题断然解决，因此在俄国建立公法性质的超地域民族自治机关是解决民族问题的必要前提，是使劳动阶级避免因保护自己的民族权利而不得不和资产阶级联合起来的前提。至于这个组织的基础、权限以及它的权限和地方自治、地域自治乃至全国性机构的权限的关系，这一问题则应当在社会主义报刊上和其他一些问题联系起来详细地加以讨论，后者是根据各民族的劳动阶级为反对资产阶级、争取社会主义和自由而联合成一支卓有成效的有组织的大军这一任务提出来的。"（第143—4页）

注意

注意

哈哈！！

　　代表会议上"议会派"占优势。来开会是为了让自己被犹太社会主义工人党说服！

　　社会革命党人表示（犹豫不决地：参看第58页）反对强制的民族联盟，赞成自愿的民族联盟：参看第65页及其他各页。

　　白俄罗斯格罗马达的**斯恰斯特内伊**也是这种主张：第62页。

米·格鲁舍夫斯基
《俄国的乌克兰运动及其需求》
一书的摘录和批注

[15] **米·格鲁舍夫斯基教授:《俄国的乌克兰运动及其需求》**(《乌克兰民族史纲》中的一章),1906 年圣彼得堡版。(公益印刷厂。)25 戈比。

前言标有:1906 年 5 月 1 日。

"但在一些人(乌克兰人)把自己的活动移到国外,另一些人完全沉默下来或是走'阻力最小的道路'而置本民族的公共利益于不顾的时候……乌克兰社会中很大一部分人认为,为本民族利益而进行活动的一切道路均被阻塞,于是便投入反对造成这些困难的制度的斗争。他们认为在目前情况下亲乌政策是儿戏,合法活动的一切尝试都是对活动的讽刺,因而对民族问题淡漠下来,而站到旨在破坏造成他们处境的国家制度本身的运动的前列。有无必要提起自 19 世纪 60 年代到昨天为止参加过革命运动

和恐怖运动的无数乌克兰人的名字？有无必
要列举在这些运动中起过重要作用的人物？
一种力量被剥夺了成为创造力的可能性以后，
就不可避免地会变成破坏力。因为力量是不
会消失的……"（第 25 页）

|| 反动!! ||

　　第 46—7 页上引用 1905 年 4 月俄国新闻
工作者和著作家代表大会的支持"各民族享有
独立的民族文化自决权利"和"自由发展民族
文化的权利"的决议（没有引用"完全的、公民
的和政治的平等权利"）———而接着（第 47
页）——作者又主张"**民族地域自治**"。

> 把地域自治和超地域自治混为一谈。

　　格鲁舍夫斯基著作的版本：乌克兰文版：
伦贝格。剧院街 1 号。舍甫琴柯书店。
俄文版：基辅别扎科夫街 14 号"基辅古风"
书店。

[笔记完]

在安·潘涅库克《阶级斗争和民族》一书(1912年赖兴贝格版)上作的批注[172]

（1912年底—1913年初）

序　言

[3]　多亏奥地利理论家们的著作,首先是多亏**奥托·鲍威尔**的<u>有价值的著作《民族问题和社会民主党》</u>[173],民族问题才由奥地利的实际问题变成了一般的社会主义理论问题……　由于这里我们<u>要反对鲍威尔的某些结论</u>,所以先想指出一点:这丝毫不会贬低他的著作的价值……

<u>分离主义危机</u>重新把民族问题提到了党的议事日程上,并迫使我们采取原则上新的方针,深刻地阐明这些问题。

一　民族及其变迁

资产阶级观点和社会主义观点

[5—6]　社会主义是人类的新的科学观点,它和一切资产阶级的观点有着最根本的区别。资产阶级的认识方法把人类的各种形式的组织和设施或者看做自然的产物,是值得赞许还是值得谴责,要看它们在资产阶级眼里与"人的天性"是相适应还是相矛盾而定;或者看做偶然的或人类意愿的产物,可以按照人类自己的愿望通过人为的、强制的措施来改造它们。相反,社会民主党把它们看做人类社会发展的自然产物……　资产阶级观点和社会

主义观点的对立性在于:那里——一方面由于自然本身的原因而
不可改变,同时又任意妄为;这里——按照不可动摇的规律、根据
劳动、根据经济管理方法,一切永远处于形成状态和始终在变化。

民族方面的情况确实也是如此。资产阶级观点把民族的差
别看做人们之间的自然差别,民族就是由共同的种族、起源、语言
联合起来的人们的集团。但同时资产阶级认为,借助于政治强制
手段它可以在一些情况下<u>镇压民族</u>,在另一些情况下可以通过牺　　——‖
牲其他的民族来<u>扩大</u>自己的地域。社会民主党认为,民族就是由　　——‖
于共同的历史而形成统一的人们的集团……

民族是命运的共同体

[6—9]　鲍威尔<u>非常恰当地</u>阐明:民族就是"**由共同命运结合成
性格共同体的人们的总和。**"这个定义常常受到人们的批评,但这
是不公平的,因为这个定义是<u>非常正确的</u>。不理解和误会始终在　‖??
于:人们把"同类性"和"共同性"两个概念混为一谈。共同命运并
不意味着受同一命运的支配,而是意味着在人们相互间经常联系
和发生关系的过程中、不断的相互影响中共同经历着同一种命
运。中国、印度和埃及的农民由于他们的经营方法相同而很相
似;他们有着同一的阶级特征,但是,这里却连一点共同体的迹象
都没有。相反,在英国,小资产者、批发商、工人、贵族-土地占有
者、农民由于他们的阶级地位不同,在特征上当然就可以有许许
多多的差别,但是,尽管如此,他们却形成了一个共同体:<u>有着共　?
同经历过的历史</u>,彼此之间经常<u>发生</u>影响,甚至采取相互斗争的　‖
形式,同时,一切都<u>由共同的语言作为中介</u>——这就把他们结合
成一个性格共同体,即一个民族。这个共同体的精神内容、共同
的文化,通过<u>书面语言</u>而代代相传……

当然,这里我们所指的并不是为了达到专门的目的而建立的
临时性的联盟,如股份公司或工会。**但是,人们的任何组织作为
永久存在的联盟代代相传,会形成因共同命运而产生的性格共
同体。**

另一个例子是宗教共同体。它们也是"凝固了的历史"。它

们并不单纯是有着同一信仰的人们的集团——它们是为了宗教的目的而联合起来的……　宗教改革运动时期产生的宗教共同体——新教的教会和教派——是反对占统治地位的教会和相互反对的<u>阶级斗争组织</u>,也就是说在一定程度上它们相当于现在的政党……　从那时候起,这些组织就变得僵硬了,变成了只有领导阶层即僧侣在整个教会范围内交往的宗教团体。共同的利益消失了……　因而宗教共同体成了共同命运早已成为过去,而现在愈来愈消失的一个集团。**宗教也是历史的过去打在我们自己身上的印记。**

总之,民族并**不是**由于共同命运而产生的**唯一的**性格共同体,而仅仅是这种共同体的一种形式……　人们最初的大大小小的部落联合体就是那种继承了特点、习俗、文化和口头方言的命运共同体或性格共同体。中世纪农民的村社或地区的情况也是这样。奥托·鲍威尔发现,在中世纪霍亨施陶芬王朝时期就存在如德意志贵族的政治和文化共同体的"德意志民族"。另一方面,中世纪的教会也有许多特点,这些特点使它成为一种民族:教会是欧洲各民族的共同体,它有着共同的历史和共同的观点,甚至使用一种共同的语言——教会拉丁语,这种拉丁语成了整个欧洲有教养的、占统治地位的思想家之间相互交往的媒介,并且使他们结合成一个文化共同体。<u>只是在中世纪的最后时期</u>才从这种共同体逐渐产生出具有自己的民族语言、民族统一和民族文化的现代意义上的民族。

作为人们之间生动的交往手段的**共同语言**是民族的**极重要的特征**;但是就这一点来说,**民族还不简单地等同于操同一语言的人们的集团**。英吉利人和美利坚人虽然操同一语言,但却是两个具有不同历史的民族,两个命运不同、民族性格迥异的共同体。<u>是否应该把瑞士的德意志人列入一个</u>包括一切说德语的人的共同的德意志民族,同样 令人怀疑 。由于使用同一书面语言,很多的文化因素当然可以自由地时而转移到这一方面,时而转移到另一方面,但是命运早在 几 百年以前就把瑞士人和德意志人分开了。一些人成为民主共和国的自由公民,另一些人时而生活在小公的暴政下,时而生活在外国的统治下,时而生活在新日耳曼警察国家的压迫下,这种情况必然使他们具有很不相同的性格,尽管是读同一些作家和诗人的作品;因此,在这里讲共同命运和共同性格<u>未必</u>行得通。<u>荷兰人那里政治因素的作用还要更突出……</u>　＝

农民民族和现代民族

[9—13]　人们往往把农民看做是民族性的坚定可靠的保护者。奥托·鲍威尔则把农民看做是不参加创造文化的民族的残余。这个矛盾表明农民的"民族性"根本不是能够建立现代民族的东西。虽然现代民族性曾来自农民民族性,但是,尽管如此,它们在实质上却是完全不同的……

　　斯洛文尼亚人和塞尔维亚人、俄罗斯人和卢西人**174**将成为**一**个有共同的书面语言和文化的民族共同体,还是将成为两个民族,这必须并最终由实际的发展来决定。<u>具有决定意义的不是语言</u>,<u>而是政治经济发展的过程……</u>　斯洛文尼亚民族只是随着现代资产阶级的产生而产生,现代资产阶级是被作为特殊的民族确定下来的;而农民只是在实际利益把他们同这个共同体联系在一起的时候,才成为它的一个组成部分。　‖

　　现代民族完全是资产阶级社会的产物:它们与商品生产的发展、特别是与资本主义的发展同时产生;民族的体现者或代表者是资产阶级。资产阶级生产及其商品流通要求有大的经济单位、要求有大的地域,并把这些地域内的居民结合成一个有统一的国家管理机构的共同体。发达资本主义愈来愈加强中央国家政权;它把国家团结得更加紧密,并更强有力地把它同其他国家区别开来。<u>国家是资产阶级的战斗组织。</u>资产阶级的经济是建立在竞争、建立在反对同样的资产阶级的基础上的,因此它所参加的联盟必然互相进行斗争;国家政权愈是强大,它许给自己的资产阶级的利益就愈多。<u>这些国家的国界因而</u>主要<u>是按语言的特征来确定</u>;在这些条件下,操同源方言的地区,由于没有渗入其他力量,所以对政治上的联合感兴趣,<u>因为政治的统一</u>、新的命运共同　‖‖　注意体需要统一的语言作为交际手段。书面语言和交际语言是由某一种方言构成的，因此在一定程度上它是人工造成的语言。因为，正如奥托·鲍威尔所正确地说的，"我是同我保持最密切关系的人们一起为自己建立与他们共同使用的语言的"。这样就产生了民族国家，民族国家同时既是国家又是民族(1)。它们成为政治上的统一体，不单单是因为它们已经是一个民族共同体；把人们牢固地联合成这么大的团体，其基础是新的经济利益、经济的必要性；但是，产生的正是这些国家而不是其他国家，例如不是南德意志和北法兰西一起，而是南德意志和北德意志一起建立了一个政治统一体，其原因 主要 在于方言最初同源。

　　在一个民族国家的范围内，由于它的资本主义的发展和扩大而存在着各种阶级和部族，因此，到目前为止能否把这样的国家称之为命运共同体或性格共同体还有人怀疑，因为并不是他们全部(阶级和部族)都是相互直接发生影响的。但是，德意志的农民和大资本家、巴伐利亚人和奥尔登堡人的共同命运在于：他们都是德意志帝国的成员，在这些范围内他们必须要进行经济和政治斗争，承受同一种政治负担，对同样法律持明确的立场，因而彼此也就发生一定的影响；这样他们形成一个实际的共同体，尽管这个共同体的内部存在种种差别。

　　在专制制度(王朝联合体)统治下产生的国家，情况就不同，这些国家没有资产阶级的直接协助，因此采取征服的办法把操极不相同的方言的部落纳入自己的范围。如果在这些国家里资本主义愈深入广泛地发展，那么在一个国家的范围内就产生几个民族，而它也就成为一个多民族的国家，如奥地利……　资产阶级社会各阶级同国家政权发生不断接触和冲突，因为国家政权迄今只承认德语是正式的交际语言，这不得不使这些阶级为争取承认自己的语言、争取自己的学校和争取公职位置而进行斗争，而且民族知识分子是直接有物质利害关系的阶级……

---

　　(1)　因此在西欧，"国家"和"民族"这两个概念的意义是一样的。"国家的职责"称为"民族的职责"，而国家共同体的利益总是意味着"民族的利益"。

……凡是资本主义浸入和发展的地方,<u>民族必然要作为</u>
<u>资产阶级的命运共同体而产生</u>。在这样的国家里民族斗争
<u>并不是由于有某种压迫</u>或者落后的法制,而是竞争这个资产
阶级经济基本条件的自然表现;相互斗争表示着不同民族的
强烈独特性的意义和目的。

> 不仅仅?

人的精神世界和传统

　民族 首先 是以共同语言作媒介的<u>文化共同体</u>;可以称为民
族的精神本质的民族文化是民族生活的全部历史的反映。民
族性格并不在于身体的特征,而在于它的历史地形成的<u>习俗</u>、
<u>观点</u>和思想<u>方式</u>的总和……

> ?

[14—16] 马克思主义学说即历史唯物主义解释说,**人的一切**
精神的东西都是他周围物质世界的产物。<u>这整个现实世界借</u>
<u>助于感觉器官从各个方面侵入人的精神世界并深深铭印在他</u>
心灵里:这就是我们的生活需要,我们的经验,我们所看到和听
到的一切,别人作为自己的思想而告诉我们的一切,以及我们
自己观察到的东西⁽¹⁾,因而不存在非现实的、仅仅想象的、超自
然的世界的任何影响。一切精神的东西都来自<u>外部世界</u>,我们
在这里称外部世界为<u>物质世界</u>,——因而物质世界并不意味着
由可以过秤的实物构成的世界,而是意味着一切实际存在着的
东西, 包括思想本身 。但是理性在这里——如狭隘的机械观

> 一团糟

点有时所描绘的那样——并不是一面反映外部世
界的消极的镜子或收藏一切收集来的东西的死气
沉沉的贮藏室。**精神世界是积极的、活动的,它把**
来自外部的一切东西改造成新的东西。至于它是
怎样改造的,狄慈根说明得很清楚。像无尽头的、
始终变化着的水流一样,外部世界绕过<u>理性</u>不断向

> 上帝是思想。
> 因而上帝是实
> 际的现实?

────────

　(1)　**约瑟夫·狄慈根**的著作中对这种精神和物质的关系说得最 <u>清楚</u>,　[　　]?
他由于自己对马克思主义哲学原理的阐述,有权配称为无产阶级哲学家,
如马克思有一次就是这样称他的。

前奔流,理性截住它的影响、把它们收集起来补充到自己过去所获得的东西中去,<u>并把它们融合在一起</u>。它把无数流动着的现象变为牢牢固定的概念,在这些概念中流动着的现实好像停止了、凝固了,它的暂时性消失了。在"鱼"的概念中只有许多对浮游<u>生物</u>观察到的现象,在"好"的概念中是对各种行动的无数关系,在"资本主义"概念中是经常充满最痛苦的经历的整个生活。每一个思想,任何一个信念,每一个观念,任何一个推论,例如:"冬天树木光秃秃","劳动是艰苦的","我的资本家是我的恩人","资本家是我的敌人","组织就是力量","为自己的民族而斗争好"——是一部分生物界的总结,是通过简短单调甚至可说是枯燥呆板的公式来表达的各种经验的总结。作为素材被集中在这种公式中的实践愈多愈充分,思想、信念就愈有根据和牢固。但是每一项经验都是有限的,世界始终在改变自己的面貌,不断更新的实际认识在接近旧的认识,同旧观念相结合,或者同它们发生矛盾。这时人应当改变自己的观念,放弃某些观念,例如放弃资本家是恩人的观念;某些概念要赋予新的含义,例如从鱼的概念分出鲸的概念;对新的现象提出新的概念,例如帝国主义概念;找出概念与概念之间新的因果关系,例如从资本主义的本性引出劳动无法忍受;给有些概念以不同于以往的评价,例如<u>民族斗争对工人有害</u>;简言之,人应当不断地重新学习。人们的一切精神活动和一切发展就在于他们不断改变概念、观念、判断和原则,以便尽可能更紧密地把它们同愈来愈丰富的现实经验结合起来。在科学的发展过程中这一切都是自觉地进行的。

　　这方面鲍威尔的定义起着比较好的作用。他说民族是我们自身的历史因素,民族性格是凝聚了的历史。共同的物质现实产生该共同体成员头脑中的共同思维。他们大家一起建立的经济统一体的特殊性质决定着他们的思想、习俗和观点;这一性质形成他们的相互依存和相互联系的观念体系,即他们共同的**一种意识形态**,并构成他们的物质生活状况的组成部分。共同的经历铭印在**他们的精神世界中**,如为争取自由反对外部敌人的共同斗争,国内的共同进行的阶级战斗。这种斗争和这些战斗已经写进了**历史教科书**,并作为民族的过去被传授给青年人。整个新兴资

一团糟

用"理性"
来结合?!!

注意

产阶级所追求、期待和渴望的东西曾受到诗人、作家和哲学家们的歌颂和明确的反映，而且这些思想通过文学的形式已成为民族的财富，作为民族的物质、生活经验的精神特征而留给子孙后代。人们彼此间经常不断的精神影响巩固和加强着这一切：从民族的单个成员的思维产生共同的、重要的和有代表性的思维，人们彼此间经常不断精神影响创造出民族的文化财富。民族的生动的精神世界，民族的文化是民族的共同的<u>生活经验</u>、它的作为<u>经济统一体</u>的物质存在的抽象概括。

生活和经济，而政治到哪里去了？

　　总之，人的一切精神的东西是实在的现实的产物，但不仅仅是当前现实的产物——一切过去的东西都比较持久地继续生活在这个精神世界中。精神世界对物质的态度是消极的——它不断地接受外部的影响，而同时又慢慢地把旧的东西忘却。**因而，精神世界的内容只是逐渐地适应日新月异的实在的现实。**当前和过去，这两个因素决定着它的内容，但是决定的方式不同。作为生动的现实不断地以同样的方式影响着精神世界的东西，愈来愈持久地强烈地铭印在精神世界中。而在当前的现实中已经找不到证实的东西，只有依靠过去的东西生存；过去的东西首先由于人们彼此间相互影响，在人为的教育和宣传下可以保持一个长时期，但是，一旦失去了它赖以生长的物质基础，它必然会衰落和枯萎。那时它便具有了<u>传统性质</u>。**<u>传统</u>也是实际的现实的一部分**，它存在于人们的头脑中，对其他人发生影响，因此常常具有大的甚至很大的力量。**但是，它是精神界的实在现实，精神界的物质根源可以在过去的东西中找到。**例如，今天的无产者头脑中的<u>宗教</u>成了纯传统性质的<u>意识形态</u>；它还可能非常有力地决定着这个无产者的行动，但是这种力量仅仅根植于过去，根植于宗教共同体对无产者的整个生活所起的比较早期的作用；在无产者<u>当前</u>

确实，是的，是的……

物质的（参看第14页）①

---

①　见本卷第361页。——编者注

<u>的实在现实</u>中,在它受资本的剥削中,在它反对资本的斗争中,宗教已经找不到自己的养料。因此宗教在无产者中正在日益衰亡。相反,由于当前的实在现实,阶级意识将日益有力地得到发展,它在无产者的精神世界中占有愈来愈多的地位,愈来愈决定着无产者的行动。

我们的任务

[17—18]　上述情况还向我们的研究提出一项任务。历史形成了民族的独立性和特殊性。但同时它们<u>还不是直接作为最后的事实要加以考虑的最终的东西</u>。因为历史继续在向前发展。每天都在建立和改造过去所建立的东西。因而,把民族说成是我们自身的历史因素,是凝聚了的历史,那将是不够的。**如果说它不过是凝聚了的历史**,那么按其性质来说,它是类似宗教的纯粹传统的东西。但是对我们的实践、对我们的策略来说,最重要的是这样一个问题:民族是不是一个更大的问题。当然,任何情况下都必须把民族看做是蕴藏在人心灵中非常巨大的精神力量;但是重大的差别在于:民族意识形态仅仅是作为过去的力量出现,还是在当今世界中也有它的根源。对我们来说最重要的和具有决定性的是这样一个问题:**当前的现实**怎样对民族和民族的东西发生影响? 现在它在什么意义上发生变化? 这里所说的这种实在现实就是**高度发达的资本主义及其无产阶级的阶级斗争**。

　　因而,这里产生后来鲍威尔对待研究所持的立场。过去在社会民主党的理论和实践中,民族不起任何作用。这也没有任何原因;在大多数国家里为了进行阶级斗争,根本不需要注意民族因素。鲍威尔迫于奥地利的实际,<u>纠正了这个缺点</u>。他证明,民族不是某些文学家的想象或民族宣传的人为产物;他利用马克思主义的方法,指出民族的历史物质根源和以资本主义日益上升的发展来阐明民族观念的必然性和力量。这样,民族作为强有力的实在现实出现在我们面前,这个现实我们在自己的斗争中也应当加以考虑;民族为我们了解奥地利的现代史提供了一把钥匙,因此也必须对下列问题作出回答:民族,民族的东西是如何和用什么方式来影响阶级斗争的? 在阶级斗争中对民族必须作怎样的估计? 这是鲍威尔和其他奥地利马克思主义者著作的基础和主导思路。但是这样任务仅仅解决一半。因为民族不是一个单纯现成的现象。这种现象对阶级斗争的影响尚待研究。民族本身受现代力量的影响，而在这一系列力量中无产阶级的革命解放斗争愈来愈占居首要的位置。因此，**相反，现在阶级斗争，无产阶级的奋起是怎样影响民族的？** 这个问题鲍威尔<u>不曾研究或者研究得还不够充分</u>；在许多情况下，这个问题的讨论导致作出与鲍威尔不同的判断和结论。

注意

二　民族和无产阶级

阶 级 对 抗

[19—21]　最有力地决定着人的精神世界和本质的当前现实是**资本主义**。但是资本主义对共同生活着的人的影响是不一样的——对资本家和无产者来说，它是完全不同的东西。对资产阶级的阶级成员来说，资本主义是生产财富的世界和竞争的世界：生产过程保证资本家福利不断发展和资本大量增长，借此他力图在与自己一类的人的个人竞争中赢得尽可能多的好处，同时这些东西为他开辟了过豪华生活和享受高雅文化的道路。对工人来说，资本主义是持续不变的、无尽无休的<u>奴役劳动</u>、对生活始终没有信心、永远穷困的世界，在这个世界里，<u>要获得比维持起码生活稍多一点的东西都没有</u>希望。因此，资本主义对资产阶级的精神世界的影响完全不同于对被剥削阶级的精神世界的影响。民族是包括工人和资本家在内的经济统一体，劳动共同体。因为资本和劳动相互需要，而且必须联合起来，才能实现资本主义生产。但这一劳动共同体具有独特的性质；在这一共同体的范围内，资本和劳动是对立的两极；他们建立劳动共同体，就像猛兽和它们的牺牲品建立生活共同体那样。

民族是由于共同的命运而产生的性格共同体。但是随着资本主义的发展，同一民族的资产阶级和无产阶级之间愈来愈开始具有**不同的命运**。这里未必能再谈得到共同经历**同一**的命运。鲍威尔为了说明关于共同命运的思想,谈到(第113页)"把英国工人同英国资产阶级联系起来的关系,这种联系是由于这两个阶级的人生活在同一个城市,看墙壁上的同一些招贴,读同一些报纸,参加同一些政治或体育活动,是由于工人和资产阶级的代表时常亲自相互交谈或者同充当资本家和工人的中间人的同一些人进行交谈"。但是,人们的"命运"不在于看墙壁上的一些招贴,而**在于大量重要的生活经验**,这种经验对两个阶级来说是完全不同的。每一个人都知道英国的一位大臣迪斯累里关于两个民族的名言,他说,我们当前社会中的两个民族虽共同生活在同一个国家里,但彼此却不了解。这一名言无非说明某种命运共同体已经不再把两个阶级结合在一起。

当然,对这一名言不应该从字面上按现在的意义去理解。因为比较早期的命运共同体仍在现存的性格共同体里继续起作用。只要无产者还没有明确地认识到自己的特殊的生活经验,只要他的阶级意识几乎或者还完全没有觉醒,他仍就是传统思维的俘虏,在精神方面依靠资产阶级的垃圾过活,并同资产阶级一起建立某种文化共同体,——当然是类似厨房的仆人同自己的主人建立饭桌旁的共同体。这种精神共同体**在英国**由于它的特殊的历史仍然**很强**,而在德国则非常弱。凡是资本主义在年轻的民族中向上发展的地方,工人阶级的精神世界就处在比较早期的小资产阶级和农民时期的传统的统治之下。因此,两个阶级的性格共同体只能逐渐地、随着在新的、两极对立的生活内容条件下阶级意识的觉醒和阶级斗争的发展而日益消失。

不言而喻,他们之间还仍然保持着联系和关系。但是这些联系和关系愈来愈成为工厂制度下的命令和派工单,对此,正如使用外国工人所证明的,已经不需要共同的语言了。工人们愈是认清自己的处境、认清剥削和愈是频繁地为改善劳动条件同企业主进行斗争,两个阶级的联系和关系就愈充满敌对和斗争。在这种情况下,他们之间如同为自己的边界而进行不断斗争的两个民族一样,很少有共同性。工人们愈是认识到历史发展的规律,认清社会主义是他们斗争的必然目标,他们就愈是把资本家阶级的统治看做**异己的统治**。这就是说关于性格共同体的概念正在彻底消失。

鲍威尔把民族性格看做"**意向的差别**",看做"同一动因引起不同的运动,同一外部形势导致不同的决定"(第111页)。能否设想一种比资产阶级和无产阶级的意向更对立的东西?一提到1848年,俾斯麦·拉萨尔的名字在德国工人和德国资产阶级中引起的感觉不仅不同,而且完全对立。属于德意志民族的德意志帝国工人,对德意志帝国几乎一切东西的评价与资产阶级的评价不同并且相对立。所有其他的阶级<u>一致狂热地力图建立自己的民族国家对外的威严和实力</u>——无产阶级则反对为达到这一目的服务的一切措施。资产阶级说,进行反对其他国家的战争,目的是增强自己的力量——无产阶级则考虑如何阻止战争,或者如何从本国<u>政府的失败</u>中<u>找到自身解放的可能性</u>。

注意

建立民族的愿望

[22—29]　捷克民族作为与德意志民族相对立的特殊共同体究竟是由什么建立的?捷克民族极端缺乏共同命运的内容,也就是说极端缺乏实际上仍在起作用,并决定着民族性格的共同感觉。它的文化内容几乎完全是从比较老的现代民族,即首先是德意志人那里沿袭来的…… 在独特的语言基础上,自己的"<u>民族文化</u>"究竟如何能够从中产生的呢?它的产生,是<u>因为资产阶级**需要瓜分**</u>,想要划定明确的疆界,**希望**并渴求被确认是个<u>与德意志人相对立的民族</u>。它要这样做,因为这是它的需要,因为资本主义竞争迫使它尽可能多地为自己垄断一定的销售和剥削的地盘。凡是具备建立民族所需的**一个必要条件**即独特的语言的地方,同其他资本家利益对立就会建立民族。<u>从鲍威尔和伦纳</u>对民族产生过程的<u>出色</u>的叙述中,首先可以清楚地看到,正是新兴资产阶级的意志是建立民族的力量。当然这里说的意愿不是指意识的愿望或任意而言,而是指同时能够起到经济因素的必然的即必要的作用的那种愿望。**政治斗争中所说的、为对国家施加影响、争夺国家权力而彼此斗争的"民族"**(鲍威尔,§19),**无非是各资产阶级**——<u>小资产阶级</u>、资产阶级、知识界,也就是靠竞争生存的阶级的**组织**,而无产者和<u>农民扮演下等奴仆</u>(Hintersassen)<u>的角色</u>。

太"简单"

无产阶级同各资产阶级的这种竞争需要以及同它们的建立民

? 族的愿望<u>毫无共同之点</u>。对无产阶级来说民族并不意味着享有拥有买主、担任公职的特权或取得工作的可能性。资本家从一开始通过进口<u>外国工人</u>就向无产阶级说明了这一点。指出资本主义的这种实际情况与其说是揭露民族的虚伪性,倒不如说首先是要使工人们相信:对于他们来说在资本主义统治下民族不可能意味着存在劳动的垄断。作为例外,只有在落后工人中,例如在老的<u>美国工会工人</u>中,才能听到<u>要求限制外来移民</u>的呼声。当然,<u>有时候</u>民族的东西也可能对无产阶级有某些作用。当资本主义刚渗入农民地区的时候,那时工厂主属于资本主义比较发展的民族,而由这些地区的农民出身的工人属于另一个民族。<u>那时民族感情可能成为工人认识自己利益的共同性及其与外国资本家对立的第一个手段</u>。民族对抗是这里阶级对立的原始形式,——就像在莱茵—威斯特伐利亚在"文化斗争"时期天主教工人和自由派工厂主之间的宗教信仰上的对抗是阶级对立的原始形式一样。但是当民族的发展达到产生从事剥削的<u>民族资产阶级</u>的时候,<u>这种无产阶级的民族主义就丧失自己的根基</u>。在争取改善生活条件、争取精神发展、争取文化和人类生存的斗争中,工人的凶恶敌人是本民族中的其他阶级,而讲其他语言的工人同志按阶级来说是他们的朋友和助手。阶级斗争在无产阶级中形成族际的共同利益。**因而,对无产阶级来说,在和其他民族的关系上谈不上确定自己是一个民族的愿望,即谈不上以无产阶级的经济利益和物质生活状况为依据的愿望**。

文化共同体

但是,鲍威尔认为在阶级斗争中有另一种力量,这种力量对无产阶级来说作为一种建立民族的力量在起作用。他认为这种力量不在于阶级斗争的经济内容,而在于它对文化的影响。他把现代工人阶级的政治说成是(第160—161页)**渐进的民族政治**,这种政治力图在事实上把全体人民变为一个民族。根据鲍威尔的意见,这应当意味着这样一种东西,它超越于那种用民族主义语言反映我们的目的,并使这些目的为受民族的意识形态所束缚而还没有明白社会主义的伟大世界革命意义的工人所接受的简单通俗的方法。因此鲍威尔补充说:"由于无产阶级必须进行斗争以掌握它用劳动创造的和由于它的劳动才有可能获得的文化财富,所以这种政治的必然结果就是号召全体人民参加建立民族的文化共同体,从而在实际上把全体人民变为一个民族。"

初看起来这似乎完全正确。只要工人还深受资本主义剥削的压迫,只要工人还死于物质上的贫困,还无望地、缺乏精神生活地无聊地活着,他们就享受不到由他们的劳动创造的那种资产阶级文化生活。他们几乎不属于民族,他们像畜圈中的牲口。他们仅仅是民族的所有物,仅仅是民族的下等奴仆。阶级斗争唤醒工人走向生活;他们在为自己争取自由时间和较高的工资;从而他们也在为自己争取精神方面发展的机会。社会主义激发起他们的毅力,促使他们的精神世界的发展;他们开始阅读,先是阅读社会主义小册子和政治报纸,但很快,他们热切希望和要求进一步充实自己的精神世界,这便推动他们拿起文学作品、历史著作和自然科学著作;管教育工作的党的委员会特别热心于努力使他们甚至对古典文学感兴趣。这样他们就进入本民族资产阶级的文化共同体。工人现在在繁重劳动之后的可怜的自由时间内只有通过艰苦的努力才能享受到这种文化中的一点点残羹;相反,<u>在社会主义下</u>,工人摆脱了无穷尽的劳动的痛苦,可以自由地和无阻碍地沿着这一精神发展的道路前进;只有那个时候,工人才能掌握整个民族文化和真正成为民族的一员。

但是这样考察问题忽视了一个重要的因素,即:工人和资产阶级之间的文化共同体只能是在表面上,即只能是在外部形式上和<u>暂时地</u>存在。工人可以部分地阅读资产阶级阅读的那<u>些书,那些古典作品和那些自然科学方面的书籍</u>;但是,尽管如此,根据这个原因,不可能产生任何文化共同体;工人在这些著作中读到的是和资产阶**级完全不同的东西**,因为他们思维的基础,他们的世界观是根本不同的。正如我们在上面已经指出的,民族文化不是悬在空中的;它是阶级生活的物质史的表现,阶级的发展建立了民族。在席勒和歌德的作品中反映的不是关于美好事物的抽象幻想,而是<u>年轻的资产</u> ≡ 注意<u>阶级</u>的情感和理想,它对自由和对人权保障的向往,它观察世界和世界问题的特殊方式。一个有阶级觉悟的工人在今天怀有另一种情感,另一种理想和另一种世界观。如果他读到退尔的个人主义或人的存在于天上的永恒的、不可剥夺的权利的话,那么表现在这方面的精神世界就不是**他的**精神世界;他的精神世界由于对社会的比较深刻的理解而变得成熟了,并且这个工人知道,只有把群众组织起来才能为他们争得人权。工人对过去的文学的美并不是无动于衷的,但是正是由于自己对历史的理解,他能够理解以往几代人的理想,并且从这些代人的经济中引出这些理想;他和他们一起感觉到这些理想的力量,因而也理解最充分反映这些理想的那些作品的美。因为充分包括和描绘普遍的、本质的、最深刻的现实内容的东西是美好的。同时在革命的资产阶级的情感中有许多东西引起工人的强烈反响;但是,在工人中得到反应的东西,在现代资产阶级那里恰恰得不到反应……

决定观念的最本质的精神内容、德国社会民主党人的实际文化,不是在席勒和歌德的著作中而是在马克思和恩格斯的著作中有着自己的根基。而这种把历史的和未来社会的明确的社会主义观点、无阶级的自由人类的社会主义理想和无产阶级的、一切人共同的道德联合在一起的文化,即在一切本质的特点方面直接与资产阶级文化对立的文化,是族际文化。尽管不同的人民有不同色彩的文化,——就像无产者的世界观由于生活状况和经济形式的不同而具有不同的性质一样,——尽管民族以前的特殊历史仍然对它发生强有力的影响。首先是在阶级斗争不太发达的条件下,尽管这样,这一文化的这种本质的内容到处都是一样……

社会主义文化是反对整 个资产阶级世界的斗争的产物……

不完全
确切

总之,认为工人们通过自己的斗争加入更高的"**民族文化共同体**"是不对的。**无产阶级的政治,阶级斗争的族际政治在无产阶级队伍里建立起新的族际的社会主义文化。**

阶级斗争共同体

鲍威尔拿阶级与作为命运**共同体**的民族相比较,在阶级中命运的**同类**(Gleichartigkeit)产生一样的性格特点。但是,工人阶级不单单是具有一样的命运因而也具有一样的性格的人们的集团。**阶级斗争把无产阶级锻造成一个命运共同体。**共同经历的命运——这是反对**同一个敌人的共同的**斗争……

这里只有一种差别——语言的差别具有某种意义;每个人都必须用他自己的语言来进行一切解释,提出一切建议和报告。在美国最近几次大罢工(例如麦克-基斯-罗克斯的铸钢厂或劳伦斯的纺织工业中)期间,罢工者代表了许多不同的民族,如法兰西人、意大利人、波兰人、土耳其人、叙利亚人等等,他们按语言特征联合成各个分部;这些分部的委员会总是在一起同时用各自的语言把建议通知每一个分部,从而保持整体的统一;这证明多么需要实现真正密切的无产阶级的斗争**共同体**,尽管有因语言的不同所造成的困难。在这种情况下希望把由生活和斗争,由实际利益结合在一起的东西在组织上分开,就像分离主义所希望的那样,那是非常违反实际的,即使成功了也只能是暂时的。

但这不仅仅对同一工厂的工人来说是正确的。为了能成功地进行斗争,全国的工人应当联合成一个工会,这个工会的全体会员把任何一个地方小组的进展都看做自己斗争的成功……

就是对**政治**斗争来说也同样是正确的。马克思和恩格斯的《共产党宣言》关于这一点是这样说的:"如果不就内容而就形式来说,无产阶级反对资产阶级的斗争首先是民族范围内的斗争。每一个国家的无产阶级当然首先应该打倒本国的资产阶级。"[1]很显然,在这一意见中"民族"一词不是在奥地利对这个词的使用涵义上来使用的,而是由于西欧的条件产生的,在那里"民族"和"国家"是作为同义词来使用的。马克思和恩格斯的这一论点只不过说明:英国的工人不可能进行反对法国资产阶级的阶级斗争,而法国的工人也不可能进行反对英国资产阶级的阶级斗争;英国的资产阶级和英国的国家政权只能由英国的无产阶级去冲击和消灭。在奥地利,国家和民族是两个不同的构成体……

> 注意

未来国家中的民族

[34]　社会主义生产方式不会如资产阶级生产方式那样导致民族

---

① 见《马克思恩格斯文集》第2卷第43页。——编者注

之间的对立利益的发展。经济的统一体不是国家或民族,而是整个世界。这种社会主义生产方式超越这样一种生产方式,即通过相互关系和国际协议的英明政策把各民族生产单位联合成一个整体,如鲍威尔在自己的书第519页上所描绘的那样。社会主义生产方式**把世界生产组织成一个统一的整体**,这是全人类共同的事业。在这一世界共同体的范围内(它的原则现在已经构成无产阶级的国际主义内容),谈论德意志民族的自治,如同谈巴伐利亚、布拉格市或波尔蒂赫特的自治一样,<u>都不大可能</u>。一切地方都局部地调节自己本身的事,而一切地方即整体的各个部分又取决于整体。<u>自治这个概念总的说产生于资本主义时代</u>,在这个时代,统治的关系也引起自己的对立面——摆脱一定的统治……

那么民
主呢?

民族的变迁

[35]　对无产阶级来说民族的东西只具有传统的意义;民族的东西的根基正在成为过去,而在无产阶级生存的现实条件下,民族的东西没有养料[培养基]。<u>因而,对无产阶级来说民族情况和宗教情况相类似</u>。当然,除了这种相似以外,还必须注意到<u>差别</u>。宗教对抗的物质根源正在成为<u>遥远的</u>过去并且现在活着的人几乎都不知道;因此,这些对抗本身完全脱离一切物质利益,成为超自然问题上的纯粹抽象的分歧。相反,民族对抗的物质根源就在我们跟前,在我们不断与之接触的现代资产阶级世界里……

[36—37]　总之,我们的研究使我们得出与鲍威尔的观点完全不同的观点。鲍威尔与资产阶级民族主义相对立,认为民族不断变迁,不断产生新的形式和新的性格;例如,德意志民族在历史上不断以新的形式出现,从古代日耳曼人起到它在社会主义社会的未来成员止。不过,尽管这些形式不断变化,但民族本身依然保存;一定的民族可能灭亡,或者相反,可能产生,但民族一般始终是人类的基本组织形式。根据我们研究的结果,相反,民族只是人类发展史上暂时的和过渡的组织形式,是相互取代或同时并存的许多组织形式(部落、民族、世界性帝国、宗教团体和教会、村社、国家)之一。<u>其中,具有独特性的民族实际上是资产阶级社会的产物,而且它随着</u>

资产阶级社会的消失而消失……

　　在鲍威尔看来，民族是"始终发展着的过程的永无完结的产物"，**在我们看来，民族是人类进步发展的没有穷尽的过程中的一个片断**。在鲍威尔看来，民族是人类始终保存着的基本因素；**他的理论是从民族的角度来考察人类的整个历史**。经济形式的变化，阶级的产生和灭亡，这一切(民族变迁的实质)都是在民族的范围内进行的。民族仍然是原始的，阶级及其变化只是赋予它以一切新的内容。因此，鲍威尔还用民族主义语言来表达社会主义的思想和目的，并且在其他人谈人民和人类的地方谈民族：由于劳动资料私有制，"民族"掌握不了自己的命运；"民族"不是自觉地这样做的；资本家在决定"民族"的命运；未来的"民族"将自己安排自己的命运；上面我们已经举了"民族作坊"的例子。由此可见，他到了这种地步：把两种对立的政治趋势——面向未来的社会主义政治和力图保持当前经济制度的资本主义政治——看做进步的民族政治和保守的民族政治。同样，根据上述对比，也许可以把社会主义看做进步的资本主义政治……

　　我们对鲍威尔的观点的批评常常集中在什么问题上？集中在对精神力量和物质力量的不同评价上。他把自己的理论建立在精神的不可摧毁的力量之上，建立在作为独立力量的意识形态之上，而我们始终强调它取决于经济条件。鲍威尔不止一次地以康德哲学的追随者身份出现并自称为康德主义者这个事实，同这种背离马克思主义唯物主义的行为有着非常自然的联系……

三　社会主义策略

民　族　要　求

[39—41]　民族的口号和目标诱使工人离开自己的无产阶级目标。他们使不同民族的工人彼此分离，彼此敌视，从而破坏无产阶级的必要的统一。它们把工人和资产阶级联合在一个斗争阵线内，使他们相处在一起，从而磨灭工人的阶级意识，把无产阶级变为资

产阶级政治的帮手……

　　因此,例如像恢复独立的波兰民族国家这样的国家-民族目标,在社会主义宣传中不应该占有任何位置。<u>这并不是因为民族国家本身对无产阶级来说根本没有意义</u>,——要知道如果由于<u>俄国人</u>的统治(它保护波兰资本家)而对剥削和压迫的仇视轻易采取民族仇恨形式来对待外国压迫者,那么对于培养明确的阶级意识来说<u>是有害的</u>,——而是因为<u>在资本主义时代把波兰恢复为一个独立的国家是一种空想</u>。关于如何看待鲍威尔解决波兰问题的办法<u>也是如此</u>,因为这是在俄罗斯帝国的范围内解决波兰的民族自治。尽管这个目标对波兰无产阶级来说是合乎愿望的或者说是必要的,但目前是资本主义占统治地位,现实的发展不决定于无产阶级认为对自己有必要,而决定于统治阶级的意愿。但是如果无产阶级有足够的力量来实现自己的意志,<u>那么这种自治的价值</u>｜比起｜它的导致社会主义的阶级要求的价值来｜是极其微小的｜。波兰无产阶级反对使它深受压迫之苦的实际政权——无论是俄罗斯政府、普鲁士政府还是奥地利政府——的斗争,作为民族斗争是不会有结果的;只有作为阶级斗争它才能达到目的。唯一可以达到的因而也是必要的目的就是:同这些国家的其他工人一起消灭资本主义国家政权并赢得社会主义。<u>但是在社会主义下波兰的独立自主的目的已经没有任何意义</u>,因为那时候｜没有东西阻碍｜一切讲波兰语的人联合成一个行政单位的｜自由｜。

　　因而,在对待波兰两个社会主义政党的立场上明显地反映出评价上的差别。鲍威尔强调说,他们两个党都有自己的理由,因为每一个党体现波兰工人本质的一个方面:波兰社会党体现民族感情,波兰和立陶宛社会民主党体现国际阶级斗争。这是对的,但是这还不够。我们不靠<u>过分客观</u>的历史方法来解决问题。这种方法证明,如何理解一切现象或倾向以及它们如何从自然的原因中产生。我们应该补充说,这一本质的一个方面由于发展而在加强,而另一个方面则在缩小。一个党的原则以未来为依据,而另一个党的原则以过去为依据;一个代表伟大的进步力量,另一个代表起阻碍作用的传统。因此,对我们来说两个党是不一样的;作为在现实发展的科

（左侧批注：＞ 哈哈!!）

学中找到自己原则的马克思主义者,作为在阶级斗争中看到自己原则的社会民主党人,我们应该承认一个党正确,并支持其反对另一个党的观点。

上面我们已经说过,对于无产阶级来说民族口号没有价值。但是在民族要求中,有没有这样一些对工人来说也非常重要,因此必须同资产阶级一起奋斗来加以实现的要求呢?例如,无产者的子弟可以用祖国语言进行学习的民族学校是不是一种有价值的东西? | 哈哈!
对我们来说 它们不是民族的要求,而是无产阶级的要求……

意识形态和阶级斗争

[42—45]　社会民主党的马克思主义策略是建立在对工人的实际的阶级利益认识的基础上的。社会民主党不允许拿各种意识形态来愚弄自己,不管它们看上去在人们心目中扎下的根子多么牢固……

我们可拿宗教作为例子。

宗教是过去的最强有力的意识形态,它企图统治无产阶级并阻止他们团结起来参加阶级斗争。不成熟的(unklare)社会民主党人看到了面前这种对社会主义来说巨大的阻力,可能会或者直接反对宗教,并证明宗教教义不正确,就像过去资产阶级启蒙家所做的那样,以便这样来破坏宗教的影响。或者相反,他们可能把社会主义冒充为改善了的基督教,冒充为宗教教义的真正实现,从而把基督教徒吸引到社会主义方面来。但是,只要他们这样做了的地方,这两种方法都没有成功;理论上攻击宗教不 ‖?
可能使它遭受任何损失,反而加强了反社会主义的偏见;换上基督教外衣也吸引不来任何一个人,因为人们心目中牢固保持的传统并不是随便的一般基督教,而是一定的基督教教义。所以很清楚,这些社会民主党人必定失败。由于这些做法引起的理论上的讨论和争论,有头脑的人把自己的注意力正是集中在抽象的宗教问题上,回避生活实际,在思维上加强意识形态的影响。信仰对理论论据来说是完全格格不入的;只有当信仰的 S
基础,过去的生活条件消失时,人们才逐渐发展新的世界观, ((?

§ |同时|对旧的学说和教条产生怀疑。只有新的现实日益清楚地反映在意识中时，才能推翻过时的传统信仰；当然，为此，新的现实首先就应当被人们认识清楚。**只有通过与现实的经常接触，人们的头脑才能摆脱传统观念势力的束缚。**

　　因此，马克思主义社会民主党不想借助于理论的证据来<u>反对宗教</u>或者让宗教为自己服务。从而人为地活跃抽象的传统观念而不让它们逐渐消失。**我们的策略是不断向工人解释他们的真正的阶级利益，清楚地向他们指出社会现实以及他们的生活，使他们的头脑愈来愈注意当今世界的现实。**那时候旧观念在无产阶级的现实生活中再也找不到养料而永远自行消失。<u>至于人们考虑理论问题，</u>|这对我们来说是无所谓的|，只要他们能共同为新的社会经济制度而斗争就行。因此，社会民主党<u>从来不谈</u>也不辩论是否<u>存在上帝</u>或有争议的宗教问题；它始终|只|讲资本主义、剥削、阶级利益、必要性，以便工人们共同进行阶级斗争，这样它使人们的意识摆脱过去的不重要的观念，使他们注意今天的现实；从而使这些观念失去阻碍工人进行阶级斗争和实现自己的阶级利益的力量。

　　当然，这不是立即一下子可以做到的，人们意识中根深蒂固的东西只有通过新的力量的长期影响才能逐渐瓦解和消失。要到莱茵—威斯特伐利亚的基督教工人大多数群众抛弃中派党的旗帜并转到社会民主党方面，需要何等长的时间啊！但是这不会使社会民主迷途；它不打算通过对工人教徒的宗教偏见让步来加速他们的转化，<u>它不允许让自己走上反宗教宣传的道路</u>，没有因为成绩微不足道而失去耐心。它没有丧失信心，认为现实一定战胜传统；它坚定地遵守原则，不采取那种有可能比较迅速地取得成功的<u>伪善的策略手段</u>；它始终以阶级斗争来对抗意识形态。而现在它看到它的策略的成果愈来愈成熟。

　　民族主义的情况相类似，——不同的只是因为民族主义是比较新的、不太牢固的意识形态，未必需要防止犯采取抽象的理论来同它作斗争的错误，但是特别需要防止犯讨好和迎合它的错误。**因此这里我们应该强调阶级斗争和唤起阶级感情，<u>以便使注意力离开民</u>**

族问题……

　　因而,如果想通过迎合工人群众的民族感情,把他们吸引到社会主义方面来,那是根本错误的策略。借助于这种**民族机会主义**好像只能在表面上把他们吸收到党里来,但是,**对于我们的事业,对于社会主义观点,他们将是格格不入的**;资产阶级观点仍和过去一样,将统治他们的意识。一旦到了关键时刻,<u>必须在民族利益和无产阶级利益之间作出选择时</u>,**这个工人运动内部的弱点将会一下子暴露**出来,就像它现在在分离主义危机中暴露出来一样。<u>如果我们听凭他们匍匐在民族主义旗帜下</u>,那么我们如何把群众集合到自己的旗帜下? 只有当那些用另外的方式来决定人们的社会地位并使之分化的其他原则不再起作用时,我们的阶级斗争原则才可能占统治地位;但是,如果我们通过自己的宣传来提高对其他原则的尊重,那我们就是埋葬我们自己的事业。

　　当然,正如上面所说的,<u>如果想 $\boxed{直接}$ 进行反对民族感情和口号的斗争,那是同样错误的。</u>凡是它们在人们的头脑里牢固地扎下了根的地方,不是通过理论论据可以予以消除的,而只有通过用以影响人们头脑的比较强有力的现实才能消除。只要一谈起这个问题,听众的注意力立即就转向民族的东西方面,而且他们只是用民族主义的语言来思考。<u>因此一般地不谈这些事,对它们不作详细分析</u>……

　　　!!!

　　哈哈!!

分离主义和党组织

[46]　在奥地利,社会民主党在<u>维姆堡代表大会</u>以后按民族特征分裂了,而且每一个民族工人政党根据<u>联邦制</u>的原则同其他民族的政党进行合作。无产阶级的这种按民族的<u>分裂</u>没有引起多大的不愉快,而且许多人认为这是在一个明显地分为各个民族的国家内的工人运动的自然组织原则。但是当这种分裂不限于政治组织的范围,而是在分离主义的名义下扩大到工会时,这种情况的危险性就立即显得突出了……

1897 年**175**

[47—49]　由于政治斗争是反对整个资产阶级的总斗争,所以在

注意

‖‖‖ 斗争中需要<u>弄清楚世界观的最广泛的后果和最深刻的基础</u>,而在工会斗争中,当论据和直接利益明显地摆在参加者的眼前时,用一般原则来吸引群众是不必要的,有时候甚至对保持斗争当时存在的统一可能有害……

‖‖‖ 工会运动中的分离主义完全是<u>党组织的民族自治</u>的必然后果……

任何新起的工人运动都充满了资产阶级的观念,这些观念只有通过发展本身、通过斗争实践和日益提高的理论认识才能逐渐克服。<u>对工人运动的这种资产阶级影响</u>,<u>在其他一些国家里以修正主义和无政府主义面目出现</u>,在奥地利必须采取<u>民族主义形式</u>**176**,因为民族主义不仅是最强有力的资产阶级意识形态,而且在奥地利还对国家和官僚持反对派立场。民族自治——这不单是某一次党代表大会的错误决定,这种决定也许是可以避免的,这是发展的自然形式,这种形式是由于条件本身而逐渐形成的。

但是,在由于争得了普选权而建立了现代资本主义国家的议会舞台和无产阶级成了重要的政治力量的时候,这种形势已经不可能没有变化地保持下来。现在应该显示出来,实行自治的那些党是否还仍然形成为一个真正共同的党。现在再也不能以<u>虚幻的团结声明</u>来回避了;今天需要更牢固的统一,从而使不同民族的党的社会主义派<u>在实践上和事实上</u>服从一个共同的意志。这样的考验政治运动经受不起;在它的个别部分民族主义已经深深扎下了根,以致它们觉得自己不仅同其他社会主义派,而且同样地,<u>或者在更大的程度上</u>,同本民族的资产阶级政党相近……

[50]　与民族相比过去曾是软弱无力的国家,由于大资本的发展而变得愈来愈强大有力。帝国主义还占领多瑙河公国,<u>帝国主义的发展</u>使国家握有愈来愈大的权力手段来实行<u>世界政策</u>,使群众肩负愈来愈沉重的军费和赋税负担,扼制资产阶级民族政党的反对行动和干脆不理工人们的社会政治要求。<u>帝国主义必然大大地刺激工人们的共同的阶级斗争,引起资本和劳动之间的最尖锐的对立,使民族</u>敌对<u>的目标降低到完全失去其意义</u>……

注意 ╳ □

民 族 自 治

[50—54]　如果说我们没有详细地分析民族主义的号召和口号并经常用阶级斗争的口号予以答复,那么这根本不是说我们在民族问题方面实行一种鸵鸟政策。要知道这是些现实问题,它们占据着人们的头脑并坚持要求给以解决。我们要使工人们认识到,对他们来说最重要的支配一切的切身问题并不是这些问题,而是剥削和阶级斗争;不过其他的问题并不因此从现实世界消失,所以我们应当表明,我们能够解决这些问题。因为社会民主党不单单给人们以建立未来的国家的希望,而是在自己纲领中指明当前的要求,指明它打算如何解决今天斗争中心的每一个问题。我们不单单要使基督教徒工人同一切其他工人(不管其宗教信仰如何)联合起来进行共同的阶级斗争;在我们的纲领条文——**"宣布宗教是私人的事情"**——中我们向工人们指明道路,如何不进行宗教斗争和争论而更好地维护自己的宗教利益。我们提出一切人有不受外人干涉进行宗教信仰的自主和自由的原则,去对抗教会的权力斗争,这种权力与它们作为统治组织的性质是不可分割的。这项纲领条文不提供每个具体问题的解决办法,但是包含总的解决办法,因为它建立了基础,在这个基础上它可以自由选择来调整各个具体问题的解决办法。当各种国家强制都消灭时,就没有任何维护和争论的必要了;宗教问题从政治范围被取消,交给人们按照自己的自由意志参加的组织来处理。

　　我们对待民族问题也采取同样的办法。**社会民主党的民族自治纲领就是这方面的实际的解决办法,它能使民族之间的斗争变得空洞。**由于实行人员原则(Personalprinzip)取代地域原则,民族被承认是组织,这些组织在国家范围内负责关心民族共同体的一切文化利

但是!

真糟

原文如此!!!

益。因此每个民族有权独立调解自己的事情，即使它是少数；任何一个民族都不必为竞向国家施加影响而一再地争夺和保持这种权力。这样就可以为完全停止各民族的权力斗争作好准备，这种权力斗争因无休止地妨碍议事而使整个议会生活瘫痪和难于对社会问题作任何研究。当资产阶级政党盲目地相互大吵大闹、没有前进一步，而且面对如何寻找摆脱混乱的出路问题束手无策时，社会民主党指明了实际的道路，指明需要用什么方式实现公正的民族愿望而不使彼此遭受任何危害。

　　但是这一切还谈不上这一纲领现在已经有实现的可能，我们大家相信，我们的要求即宣布宗教是私人的事情，以及我们在教育方面的大多数要求不可能由资本主义国家来实现……　民族——这不单是具有同一文化利益因而愿意同其他民族和平相处的人们的集团；民族是资产阶级为了获得国家的权力的战斗组织……　实现社会民主党所要求的那种民族自治，其基础是民主的自我管理。但是，统治着奥地利的封建教权主义大资本军阀集团面对这种自我管理感到的只是恐惧，这是非常有根据的和自然的。

　　但是，资产阶级是否真的对停止民族斗争感兴趣？恰恰相反，他们最感兴趣的不是停止这种斗争，而是阶级斗争愈激烈，兴趣愈大。要知道，民族对抗像宗教对抗一样，**是通过宣布意识形态口号分裂无产阶级、转移无产阶级对阶级斗争的注意力和预防无产阶级统一的最好的手段**。资产阶级本能的愿望不允许无产阶级统一、明辨和有力量，它的这种愿望愈来愈成为资产阶级政治中的主要因素。在英国、荷兰、美国、甚至德国(那里容克的保守党作为一个纯阶级的政党占有特殊的不同寻常的地位)这样一些国家，我们看到：两大资产阶级政党，通常是"自由"党和"保守"党或"教权主义"党之间利益的现实对立愈消失，它们之间的斗争就变得愈尖锐，战斗的号召就愈响亮，由此可见，它们的对抗在于从过去的历史中产生的意识形态口号。谁公式主义地理解马克思主义，并因此认为政党仅仅是资产阶级集团利益的代表者，谁在这里就会对如下情况莫名其妙：在应当期待这些政党在对待威胁它们的无产阶级方面本该结成反动的一帮的地方，恰恰相反，看上去分裂变得更深刻更广泛了。这种现象的产生完全是因为资产阶级本能地感觉到，对无产阶级单是使用暴力不会有任何结果,最好是<u>把无产阶级引入迷途</u>,并借助意识形态的口号来<u>分裂他们</u>。因此,在奥地利**各资产阶级之间的民族斗争变得愈空洞,斗争的规模发展得就愈大**;统治者在瓜分国家权力时愈是躲在幕后,他们为<u>一点民族的小事</u>在公开的争论中互相攻击就愈激烈。过去每一个资产阶级都力图团结本民族的无产阶级,并使他们跟随自己,以便能用更大的力量去反对民族敌人;现在相反,反对民族敌人的斗争应当服务于把无产阶级团结在资产阶级政党的周围,从而阻挠无产阶级的国际团结的建立。在奥地利,民族的战斗号召将愈来愈起着和其他国家里的"这里有基督教!"、"这里有信教自由!"这类战斗号召同样的作用,以转移工人对反映他们的阶级共同性和他们对资产阶级的阶级对抗性这样一些社会问题的注意力。

由此可见,我们未必能指望我们提出的实际解决民族争吵的办法将在某个时候实现,这正是因为这个解决办法会使民族斗争本身变得空洞……　**只要社会主义的阶级意识还薄弱,民族对抗就会破坏无产阶级大军**。归根到底,阶级斗争一定要越出民族争吵的范围而继续发展。**实际上民族主义的决定成败的力量将不是通过我们的民族自治的建议(实现民族自治不取决于我们)来摧毁,而只有通过加强阶级意识来摧毁**。

因此,如果我们把我们的全部力量用来实行"积极的民族政策",把一切都压在这上面,即压在实现我们的民族纲领上,以作为发展阶级斗争的先决条件,那将是错误的。这个纲领性要求,也和我们<u>当前的大多数实际要求</u>一样,<u>仅仅是为了表明</u>,<u>一旦我们执政,我们会很容易地解决这些问题</u>,并且在我们的解决办法明智的情况下更加尖锐地暴露出资产阶级口号的不明智。但是,目前资产阶级还占据统治地位,我们的明智的解决办法当然只能停留在纸上。我们的政策和我们的鼓动,其目的只能是:始终和仅仅进行阶级斗争,激发阶级感情,使工人们随着对现实的清楚认识而对民族主义的口号抱冷漠态度。

译自《列宁文集》俄文版第40卷

第264—289页

对安·潘涅库克
《阶级斗争和民族》一书的意见

(1912 年底—1913 年初)

安·潘涅库克《阶级斗争和民族》,1912 年赖兴贝格版。

——这本**非常好的**小册子的缺点:

(1)狄慈根主义

思想被看做物质!!(第 14 页)**177**。

(2)关于宗教(私人的事情)

到处都按机会主义的观点被解释为是私人的事情。①

(3)关于波兰:"恢复它是空想"(第 40 页)。②对东欧和"西欧"的

区别估计不足(西欧(到处)根据民族**在那里**=国家这一

特征被正确地区别开来)。

(4)"民族文化自治"(第 **51** 页的中间部分;第 2 段,该段正数第

5—6 行)。不好。他不明白**一般政治的**民主要求**区别于**

民族要求的意义。

译自《列宁文集》俄文版第 40 卷
第 289 页

---

① 见本卷第 379 页。——编者注
② 见本卷第 374 页。——编者注

奥·鲍威尔《民族问题和社会民主党》一书第 7 章提要[178]

(1912 年)

550： ‖ ： ‖ 1899 年布隆代表大会决议[179]（注意）和奥·鲍威尔的"草案"（糟透了）。 ⟩⟩ 注意

556： 奥地利社会民主党的**民族制度**仅仅建立于 **1907 年**（**维姆堡党代表大会**）。

557： "每个民族的工人在党内享有民族自治绝不是因为社会民主党力图在国家里实行民族自治。"（注意）

究竟为什么？有三个原因：

(1)(("由于"（用**不同的语言**进行鼓动）

(1)

？ "党的机体自然地按照语言分成各个小组，即分成以民族区分的小组"。

(2)((然后——不同民族中的不同的资产阶级政党（第二个原因）。

558

(3)((第三个原因："每个民族内部的社会主义文化共同体"——"同整个民族历史"的不同联系。

558： 总之"必要的组织原则"："党分为各民族小组"。

[没有得到证明:高加索,波兰社会民主党,拉脱维亚边疆区]。

559—558:　先是维姆堡决定,然后是有民族小组的统一的党。现在的结果＞:独立的民族政党的联盟(559)。

560:　"奥地利社会民主党的组织至今仍是一个矛盾的社会构成体:在党的上层——在共同的党代表大会上和共同的代表机构中——有统一的机构,按多数票通过决定,这些决定对各民族的同志都有约束力:而在基层,在选区、州,有独立的民族的组织,各自都独立进行活动,没有常设的共同机构"(560)。

注意

"从 1904 年起一部分捷克工会运动活动家要求原则上也在工会内实行'民族自治'"(563)。

"没有少数派的纪律,任何工会斗争、任何民主

565

组织都是不可能的。凡是由其他民族的同志组成多数派的地方,少数派就不能免除这种义务。因此,地方的和工作上的矛盾不能成为工会中按民族分裂的理由,——不能成为理由,但可以作解释……"(566)

(工会和党的骑墙态度!)

"凡是党和工会之间存在密切联系的地方,工人群众同时既参加社会民主党又参加工会。"(567)那还用说! ……"在奥地利,到目前为止党和工会的统

1912 年列宁作的奥·鲍威尔《民族问题和社会民主党》一书第 7 章提要的手稿

一比任何其他国家都全面和密切。"(568)……"由此可见,由于奥地利社会民主党不断分化成独立自主的民族政党,所以工会内部不可避免地产生实行民族自治的倾向"(568)

注意

于是奥·鲍威尔"编造"出路:族际**经济**工作,管理集中化!

工会的文化教育工作——民族自治!(575)实行统一的族际的管理,——但是实行民族监督!

愚蠢的折中"臆想"

"体现了奥地利政治上的修正主义的第一种形式,——**就是民族**[*] **修正主义的形式**"(587),就是靠拢**本**民族的资产阶级,**分裂**工人运动,等等。

应该[以]"**原则的族际策略**"(593)去反对它。**在地方上** 根据"**参加组织的同志**"(597)多数的决定成立民族的社会民主主义组织的**联盟**是必要的。"自下的统一"!! 不是捷克人和德意志人的对抗,而是"**民族修正主义的策略和族际原则的策略之争**"。

注意

599非常出色!!

---

[*] "据说,最近几年已侵入奥地利的德意志社会民主党的队伍"(598)。

完

卡·拉狄克《德国帝国主义和工人阶级》一书的摘录和批注[180]

（不早于 1912 年）

《德国帝国主义和工人阶级》，卡尔·拉狄克著，1912 年不来梅版（共 82 页）。

第 1 页，

第 1 行，第 2 句：“自从法普战争结束了争取在西欧建立民族国家的时期以来，已经过去 40 年了。”（第 3 页）

> 这就是说，“建立**民族国家**的时期”出现在**西欧**，即在资本主义世界的中心。为什么在那里建立了“民族国家”？只有在那里吗？作者考虑不周。

从那时起，“和平的资本主义的神话……”（第 4 页）实际上“不间断的殖民战争……”（1873—1905 年）

“即使最表面地看一看近数十年的历史，它（无产阶级）也会明白，威胁世界的冲突，原因就是**企图侵占落后国家（殖民地）**……

（第 5 页）

国家关心的不是收回在别国统治之下的本国领土，而是征服别国人民……”

第 2 章。**帝国主义的实质**。

译自《列宁文集》俄文版第 39 卷
第 89 页

在罗·卢森堡《资本积累论》一书上作的批注[181]

(1913 年 3 月 16 日〔29 日〕以前)

……资本主义社会的再生产具有独特的形式，与历史上所有其他的生产形式都不同。第一，每一个生产部门在一定的限度内独立运动，这种运动经常导致再生产或长或短持续的停顿。第二，各个部门的再生产与社会需要的脱离，周期性地形成与后者的全面的脱节(eine allgemeine Inkongruenz)，随之再生产普遍陷于停顿。

5：“全面的**脱节**”
注意(危机)

[8—9] ……繁荣和危机的周期性更迭固然是再生产的重要因素，但不是资本主义再生产问题本身，这一点在一开始就加以确认是非常重要的。繁荣和危机的周期性更迭是资本主义经济运动的特殊**形式**，但不是运动本身。为了论证纯粹的资本主义再生产问题，我们应撇开繁荣和危机(von Krisen absehen)的周期性更迭。这看起来似乎很奇怪，但这毕竟是个十分合理的方法；而且从科学的观点来看这是唯一可行的研究方法。

6：“**撇开**危机”
应当注意

[9] ……如果我们考察一个较长的时期[eine längere Periode]，即繁荣交替的整个周期，那么繁荣和危机，也就是再生产的高度紧张同萧条和停顿，会互相抵消，结果我们会获得整个周期的再生产的平均

7：“一个较长的时期”：危机和高涨
互相抵消

量。这个平均量不仅是理论上的想象的量,而且是一个现实的客观的事实。

[7.] ‖"我们指的"始终‖"是平均量"

[9] ……我们在下面论述资本主义再生产时,从周期内部繁荣的更迭中获得的平均量(so ist darunter stetts jener Durchssnitt zu verstehen)所指的,始终就是这一点。

[13] ……扩大再生产不是资本的新发明。相反,它从来就是历史上任何一个反映经济和文化进步的社会形态的一条规则。当然,简单再生产,即生产过程始终在原有规模上的重复,是可能的,所以我们可以在社会发展的各个大的时期看到它。例如原始共产主义村社就是这样,在那里人口的增长所以可能,并不是由于生产的逐渐扩大,而是由于增长的人口周期性地分离出去,并建立同样规模很小的、自给自足的村社。中国和印度的古老的、小规模的手工工场也提供了这样的例子,它们用传统的方式一代传一代地重复着同样形式和同样规模的生产。但在所有这些情况下,简单再生产是经济和文化普遍停滞的根源和可靠标志。如果没有扩大再生产,就不可能产生像东方的宏伟的水利设施、埃及的金字塔、罗马的大道、希腊的艺术和科学、中世纪的手工业和城市的发展这一切生产上的巨大成就和文化丰碑,因为只有逐步扩大超过直接需要的生产和不断增加人口及其需求,才能同时建立可创造出具有决定意义的文化成就的经济基础和社会推动力。如果没有扩大再生产,交换以及与交换相联系的阶级社会的产生及其历史发展,一直到资本主义的经济形态,都是不可想象的。但是,在资本主义社会里,扩大再生产具有某些新的特点(einige neue Charaktere)。

11—12:中国的简单再生产和原始共产主义

12. 在资本主义制度下扩大再生产具有某些新的特点。

[17—18] ……一方面,各个资本对剩余价值的

追求、它们之间的竞争以及资本主义剥削和资本主义竞争的自发影响,都关系到如何生产各种商品,其中包括生产资料,以及如何使日益发展的无产阶级化了的工人阶级受资本家支配。另一方面,这些方面的无计划性表现在:各个领域的供求平衡只有通过不断地背离它们的平衡点,通过时时刻刻的价格波动和繁荣与危机的周期性起伏才能实现。

从再生产的角度看,问题就不同。怎样才能使市场上没有任何计划的生产资料和劳动力的供应和无法预料的销售条件的变化保证单个资本家的积累的相应需要,从而保证生产资料及其品种、劳动力和销售机会有一定数量的增长呢? 让我们进一步来考察这个问题。假如资本家按照我们所熟知的公式以下述比例进行生产:

$$40c+10v+10m,$$

这里不变资本比可变资本大 3 倍,而剥削率是 100%。商品总额以价值 60 来表示。假定资本家能把他的剩余价值的一半转化为资本,按其构成追加到原来资本中去。那么下一周期的生产可用下列公式来表示:

$$44c+11v+11m=66。$$

假定资本家以后也能够把他的剩余价值的一半转化为资本,而且他每年都可以这么做。为了能够做到这一点,他只是一般地有生产资料、劳动力和销售场所是不够的,他还必须使这些因素有一定程度的发展以适应积累的增长。”

[21] ……这里斯密疑惑了起来,接着他直接解释说:

“虽然上述年收入的总价值也是用这种方式在国内不同居民中间进行分配,并构成他们的收入,但是对待后者也像对待私人地产的地租应当区别

17:“无计划性”——
危机

[17—18。问题提法不正确:**单个的**。**这不是研究对象**]

22—23。亚当·斯密的引文**摘自**《资本主

义的发展》

注意 ‖ 第 11 — 12
页①

总地租和纯地租那样加以区别。"

"私人地产的总地租由承租人所交付的地租
构成,而纯地租是由土地所有者在扣除管理费、修
理费等等的费用之后余下的部分或对于自己的地
产无害的可以列入自己的消费储备和用于饮食、
家庭、房间装饰、家什、个人的享受和娱乐的费用
构成。他的实际财富不取决于他的总地租,而是
取决于他的纯地租。"

"一个大国全体居民的总收入,包括他们的土
地和劳动的全部年产品,纯收入是在先扣除固定
资本的维持费用,再扣除流动资本的维持费用之
后,余下供他们使用的部分,或者说,是他们不占
用资本就可以列入消费储备或用于生活必需品、
舒适品和享乐品的部分。他们的实际财富也不是
与总收入成比例,而是与纯收入成比例。"

25。对一个人来说
是资本,对另一个人
来说是收入(**逐字**参
照《资本主义的发
展》第 24 页)②

[23] ……这些例子可使我们得出下列结论:对
一个人来说是资本的东西,对另一个人来说则是
收入,反过来说也是如此。在这种情况下怎样才
能组成社会总资本呢? 实际上,在马克思以前几
乎所有的科学经济学都作出结论,说社会总资本
是根本不存在的。我们还发现,和李嘉图完全一
样,斯密在这个问题上也摇摆不定和前后矛盾。

30:亚当·斯密的引
文 =《资本主义的发
展》第 12 页③ **23** 和

[26—27] ……下面的表述反映了他在这方面所
达到的最明确的水平:

"虽然任何一个国家的土地和劳动的全部年
产品,都最终无疑用于这个国家的居民的消费和
使他们获得收入,但是一旦脱离生产它的土地,或

---

① 见本版全集第 3 卷第 31 页。——编者注
② 同上书,第 47 页。——编者注
③ 同上书,第 31 页。——编者注

者说经生产工人之手生产出来,它就自然地分为两部分。一部分,往往是最大的一部分,首先用于恢复资本,或更新取自资本的生活资料、原材料和制成品;另一部分或则形成这个资本的所有者的收入,作为他的利润,或则形成另一个人的收入,作为他的地租。

　　一个大国全体居民的总收入,包括他们的土地和劳动的全部年产品;纯收入是在先扣除固定资本的维持费用,再扣除流动资本的维持费用之后,余下供他们使用的部分,或者说,是他们不占用资本就可以列入消费储备或占用生活必需品、舒适品和享乐品的部分。他们的实际财富也不是与他们的总收入成比例,而与他们的纯收入成比例。

[27—28]　……他从社会的角度指出固定资本与流动资本的根本区别:'维持固定资本的全部费用,显然要从社会纯收入中排除掉。无论是为维持有用机器、生产工具和有用建筑物等等所必需的原料,还是为使这些原料转化为适当的形式所必需的劳动的产品,从来都不可能成为社会纯收入的一部分。这种劳动的价格,当然可以是社会纯收入的一部分,因为从事这种劳动的工人,可以把他们工资的全部价值用在他们的直接的消费储备上。但是在其他各种劳动中,不论是价格或者是产品,都加入这个消费储备;价格加入工人的消费储备;产品则加入另一些人的消费储备,因为这些人的生活资料、享乐品由于这些工人的劳动而得到增长。'

[126]　……西斯蒙第的分析证明他不能把再生产过程作为整体来把握。至于他从社会的角度试图区别资本与收入没有获得成功,自不待说了。他的再生产理论也犯了从亚·斯密那里承袭来的

30 同一引文

31:亚当·斯密的引文＝《资本主义的发展》第 12 页(!!)①

---

　　①　见本版全集第 3 卷第 32 页。——编者注

那种根本错误的毛病，即认为全部年产品完全用于个人消费，不剩下其价值的任何部分用于更新社会不变资本，或者换句话说，积累仅仅在于把资本化的剩余价值转化为追加的可变资本。但是，最近的一些批评西斯蒙第的人，例如俄国马克思主义者伊林，在指出分析整个产品价值中的这个根本错误时认为，西斯蒙第的整个积累理论根据不足和'没有意义'，可以一笑置之，这种不屑一顾的态度反映了这位批评者的优越感。然而，这只能证明，他们自己根本没有看到西斯蒙第所谈的这个问题本身。至于只计算整个产品中与不变资本相适应的那部分价值，那么积累问题还远没有解决。后来马克思本人的分析表明最出色，他第一个发现了斯密的上述严重错误。但是在西斯蒙第理论本身的遭遇中有一个事实还要更鲜明地证明了这一点。西斯蒙第以自己的观点同古典学派的代表人物和庸俗化者李嘉图、萨伊、麦克库洛赫发生了激烈的冲突。双方代表着这方面两种对立的观点：西斯蒙第认为积累不可能；李嘉图、萨伊和麦克库洛赫相反，认为积累有无限的可能。但是对待斯密的错误双方采取同样的立场：无论是西斯蒙第还是他的反对者们在研究再生产时都不注意不变资本，而且没有一个人像萨伊那样如此自负地把斯密在整个产品分解为v+m这个问题上的混乱变为不可动摇的教条。

[128—] ……事实上，麦克库洛赫的整个立场是同这样一个论断一起兴衰的，就是交换实际上是商品的交换，即任何商品不仅提供供给，而且也提出需求。因此，争论采取这样的形式：麦克库洛赫说：'需求与供给只是相关的，而且可以互相取代的名称。一种商品的供给决定着另一种商品的需求。因此，对一定量农产品的需求，只有在提供一定量的工业品(它与农产品的生产费用相等)与之交换

159：弗·伊林"没有看到"西斯蒙第的真正问题

的时候才能发生,另一方面,对一定量的工业品的有效需求,也只有在提供一定量的农产品(它与工业品的生产费用相同)的时候才能发生'。我们这位李嘉图派耍的花招(Die Finte)在这里是很明显的,他有意撇开货币流通不谈,把事情说成好像商品是直接以商品去购买和支付的。

他突然把我们从高度发达的资本主义生产条件下带到今日尚在中非洲流行的那种原始的物物交换时代。这个手法还有一点隐约的正确内核,因为在简单的商品流通中,货币只起中介作用。然而,正是这种中介的干预——在 W—G—W(商品——货币——商品)的流通过程中把两种交换行为——卖和买在时间上和空间上分开,并使它们互相独立,——决定了这样一个事实:在任何的卖之后绝不是紧跟着买,其次,买和卖绝不发生于同一人身上;只有在极罕见的情况下才会发生在同一的'登场人物'身上。但是,与此相反,麦克库洛赫的错误正在于作出没有根据的假设,把工业和农业作为买者和卖者在同一时期里互相对立起来。那些表现为交换的全部范畴的共同性在这里掩盖了那种社会分工的实际分裂,这种社会分工引起无数的个别交换行为,在这些交换行为下相互对立的商品的买和卖同时发生是罕见的例外。麦克库洛赫对商品交换的简单化理解,总的说使货币的经济意义及其在历史舞台上的出现成为完全不可理解的了,因为这种理解使商品直接变为货币并使商品具有直接与其他商品进行交换的性质。"

[132—133] ……问题曾是这样提出的:资本化了的剩余价值,即不是用做资本家个人消费而是用做扩大生产的那些剩余价值的命运怎样?麦克库洛赫在自己的回答中有时把剩余价值的生产撇在一边根本不谈,有时把全部剩余价值用于奢侈品的

163。这位李嘉图派的"花招"(忘记了 g:W—G—W)

问题不在这里

生产。但到底谁是新生产出来的奢侈品的买主呢？根据麦克库洛赫的例子，显然是资本家(他的农场主及工厂主)，因为，在他的例子中除了这些人以外，只有工人了。由此可见，全部剩余价值都用做资本家个人的消费，或者换句话说是简单再生产。因此，麦克库洛赫对剩余价值资本化问题的回答，或者轻视任何剩余价值，或者在剩余价值发生的时刻设想的是简单再生产而不是积累。看来，他在考察所谓的"剩余"时所说的扩大再生产和以前一样，仍然是老样子，因为他要了个花招：先确认说没有剩余价值的资本主义生产是不可能的事，然后向读者暗示，剩余产品的出现也就是生产的扩大。

　　这位苏格兰术士的这些变幻，西斯蒙第已无力对付了。在此以前，他每一步都把麦克库洛赫逼得万般无奈，并证明麦克库洛赫的论断"荒谬绝伦"，但是现在他自己在论战的重要点上也陷入迷途了。不言而喻，对于对手上述的夸夸其谈，他本应该非常平静地回答道："最尊敬的先生！我对你的智慧的灵活性表示敬佩。然而，你像一条泥鳅，企图回避问题的实质本身。我总是问：如果资本家不是把自己的全部剩余价值都花掉，而是用于积累即用于扩大生产，那么，谁将是剩余产品的买主呢？而你给我的回答是：他们用此扩大生产，增加显然也将由他们自己来消费的奢侈品的生产。但这里是在玩魔术。因为既然资本家把剩余价值花在奢侈品上，他们也就把它消费掉了，而不是积累起来。但是，这里谈的正是积累是否可能的问题，而不是为资本家消费掉的奢侈品问题！因此，如果可能的话，请你直接回答问题，否则，到种你的烟草、酿你的烧酒的地方去吧，悉听尊便！"

[188]　……民粹派的两个主要代表人物之一，主要以笔名瓦·沃·(他的姓名的第一个字母)闻名

168：西斯蒙第应当回答麦克库洛赫哈！尊敬的，——骗子……

于俄国的沃龙佐夫,是一个古怪的人。他在政治经济学方面一团混乱,根本不能认真地把他当做一个理论家;相反,另外一个,尼古拉·—逊(丹尼尔逊)却是一个博学之士,熟悉马克思主义,而且还是《资本论》第1卷俄译本的译者,马克思和恩格斯的朋友。他和马克思恩格斯经常通信(他们的通信集于1908年用俄文出版)。但是,正是沃龙佐夫在80年代对俄国知识界的舆论发生了巨大的影响。俄国的马克思主义者必须首先反对的也正是他。在我们所关心的关于资本主义发展的一般可能性问题上,90年代许多评论者——用西欧的历史经验和知识武装起来的新的一代马克思主义者向上述两个怀疑论的代表人物展开了斗争。除了格奥尔吉·普列汉诺夫以外还有卡布鲁柯夫教授、曼努伊洛夫教授、伊萨耶夫教授、斯克沃尔佐夫教授、弗拉基米尔·伊林、彼得·司徒卢威、布尔加柯夫和杜冈-巴拉诺夫斯基教授等。下面我们主要介绍上述的最后三人,因为他们三人都对我们在这方面所关心的民粹主义理论问题提出了比较充分的批判。这次相当出色的、使90年代的俄国社会主义知识分子精神振奋的论战,以马克思主义学派的绝对胜利而告终,宣告了马克思主义作为历史经济理论正式进入俄国学术界。那时,"合法"马克思主义在俄国的大学讲坛、杂志和经济书刊上,公开地得到加强——当时这种情况非常不利。10年过去了,当俄国资本主义发展的可能性通过无产阶级的革命高潮公开向所有的人表明了自己乐观主义的一面时,在上述这一大批马克思主义乐观者中间,除了一个人例外,已经没有一个留在无产阶级阵营内了。

[196 注释]……**弗拉基米尔·伊林**在他的《评经济浪漫主义》一文中详细地指出了俄国民粹派的主张和西斯蒙第的见解惊人地相似。

243:俄国**马克思主义者**:伊萨耶夫!!**卡布鲁柯夫**、**曼努伊洛夫**!!! 哈哈!

244:合法马克思主义者中间没有一个社会主义者(**除了一个人例外**)在革命中站在无产阶级一边。

256,注释

弗·伊林指出尼·—逊同**西斯蒙第**的血缘关系

[206]　……布尔加柯夫正确地重述了我们所熟知的马克思的简单再生产图式，并附加了一些注释，这些注释表明了他的深刻的理解力。接着他又引用了同样为我们所熟知的马克思的扩大再生产图式，从而提供了所要寻找的证据："基于上述的一切，不难确定积累形成的来源。第一部类(即生产资料部类)必须生产用于扩大自己的生产和第二部类的生产所必需的追加的生产资料。而第二部类将提供用于扩大第一部类和第二部类的可变资本所需的追加的消费品。如果撇开货币的中介，生产的扩大不过是为第二部类所需的第一部类的追加产品同为第一部类所需的第二部类的追加产品相交换。"总之，布尔加柯夫忠实地遵循了马克思的叙述，但他根本没有看到他的命题至今还仍然停留在纸上。他以为他借助于这些数学公式解决了积累问题。毫无疑问，我们可以想象他从马克思那里抄来的那些比例数字。同样毫无疑问，如果生产扩大，它也许在这些公式中得到反映。然而布尔加柯夫忽视了一个主要的问题：他研究生产的机制，而扩大生产究竟是**为了谁**呢？既然积累可以用数学比例数字写在纸上，那么也许这已经实现了。他虽然宣布问题已经解决，但马上由于试图分析货币流通而涉及到一个问题：第一部类和第二部类购买追加的产品所需的货币从哪里来呢？我们已经看到：马克思分析中的弱点，即扩大生产所需要的消费者这个真正问题，常常以错误地提出追加的货币来源问题这种形式重新出现。这里，布尔加柯夫十分顺从地采用了马克思的研究方法，他接受了马克思对这个问题的同样错误的提法，而看不到这样表述就转到了另一个问题。

269 末尾。布尔加柯夫**十分顺从地！** 采用了马克思的图式。

[213—214]　……从西斯蒙第到尼古拉·—逊这些怀疑派认为，要实现资本主义的剩余价值必须求

助于国外市场。布尔加柯夫对他们进行反驳的主
要理由是：这些理论家，正如大家知道的，把国外市
场看做一个"无底洞"，可以完全吞食在国内销售不
了的资本主义生产的剩余品。与这个观点相对立，
布尔加柯夫则以胜利的姿态强调：国外市场决不是
一个"洞"，更不是"无底的"，它是一把双刃的剑，并
且输出总是伴随输入，输入或多或少因输出而得到
平衡。因而，通过这一国界输入的东西，将通过另
一国界以改变了的使用形态输出。"对于输入的商
品（它们应当构成输出的消费品的等价物），又必须
在一定的市场范围内找到位置；这样的位置是没有
的，因此，求助于国外市场只能产生新的困难。"在
另一个地方，他说，俄国民粹派所找到的实现剩余
价值的出路，即国外市场，"比马尔萨斯、基尔希曼
和论军国主义和资本主义一文的作者瓦·沃·（沃
龙佐夫）先生，所找到的出路更加不行"。

[214　注释]　……上引书第236页。弗·伊林
以更加确定不移的语句表述同样的见解："浪漫
主义者（他这样称呼怀疑派）说，资本家不能消费
额外价值，因此必须把它销售到国外去。试问，
资本家是不是把自己的产品白白送给外国人或
者抛到大海里去呢？出售就是获得等价物，输出
一种产品就意味着输入另一种产品。"①（《经济评
论集》第26页）此外，伊林对对外贸易在资本主
义社会中的作用作了比司徒卢威和布尔加柯夫
远为正确的（Im übrigen gibt Iljin eine viel richtige-
re）说明。

[219—220]　……我们早就看到上述资本主义的
"基本规律"在俄国马克思主义者和怀疑派之间的

280。注释"此外"，弗·伊林对国外市 !! 场作了比司徒卢威和布尔加柯夫"远为正确的"说明。

(不清楚的)费解的用语!

288。摘自伊林论$\frac{c}{v}$②

①　见本版全集第2卷第132页。——编者注
②　同上书，第126页。——编者注

注意

争论中起着何等决定性的作用。我们已经知道布尔加柯夫的意见。另一个马克思主义者，即上面已经提到过的**弗·伊林**，在同民粹派的论战中表达了同样的精神：

"大家知道，资本发展的规律是不变资本比可变资本增长得快，也就是说，新形成的资本愈来愈多地转入生产生产资料的社会经济部门。因此，这一部门必然比生产消费品的部门增长得快，也就是说，正是发生了西斯蒙第认为是'不可能的'、'危险的'等等事情。因此，个人消费品在资本主义生产总额中所占的地位日益缩小。**这也是完全符合资本主义的历史'使命'及其特殊的社会结构的：前者正是在于发展社会的生产力（为生产而生产）；后者则使居民群众不能利用生产力。**"

[222—224]   ……关于消费资料的生产不取决于消费的观点，当然，只是杜冈-巴拉诺夫斯基的庸俗经济学的幻想。但这是他利用生产资料部类的增长比消费资料部类增长快的事实作为这个荒谬结论的论据的结果。这个事实是完全无可争辩的，不仅对老工业国家如此，而且对所有以技术进步掌握生产的国家都是如此。这也是马克思的利润率趋向下降的基本规律的基础。但是尽管如此，或者正因为如此，如果布尔加柯夫、伊林和杜冈-巴拉诺夫斯基以为他们从这个规律中发现了资本主义经济的特性：对于资本主义经济来说，生产是目的本身，而人类的消费只是附带性的，那就犯了一个大错误[gerade deshalb ist es ein grosser Irrtum]。

291。**布尔加柯夫、杜冈-巴拉诺夫斯基和伊林**的大错误

（注意）

291末尾。"仅仅是资本主义表现"

291—292。这是胡说！！

不变资本靠牺牲可变资本而增长仅仅是日益增长的劳动生产率的一般影响的资本主义表现。(nur der Kapitalistische Ausdruck)。把 c>v 的公式从资本主义的语言翻译成社会劳动过程的语言，就是人类劳动的生产率愈高，把一定数量的生产资

料变为成品的时间就愈短。这是人类劳动的普遍规律（eine allgemeines Gesetz）。它既适用于资本主义前的所有生产形态，也将适用于未来的社会主义社会制度。从社会总产品的物质使用形态来看，这个规律必然表现为用于生产生产资料（Produktionsmittel）的社会劳动时间比用于生产消费资料（Konsumtionsmittel）的社会劳动时间将愈来愈多。在一个按社会主义原则组织起来、实行计划领导的社会经济中，这一过程将比在现代资本主义社会中发展得更快。第一，在农业中广泛地应用合理的科学技术只有在土地私有制的障碍取消后才有可能。其结果将在广大的生产领域发生强有力的变革。最终将导致活劳动大规模地为机器劳动所排挤，并使我们把目前条件下达不到的那种规模的技术任务提上日程。第二，机器将在新的经济基础上在生产过程中得到广泛的应用。目前机器并没有与活劳动竞争，而仅与活劳动的有偿部分竞争。用于被机器排挤的劳动力的费用提出了资本主义生产中应用机器的最低限界。这就是说，资本家只是在用于机器生产的费用——在生产能力相等的情况下——低于被机器所排挤的工人的工资时才考虑使用机器。从社会劳动过程的角度来看——而这只有社会主义社会才唯一有可能加以考虑，机器不是与为维持工人生活所必要的劳动相竞争，而是与工人所实际完成的劳动相竞争。这就是说，对于一个不是以利润观点，而是以节约人类劳动起主导作用的社会来说，机器的使用，如果它所能节约的活劳动超过它的生产所需的劳动，那么就认为在经济上是有益的。至于在许多场合出于对工人的健康和类似的理由的考虑而必须使用机器（尽管还没有达到上面所说的节约的最低限界），——这是自不待言的。不管怎样，在资本主义社会中与社会

292。一切社会形态的普遍规律。

292。用于生产资料的**劳动时间**比用于消费资料的劳动时间多（乱七八糟）。

主义社会中,机器的经济使用程度的差距至少相等于活劳动及其有偿部分之间的差别,也就是说,它可以由整个资本主义的剩余价值来测量。因此,如果取消了利润动机,实行了社会劳动组织,机器使用的限界将马上提到全部资本主义剩余价值量的地步,为机器的胜利前进开辟预想不到的广阔场所。在这种情况下可以清楚地看到,似乎引起技术极度发展的资本主义生产方式,实际上作为它的基础的利润动机造成技术发展的巨大社会障碍。而这些障碍的消除将如此有力地推动技术进步,以致与它相比资本主义的技术奇迹将成为一种毫不足道的儿戏。

如果这用到社会产品的构成上,那么可以说,这种技术变革只能意味着在社会主义社会中,生产资料(Produktionsmittel)的生产同消费资料(Konsumtionsmittel)的生产相比——用劳动时间作为计算单位——必将增长得(anwachsen muss)比今天还要快得多。由此可见,社会生产两个部类之间的关系是人类劳动不断征服自然的准确反映,当人类的需要成为生产的唯一指导观点的时候最为明显,而俄国马克思主义者则以为,他们从中发现了资本主义罪恶的典型表现,即发现了对人类消费需要的漠视。因而,杜冈-巴拉诺夫斯基的"基本规律"的唯一证据就成了一种"基本"错误而土崩瓦解。他的全部构想(从这种构想他得出"新的危机理论"),连同他的"不平衡论"一起,都成了纸做的基础——从马克思那里顺从地抄袭来的扩大再生产图式。

[227] ……我们在第一篇中看到,马克思的积累图式对扩大再生产是为了谁这一问题没有作出任何回答。如果拿这一图式完全像在第 2 卷末尾那样展开来看,那么资本主义生产好像完全只是由自

294:在社会主义制度下生产资料比消费资料增长得更快(必将)。

第三篇①

299。根本性错误的根源!

---

① 《资本积累论》第三篇:《积累的历史条件》。——编者注

己来实现全部剩余价值,并把资本化的剩余价值用于自己的需要。马克思以自己对图式的分析证实这一点,他在分析中不止一次地尝试仅仅用货币手段即资本家和工人的需求来实现这一图式中的流通,这种尝试归根到底使他把金生产者作为救命神引进再生产。

[227—228]　……这里规定了下述积累条件:

(1)资本化的剩余价值立即以资本的实物形态出现(作为追加的生产资料和追加的工人生活资料)。

(2)资本主义生产的扩大完全依靠自己的(按资本主义方式生产的)生产资料和生活资料来进行。

(3)生产扩大(积累)的限度总是由可资本化的剩余价值的大小来决定。既然这个限度依赖于表现剩余产品的生产资料与生活资料的量的结合,所以它不会扩大,但也不会缩小,如果缩小,实物形态的剩余产品一部分就将不能使用了。不管哪一方向的偏差,偏高或偏低,都能引起周期性的动荡与危机(这一点我们暂时不谈);因为,平均来看,资本化的剩余产品与事实上的积累彼此是相等的。

[228—230]　(4)资本主义生产本身可以吸收自己的全部剩余产品,所以资本积累没有什么限界。

……马克思本人曾经反复而明确地表示,他试图从单纯由资本家与工人所构成的社会中去说明总资本的积累过程。在《资本论》各卷中都可以找到以此为根据的地方。

《资本论》第 1 卷《剩余价值转化为资本》那一章就这样说过:"为了对我们的研究对象在其纯粹的状态下进行考察,避免次要情况的干扰,我们在这里必须把整个贸易世界看做一个国家,并且假定资本主义生产已经到处确立并占据了一切产业部

300。第 4 条　**注意针对罗·卢森堡**

301—2。选择马克思的引文来**针对罗·卢森堡**

门。"(第543页脚注(21a))①

　　在《资本论》第2卷中,这个假定出现过好几次。例如,第17章专论"剩余价值的流通"中这样说:"可是,现在只有两个起点:资本家和工人。所有第三种人,或者是为这两个阶级服务,从他们那里得到货币作为报酬,或者是不为他们服务,而在地租、利息等形式上成为剩余价值的共有者。……因此,资本家阶级是货币流通的唯一起点。"(第303—304页)②

　　接着在同一章专门谈积累前提下的货币流通中这样说道:

　　"……如果我们的前提不是资本家阶级的局部的货币资本积累,而是它的普遍的货币资本积累,那么,困难就会发生了。按照我们的假定,资本主义生产已经取得了普遍的和唯一的统治,除了资本家阶级外,只有工人阶级。"(第318—331页)③

　　同样的内容在第20章中也说过:

　　"……因为在这里只有两个阶级:只能支配自己劳动力的工人阶级;对社会生产资料和货币拥有垄断权的资本家阶级。"(第392页)④

　　在《资本论》第3卷中马克思在说明资本主义生产的总过程时,非常明确地说:

　　"假定整个社会只是由产业资本家和雇佣工人构成。此外,我们撇开价格的变动不说。这种价格变动使总资本的大部分不能在平均状况下实行补偿,并且,由于整个再生产过程的普遍联系(特别是由信用发展起来的这种联系),这种价格变动必然总是引起暂时的普遍停滞。同样,我们撇开信用制

----

① 见《马克思恩格斯文集》第5卷第670页脚注(21a)。——编者注
② 见《马克思恩格斯文集》第6卷第368—369页。——编者注
③ 同上书,第384页。——编者注
④ 同上书,第469页。——编者注

度所助长的买空卖空和投机交易不说。这样,危机好像只能由各个不同部门生产的不平衡,由资本家自己的消费和他们的积累之间的不平衡来说明。然而实际情况是,投在生产上的资本的补偿,在很大程度上依赖于非生产阶级的消费能力;而工人的消费能力一方面受工资规律的限制,另一方面受以下事实的限制,就是他们只有在他们能够为资本家阶级带来利润时才能被雇用。"(下册第21页)[1]最后这段引文涉及危机问题,我们现在不讨论它,可是它清楚地说明,马克思"根据实际情况"指出,总资本的运动只依赖于三种消费者,即资本家、工人和"非生产阶级",即附属于资本家阶级的那些阶层("君主、僧侣、教授、妓女、士兵"),——马克思在《资本论》第2卷中有充分理由把这些阶层当做派生的购买力的代表者,因而也是剩余价值或工资的消费的参加者来处理。

最后,在《剩余价值理论》第2卷第2册第263页《资本的积累与危机》一章中,马克思规定他考察积累时的前提如下:

"我们这里要考察的,只是资本在它向前发展的不同阶段所经历的形式。因此,没有分析实际生产过程借以进行的各种现实关系。这里总是假定商品按其价值出卖。不考察资本的竞争,不考察信用制度,同样不考察实际的社会结构,——社会决不仅仅是由工人阶级和产业资本家阶级组成的;因此,在社会中消费者和生产者不是同一的:第一个范畴即消费者范畴(消费者的收入有一部分不是第一性的,而是第二性的,是从利润和工资派生的)比第二个范畴[生产者范畴]广得多,因而,消费者花费自己收入的方式以及收入的多少,

---

① 见《马克思恩格斯文集》第7卷第547—548页。——编者注

会使经济生活过程,特别是资本的流通和再生产过程发生极大的变化。"①因此,在这里,马克思虽已谈到了"实际的社会结构",也只考察到剩余价值与工资的消费的参与者,也就是属于资本主义生产的基本范畴的阶层。

因此,毫无疑问,马克思要说明的是在资本主义生产方式普遍和绝对占统治的情况下完全由资本家与工人所构成的社会里的积累过程。但是,在这样的条件下,他的图式除了为生产而生产的解释外,别无其他解释。

[231]   ……剩余价值的资本化部分,按照马克思在《资本论》第1卷中的假定,一开始就是以追加的生产资料与工人生活资料的形态出现。这两者都是为日益扩大第一部类及第二部类的生产服务。这种不断扩大的生产是为谁(Für wen),——这根据马克思图式的前提无法确定(unerfindlich)。

[231—232]   ……那么不断增大的剩余价值由谁去实现呢?图式告诉我们:是资本家自己,而且仅仅是他们。他们怎样处置其不断增大的剩余价值呢?图式答复我们:他们为了日益扩大自己的生产而使用它。从而,这些资本家就成了为扩大生产而扩大生产的狂热者(Fanatiker)。他们制造新机器就是为了用来再制造新机器。于是,结局就不是资本的积累,而是毫无目的的不断扩大的生产资料的生产。而且只有杜冈-巴拉诺夫斯基般的胆大妄为和对奇谈怪论的爱好,才能认为这种在空中不断转动的旋转木马是资本主义的现实在理论上的正确反映,是马克思学说的实际结论。

除了我们在《资本论》第2卷中所看到的一开始就中断了的对扩大再生产的初步分析外,马克思

304。   在马克思那里"无法确定"是"为谁"

---

① 参看《马克思恩格斯全集》第1版第26卷第2册第562页。——编者注

在全书中,特别是在《资本论》第3卷中,十分详细而明确地叙述了他对典型的资本主义积累进程所持的一般见解。我们只要深入考虑这个见解,就不难看出第2卷末尾的图式的一些缺陷。

如果从马克思的理论观点来检验扩大再生产的图式,就必然得出这样的结论:这个图式在很多方面是同这个理论相矛盾的。

[233] ……如果我们根据实际情况的进程假定,每年只是不变资本增长较快,可变资本增长较慢,同时剩余价值率不断增长,那么,就会出现社会产品的物质构成同资本的价值构成之间的不符。假如马克思的资本增长图式中不变资本与可变资本的比例不是 5:1 的固定比例,而是构成不断提高,例如,第二年为 6:1,第三年为 7:1,第四年为 8:1。其次,假定随着劳动生产率的提高,剩余价值率也不断增大。例如,我们不采用100%的固定的剩余价值率(虽然可变资本相对地减少了),而采用马克思图式中所用的相应年份的剩余价值。最后,我们假定从所获得的剩余价值中,照例以半数资本化(第二部类除外,因为根据马克思的假定,它在第一年有一半以上资本化,即剩余价值 285 之中有 184 被资本化)。这样,我们就可得到如下的结果。

第一年

I. $5\,000c+1\,000v+1\,000m=7\,000$(生产资料)

II. $1\,430c+285v+285m=2\,000$(消费资料)

第二年

I. $5\,428^{4/7}c+1\,071^{3/7}v+1\,083m=7\,583$。

II. $1\,587^{5/7}c+311^{2/7}v+316m=2\,215$。

第三年

I. $5\,903c+1\,139v+1\,173m=8\,215$。

II. $1\,726c+331v+342m=2\,399$。

305.“图式同马克思的理论相矛盾”!!狂热者等等。(开始)——漂亮的空话。

第四年

I. 6 424c＋1 205v＋1 271m＝8 900。

II. 1 879c＋350v＋371m＝2 600。

307 末尾例子"不相符"

如果积累照此进行,则生产资料第二年会短缺16,第三年短缺45,第四年短缺88;同时,消费资料第二年会过剩16,第三年过剩45,第四年过剩88。

310 末尾马克思"完全排除了"I比II增长更快。

[236] "……无疑,资本有机构成的不断提高,即不变资本比可变资本增长更快,在物质形态上就表现为生产资料的生产(第一部类)比消费资料的生产(第二部类)增长更快。但是,马克思的图式完全排除了(direkt ausgeschlossen)两大部类积累速度的这种变化,因为这个图式是以积累的绝对均衡为基础的。我们有充分的根据来假设,积累及其技术基础不断进步的社会将把不断增多的资本化的剩余价值转入生产资料部类中去,而不转入消费资料部类中去。既然生产的两大部类只不过是同一社会总生产的不同部门或者可以看做全体资本家的一个企业的不同部分,这个假设——由于技术的要求,把积累的剩余价值的一部分,不断从这一部类转移到另一部类——是无可反驳的,而且也符合资本的真正的实际。不过这个假设,只能适应于把资本化的剩余价值作为一定量的价值来考察。但根据马克思的图式及其中的相互关系来看,这一部分剩余价值采取一定的、直接注定要转化为资本的物质形态。因此,第二部类的剩余价值是作为消费资料而存在的。它只有依靠第一部类才能实现。所以,把一部分资本化的剩余价值由第二部类转移到第一部类的企图终于宣告失败:首先失败于剩余价值的物质形态上(这种物质形态对第一部类显然无用),其次,失败于两个部类的交换关系上,因为这种关系要求第二部类产品中的剩余价值的一部分转移到第一部类时,第一部类以相同价值的

产品转到第二部类。所以,在马克思图式的联系
范围内,第一部类比第二部类增长更快是完全不
可能达到的(schlechterdings nicht zu erreichen)。

　　因此,无论我们怎样研究积累过程中生产方
式的技术变化,不推翻马克思图式的根本关系是
无法进行的。

[237]　……马克思在《剩余价值理论》中的一个
地方明白说过:'我们在这里完全不谈这样一种情
况:积累的资本大于能够投入生产的数量,例如资
本以货币形式存放在银行家手里而不使用。由此
会产生向国外贷款等等。'①马克思指出,这些现象
属于论竞争一章。然而,重要的是,马克思的图式
确实排斥了这种过剩资本的形成。

　　竞争的概念不管你怎样广义地解释,显然不
可能创造不从再生产过程产生的价值和资本。

　　这样,这个图式排除了生产的跳跃式的扩大
(die sprunghafte Erweiterung)。它只容许生产的
不断扩大与剩余价值的形成在步调上一致,并以
剩余价值的实现和资本化的等同为基础。"

[238—239]　……最后,这个图式又同马克思在
《资本论》第3卷所表述的资本主义总过程及其进
程的见解相矛盾。这个见解的基本思想就是生产
力的无限膨胀能力与资本主义分配关系下社会消
费的有限膨胀能力之间的内在矛盾。马克思在第
15章《规律(利润率下降规律)的内部矛盾的展开》
中作了如下的详细说明:

　　"假定已经有必要的生产资料,即充足的资本
积累,那么,在剩余价值率从而劳动的剥削程度已
定时,剩余价值的创造就只会遇到工人人口的限

311。[I 比 II 增长更快]"是完全不可能达到的"???

313。图式排除了生产的跳跃式的扩大!??

[313。]同第 3 卷相矛盾!!!!

314—5。第 3 卷上册第 224 页的引文＝《资本主义的发展》第 **18—19** 页②。

---

①　参看《马克思恩格斯全集》第1版第26卷第2册第552—553页。——编者注
②　见本版全集第3卷第40—41页。——编者注

制,在工人人口已定时,就只会遇到劳动剥削程度的限制。资本主义的生产过程,实质上就是剩余价值的生产,而剩余价值体现为剩余产品或体现为所生产的商品中由无酬劳动对象化成的可除部分。决不应当忘记,这种剩余价值的生产——剩余价值的一部分再转化为资本,或积累,也是这种剩余价值生产的不可缺少的部分——是资本主义生产的直接目的和决定性动机。因此,决不能把这种生产描写成它本来不是的那个东西,就是说,不能把它描写成以享受或者以替资本家(当然更不是替工人。——罗·卢·)生产享受品为直接目的的生产。如果这样,就完全无视这种生产在其整个内在本质上表现的独特性质。这个剩余价值的取得,形成直接的生产过程,而这个生产过程,正如我们已经指出的,除了上面所说的那些限制,再没有别的限制。一旦可以榨出的剩余劳动量对象化在商品中,剩余价值就生产出来了。但是,这样生产出剩余价值,只是结束了资本主义生产过程的第一个行为,即直接的生产过程。资本已经吮吸了这么多无酬劳动。随着表现为利润率下降的过程的发展,这样生产出来的剩余价值的总量会惊人地膨胀起来。现在开始了过程的第二个行为。总商品量,即总产品,无论是补偿不变资本和可变资本的部分,还是代表剩余价值的部分,都必须卖掉。如果卖不掉,或者只卖掉一部分,或者卖掉时价格低于生产价格,那么,工人固然被剥削了,但是对资本家来说,这种剥削没有原样实现,这时,榨取的剩余价值就完全不能实现,或者只是部分地实现,资本就可能部分或全部地损失掉。进行直接剥削的条件和实现这种剥削的条件,不是一回事。二者不仅在时间和地点上是分开的,而且在概念上也是分开的。前者只受社会生产

力的限制,后者受不同生产部门的比例关系和社
会消费力的限制。但是社会消费力既不是取决于
绝对的生产力,也不是取决于绝对的消费力,而
是取决于以对抗性的分配关系为基础的消费力;
这种分配关系,使社会上大多数人的消费缩小到
只能在相当狭小的界限以内变动的最低限度。其
次,这个消费力还受到追求积累的欲望,扩大资
本和扩大剩余价值生产规模的欲望的限制。这是
资本主义生产的规律,它是由生产方法本身的不
断革命,由总是和这种革命联系在一起的现有资
本的贬值,由普遍的竞争斗争以及仅仅为了保存
自身和避免灭亡而改进生产和扩大生产规模的必
要性决定的。因此,市场必须不断扩大,以致市场
的联系和调节这种联系的条件,越来越取得一种
不以生产者为转移的自然规律的形式,越来越无
法控制。这个内部矛盾力图通过扩大生产的外部
范围求得解决。但是生产力越发展,它就越和消
费关系的狭隘基础发生冲突。在这个充满矛盾的
基础上,资本过剩和日益增加的人口过剩结合在
一起是完全不矛盾的;因为在二者结合的情况下,
所生产的剩余价值的量虽然会增加,但是生产剩
余价值的条件和实现这个剩余价值的条件之间的
矛盾,恰好也会随之而增大。"①

[240—241] ……让我们看一下马克思书中的另
一个地方,它清楚地说明,马克思与杜冈-巴拉诺夫
斯基的为生产而生产的思想完全格格不入。马克
思说:"此外,正如我们以前已经说过的(第2册第
3篇),不变资本和不变资本之间会发生不断的流
通(甚至把加速的积累撇开不说也是这样)。这种

317。第3卷上册第
289页的引文=《资
本主义的发展》第
17页上面②

---

① 见《马克思恩格斯文集》第7卷第271—273页。——编者注
② 见本版全集第3卷第36页。——编者注

流通就它从来不会加入个人的消费来说,首先不以个人消费为转移,但是它最终要受个人消费的限制,因为不变资本的生产,从来不是为了不变资本本身而进行的,而只是因为那些生产个人消费品的生产部门需要更多的不变资本。①

[243] ……马克思实际上是把总资本的积累条件同个别资本的积累条件等同起来,下面他自己清楚地说明了这一点:

'现在问题应该这样来表述:**假定普遍进行积累**,即假定在所有部门中都进行或多或少的资本积累,——而这实际上是资本主义生产的条件,是资本家作为资本家强烈的追求,正像货币贮藏者强烈追求贮存货币一样(不过这也是资本主义生产向前发展所必需的),——那么这种普遍积累的**条件**是什么,普遍积累究竟是什么意思呢?'

接着,他回答说:'**可见,资本积累的条件同原来生产和再生产资本的条件是完全一样的**。而这些条件过去就是:用一部分货币购买劳动,用另一部分货币购买……商品(原料、机器等等)。''可见,新资本积累的条件,只能和已有资本再生产的条件相同。'②

实际上,社会总资本积累的现实条件是同个别资本和简单再生产的情况完全不同的。问题在于,如果剩余价值中愈来愈大的一部分不是由资本家消费掉,而是用来扩大生产,那么,社会再生产怎么形成?我们把不变资本的补偿撇开不谈,社会产品只用于工人和资本家的消费这一点在这里已经事先被排除,这正是问题的关键。而

---

① 见《马克思恩格斯文集》第7卷第340页。——编者注
② 参看《马克思恩格斯全集》第1版第26卷第2册第551、552页。——编者注

这样工人和资本家自己也不能实现全部产品。他们只能实现可变资本、不变资本中被消耗掉的部分以及剩余价值中被消费的部分；这样，他们只能保证生产以原有的规模重新进行。至于剩余价值的资本化部分，决不可能由工人和资本家自己来实现。从而，在那种只由工人和资本家构成的社会里，为积累而实现剩余价值是一个无法解决的问题（eine unlösbare Aufgabe）。"

320。反驳马克思。**注意。特别是页末** $\boxed{320 — 321}$ 注意"无法解决的问题"。

[244] 只是由于马克思对总的社会生产过程作了最深刻的分析并以确切的图式来说明，即他对简单再生产问题作了天才的论述，才开始揭示积累问题的症结所在，以及过去为解决这个问题所作各种尝试的弱点。但马克思对整个资本积累问题的分析刚刚开始就被打断，并且除了上面提到的，主要致力于对这个问题来说没有帮助的论战以反驳亚当·斯密的分析之外，没有直接提供对问题的任何现成解答。相反，由于假设资本主义生产方式已占绝对统治地位，困难增加了。但是，正是马克思对简单再生产的全面分析和对资本主义总过程的特征的阐述，揭示其各种内在矛盾和这些矛盾的发展（在《资本论》第3卷中），已暗含对积累问题的解答，这个解答与马克思学说的其他部分、与资本主义的历史经验和日常实践是一致的，从而为补充（zu ergänzen）研究图式中的不足提供了可能。在进行仔细的考察时，扩大再生产图式本身暴露出它在各方面的不足，并指出了一些资本主义积累和生产之外的情况。

322:"补充"！！

[244—245] ……剩余价值的实现事实上是资本主义积累的一个关键问题。为了简便起见，如果撇开资本家的消费基金不谈，那么，剩余价值实现的第一条件，是要求一个资本主义社会以外的购买者阶层。我们说购买者，而不说消费者，因为剩

[322]**不是**资本家也**不是**工人消费,而是非资本主义生产者消费

325。非资本主义生产者的剩余价值＝$\boxed{瓦}$·$\boxed{沃}$·$\boxed{!}$……

327:不仅按资本主义方式!!!

328。"资本主义生产方式"主要限于"**工业**"哈哈!!

余价值的实现,最初就不是指剩余价值的物质形态。起决定性作用的是,剩余价值所以能实现,靠的不是工人,也不是资本家。而只是靠本身不按资本主义方式进行生产的社会阶层或社会。这里,可以设想两种不同的情况。资本主义生产提供超过自身(工人和资本家)需要的消费资料,因而这些消费资料的购买者是非资本主义的阶层和非资本主义的国家。例如,英国的棉纺织工业在19世纪头60多年(一部分还包括现在)曾以棉织品供给欧洲大陆的农民和城市小资产阶级以及印度、美洲和非洲等地的农民。在这种情况下,非资本主义阶层及非资本主义国家的消费为英国棉纺织工业的繁荣建立了基础。

[247]　……这种立足于资本主义生产的自足性和孤立性的见解,我们认为不能解决剩余价值(der Mehrwert)的实现问题。如果我们假定剩余价值是**在**资本主义生产范围**以外**实现的,那么它的物质形态就同资本主义生产本身的需要没有任何关系了。剩余价值的物质形态是同使它们得以实现的那些非资本主义阶层的需要相适应的。因此,资本主义的剩余价值按不同的情况可以表现为消费资料的形式,如棉织物,或表现为生产资料的形式,如铁路器材。

[249]　……完全不能理解的是,为什么必要的生产资料和消费资料,都必须只按资本主义方式生产出来呢?诚然,正是这个假定成为马克思的积累图式的基础,但它既与资本的日常实践和历史不符,也与这种生产方式的特性不符。

[250]　……大体说来,资本主义生产方式迄今主要限于温带国家的工业,而在东方和南方,它的进展相对来说不大。

[251]　……上述例子只能说明一个事实,至少资

本化的剩余价值(der zu kapitalisierende Mehrwert）及与它相应的那一部分资本主义产品在资本主义范围内是不可能实现的,它们必须在资本主义范围以外,在进行非资本主义生产的社会阶层和社会形态中寻找购买者。

[252—254]　……马克思在分析个别资本的积累时,对这个问题作了如下的答复:"但要使这些组成部分真正执行资本的职能,资本家阶级还需要追加劳动。如果从外延方面或内涵方面都不能增加对已经就业的工人的剥削,那就必须雇用追加的劳动力。而资本主义生产的机制也已经考虑到了这一点,因为它把工人阶级当做靠工资过活的阶级再生产出来,让他们的通常的工资不仅够用来维持自己,而且还够用来进行繁殖。资本只要把工人阶级每年向它提供的各种年龄的追加劳动力同已经包含在年产品中的追加生产资料合并起来,剩余价值向资本的转化就完成了。"[1]由于繁殖,可变资本的增加在这里完全而且直接地归因于已经受资本支配的工人阶级的自然增长。这也完全符合于马克思的扩大再生产图式。按照马克思的假设,这个图式只承认资本家和工人是唯一的社会阶级,资本主义生产是唯一的、绝对的生产方式。在这种假设下,工人阶级的自然繁殖就成为增加资本支配下的劳动力的唯一源泉。可是,这种看法同积累运动的规律相矛盾。工人的自然繁殖无论在时间上或在数量上都不和积累的资本的要求有任何关系。正如马克思自己曾经出色地指出的,它尤其不能与因资本的突然扩大而产生的要求相协调。作为资本运动唯一基础的工人阶级,其自然繁殖将排除行情好坏周期性更迭和生产领域飞跃式扩大的情况下

330。不可能在资本主义范围内实现剩余价值!!

332。通过人口的增殖而增长"同积累的规律相矛盾"

---

[1]　见《马克思恩格斯文集》第5卷第670—671页。——编者注

的积累过程,因而使积累本身也将成为不可能。积累本身不应该受可变资本的增大和不变资本的因素的限制,因而它应当拥有无限的可能来支配源源不断的劳动力。按马克思的分析,这一要求确切地反映在"工人产业后备军"的形成上。诚然,马克思的扩大再生产图式没有谈这种后备军,也没有给它留下地位。资本主义的雇佣无产阶级的自然繁殖并不能形成产业后备军。形成产业后备军需要有其他的社会源泉,从那里向它汇集劳动力;这就是原先不处于资本支配之下的工人,他们只是在需要时被吸引到无产阶级队伍中来。资本主义的生产只有从非资本主义阶层和非资本主义国家才能不断汲取这些追加的劳动力。马克思在分析产业后备军(《资本论》第 1 卷第 23 章第 4 节[①])的时候,考虑的仅仅是下列情况:(1)机器排挤较老的工人,(2)由于资本主义生产在农业中占支配地位,农村劳动者流入城市,(3)脱离产业从事不规则工作的劳动力,最后,(4)相对过剩人口的最底层——赤贫者。所有这些范畴代表各种各样被资本主义生产抛弃的成分,即代表在各种形态上被使用和被裁减的雇佣劳动者。那些不断流入城市的农业劳动者,根据马克思的观点,也是雇佣无产者,他们过去已经受农业资本的支配,如今只是转为工业资本的臣民。这里,马克思显然是指资本主义高度发展阶段的英国的情况。在**这**方面马克思漠视了城市和农村无产阶级从何处不断流入这个问题,也没有考虑到这种流入在欧洲大陆条件下的最重要来源——城市和农村中间阶层的不断无产阶级化,即农民经济及小手工业的没落;也就是说,他没有考虑到正是劳动力不断从非资本主义条件转到资本主义条件并不是资本主义生产方式的产

332 — 3:一团混乱!!!

---

① 俄文此处是第 4 页。——编者注

物,而是资本主义前的生产方式在不断崩溃和解体过程中的产物。属于这种情况的不仅是欧洲的农民经济及手工业的解体,而且也是欧洲以外国家的种种原始的生产形式和社会形态的解体。

　　……资本的积累过程,是通过它的一切价值关系及物质关系——不变资本、可变资本和剩余价值——与非资本主义的生产形式相联系。这种非资本主义生产形式形成资本积累过程的特定的历史背景。如果假设资本主义生产方式占唯一的、绝对的统治地位。资本的积累就是不可设想的(undenkbar);而且,如果没有非资本主义环境,它在任何方面都是不可设想的。西斯蒙第及其追随者把积累的困难完全归结为剩余价值的实现问题,这样他们确实表明他们对资本积累的存在条件具有正确的感觉(einen richtigen Instinkt)。实现剩余价值的条件同扩大物质形态的不变资本与可变资本的条件两者是有重大的区别的。资本如果没有全球的生产资料与劳动力是不行的。为了使资本积累过程顺利发展,它需要全世界一切地区的自然财富和劳动力。但绝大部分的财富和劳动力**事实上**还处于资本主义前的生产方式的支配下,——而这是资本积累的历史环境——因此,资本就对占有有关的国家和社会怀着不可遏止的欲望。例如,已经在印度建立的按资本主义方式经营的橡胶种植园,其实对资本主义生产来说是很合适的。可是,对某些国家的非资本主义生产关系的这些部门的事实上的支配,将导致资本力图征服这些国家和社会的欲望。在这种情况下,后者的原始关系使得有可能采取非常迅速和强制的积累措施,而这些在纯粹资本主义社会关系下是根本不能设想的。

　　剩余价值的实现则不同。它事先就同非资本主义的生产者和消费者本身相联系。因此存在剩

337:错误的根子
……

"不可设想"注意 ‖

[337]　西斯蒙第有正确的感觉

余价值的非资本主义的购买者,乃是资本及其积累的直接的生存条件,因此又是资本积累问题的关键。

资本积累作为一个社会过程事实上在一切方面同非资本主义的社会阶层和社会形态有着这样或那样的联系。

338:问题的解答是在两极之间

因此,政治经济学中这个将近一百年来争论不休的问题,其解答是在两极之间:一面是西斯蒙第、基尔希曼、沃龙佐夫、尼古拉·——逊的小资产阶级怀疑论,他们认为积累是不可能的,另一面是李嘉图、萨伊、杜冈-巴拉诺夫斯基的粗俗乐观主义,他们认为资本主义无限地自我繁殖,因而——这不过是逻辑的结论——资本主义永存。问题的解答,根据马克思学说来看是在辩证的矛盾中:一方面资本主义积累为了自己的运动需要非资本主义的社会形态这种环境;而另一方面资本主义积累又在不断同这些形态进行新陈代谢的过程中前进,而且只有在它找到这种环境时才能存在。

由此,可以重新研究国内贸易和对外贸易这两个概念。这两个概念在关于积累问题的理论争论中是很重要的。内外市场在资本主义发展过程中无疑起着巨大的而且是完全不同的作用,可是,它们并不是政治地理上的概念,而是社会经济学的概念。从资本主义生产的观点来看,国内市场是资本主义的市场,资本主义生产既作为自身产品的购买者,又作为它自身生产要素的供应者。

[338]国外市场=非资本主义的社会环境!!!

国外市场对资本来说是吸收它的产品并供给它以生产要素和劳动力的非资本主义的社会环境。从这个观点来看,即从经济的观点来看,德国与英国通过相互交换商品,彼此主要构成了国内市场,即资本主义市场,而德国工业与德国农民(作为消费者和生产者)之间的交换,对德国的资本来说乃是国外市场关系。

[258]　……资本主义为着它自己的生存和进一步发展,需要非资本主义的生产形式作为它的环境。但并不是所有的非资本主义形式都对它有用。它需要非资本主义的社会阶层,作为实现其剩余价值的市场(als Absatzmarkt für einen Mehrwert),作为其生产资料的来源地和作为维持雇佣劳动制度的劳动力的源泉。

340。非资本主义环境中实现剩余价值的市场
胡说

[260]　……暴力在这里是资本主义与提出资本积累界限的自然经济形态之间冲突的直接结果。资本主义如果没有自然经济形态的生产资料和劳动力,就如同没有自然经济形态对资本主义剩余产品(nach seinem Mehrprodukt)的需求一样,那是不行的。

同上,343
("剩余产品")

　　有意思!《第28章:商品经济的侵入》。开头,剩余价值的"实现"(第359页。本章第2行),——接下去叙述了**鸦片**通过暴力侵入中国!!! 叙述得非常非常生动有趣,非常详细:1839年9月7日多少只中国帆船被击沉,等等!! 真是学识渊博!!

　　[第29章]　鸦片在中国——尼·—逊论述"富源农场"[182]的引文,等等——布尔人,虐待南非的黑人,等等。写得很热闹,辞藻华丽,内容贫乏。

[296—297]　资本主义与简单商品经济斗争的一般结果是:资本以商品经济代替了自然经济之后,它自己又代替了简单商品经济。因此,如果说资本主义是靠非资本主义形态生存的话,那么确切些说是靠这些形态的瓦解而生存,如果说资本主义为了积累绝对需要非资本主义环境,那么它需

要这一环境是把它作为培养基;从它那里吮吸养分
来进行积累。从历史的角度来考察,资本积累乃是
资本主义生产方式与资本主义前的生产方式之间
所进行的新陈代谢过程。如果没有资本主义前的
生产方式,积累就无法进行。从这一角度来看,积
累本身是这些生产方式的解体和被同化。因此没
有非资本主义的形态,就不可能有资本积累,正如
这些非资本主义形态不可能继续同资本主义积累
并存下去一样。只有在非资本主义形态不断解体
的情况下,才能为资本积累提供条件。

因此,马克思的积累图式所假设的前提,仅仅
符合积累过程的客观历史趋势及其在理论上的最
终结论。积累过程的趋势是普遍地以简单商品经
济代替自然经济,以资本主义经济代替简单商品经
济;积累过程力图在一切国家和一切部门实现资本
主义生产的绝对统治,使资本主义生产成为唯一
的、绝对的生产方式。

然而,这里开始走进死胡同。一旦最后的结
果达到——但是,这只是理论上的构想——积累
就成为不可能。剩余价值的实现和资本化变成不
可解决的任务。马克思的扩大再生产图式一旦符
合现实,那就意味着积累过程的终结,即它的历史
极限,从而意味着资本主义生产的结束。从资本
主义观点来看积累的不可能意味着生产力进一步
发展的不可能,从而也意味着资本主义灭亡的客
观历史必然性。资本主义在其最后阶段,帝国主
义阶段,即它的历史行程的结束时期的运动所以
充满矛盾,原因就在这里。

因而,马克思的扩大再生产图式不符合积累在
实际进展中的条件:在社会生产两大部类(生产资
料部类与生活资料部类)之间存在一定的相互关系
和依存性的情况下,积累不可能像图式所说的那样

进行。积累不只是资本主义经济各部类间的内部关系，它首先是资本与非资本主义环境之间的关系，——在这里，两大生产部类中的每一部类有时可以单独进行积累过程，彼此互不依赖，同时，两个部类运动的每一步又是相互交错和相互穿插的。由此所生的复杂关系，即两部类的积累进展的速度与方向的差异，它们与非资本主义生产形态的物质关系和价值关系，不可能确切地以图式来表现。马克思的积累图式，不过是一种对资本的统治已达到顶点的那一时刻的理论表现。在这个意义上说，这个图式只是一种学术上的虚构，犹如他的简单再生产图式一样，对资本主义生产的出发点提出理论表述。但在这两个虚构之间存在对资本积累及其规律的确切认识。

> 注意 ‖ 392—3。不懂得马克思恩格斯错误—394。(实质) **胡说**

[299]　国际借贷制度中的这些矛盾，十分清楚地表明剩余价值的(des Mehrwerts)实现条件和资本化条件在时间上和空间上是多么不一致。剩余价值的实现仅仅要求商品生产的普遍扩大，反之，剩余价值的资本化则要求用资本主义商品生产不断排挤简单商品生产。因此，剩余价值的实现及资本化被挤入愈来愈狭小的范围。

> 396："**剩余价值**的资本化条件和实现条件"(？)。不仅剩余价值，还有 c＋v！！

[303—305]　……由于已经实现的剩余价值在英国和德国无法资本化而躺在那里没有使用，所以被投到阿根廷、澳大利亚、好望角殖民地或美索不达米亚的铁路建设、水利设施及矿业等中去。机器、材料等等由输出资本的国家提供，而这笔资本被用来购买这些器材。其实在资本主义生产条件下，资本主义国家国内的情况也是如此：资本自身在开始进行生产活动之前必须购买生产要素，并在生产要素中得到体现。当然，产品在这里供国内消费，而在前一场合供外国消费。但是，资本主义生产的目的并不是享用产品，而是剩余价值和积累。闲置资

403：非资本主义阶层"消费"（亚洲的铁路等等）。

本在国内不可能进行积累，因为国内不需要多余的产品。然而，在任何资本主义生产都还不发达的外国，在非资本主义阶层中则产生或强制建立新的需求。正是产品的"消费"（der "Genuss"）转到**别人**身上这一情况对资本来说具有决定意义，因为有阶级的资本主义国家——资本家和工人的消费是不计入积累的。产品的"消费"（der "Genuss"）一定要靠新的消费者来实现和支付。为此他们应该有货币手段。这些货币手段中有一部分他们从同时发生的商品交换中获得。活跃的贸易同铁路建设和采矿业（金矿等）有着直接的联系。它使垫付给铁路建设或采矿业的资本连同剩余价值一起逐步得到实现。这样流入外国的资本，作为股份资本，可以由自己承担风险来寻找活动场所；它也可以通过国家签订外国借款契约的办法投到外国，为自己在工业和交通运输业中找到投资场所。在前一场合，有些股份企业可能有名无实，旋即倒闭，在后一场合，债务国可能最后宣告破产，资本在这种或那种情况下对它的所有者来说有时会损失一部分，但这一切并不改变整个事情的本质。采取这种办法，个别资本在危机情况下即使在本国也常常遭到损失。问题的实质在于：老国家所积累的资本在新国家找到生产和实现剩余价值即继续进行积累的新的可能。新国家掌握着新的巨大的部门，这些部门具有正在变为商品经济关系的自然经济关系，或受到资本排挤的商品经济关系。对老资本主义国家在年轻国家中的投资来说具有代表性的是铁路建设和采矿业（特别是金矿业），这些部门具有一个特点，就是在过去占统治地位的自然经济关系中引起了活跃的商品交换；在经济史上这两个部门的特点是：旧经济形态迅速解体和社会危机的开始及现代关系，首先是商品经济，然后是资本主义生产的萌芽。

因此,外国借款的作用和对外国铁路和矿山股票的投资,是对马克思积累图式进行最好批评的例证。在这些场合,资本的扩大再生产乃是过去已经实现的剩余价值的资本化(就外债或国外股票不是由小资产者或半无产者的储蓄来支付而言)。至于从老国家流向新国家的资本的实现的时间、情况和形式,同现在的积累活动毫无共同之点。投入阿根廷铁路建设的英国资本可能过去是在中国实现的印度鸦片。再者,投入阿根廷铁路建设的英国资本不仅以其作为货币资本的纯粹价值形态来说是来自英国的资本,而且它的物质形态——铁、煤、机器等——也来自英国,也就是说,剩余价值的使用形态早在英国已经以适合于积累目的的形式创造出来。可变资本的使用形态,即劳动力,在这里大部分是外国的,就是说,老国家的资本在新国家里把当地的劳动力作为新的剥削对象置于自己的支配之下。但为了研究上简便起见,我们可以假定劳动力与资本来自同一国家。事实上,例如新发现的金矿——特别是最初一个时间——往往从老的资本主义国家引来大量移民,并主要是由这些国家的劳动力开采。因此,很可能有这样一种情况:某一新国家的货币资本、生产资料及劳动力都是来自一个老的资本主义国家,例如英国。这样,在英国具备了积累所需的一切物质前提——已经实现为货币资本的剩余价值,采取生产形态的剩余产品和劳动力。然而,积累在英国无法进行,因为英国及其老的买主,一点也不需要铁路,也不需要扩大工业。只有当一个具有广大的非资本主义文化地区的新的领域出现时,才为资本扩大了消费者的队伍,使资本的扩大再生产即积累成为可能。

[312]　"……我们看到,在欧洲的借贷资本和工业资本之间进行着这样一种交易:埃及对欧洲工

404:"说明马克思图式的缺陷的例证"……

胡说:在别的国家使用的是同样的资本和同样的工人 c 和 v 和 m 并没有因此而改变。资本主义有时向广度发展(别的国家),有时向深度发展

—415—埃及的覆灭很好,据罗特施坦①等等。结论:"只是由于利用了皮鞭"(415)。正是这样!罗·卢森堡自己打自己!不是为了"实现剩余价值",而是为了**方便**剥削("皮鞭"、无偿劳动,等等)资本转入野蛮国家。利息更高!如此而已。掠夺土地(无偿),利率达12%—13%的借款(410)等等,等等——**根子**就在这里。(国家保证:417)等等,等等②。

445。末尾。"还在"达到自然极限"以前"结束!!

445。末尾。资本主义是"**第一个**具有**传播力**的经济形态"!!!???——也是"**第一个**没有别的经济形态就不能单独存在的经济形态"。

注意

业资本的订货是用欧洲的借贷资本来偿付,而一笔借款的利息又用另一笔新借款来支付。尽管表面上看来,这种交易似乎是荒唐的,但从资本积累的角度来看,这种交易是建筑在极其合理和'健全'的关系上面。这些关系,如果剥去所有障人眼目的中间环节,那么可以看到埃及农民经济被欧洲资本所吞没:大块土地、无数劳动力以及作为租税交付给国家的大量劳动产品,结果都变成了欧洲资本而被积累起来。显然,所以能够把通常是十分长久的历史发展过程压缩为20—30年,只是由于利用了皮鞭(nur durch die Nilpferdpeitschel),而且正是埃及社会关系的原始性为资本积累创造了极好的行动的基础。"

[335—336]　……资本愈是用暴力来表现:通过军国主义消灭全世界和本国的非资本主义阶层所有劳动群众的生活条件,现代资本主义积累在世界舞台上的历史也就愈成为政治和社会的灾难和痉挛的不可分割的环节,政治和社会的灾难和痉挛连同表现为危机的周期性经济灾难,使积累难以为继;国际工人阶级起来反抗资本的统治已成为必然,而且还在这种统治达到其自己创造的自然极限(ihre natürliche selbstgeschaffene Schranke)以前。

资本主义是第一个具有传播力的经济形态:它具有向全球发展、排挤其他一切经济形态的倾向,它不容许任何其他形态与自己并存。

但是,资本主义也是第一个没有别的经济形态作它的发展环境和培养基就不能单独存在的经

---

① 见泰奥多尔·罗特施坦《埃及的覆灭》(1910年)。——编者注

② 见《资本积累论》(1931年第4版)第30章,特别是第309—314页。——编者注

济形态。资本主义力求变为全世界性的生产形式，
然而它的这种倾向必然失败，因为它由于内在原因
而没有能力成为世界性的生产。

译自《列宁文集》俄文版第 22 卷
第 349—390 页

评罗·卢森堡《资本积累论》一书的文章的提纲草稿和素材¹⁸³

（1913年3—4月）

1

罗莎·卢森堡对马克思理论所作的失败补充

（第 322 页）

大致内容：

一、14 年前。民粹派反对马克思主义者。合法马克思主义者和社会民主党人。

二、罗莎·卢森堡的曲解。

三、理论问题的提法。

四、罗莎·卢森堡的批评。反批评。

五、罗莎·卢森堡的"补充"。失败。

补五。德国社会民主党刊物和"无谓纠纷"^①。

六、辩证法和折中主义。

---

① 见本版全集第 23 卷第 7—9 页；第 24 卷第 225 页；第 46 卷第 130、162—163、204、242—243 页。——编者注

七、帝国主义和剩余价值的实现（罗特施坦等）。[184]

2

表明各社会经济形态

社会总产品结构变化的图表[185]

[表　1][186]

	生产资料	工人消费资料	1 000 000 人	
奴隶制和农奴制存在的2000年	100%(1⁄20)	100%(1⁄20)	2A	2A
资本主义存在的200年	1 000%(5)	100%(1⁄2)	1 000A	100A
社会主义存在的100年	2 000%(20)	2 000%(20)(1 000%)	2 000A	1 000A[①]

[表　2][187]

	c　v　m	m的资本化部分	c:v	[c:v]	
[奴隶制和农奴制存在的]2000[年]	100A＋100A＋100A	50A	1:1	100A	100A
[资本主义存在的]200[年]	1 000A＋200A＋300A	100A	5:1	1 000A	200A
[社会主义存在的]100[年]	10 000A＋1 500A＋3 000A[2 500A]	2 000A	6⅔:1	10 000A	1 500A

---

① 最初方案：2 000A。

[表　3]188

	c	v	m		剩余价值的积累部分	c:v	工人在价值产品中的份额	[社会总产品的相对增长] 相对增长	
[奴隶制和农奴制存在的2000年]	2A+	2A+	2A=	6A	1A	1:1	50%	1	1
[资本主义存在的200年]	100A+	10A+	20A=	130A	10A	10:1	33%	21	1
[社会主义存在的100年]	10 000A+500A+1 000A=11 500A +800[A] ‖1 300[A]‖				200A	20:1	67%	1750①	83②
[与资本主义相比在社会主义制度下的增长]	1:100	1:130	1:100③						
[与资本主义前的社会主义制度相比在资本主义制度下的增长]	1:50	1:5	1:10						

① 原稿上此处计算错误，应为1 917。

② 原稿上此处系上述错误所引起，应为91。

③ 原稿上显然是笔误。应为1:50。

[表　4]189

	"不变"资本 c	"可变"资本 v	"额外"价值 m	社会总产品	m的积累部分	工人的消费	c:v	工人在产品(新价值)中的份额	剥削者的消费	个人消费	个人消费总计 190
奴隶制和农奴制存在的2000年	2A+	2A+	2A=	6A	½A④	2A	1:1	50%	1½A⑪	3A⑫	3.5[A]⑯
资本主义存在的200年	100A+	10A+	20A=	130A	10A	10A	10:1	33%	10A	20A	21[A]
社会主义存在的100年	10 000A+500A+1 000A=11 500A①		+m中的700A①　=1 200A②		300A⑤	$\underline{\underline{1\,200A⑧}}$	20:1	67%⑩	—	1 200A⑬	1 025[A]⑰
与资本主义相比在社会主义制度下的增长	1:100	1:50	1:50	1:88	1:30⑥	1:120⑨				1:60⑭	1:50⑱
与资本主义前的社会制度相比在资本主义制度下的增长	1:50	1:5	1:10	1:22	1:20⑦	1:5				1:7⑮ 不对,因为m积累部分中也有一部分是个人消费	[1:5]⑲

[1:120③ 工人总消费]

① 最初方案:500A。

② 最初方案:1 000A。

③ 最初方案:1:100。

④ 最初方案:1A。

⑤ 最初方案:500A。

⑥ 最初方案:1:50。

⑦ 最初方案:1:10。

⑧ 最初方案:1 000A。

⑨ 最初方案:1:100。

⑩ 此数字与最初方案相符。最终方案应为:80%。

⑪ 最初方案:1A。

⑫ 此数字与最初方案相符。最终方案应为3½A。

⑬ 最初方案:1 000A。

⑭ 最初方案:1:50。

⑮ 此数字与最初方案相符。最终方案应为 1:6。

⑯ 此数字与最初方案相符。最终方案应为4A。

⑰ 此数字与最初方案相符。最终方案应为 1 214A。

⑱ 此数字与最初方案相符(1 025÷21=49)。最终方案应为 1:58。

⑲ 在原稿中这个比例未计算出来。

译自《列宁文集》俄文版第 38 卷
第 86—91 页

《现代国家的民族运动的形式》一书的摘录和批注[191]

(1913年5月)

摘　　录

《民族运动的形式》，1910年圣彼得堡版

弗·麦迭姆《民族性和无产阶级》(745—798)。

"尽管有一个完备的中央集权制的章程,党(俄国社会民主工党)**现在事实上还不如说具有联邦性质**"(792)。

! 注意

"除立陶宛人和乌克兰人以外,崩得、波兰社会民主党、拉脱维亚社会民主党和亚美尼亚社会民主党(和后者联合还没有完成)这些组织都参加共同的俄国社会民主党。但是,事实上仅仅在中央机构实现了这一联合;**几乎各地的地方组织直到现在还处于完全独立的状态**。"(792)

!!

普鲁士(上西里西亚)的波兰人①

---

① 尤·马尔赫列夫斯基《普鲁士的波兰人》,载于《现代国家的民族运动的形式》第659—687页。——编者注

注意

"从民族关系的角度来看,指出以下一点不无意义:煤矿和炼铁厂集中在德国人手里;厂矿的所有者一部分是股份公司,一部分是大封建主;后者占多数。所有职员也完全是从德国人中吸收的;只有工人是波兰人"(666:《民族运动的形式》,尤·马尔赫列夫斯基的文章)。

M. 斯拉文斯基的文章,载于《民族运动的形式》第282页。[①]

普斯科夫——顿河畔罗斯托夫一线以西,大俄罗斯人的数量优势消失。

注意

"只有为数不多的大俄罗斯移民区,主要是各种官吏,分布在整个帝国,包括最偏僻的角落。这些移民区在西北地区较弱小,在西南和南方则较强大,因为大俄罗斯的官吏迁去相当数量的商人、地主和到那里打短工的大俄罗斯普通农民和工人,使当地的特殊条件得到了充实。这些移民区主要集中在大城市,因此,在很多地方,具有非俄罗斯特征的城市却在很大程度上具有俄罗斯化的外形,这一点在俄国南欧部分的那些大城市里特别引人注目。"(282)

---

① M. 斯拉文斯基《俄国的民族结构和大俄罗斯人》,载于《现代国家的民族运动的形式》第277—303页。——编者注

批　　注

关于民族问题,应该指出:

(1)各民族的社会成分不同:

白俄罗斯人和立陶宛人主要是农民,拉脱维亚人也一样

德意志人(俄国波罗的海沿岸边疆区)是贵族和知识分子

666:普鲁士的德意志人和波兰人。见反面①

波兰人(在白俄罗斯和立陶宛边疆区的波兰人,乌克兰的部分波兰人)——犹太人也一样——是**商业**阶层和手工业者

南方——见反面。②

(2)异常复杂的(在民族方面)**城市**

(参看论拉脱维亚人一文中里加和里夫兰乡村的对比)③。

(居民%)	拉脱维亚人	德意志人	俄罗斯人
里加	41.6	25.5	16.9
米塔瓦	45.7	27.7	12.0
利巴瓦	38.6	23.8	12.0

(《形式》,第448页)

第627页:芬兰④。

---

① "见反面"这几个字是后来用铅笔添写的。在反面,列宁从尤·马尔赫列夫斯基《普鲁士的波兰人》一文中作了摘录(见前面)。——俄文版编者注

② 这一段是后来用铅笔添写的。在反面,列宁从 M. 斯拉文斯基《俄国的民族结构和大俄罗斯人》一文中作了摘录(见前面)。——俄文版编者注

③ P. 彼得松《拉脱维亚人》,载于《现代国家的民族运动的形式》第445—468页。——编者注

④ 安·维·伊格尔斯特洛姆《芬兰》,载于《现代国家的民族运动的形式》第625—653页。——编者注

(3)"民族斗争"的性质(和内容)。争取席位(和职位)的斗争。特别是在论拉脱维亚人一文中。

(4)崩得的意识形态(如民族文化自治)从属于犹太资产阶级的意识形态。

(5)维也纳**犹太**民族主义是没有希望的(论奥地利的犹太人的文章)[①]。

(6)锡安主义的可耻破产(论锡安主义的文章)[②]。

译自《列宁文集》俄文版第 30 卷
第 29—31 页

---

① 马奇奥·艾舍尔(纳坦·比恩鲍姆)《犹太人》,载于《现代国家的民族运动的形式》第 179—189 页。——编者注

② Д.帕斯马尼克博士《锡安主义》,载于《现代国家的民族运动的形式》第 703—726 页。——编者注

对伊·阿尔曼德《短评》的
意见和补充

（不早于 1913 年 8 月）

第 1 页第 1 句

从机会主义角度**发挥**斯诺登的观点。英国工人（革命）高潮的开始[192]。机会主义者追随自由党人进行压制。

第 1 页

（第 2 句前面）

补充对拉金的评价：要详尽些（根据基·哈第本人的话，不直接引用，而以评述的方式，即可大体上**恢复**拉金的本来面貌）。

其次，**就连**凯·哈第也起来反对了（**尽管**是温和地）……

第 3 页结尾前：要较详尽地论述工团主义和机会主义是相互补充的蠢举和资产阶级倾向。

总之：

应把《短评》写成一篇有头有尾的**文章**，要**叙述事实**（供俄国工人阅读），要透彻，有结论。

译自《列宁文集》俄文版第 37 卷
第 21 页

《俄国社会民主党和民族问题》专题报告会上的讨论记录[193]

1914 年 3 月 21 日于克拉科夫

9 点 55 分

卡缅斯基：独立的波兰万岁！

卡缅斯基同志顺便指出：关于民族问题的材料，不得不用俄语说。

谴责了波兰社会党[194]——波兰社会党更合乎逻辑地——既提出了要求，又作了斗争……

日本——……①

有无产阶级参加的俄国资产阶级革命。

列宁滑到取消派方面去了，因为取消派主张资产阶级民主革命。

无产阶级不能把建立民族国家作为任务，因为它赞成团结，而不赞成分裂。

列宁主张俄国的独特性，主张斯拉夫主义……

罗莎·卢森堡的自治不是在于亚洲式的专制制度，而是在于共和制度。

---

① 有一个词无法辨认。——俄文版编者注

‖ 土地纲领**明确而具体**。无可比拟。**抽象的、无根据的空话**……

恩同志(波兰社会党):为《前进报》辩护(不想要国王)……**195**

不是俄国的(列宁),而是波兰的(我们)……

(在波兰独立这个口号上,我们和列宁没有分歧。))

对他来说是理论的,对我们来说是**切身利益的**……

民族文化的问题比阶级的问题更广泛。

我们感到很遗憾:波兰社会党是小资产阶级的政党

　　　民族文化??①

拉佐夫斯基:

拉赞斯基(波兰社会党):俄国社会民主运动的弱点等等,这就是波兰社会党采取特殊立场的原因。

在具体的活动中波兰社会党没有离开过无产阶级的观点……②

……把俄国革命说成是一个可以忽视的因素……　应当使波兰无产阶级打消这种看法……

我完全同意他反对罗莎·卢森堡的意见……

‖ 俄国的地方分权主义,——每个民族的作用,他们的发展程度决定着这种地方分权制。

(1)自治(民族区不是大的,而是小的)? ……))))

"罗兹城郊"③

---

① 这句话列宁是写在发言记录白边上的。——俄文版编者注
② 拉赞斯基的发言记录头两段在手稿上已被勾掉。——俄文版编者注
③ 见本版全集第24卷第150—151页。——编者注

(2)民族文化自治。我反对,但拥护国家杜马里的社会民主党党团的宣言[196](赞成保障)。(少数民族的)……

恩:不相信教皇绝对正确……

"没有波兰的独立,就谈不上波兰的社会主义运动……"))

普日贝舍夫斯基。**不明白**国内市场需要民族国家……

(α)? 作为社会因素的语言,不仅是经济因素……

(β)民族文化自治和**少数民族的权利**?

(γ)"几乎不能实现"……

社会民主党将做不到用法律来保障这种权利

(δ)无产阶级的任务是消极的??

波兰的独立就是问题的最彻底的解决。

(ε)波兰社会民主党是唯一的社会主义政党,这是不是普通常识。

卡缅斯基。**波兰的独立**是否必需。宣传这个……

优秀的资产阶级激进分子的立场?((多余的))……

完全不了解波兰的民族主义。

我们不需要它,——(波兰社会党的后路)——我们有**自己的**具体口号……

在**波兰**

1904—1905 年我们已经有了

"无产阶级"党[197]

库尔契茨基先生

"消除……"

为了犹太人？

民族文化自治

没有根据

空话

对俄国工人讲什么？

瑞典和挪威：

难道列宁到过那里？

反对压迫，反对军国主义！！

东布罗夫斯基：西欧各国……

反对压迫，这是**不具体的**

"唐·吉诃德式的行为……"

译自《列宁文集》俄文版第 17 卷
第 224—227 页

《欧洲大战和欧洲社会主义》
一书的材料[198]

(1914年8月底—9月)

1
关于战争的书籍的摘录

[卡·考茨基:]《取得政权的道路》[199]

关于无产阶级**夺取政权**和**无产阶级专政**的问题愈来愈迫切地被提到历史的日程上来。

在进行任何大的革命运动的时候,都必须考虑到有失败的可能性。但是,只有**蠢人和变节分子**才会放弃对胜利的希望(第18页)。

不论在战时或战后,都可能因战争而引起革命(第21页)。

"和平长入社会主义"的理论(第29页)是无稽之谈和庸俗之见。

"没有比下面这样一种意见更错误的了:认识到经济的必然性就意味着削弱**意志**。"(第35页)

"意志,作为斗争的愿望,决定于:(1)斗争的代价;(2)力量感;(3)实际的力量。"(第36页)

恩格斯愤怒地批驳了说他是一个"**无论如何要守法的崇拜者**"的结论,认为这个结论是**可耻的**(第43页);同时,他严厉谴责《前进报》这样解释他的观点(第43页)。

假如我们无论如何不赞成革命,那我们**无论如何**也绝不赞成**合法性**(第41页标题)。

"资产者老爷们,你们先开枪吧!"

我们丝毫没有陶醉于最最最革命性,我们有**一切**理由作出这样的结论:我们**正在进入**革命战斗时期,这个时期**即使不是**以无产阶级的**完全胜利**而告终,也一定会以无产阶级的加强而结束(第53页)。

革命的成分在增长(第54页标题):1895年1 000万德国选民中,有**600万无产者**,**350万**私有者。到1907年+160万无产者+3万私有者(第57页和第59页)。

160万比3万小私有者,即53:1(〈2:1〉53:1)。[①]

当革命的动乱时期到来的时候,前进的速度就**一下子**(mit einem schlage)迅速加快(第62页)。

阶级矛盾不是缓和了,而是尖锐化了(第**63**页和第72页第7节和第8节标题)。物价飞涨。**帝国主义的**竞争和殖民政策等等以及军国主义猖狂起来。

革命的新纪元临近(第89页标题)。

要不是**战争**比武装的和平更接近**革命**,军备的疯狂增长早就

---

① 这一段是后来用黑墨水加上的。——俄文版编者注

导致战争了(第 92 页)。

"世界大战迫近。但是战争意味着革命"(第 97 页)。恩格斯在 1891 年曾经担心发生过早的革命,**现在无产阶级已经强大了,就不会说过早的革命了**(第 97 页)。

小资产阶级是不可靠的,是敌视无产阶级的。但是在危机的时代他们能够大批地转到我们这方面来(第 101 页);——如果**我们社会民主党人坚定不移、始终如一、绝不妥协**的话(第 103 页)。

如果社会民主党现在跟任何人结成联盟,那就是它在**政治上的自杀**(第 103 页)。

我们已经进入革命的时期,我们不知道这个时期是否会像资产阶级革命时期(1789—1871 年)那样延续很久。但是,无产阶级经历了这个**革命**时代之后将变成**另外一个样子**(第 104 页)。

格列勃·乌斯宾斯基的《没有复活》

一场"为了猪肉"的战争(乌斯宾斯基)①

……在这场战争之后,我认为只有他们(外国的革命者)②才是真正的英雄……　了不起的功绩就在于他们没有像我这样参加

---

① 正文是娜·克鲁普斯卡娅摘录的;"《一场"为了猪肉"的战争》(乌斯宾斯基)"是列宁加上的。——俄文版编者注

② 圆括号内的话是娜·克鲁普斯卡娅加上的。——俄文版编者注

了这场肮脏的勾当……　我杀过人,您是可以想象得到的……为了什么呢?请您说说……

杀过人?杀谁呀?

杀过一个土耳其人。

那又怎么样?因为您当时是志愿兵,是军人,而打仗就是要杀人……

为了什么呢?

我想,您杀死他,是为了塞尔维亚。

多尔别日尼科夫睁大眼睛看着我,他没有吭声。

为了塞尔维亚?——他重问了一遍。

我想——是的!

不,不是为了塞尔维亚。

不是为了塞尔维亚?那究竟是为了什么?

为了猪—肉!

怎么会这样呢?

是的,就是为了猪肉……

我说,我不理解他的意思,多尔别日尼科夫就十分详细地给我讲起他对塞尔维亚战争的看法。塞尔维亚商人觉得必须摆脱塞尔维亚的监护者土耳其在此以前跟邻国列强订立的通商条约。这些条约至今是这样规定的:塞尔维亚资本家不得发展自己的资本,不得拥有自己的工厂,不得加工皮革……　准许出售原料,这些原料加工成成品后运回塞尔维亚,售价比原料贵 2 倍。多尔别日尼科夫说,这样一来,现在商人们就想以武力来获得捞取更多利润的权利,也就是说,现在出售只作原料用的生猪,售价非常便宜,做成熏肉卖就可以赚得更多。他们想以武力来取得这个权利,因为在和平谈判的时候必须作出让外国人得到土地所有权之类的让步,这就会立即使外国资本有可能大量涌入塞尔维亚,本地资本家当然就站不住脚了。

当他最后结束了自己对战争的看法所作的一番相当长的叙述的时候,问道:

难道不是为了猪肉吗?

真的如此,似乎全部问题都是为了猪肉……

《萨瓦、尼斯与莱茵》

本文是《波河与莱茵河》的作者[恩格斯]写的。
1860年柏林版(共48页)

小册子的内容几乎全是关于军事的。恩格斯论证拿破仑第三兼并萨瓦和尼斯的计划对意大利(拿破仑第三的目的想把它分而治之)和德国说来都是一个极大的军事威胁,因为德国需要……一个独立自主的意大利。

"……德国并不需要到明乔河和波河为止的威尼斯领土,这一点我们认为已经在别的地方说明了。对于教皇统治和那不勒斯统治的存在,我们也不感兴趣,相反,我们所关心的是重新建立一个能奉行自己政策的、统一而强大的意大利。因此,在一定条件下,我们可以比波拿巴主义对意大利作更多的贡献。也许不久会发生一些情况,那时回顾这一点将具有重要的意义。"(第38页)①

---

① 参看《马克思恩格斯全集》第1版第13卷第670—671页。——编者注

拿破仑第三觊觎莱茵河左岸：这是法兰西帝国朝思暮想的目标。只有借助于英国和俄国才能达到这个目的。俄国很早就渴望和法国签订条约，以便瓜分土耳其并把莱茵河左岸交给拿破仑第三。俄国外交史关于这一点的细节记述如下：俄国永久控制德国，使它受屈辱，等等。俄国——敌人。它的目的——占领君士坦丁堡。

"就是现在，我们也还受到俄法同盟的威胁。法国本身只有在个别时机并且也只有在与俄国结盟后才能威胁我们。但是俄国却时时刻刻在威胁我们，侮辱我们。每当德国起来反抗时，它就以莱茵河左岸作为许诺来策动法国宪兵〈原来如此！〉。

难道我们应该继续容忍俄国这样玩弄我们吗？俄国把我们最美丽、最富庶、工业最发达的一个省永远当做诱使法国御用军政权上钩的诱饵，难道我们4 500万人民还要继续忍受下去吗？难道莱茵地区除了作为战争的牺牲品，帮助俄国取得在多瑙河和魏克瑟尔河上行动的自由以外，就再没有其他任何用处了吗？

问题就是这样摆着。我们希望德国能迅速地手持利剑来回答这个问题。只要我们能团结一致，就一定能把法国御用军和俄国毛虫一起打发回老家〈原来如此！〉。

在此期间，我们已经有俄国农奴这样一个同盟者。现在，俄国农村居民中的统治阶级和被统治阶级之间爆发的斗争，正在动摇俄国对外政策的整个体系。这个体系只有当俄国内部在政治上还没有发展以前，才可能存在。但是这个时代已经过去了。由政府与贵族以各种方式推动的工业和农业的发展，已经达到了不能再承受现存的社会关系的程度。这种社会关系的废除一方面是必要的，而另一方面，不经过暴力变革又是不可能的。随着从彼得大帝到尼古拉一世的俄国的毁灭，这个俄国的对外政策也将遭到毁灭。

看来,德国注定不仅要用笔墨而且要用刀剑来向俄国说明这一事实了。如果发展到**这一步**〈黑体是恩格斯用的〉,那时德国就将恢复自己的名誉,洗净几世纪来蒙受的政治耻辱。"(第47—48页)①

(小册子到此结束。)

> 最重要的在于:德国的民族解放要采取可能进行的和不可避免的战争中最革命的战争方法,采取与俄国农奴**结盟**同俄国打仗的方法。**注意**这一点。

2

关于战争的报刊的摘录

《关于战争的评论》笔记目录②

注意:7—8[455]③《民权报》反对德国社会民主党人

16—18[465—467]法国社会党人(《**人道报**》)

19[468—469]:《前进报》论意大利人的"片面性"

19[470]:《**法兰克福报**》论**和平**("全面的和平")。

21[472]:"德国社会民主党人玷污了国际的旗帜"

(意大利人)

---

① 参看《马克思恩格斯全集》第1版第13卷第679—680页。——编者注
② 整个标题是用彩色铅笔写的。——俄文版编者注
③ 本卷的页码。——编者注

关于战争的评论

《**新时代**》杂志第 19 期(1914 年 8 月 21 日)

(第 32 年卷),1913—1914 年第 2 册:

!　社论(赫·文德尔)《饶勒斯》引用饶勒斯著作的题词:"一个国家在生死存亡的危急关头,不能指望劳动阶级对国家的忠诚,那它只不过是一堆毫无价值的破烂"(第 841 页)。在第 843 页上写道:"他过

!　去始终同认为无产阶级没有必须保卫的祖国这种谬论作斗争……"

!　"……对这个祖国的自由和独立的任何侵犯都是蓄意毁灭

文明和倒退到野蛮时代……"

同上

卡·考茨基《战争》

……批判的武器失灵……　不仅是由于战时状态机械地实行限制。**而且**暂时还因为对于任何批评**完全缺乏兴趣**(第 843 页)。

"……这将是可怕的……""每个(参战国)都是不由自主地被卷入了战争……""……只有一点可以**完全**

?　**有把握地**[1]预言:在这场战争之后整个世界的面目将和**今天完全不同**[1]……"(第 844 页)

---

[1]　着重标记是用彩色铅笔加上的。——俄文版编者注

"……放弃任何自作主张的行动……在战时状态下,自我批评必须销声匿迹…… 每一次战争都使社会民主党处于**致命的两难处境:既必须保卫自己的家园**,又必须**维护国际团结**①……"(第846页)同沙皇制度开战,同民主制度开战……

哈哈!

"我们完全理解,我们党的这一或那一措施在许多人**看来是错误的**①,但是如果现在由于某种意见分歧而容忍内部分裂,那就更加错误,甚至简直是致命的……"

"纪律"!!! 白痴和懦夫!

第18期(1914年7月31日)社论:《欧洲处在战火威胁之下!》。奥地利的骂街话:"维也纳霍夫堡和巴尔普拉茨**200**的政治冒险家没有停止其煽起战火的罪恶行径……"(第793页)"卑鄙无耻的照会〈奥地利向塞尔维亚提出的最后通牒〉第5点"**201**要求对塞尔维亚实行令人不能容忍的监督。"最后通牒的作者们知道这一点:他们期待战争,他们希望战争! 蠢人和伪善者要人相信奥地利当权者关心的只不过是对过去发生的事情进行报复罢了! ……只是力图利用机会……想跟塞尔维亚算账……为了它的生存,为了它的发展和繁荣…… 罪恶的政策应该胜过愚蠢的政策……"(第794页)

甚至当战争还在局部地区进行的时候,也不能阻止"南斯拉夫民族的资产阶级革命的发展"(第794页)。

---

① 着重标记是用彩色铅笔加上的。——俄文版编者注

像意大利和德国的民族革命一样,"南斯拉夫人的民族革命预定的目的是要给它(弗兰茨-约瑟夫的国家)以坚决的打击"(第795页,摧毁它)。

注意

!!

欧洲大战有发生的危险(同意大利(3+意大利)反对奥地利),"因此,德国青年又要流血了——为什么?(795页)归根到底是为了哈布斯堡王朝专制制度……也是为了马扎尔那些肥胖得像猪一样的贵族老爷们的高利贷收入……"

!!!

俄国的革命,七月示威……**202** "革命是和平唯一的保障,我们仍然有这个保障……"(第796页)但是更可能的是:俄、法、英、意,特别是德国的无产阶级的意志将能保持住和平(第796页)…… 不过欧洲依然处在战火威胁之下…… 工人阶级应该有所准备:"主要的就是有所准备"(!!!)。

沙·安德列尔:《现今德国的帝国主义社会主义》,1913年巴黎(社会行动)版。共45页(查找针对该文的《**新时代**》杂志和其他社会民主党的出版物。)**203**

注意

《**法兰克福报**》第261号,1914年9月20日第三次上午版。**舒尔采-格弗尼茨教授**(国会议员,志愿兵)的一篇社论:《**路德维希·弗兰克**》。①(黑体是我用的。)

摘自对弗兰克的赞语:

---

① 着重标记是用墨水和铅笔加上的。——俄文版编者注

"德国古典哲学的崇高目的——理智代替偶然,组织代替无政府主义——是他的最终目的;马克思的社会主义在这个方面也是同德国古典哲学一脉相承的。**但是**,下列信念给他指出了实现这个任务的途径:德国工人运动没有资产阶级自由派,正像资产阶级自由派没有社会民主党一样,是软弱无力的。**因此**,弗兰克和我,我们从来都不想'改变彼此的信仰'……"

"……他对我说,'如果我们被战胜,德国工人就只有一条出路——迁居国外!'因此,必须集中一切力量,包括无产阶级运动的一切力量,去争取胜利。**我们把社会民主党、整个帝国国会跟社会民主党一起**在今年8月4日令人难忘的会议上**一致赞成**关于**战争和军事拨款问题的表决结果归功于一个人,他就是弗兰克**。8月3日和4日(当时资产阶级各政党聚集在"白厅"),他不断地进行幕后工作。我为能在这项工作中给他以力所能及的帮助而感到自豪。弗兰克巩固了自己的党的转变后,就完全献身于**自己祖国**的事业。……弗兰克为了世界上的最神圣事业——为了自己的国家——而牺牲了生命……"

《**民权报**》,社会民主党的报纸(苏黎世),1914年9月5日第206号。

题为《汪达尔人》的社论:"**理查·费舍**同志(德国国会议员)近日顺路在苏黎世逗留,给我们写信。"

理·费舍

---

① 着重线是用墨水和铅笔画的。——俄文版编者注

费舍对《汪达尔人》一文逐点作了反驳：[204]

1."整个德国希望战争。"

谎言。除了"军队中的主战派"以外，"资产阶级各政党中"没有任何人……"说过任何一句话……来证明这种可怕的责难是对的。"连德国总理几周以来也尽力设法防止战争（"真诚地和认真地"）。这些说法必须加以驳斥，它们是以德国的白皮书[205]为根据的。罪过在俄国，它"几周以来——甚至是数月以来——都**在动员**自己的军队！"（黑体是理·费舍用的）。

没有一件事实能说明德国政府"欺骗了德国人民和国会"。

2."社会民主党国会党团给德国无产阶级指出了它目前应走的道路。"

我们过去一向主张和平：7月28日晚上的游行示威。在柏林的35次集会[206]，等等。"三天之后进入了战时状态，整个报界就听命于军事当局的独裁统治！"

"社会民主党国会党团在国会里应该解决的不是战争与和平问题，否则它**在这样的时刻**就会行动起来……以维护和平；战争与和平问题，根据宪法是由皇帝决定的；宣战**之后**，社会民主党党团有待解决的只是要不要给政府提供作战经费的问题……"等等……

"我们认为，我们**应该**同意政府，因为它认真地力图维护和平；**没有任何事实**能驳倒政府的这种说法，或者使人对德国**遭到**俄国的进攻和**受到**法国的威胁产生任何怀疑……"

哈哈！！

！！

！！
黑体是
费舍用的

哈哈！！

"……全体德国人民认为俄国的行动是卑鄙的入侵行径,难道在这个时候我们能丢下人民不管吗?我们可以不去保卫已遭到闯进东普鲁士的大批哥萨克敌军威胁的祖国吗?"

我们所做的正是法国人和比利时人在自己的国会里做了的。"……甚至俄国同志们在杜马中也不投票**反对**军事拨款。"

无耻之徒

3."总有一天,我们的领导同志会明白他们受了愚弄……会明白是他们批准了已经开始的大屠杀……"

我们履行了"对德国工人的**义务**"(黑体是理·费舍用的),我们是不**可能**受愚弄的。

"难道一个遭到蛮横无理侵犯的人,为了自卫而杀死入侵者,就成了杀人的拥护者吗?"

!

"这种大屠杀使我们德国人也像我们的外国同志那样感到非常可怕。但是,我们认为责任在于那些同俄国专制制度结成联盟反对德国文化和德国劳动的人!"

4."侵占中立国并使它丧失了独立自主权。"

"当然,这是严厉的责难,但很遗憾,必须承认,这也是完全公正的责难。但是,难道德国真的就没有任何辩护理由吗?德国遭到来自东西两面大量敌军的**进犯**(不仅仅是受到威胁!),它为了自卫被迫把战争转移到敌方的国土上去……   同志,请凭良心说,难道另一个国家处在危急关头能采取别的行动吗?在问题关系到人民生死存亡的时刻,只有一条准则——自卫!因此,我们社会党人随时随地都进行反战斗争,因为战争不可避免地会侵犯一切权利。"

　　5.“德国轰炸和破坏已被占领的比利时城市，它本身就给自己加上了野蛮和破坏文明的恶名。”

　　“我们来**平心静气地**、**不偏不倚地**分析一下这个责难。”当然，瑞士的同志们是会起来保卫自己的祖国的。可是比利时人却不是这样，而是在遭到失败之后对敌兵进行射击。

　　“比利时军队被击溃了，卢万被德国人占领了。德军（**其中至少有三分之一是社会民主党人**）打仗不像暴徒和汪达尔人那样，或者不像哥萨克人……在东普鲁士那样到处抢劫、杀人、放火……　但是，德国士兵却常常突然……遭到来自房子里面的射击……——这些士兵对这些暗地里的不正当的〈!!〉卑鄙的〈!!〉袭击感到愤怒，他们出于自卫的本能，想的只有**一件事**：消灭袭击者，毁掉他们借以掩蔽的建筑物！这有什么不可理解呢。这是非常可怕的，——但究竟是谁的罪过？

!!!

　　……我们应该比珍惜最华丽的建筑物更为珍惜正在保卫祖国的人、弟兄和同志的生命，因此他们即使在敌国也应该受到保护而免遭**暗杀**！”（黑体是费舍用的）。

　　“……在民族危急的关头，我们德国社会党人和全体德国人民团结一致，并认为必须使我们祖国和整个欧洲避开来自俄国的危险……”“因此，如果说我们当时被迫首先向法国和英国这样的文明国家采取军事行动，那是因为从战略上考虑必须首先战胜最大的战争危险。……这些国家的资产阶级同敌视一切文明的专制制度结成生死同盟,这难道是我们的过错吗?"(完。)

我没有找到《汪达尔人》这篇文章。在格里姆的藏书中没有第 202—203 号报纸[207]。

同上,第 209 号(9 月 9 日)。E.**豪特**的文章《弗兰克博士被杀》。……(对弗兰克来说)"没有什么事情像下列想法那样不能忍受:社会民主党的代表同意给政府提供它所要求的拨款一事可能被认为是软弱和胆怯的结果"……   8 月 27 日弗兰克从"曼海姆兵营"给**作者**寄来一封证实的信,其中说:"……我想用这一行动来证实我们 8 月 4 日在国会采取的立场**不是出于外部策略的压力,而是出于内部的需要**"。①

!

同上,第 211 号(9 月 11 日)。一篇针对法国人和比利时人的宣言[208]以及德国人的抗议的未署名社论:《**两个国际**》①……

《民权报》:

"**极好的国际**①,曾被许多人(也有不少是社会民主党人)看做是和平的强大保证,在战神开始统治的时候,**就不幸地破产了**。……**而且是一个红色的国际**,即所有国家数百万社会党人的联盟,**虽然**我们对德国领袖们的可信赖性产生过**种种怀疑**,但是我们不曾相信**这个国际会破产,看来,现在它会销声匿迹多年**。"①随后谈到德国

《民权报》②

---

① 着重标记是用彩色铅笔加上的。——俄文版编者注
② 用彩色铅笔写的。——俄文版编者注

② 注意 ‖ 人对意大利人的访问、失败**209**、沃尔弗关于德国福尔施坦德向法国人和比利时人提出抗议的电报。**210**

顺便提一下反对费舍的话:"理·费舍同志不久前在《民权报》上自己的一篇文章极力用来为破坏比利时的中

注意 ‖ 立作解释并为之辩护的那种方法,**很遗憾**,表明**德国领袖们的眼睛现在令人吃惊地模糊不清**。"①

庸俗的结论①:"**甚至社会民主党也不能不首先是一个民族主义的政党**"③(黑体是原作者用的)。

② ‖ 据说我们"**不能断定**"党的领导核心(德国的)"**是否称职**"……　　"**然而我们的德国朋友们**应该作出如下声

注意② ‖‖ 明:**他们无需同自己的宿敌,容克军阀称兄道弟,来保证今后每一个阶段的发展**……"①

((第1—7页))　　　　　答费舍:卢塞恩,1914年9月9日。

(用打字机打的,
致《伯尔尼哨兵
报》**212**编辑部)　　关于国会议员理·费舍先生的答复(一个德国社会党人的信)**211**。

事态证明:德国政府和奥地利政府都希望战争。对德奥两国政府来说,这是"挑起战争的最好的、最合适的时刻"。见《辅助》周刊**213**第35期上的帝国主义分子保尔·罗尔巴赫的文章。

大家都认为自己遭到了入侵,这样对他们有利……　　过几年

---

① 着重标记是用彩色铅笔加上的。——俄文版编者注
② 着重线是用彩色铅笔画的。——俄文版编者注
③ 着重标记是用墨水和铅笔加上的。——俄文版编者注

法国和俄国会更好地武装起来,他们已经注意到这一点了……
而德国现在有新大炮……　他们既害怕弗兰茨－约瑟夫的死,又
害怕德国的进一步民主化……

　　奥地利是希望战争的:它向塞尔维亚提出了最后通牒。而德
国呢? 或者德国是受了奥地利的欺骗,或者它是参加者。

　　"我们从报纸的评论可以知道,在开战前德国总理同各党的委
员会进行了协商。看来,这些协商就成了阵线变动的原因"(因为
社会民主党人以前是反对战争的)。可是我们不知道这些会
谈……

　　目前在德国,社会民主党是"执政党"……　"这场战争拯救
了"沙皇制度,"使其免遭"革命威胁。……在俄国失败后,(我们担
心)普鲁士会镇压俄国的革命……

　　德国人的战争目的是:"毁灭民主的西方……"

　　你们用贝特曼－霍尔韦格[214]的理由来为破坏比利时的中立
辩护。

　　在许多地方提到:

(德国封建王朝的影响)而现在呢? 要求单独同法国媾和,以便把
法国变为盟国!!

　　载于《格吕特利盟员报》①。[215]

《不来梅市民报》第191号(1914年8月18日)。

　　社论:《被撤销了的禁令》——对禁售他们报纸一星期的抗
议。该文的结尾如下:

---

　　① 这句话是用彩色铅笔加上的。——俄文版编者注

"我们希望,总司令部至少会同意我们的意见,在其他方面则将依照**骑兵上将冯·比辛**的意见办,他不久前在自己的**命令**中说:'在最近几次事件发生时,我国**强大的无产阶级完全**没有辜负它所受到的**信任**,而这种信任是任何事情也动摇不了的。在这种情况下,对在和平时期**加入某些组织**的那一部分工人**一点也**不能**另眼看待**。'"①

② ！

> 原来如此!! 原来如此!! 冯·比辛的话是用粗体字排印的。

《不来梅市民报》第210号(1914年9月9日)。

关于弗兰克之死③:

"……他的朋友们有这样的印象:在他如此奋不顾身地从事的和平事业失败之后,在饶勒斯的悲剧之后,对他(弗兰克)来说,**死已经不是完全不适宜解决这个可怕冲突的办法。**"

"8月22日我接到下面一封信:

曼海姆,1914年8月20日。

亲爱的斯特·:……我'应征'参加了军队,这是一个奇怪的念头或者是一个更坏的想法。我的动机是想在事实上证明我们8月4日通过的决议不是出于外部策略

---

① 着重标记是用彩色铅笔加上的。——俄文版编者注
② 着重线和叹号是用彩色铅笔加上的。——俄文版编者注
③ 摘自短评《路德维希·弗兰克》。——编者注

的压力,而是出于内部的需要,并且证明我们确实非常认真地对待我们保卫祖国的天职。

　　致以诚挚的问候。

　　　　　　　　　路德维希·弗兰克"

注意

《汉堡回声报》第 211 号(1914 年 9 月 10 日)。

　　关于比利时和法国社会党人的宣言的社论:《必要的说明》。

　　反对法国和其他国家的社会党人(包括荷兰和瑞士社会党人在内)的、特别是反对《前进报》的野蛮行为……

　　摘自恩格斯关于与沙皇制度作战的著作(取自 90 年代一本法国社会党人年鉴(?))。**216**

北美合众国堪萨斯州吉拉德《向理智呼吁报》。**217**

请从 8
月份起
寄……

1914 年 8 月 31 日《人道报》第 3788 号。

孔佩尔-莫雷尔:《特派员》。

　　"……我们的报纸不管是右翼的,还是左翼的,不管是保守的,还是革命的,都在做它们所能做的一切,使国家安宁,保持镇静和对形势的清醒看法……" 如果旧的行政长官不善于同国家打交道,那就让他们派特委来吧。

"危急当头,不应犹豫:**处在危急中的祖国的部长们,请任命分赴全国各地的特派员**,以提起刚毅精神,激发干劲和热忱,**如同 1792 年伟大革命日子里那样的热忱吧**。"①孔佩尔－莫雷尔的文章完。

哈哈哈!!

在同一号报纸的同一版上还有两篇短评:俄国人的《辉煌的成就》和《**敌人的背信弃义**》。后一篇文章报道说:"俄军总司令**尼古拉大公**宣布说:有些敌人……没有权利得到宽大处理。不能把他们看做军人,而要把他们看成罪犯……"**218**(不过,维护 1792 年传统的先生们,要知道,这是对付波兰的"特种常备军"的!!)……**219**

②

同上,1914 年 8 月 24 日,豪斯托夫的声明(根据《言语报》)**220**。

同上,9 月 2 日。

布拉克的社论《要他们留在那儿》——要(被击溃的)德军"留在"法国,使他们不能保卫被俄国人"占领了的"自己的国家……"法国将彻底履行自己的职责,也就是说,直到建立起使**德国帝国主义灭亡**的持久和平为止。"(布拉克的文章完!!!)

哈哈!!

同上,皮埃尔·列诺得尔的文章③:"……法国

---

① 着重标记是用彩色铅笔加上的。——俄文版编者注
② 着重线是用彩色铅笔画的。——俄文版编者注
③ 列诺得尔的文章题目是《胜利之本》。——编者注

知道,对全世界来说,它是自由思想的化身…… 法
国知道,如果它站不住,那么,这将给民主主义思想
本身带来损害,并将阻止各国人民进步…… 法国
的胜利同时将要引起帝国主义政策的破产(这种政
策造成了骇人听闻的、代价高昂的、民穷财尽的武装
和平局势),同时也是德国人自身获得解放的先
声…… 这一切我们的士兵都知道。因此从各方面
传来的关于保皇党分子的宣传的谣言不会使我们感 ‖ 原来如此!!
到焦急不安……"

同上,1914 年 9 月 **8 日**,星期二(第 3796 号)。

爱德华·瓦扬的《教条主义者的愚蠢》(社
论)——轻蔑地评论各种(宗教①和国际②)团体,"这
些团体……用教条主义者达到愚蠢地步的冷漠态度,
令人厌烦地重复同样①一些公式…… 另一些人②咒
骂战争及其罪过,不愿见到战争的发动者,并且用像
它们的整个政策那样伪善和中立的面孔来对待每一 ‖ 《爱国者》!!
个交战国…… 看到这些人①和另一些人②想要掩盖
自己的**笨拙**③或自己的**背信弃义**③而竭力寻找一些减
轻德国帝国主义罪行的情况,并为这些情况作辩护,

---

① 列宁在"宗教"、"同样"、"这些人"这些词下面标了星花(*)。——俄文版编
    者注
② 列宁在"国际"、"另一些人"这些词上面标了一个符号—— # 。——俄文版编
    者注
③ 着重标记是用彩色铅笔加上的。——俄文版编者注

这同样是令人愤慨的。一些人作这样的努力,本身就说明了他们的愚蠢,或者说明了他们是同谋犯。我从来没有像现在(在读了这些散发着肮脏道德和精神贫乏气味的声明之后)这样痛恨教条主义者。"(完!)

　　同上,短评:以**比索拉蒂**①为首的意大利社会党人-改良主义者通过了一项决议,其中说到:

　　"虽然三国同盟的胜利会提供实现普遍裁军的可能性,也会使所有国家的无产阶级有可能实现社会公正的要求,但是中欧列强的胜利会威胁欧洲民主的发展;同时,从国际利益的观点来看,**中欧列强的胜利在巴尔干半岛建立起奥匈帝国的统治之后,会给意大利带来危害。**"

　　"此外,这项决议指出,意大利人民不可能拒绝同大革命的国家结成兄弟般的团结……"(等等)②

　　短评:"军队中的社会党人和工团主义者会议"。9月7日波尔多。③

　　波尔多的工人,和我们一样,正如全法国的工人那样坚信:

　　"进步的、工人解放的、文明的事业同为反对普

哈哈!

!!

好极啦!!

---

　　①　着重标记是用彩色铅笔加上的。——俄文版编者注
　　②　摘自1914年9月8日《人道报》"中立国的同情"栏:《在意大利。意大利改良派社会党人。他们向法国表示同情》。——编者注
　　③　这篇通讯摘自"波尔多的生活"栏。——编者注

鲁士帝国主义而斗争的、力图消灭凯撒统治的法国
的安宁是有密切关系的……"

同上,1914年9月6日,星期日(第3794号)。

《加入国际的法国社会党和比利时社会党的宣言》①两党出席社会党国际局的代表盖得、龙格、桑巴、瓦扬、安塞尔、贝尔特朗、胡斯曼、王德威尔得签署了这个宣言。

"不管我们觉得比利时和法国争取自己生存和反对德国帝国主义野蛮入侵的斗争的权利是如何无可争辩;——

——我们仍然要阐明自己的观点。他们进行了反对'三年',即殖民主义政策的斗争,等等。

由于奥地利向塞尔维亚提出最后通牒,这一危机(它引起了这次战争)像个阴谋那样突然出现了;早在奥地利拒绝了塞尔维亚爱好和平的和愿意让步的答复的时候,那无疑正是帝国主义的德国挑动并希望进行战争的时候……

法国政府①曾经**'真诚地希望和平'**②〈原文如此!!!〉,并且为了和平作出了一切努力……　　③　!!

住在巴黎的读书俱乐部的德国社会党人每天都目睹着所发生的事件和我们的活动,他们完全同意

---

① 着重标记是用彩色铅笔加上的。——俄文版编者注
② 着重标记是用墨水和铅笔加上的。——俄文版编者注
③ 着重线和两个叹号是用彩色铅笔加的。——俄文版编者注

我们的行动,并且支持我们的希望。[221]

相反,我们有理由担心,受官方新闻报道欺骗的德国工人阶级将不会明白事情的真相。

我们要使他们注意一个非常重大的、可据以判断的事实,它可以弄清侵略来自何方,也就是可以弄清侵占比利时领土的事实。"

德国政府撒谎,说法国人轰炸纽伦堡,**侵入了比利时**,等等。

"我们提出供国际无产阶级评判的这些事实,完全足以弄清侵略来自何方和谁希望战争。如果说在这个危急的时刻我们曾同国会和国内的其他一切党派联合起来,那是因为我们要为实现我们共同制定的原则而斗争。

我国政府决定进行战争完全不是出于侵略意图,也不是因为感到自己周围存在仇视敌对关系。

我们大家坚信:我们是在保卫我们国家的独立和自主,反对德国帝国主义。

我们不是反对德国人民,我们也尊重他们的独立和自主。

法国社会党人和比利时社会党人所以不得不考虑战争的严酷的必要性,只是因为他们深信他们是捍卫自由的原则和人民支配自己命运的权利。

他们深信:一旦真相大白,德国社会党人将会赞同他们,并且会同他们联合起来。"(完)

同上，**爱德华·瓦扬的文章《奇耻大辱》**。①

8月25日同一号的《前进报》(报上谈到伟大的胜利)²²²公然按照官方和泛日耳曼主义的谎言所定的调子阐述德国人关于战争及其结果的意见。**这个意见清楚地表现出帝国主义的无耻和虚伪。**②

③

"他们惯用的谎言:发动战争,纯粹是反对沙皇制度。"……向塞尔维亚提出最后通牒,破坏比利时的中立等等,也是为了这个目的吗?? 调动自己所有军队去打法国呢? 等等……

这就是为什么必须战斗到彻底胜利,战斗到把德国帝国主义消灭掉的原因。

"应当把国家及其军民的全部精力和全部力量都用到这场为了生存、为了祖国的荣誉与尊严、为了欧洲的自由与和平而进行的斗争中去。"(完)

!!

同上,1914年9月7日第3795号。

布拉克的社论《今天与明天》……

"……法国一切党派人士像一个人一样准备应付一切……"

"举国上下决心经受住一切考验……" "……保卫国家的利益把人民的全部意志和全部力量团结在政府的周围…… 每天都在摇撼着德国帝国主义,它必然在自己制造的战争中遭到毁灭,而这将

---

① 着重标记是用墨水和彩色铅笔加上的。——俄文版编者注
② 着重标记是用彩色铅笔加上的。——俄文版编者注
③ 着重线是用彩色铅笔画的。——俄文版编者注

有利于国际法和持久和平……"

　　同上

　　王德威尔得访问记(摘自《正义报》)[223]。王德威尔得——"他应该回访乔治国王和爱德华·格雷[224]爵士,他使爱德华·格雷产生了非常良好的印象……"

!!

　　访问记的引言:"从同盟国的观点来说,我〈王德威尔得〉认为战争是一场反对军国主义的伟大斗争"(王德威尔得语)。我参加了内阁,"这个内阁目前是保卫国家的内阁"。桑巴和盖得也是如此。

!!

　　"知道法国政府命令用军用飞机散发比利时和法国社会党人告德国人民书,我们的英国同志是会感兴趣的。他们也会知道俄国大使馆已转发我给社会党人,即杜马成员的呼吁书。[225]

注意

　　……比利时士兵中的党员的情绪在保卫列日市的时候就已经充分地表现出来了。他们唱着国际歌去迎接德国人的进攻……

!!

　　我们现在是进行反对新暴行、维护民族独立和文明事业的斗争……"

!!!

　　同上,皮·列诺得尔《胜利的保证》①……"直到胜利把世界从帝国主义制度下解放出来……"

　　同上。马塞尔·加香《令人快慰的景况》。作者非常兴奋地重复他认为是基钦纳[226]和格雷讲的

---

　　① 着重标记是用彩色铅笔加上的。——俄文版编者注

话……"在欧洲的自由没有得到保证以前,不会缔
结和约……"　　　　　　　　　　　　　　!!

　　同上。《意大利社会党会议记录》。这不是译
文,而是大意转述,例如:

　　"我们社会党人认为,德国驻意大利的公使馆
采取的步骤对于意大利社会主义的尊严和独立来
说是侮辱性的,况且德国社会党支持德奥两国的入
侵政策,它已失去了向国际社会主义的拥护者呼吁
的权利……　我们不能用沉默的态度来回避德国
社会党人所采取的这样的步骤,如:支持过去的三
国同盟政府最阴险的外交阴谋,这样做的目的是要
把意大利的中立政策引向曲折的、充满危险的间接
协助的道路。……"

　　"……与**俄国**相比较,这些帝国〈德国和奥地利〉　②
更加是欧洲反动势力的堡垒。**在俄国目前出现的**
民主的和社会主义的派别,它们正如我们所看到　!!
的,是完全能够肩负起解放者的任务的[①];正因为
如此,如不媾和,我们就希望击溃德国和奥地利。

　　"……德意志帝国和奥地利帝国的胜利,会意
味着极其野蛮的军事独裁制度的胜利;这是一群撕
毁协议和否认国际法的毁灭者、破坏者、犯罪者和
征服者的胜利;这是军事独裁制度的胜利,因为德

---

　　① 着重标记是用彩色铅笔加上的。——俄文版编者注
　　② 着重线是用彩色铅笔画的。——俄文版编者注

国社会党没有能力同这一制度进行斗争,满足于选举中的一些成就和一些物质成果,在国内没有任何政治影响。

相反,德国失败,会使德国社会主义有可能摆脱自甘处于的软弱无力状态并通过推翻帝国的封建政治制度来恢复自己的名誉,使俄国专制制度得不到给予它的援助,从而促使整个欧洲的政策转向新的方向。

莫名其妙!!!!!

最后,**现在已充满健康的社会主义思想的法兰西共和国的胜利和最真诚的民主制度**①统治着的英国的胜利,就会意味着为一切社会主义的成功敞开大门的欧洲政治制度的胜利。这个胜利,也会意味着所有真正自由的国家之间在限制军备问题上,在建立对付专门组织起来进行入侵的职业匪帮的军事防御体系问题上是协调一致的……

……住在巴黎的意大利社会党人是这样理解这个问题的,他们说,充任反军国主义者的唯一办法就是武装起来,同军国主义国家进行斗争……"

《**不来梅市民报**》第211号(9月10日)。

社论:《**破产的国际**》②——复述福尔施坦德对法国人和比利时人的宣言的答复(大部分是引文)。标题有特色!!

---

① 着重标记是用彩色铅笔加上的。——俄文版编者注
② 着重标记是用铅笔和墨水加上的。——俄文版编者注

1914 年 9 月 12 日《前进报》。

"意大利社会党人的观点……"①

"党中央委员会不久前派了几位同志到中立国家去,目的是把德国党所采取的立场告诉这些国家的同志……" 其次,《前进报》的报告中的(大)部分内容翻译出来了。接着是编辑部的附言:

"我们认为我们意大利党的同志的观点是**片面的**,但是在目前的情况下,由于各种非常清楚的原因,我们不得不拒绝辩论。**很遗憾**,①必须指出,意大利人的观点**甚至在其他中立国家的社会民主党中间也传播很广。**" ③

《法兰克福报》②第 254 号。

第一次上午版(9 月 13 日)转载了《前进报》上的这一部分。

同上,社论:**弗兰茨·奥本海默博士《新罗马与新迦太基》。**①

"……这场灾祸归罪于三个事实:法国的复仇主义的歇斯底里、俄国的残暴的帝国主义、英国的海上掠夺的'权力'……"

---

① 着重标记是用彩色铅笔加上的。——俄文版编者注
② 着重标记是用墨水和彩色铅笔加上的。——俄文版编者注
③ 着重线是用彩色铅笔画的。——俄文版编者注

③

仿效
《人道报》

"这场战争的结果将要建立的、包括从斯海尔德河到亚德里亚海和从马斯河到布格河整个地区的**国家的和平联盟，是建筑在自由劳动的基础上的**，它所追求的不是别的，而是全面的和平和兄弟般的情谊（黑体是原作者用的）。我们知道这一点，**我们的每一个在战场上作战的英雄都感觉到这一点**；对我们来说，这场战争不是暴行，而是把**欧洲从无法忍受的压迫下解放出来的行动**；这会使我们的心灵**变得纯洁**，使我们对胜利充满坚定的信心，使我们的打击产生震惊全世界的力量。而我们的敌人却是为了**俄国的专制制度**、亚洲的残暴和英国的海盗权利而居心不良地用麻木了的手进行厮杀。"①

1914年8月31日《前进报》。②

艾托勒·奇切奥迪的文章《**战争的前景**》，大意说，德国的胜利意味着军国主义（一个德国的霸权），而法国和俄国的胜利则意味着均势和裁军的可能性；说**斯拉夫人的危险**不大：法国和英国是保证。

同上，1914年9月2日：编辑部在德拉·塞塔和休特古姆（在罗马的会晤）的会谈记录上加的附言。

---

① 着重标记是用彩色铅笔加上的。——俄文版编者注
② 意大利社会党机关报。——编者注
③ 着重线是用彩色铅笔画的。——俄文版编者注

"正当来自各方面的新老掘墓人竭力埋葬国际的时候，罗马的会晤反而向我们证明：社会党国际可能是'暂停活动'，但不是完全死亡。可以认为罗马的会谈是预示未来的国际社会党代表大会将召开，届时的问题将是重新建立联系、检查欧洲的各社会党的行为和结束过去。罗马的会晤证明不是所有的联系都已中断：德国社会党人的代表叙述了德国社会主义运动的观点，意大利社会党人的代表说出了我们的观点。辩论是有重要意义的。德国社会主义运动在这场战争之后能否'苏醒'？我们等着瞧。但是，我们现在就可以说，只有在这样的条件下，它才能重新获得明天的国际的公认。"

（编辑部加的**全部**结束语。）

1914年9月1日《前进报》第241号。

关于俄国社会党人不投票赞成军事预算的报道和编辑部的评论：

"声明（俄国社会党人的），受到我们的理论的明显鼓舞，它注意到时间和地点，因而比哈阿兹在德国国会提出的声明大胆得多。不过俄国社会党代表的实际行动同他们的口头声明是一致的，即他们不投票赞成战争所需要的军事拨款，并且退出了会议。

这样一来，俄国社会党给目前几乎完全支持帝国主义事业的德国社会党作出了迥非寻常的团结榜样。未来的国际应该注意到这一点！"

（编辑部加的**全部**附言。）

---

9 月 12 日《前进报》。梅林顺便谈到"**国际的暂时破产**①……"**227**

《格吕特利盟员报》（瑞士《格吕特利》联盟和瑞士社会民主党的中央机关报）[地址：苏黎世上教堂胡同]第 214 号（1914 年 9 月 14 日），（一个卢塞恩社会民主党人的）文章《社会民主党与战争》的**结尾**。**228**

1914 年 9 月 20 日，**《世纪报》229**，关于米兰社会党人以战争（主张无条件的中立还是有条件的中立）为题展开的辩论的报告…… "切列斯迪诺·拉迪（党的领导成员）……针对马尔加里塔·萨尔法蒂提出的反对德国暴行的决议案，认为可以替德国社会主义辩护，驳斥所谓德国社会主义'**玷污了国际无产阶级的国际的旗帜**'的责难……"③

②

！

加拉西："……有人竟敢再次为德国社会党人的背叛行为辩护，对此我表示抗议……"

同上，1914 年 9 月 17 日，一篇题为《社会党领导

---

① 着重标记是用彩色铅笔加上的。——俄文版编者注
② 着重线和叹号是用铅笔画的。——俄文版编者注
③ 着重标记是用彩色铅笔加上的。——俄文版编者注

机关答休特古姆代表》(16 日夜发自罗马)的文章——休特古姆在《前进报》上声明说,报告不完整——

"我们作为签名人,应当指出,根据宣读过的并经批准的记录(即使没有相应的签字),不应该表示哪怕是丝毫的异议";我们还证实,报告是向休特古姆宣读的,报告是完整而准确的。签字:德拉·塞塔、泽尔比尼和党的书记拉查理。

1914 年 9 月 23 日《世纪报》。编辑部文章《意大利社会党人不太感兴趣的事》——关于意大利社会党主张无条件中立的宣言。# 报纸特别恨社会党人讲空话:(第 1 号),"对断定谁是战争发动者我们不太感兴趣"(第 3 号)。而且《世纪报》答复说:给塞尔维亚的照会等等反对德国。 #

第 1 号
第 3 号

"但是,所有人认为,向塞尔维亚发出的照会是德国人预谋的蛮横行为的无可辩驳的证据。照会驳斥了两个帝国的参与入侵的社会民主党为自己行为辩护而列举的种种理由。照会完全替其他交战国社会党人的行动辩护:意大利社会党人在他们的上述宣言中表现出来的对这种差别的漠不关心态度,完全采取了拙劣的伪装形式,冒充是为了马克思主义而支持无条件中立的主张。"

意大利社会党(和国会的其他集团)的这个宣 #

注意

言,见9月22日《世纪报》。注意上下文:第1号……"如果不管遭到德军野蛮入侵的、和平的、英勇的比利时,那么,确定"等等到"平常"。(而后接第3号。)"对战争负首要责任的是现代资本主义制度……"

顺便接着说,"……社会党再次大声地证实战争与社会主义之间存在着深刻的和无法克服的矛盾,因为战争(更不用说其他骇人听闻的情况)是阶级合

注意

作的极端的(因为战争是被迫的)形式,它否认个人的独立行动,牺牲思想自由。"

注意

在意大利,要对战争负责的是意大利的统治阶级和**王朝**。

9月23日《晚间信使报》[230](9月22日发自罗马)报道:"**一群官方的社会党人和几个无政府主义者发表了**一个与社会党领导机关的宣言完全相矛盾的宣言。"从这个宣言中我要指出:"一切解放战争都是我们的战争……　无所作为是怯懦,再不考虑人民意志的**中立是背叛。是行动的时候了**。……**我们要为我们的法国而工作……**"①

签名:奥伯丹·吉利、玛丽亚·里格、吉诺·泰科拉尼、朱泽培·帕帕拉佐、奥雷利奥·加拉西、爱德华多·马卢萨尔迪、圭多·马罗克基、利贝罗·坦克雷迪、路易吉·卡尔莫基、阿蒂利奥·保利内利、

---

① 着重标记是用彩色铅笔加上的。——俄文版编者注

切萨雷·马尔泰洛、艾曼努埃莱·卡洛蒂、乌戈·皮耶里纳特伊、莱奥波多·雅各贝利、彼得罗·德-帕斯夸利、布鲁诺·贝尔纳贝伊、乔瓦尼·普罗温奇亚里、维托尔·埃齐奥·马罗克基尼、弗朗切斯科·阿迪松、杰苏阿尔多·格罗西、奥特里亚德·吉利乌奇、弗朗切斯科·萨尔蒂。(全部。)

《人道报》摘录

1914年9月7日《人道报》(第3795号)。**231**

文章《意大利社会党会议记录》,题词:

"法国和英国的胜利同样将意味着德国无产阶级的解放。"

"……我们希望这场战争以消灭战争的发动者德奥帝国而结束,因为与俄国相比较,这两个帝国更加是欧洲反动势力的堡垒,在俄国目前出现的民主的和社会主义的派别……"

同上,摘自《正义报》的王德威尔得访问记。

"他们(比利时的参加社会党的士兵)唱着国际歌去迎接德国人的进攻。"

(王德威尔得在英国拜访了国王和爱德华·格雷爵士,"他使爱德华·格雷产生了非常良好的印象……")

同上,皮·列诺得尔关于英法俄条约的文章(9月5日或6日):"胜利(法兰西等国的)应该把世界从帝国主义制度下解放出来……"①

---

① 指皮埃尔·列诺得尔《胜利的保证》(署名皮·列·),见本卷第466页。——编者注

理查·费舍在《民权报》(苏黎世)第 206 号发表的文章。

给他的答复：卢塞恩 9 月 9 日(用打字机打的)。在**《辅助》**周刊第 35 期上**罗尔巴赫**的引文。

————

1914 年 10 月 8 日《人道报》。**232**

摘自西班牙人胡利奥·阿尔瓦雷斯·德尔瓦戈发表在马德里《自由党人报》**233**上关于德国社会党人的文章的引文，说《前进报》、《每日评论报》和《十字报》**234**三者没有区别。

作者是亲法的。

————

同上，1914 年 10 月 9 日瓦扬的社论《形式主义者——学理主义者》——关于他收到的社会党人的一些来信。说法俄等国罪过也不小，这是"资本主义矛盾的尖锐冲突"。

瓦扬生气，责骂他们("耳朵里的红色棉花"，在"帝国主义德国的罪行"已是十分明显的当前，"研究那些理论细节的"书呆子、学理主义者是**"危险的"**)。

"只要存在资本主义，就会存在阶级斗争。因此，在目前的事件及其后果中不可能找到这样一些办法，即它们会为我们改善资本主义，并会使资本主义裁减帝国主义军事力量，而德意志帝国——应该被消灭的敌人，则是帝国主义的最充分的表现者……"

————

同上，1914 年 10 月 12 日。①

————

① 摘自法布拉·里巴斯的短评《德国社会党人和战争。潘涅库克公民说什么》。——编者注

摘自潘涅库克在芝加哥出版的《国际社会主义评论》杂志[235]发表的文章的引文——坚决反对机会主义者和《前进报》(潘涅库克也在这里顺便吹捧拉狄克!)[236]

由于害怕,投票赞成组织,但是"社会主义的精神却被〈党〉牺牲了……"

外国报刊论战争摘录[237]

(1914 年 9 月)

《法兰克福报》第 258 号,1914 年 9 月 17 日晚上版。

一篇以《"国际"的破产》为题的文章。说连《前进报》也说"暂时的破产"。[238]说这使我们感到高兴。说我们的社会民主党人是"**德国的民族主义者**"①("**我们的社会民主党人的德国民族主义的立场**")"……理·费舍②的**功劳在于他公开驳斥了这些攻击**"(瑞士人对德国人的)。**所有这些都摘自一篇文章**,即"**有影响的社会民主党人士投寄给《人民报》**((柏林《人民报》[239]?))**的文章**"((9 月 16 日柏林专电。))

注意

!!

"所有这些事件清楚地表明,世界公民的思想遭到了彻底的破产,而**民族主义的感情**①则处处取得

③
注意

---

①　着重标记是用彩色铅笔加上的。——俄文版编者注
②　此处用彩色铅笔勾掉"同志"一词。——俄文版编者注
③　着重线和"注意"是用彩色铅笔加上的。——俄文版编者注

▌▌▌ 了胜利。"

《德奥历史学家的民族主义的声明》。《南德意志月刊》特刊(1914年9月)**240**。最爱国的见解(昂肯、施潘、伦茨《德国的上帝》,关于俾斯麦、威廉二世等的文章)。在第**793**页上顺便说:

注意 ▌▌▌ "在党内争吵时期许多人通常认为不能信任社会民主党的领袖们的问题已经得到很好的证实,因为**在危急关头,党不允许任何人超越自己的爱国主义的界限**①,虽然党的世界观与我们的世界观相比有着不同的色彩,而且与凯撒个人没有联系…… 可是,凯撒本人却采取了主动,这一情况对人民来说是令人高兴的,在整顿我们各党方面来说,也是令人抱有很大希望的。他以感人的诚恳态度,甚至可以说是在强烈的骑士精神的冲动之下抛开了一切偏见,握住并摇晃着工人肌肉发达的手。"(摘自卡尔·迈尔的文章:《威廉二世》第793页)

麦克斯·格尔伯:《民主和军国主义》。1913年苏黎世。(《瑞士现代社会政治问题》**241**第24—25期合刊)(共95页)。多愁善感的**进步人士**是市侩;一

---

① 着重标记是用彩色铅笔加上的。——俄文版编者注

群废物;赞成民主;赞成挑选军官;等等。把和平的
希望寄托在社会党人身上:"意大利和土耳其的社会
党人在的黎波里塔尼亚战争期间是同伙。现在在相
互敌对的巴尔干国家里也发生同样的情况。在相互 ‖ 哎!
交战的文明国家的一些比较强大的政党里将更有可
能发生同样的情况……"(21)

　　"……我们的〈瑞士的〉无产阶级将要去打仗,这
件事是不久前国家顾问格罗伊利希在国际代表大会
上证实的〈据说,是为了保卫祖国〉,并且谁也没有向
他提出异议…… 敌人〈瑞士的〉如果侵犯瑞士,他
们在自己的背后至少没有团结的人民,也许人民甚 ‖ 哎!!
至处在内战的状态之中,然而为了防御,我们是完全
团结一致的。"(27)……

　　作者顺便引证布莱布特罗伊的话:《军队》(1910
年)和《五十年以前》(1912 年)。
　　诺曼·安杰尔《大幻想》。1910—?**242**

　　1914 年 9 月 27 日《世纪报》。

　　罗马,9 月 26 日夜……　罗穆阿尔迪退出了社　　　例子
会党;他反对中立,在自己的信中写道,"……我认　德国社会民
为,参加打倒德国的霸权和暴力就是参加解放事　主党人!!
‖ 业…… **最后,我觉得,既然德奥俄法的社会**
‖ **党人只关心自己本国的利益,**①那么意大利社 ‖ 注意

────────────

　　①　着重标记是用彩色铅笔加上的。——俄文版编者注

‖ 会党人也应该关心自己本国的利益……"

关于普列汉诺夫

1914 年 9 月 27 日星期日《法兰克福报》第 268 号,第一次上午版。**斯特·,苏黎世**。9 月 26 日(专电。斯特·,法兰克福)①。俄国社会民主党的领袖们宣称:俄国和各种报刊广泛传播的一则报道说俄国社会民主党的涅斯托尔[243]——格里戈里·(原文如此!)普列汉诺夫表示了自己同情俄国,他号召在法国的俄国人要为保卫俄国而斗争,这是**卑鄙的谎言**。居住在瑞士的俄国社会民主党的一些首领要我相信:没有一个俄国社会民主党人希望俄国胜利,因为俄国的胜利意味着"欧洲遭受奴役和倒退到野蛮时代"。

注意

《泛德周刊》,全德联盟出版,第 38 期(9 月 19 日)。(第 24 年卷。)美因茨,施塔特豪斯街 11 号[每周出版,每季 1.5 马克]。摘自泰奥多尔·安特罗普《战争和外国迷》一文(摘自《德奥》杂志)[244]**第 341 页**:"……社会民主党的工人在盖尔森基兴市俾斯麦纪念像前烧毁了自己的国际主义信仰的红旗,打起了民族的旗帜,这些工人应该成为我们理想的榜样,因为这种榜样用自己简单的象征性行动,非常雄辩

---

① "斯特·"是苏黎世通讯记者姓名的简写。通讯载于该报"最新的大胆见解"栏。——编者注

地向我们说明了战争在精神上的影响。……"①

所有疯狂的德国人的、极端沙文主义的、疯狂的机关刊物

第 32 期(1914 年 8 月 8 日)。

"……出现了奇迹:德国人民万众一心。没有党派,没有纲领——只有德国人。"②

《新普鲁士报》(《十字报》),第 **443** 号附刊(1914 年 9 月 17 日,星期四)。

"曼海姆。9 月 16 日。""至今,巴登政府不顾州议会的多次申诉,不批准曼海姆区政府推荐的**社会民主党人候选人**;现在根据《曼海姆人民呼声报》**245** 的报道:"曼海姆地方法院已经把**任命**区政府成员和**巴登州议会副议长盖斯为曼海姆区委员会委员**③的决定通知他。"

服务的结果

注意

《新自由报》**246** 第 17988 号(1914 年 9 月 22 日,星期二,上午版)。短评:保尔·戈尔德曼《**路德维希·弗兰克**》。③**注意**。

关于路·弗兰克

"……路德维希·弗兰克是自己党内的极右翼…… 他的健全而又讲求实际的头脑注重积极的成果总是多于注重各种理论…… 虽然

---

① 着重标记是用彩色铅笔加上的。——俄文版编者注
② 着重标记是用彩色铅笔加上的。这段引文摘自 1914 年 8 月 8 日《泛德周刊》第 32 期上一篇署名"维"的文章:《关于近来的德国人民》。——俄文版编者注
③ 着重标记是用墨水和铅笔加上的。——俄文版编者注

他遭到党内毫不调和分子的猛烈攻击,而且社会民主党信条的捍卫者把他当做异教徒加以迫害,但是他没有迷失自己的道路……

　　……弗兰克的实际政策表现之一是社会民主党同自由派的联盟。当然,社会民主党教条的最严肃的信徒们是否定这种联盟的,并且拒绝同任何资产阶级政党(包括自由派的政党在内)调和。正如上面所说的,弗兰克总是只图积极的成果,他认为奉行社会民主党的教条所要求的这种孤立政策是不可能的。相反,他认为,社会民主党参与组成多数派是实现党的要求(哪怕是某些要求)的唯一途径。**此外,说实在的,他的观点由于涉及的是纯粹的政治问题而不是经济问题,与自由派的观点差别很少,因此,他认为**[①],两党的政治纲领中有这么多共同之处,它们结成联盟是完全自然的……　　**在巴登州议会**中弗兰克实际上已经实现了自己的这种联盟的主张……　　这就是非常闻名的巴登‘大联盟’,多年来,这个联盟做了许多有益的立法工作。巴登州的许多改革和许多成就应归功于这个联盟——议会策略的杰作……

　　……近几年来,他曾多次成功地使社会民主党改变了它对待一切问题的麻木的消极态

!!

---

① 着重标记是用彩色铅笔加上的。——俄文版编者注

度,并使它参与立法工作…… 社会民主党通 ‖ 注意
过国防费法在很大程度上是弗兰克的功劳。**最
后,他的影响在他的党的一次会议上是起了决
定性的作用的。这次会议是在难忘的 8 月 4 日
召开的国会会议之前举行的。**①那一天,由于社 ‖ 注意
会民主党投票赞成军事拨款,帝国国会呈现出
完全一致的壮观景象。"

军事书籍札记

哲学博士赖因霍尔德·君特(陆军大尉)《**现代的军事和作
战**》,1901 年柏林版。

这是一本写得不错的军事知识的通俗概述。作者当然是**德国**
的一个庸俗的沙文主义者。文献列举如下:

克劳塞维茨《**战争论**》

弗里德里希大帝《战争的基本原则》

拿破仑:?**247**

布卢默《战略》

霍亨洛埃亲王《军事书信集》

阿·冯-博古斯拉夫斯基《关于军事和作战论文集》

布尔戈尼《**回忆录**》,1898 年巴黎版②(关于拿破仑第一的军队
士兵的抢劫)。#

---

① 着重标记是用彩色铅笔加上的。——俄文版编者注
② 指布尔戈尼·弗朗索瓦《布尔戈尼中士回忆录》(1812—1813 年),按波勒
　姆·柯滕的原稿刊印,1898 年巴黎哈舍特公司第 2 版。——编者注

毛奇《普法战争史》,1887年。①

布龙萨特·冯·舍伦多夫《总参谋部的工作》。

格奥尔格·卡丁纳尔·冯·维德尔恩《军队的调动和演习》。

马汉《海军在历史上的作用》(译本)。

#作者自述,第58页:

这本回忆录的第56页。

"我的背囊(1812年10月18日从莫斯科退却时)被塞得满满的,在背囊里有几磅糖和大米、一些饼干、半瓶伏特加酒、一件用金银绣饰的中国女人穿的绸衣服、许多用贵重金属制成的小饰物(其中有一块圣伊万十字勋章)……一件黑色天鹅绒的女外套、两个银的圣像衣饰……此外,还有许多嵌有肖像的圆形颈饰和一个俄国公爵的镶有宝石的痰盂。"

《新路》杂志摘录②248

《新路,宗教宣传月刊》(苏黎世)第8年卷,1914年**9月**。

注意:第371—372页,注意**第371页**。

$$1914年10月 \left\{ \begin{array}{l} 第\textbf{395}页? \\ \textbf{425}? \end{array} \right.$$

---

① 指卡·冯·毛奇《1870—1871年普法战争史》1887年柏林第1版。——编者注

② 杂志的标题和页码是用普通铅笔写的,摘录的正文是用墨水写的。在文献的右角列宁写下了弗·梅林的地址:"柏林-斯提利茨　康德街16号　弗兰茨·梅林博士先生"。——俄文版编者注

9月，第**352**页："如果贫困达到极点，如果绝望支配一切，如果人们看到身穿敌人军服的是自己的弟兄，那么还可能发生意料不到的事情，人们可能把枪口转向那些驱使他们进行战争的人，突然团结起来的各国人民会忘掉强行灌输给他们的仇恨。我们不想作什么预言，但是，如果欧洲大战能使我们向欧洲社会共和国接近一步，那么，这场战争也就不会像现在看来这样毫无意义。"

编辑部提到了一个叫 U. W. 苏希尔的人，在第388页上作了这样的说明：他出身于文艺界，是同神学界格格不入的。

10月，第**426**页——《**日内瓦日报**》(9月22—23日附刊)上**罗曼·罗兰**(《约翰·克利斯朵夫》的作者)的一封信的摘录。一个民族主义者，但却具有使社会主义者感到痛苦的真理。**249** | 注意

10月，第**434**页。一个德国牧师说："我们德国人，作为一个民族，极为侥幸地对我们的社会民主党感到非常失望……" | !!

俄文报纸论战争剪报和摘录

1914 年 9 月

里　加　传　单①

1914 年 8 月 21 日（9 月 3 日）《现代言论报》第 2372 号②

在波罗的海沿岸边疆区

《里加思想报》报道：

近来，**在里加**流传《打倒战争》的俄文传单，看来，这些传单是在国外印的。正如《最新消息报》所报道的那样：警察局已经查明，传单是三个从科夫诺省来的德国人散发的（其中两个是德国籍人）。在搜查这些人的住宅时，发现几包传单。被捕者将受到严惩。

---

① 剪报上这个标题是列宁用红铅笔加上的，并在"里加"下面加上了着重标记。——俄文版编者注

② 剪报上这一行字是娜·克鲁普斯卡娅写的。——俄文版编者注

关于"格·瓦·普列汉诺夫
对待战争"的态度的两则报纸简讯

1914年8月23日(9月5日)星期六《现代言论报》第2374号①。

　　"**格·瓦·普列汉诺夫论战争**。俄国老资格的社会民主党人,著名的作家格·瓦·普列汉诺夫在巴黎正赶上大战爆发,他在跟刚从那里来的俄国人交谈时,坚决地、明确地宣称,他完全同情与德国的斗争,并表示热烈希望盟国胜利。尤其是,格·瓦·普列汉诺夫为法国的命运感到非常不安。他认为,同德国的战争对俄国说来有巨大的经济意义。与德国签订的通商条约是叮在俄国躯体上的一条蚂蟥。在这方面的进一步发展有使俄国遭受经济奴役的危险。普列汉诺夫在与俄国青年侨民交谈中对他们想加入法军当志愿兵的愿望给予了鼓励。"

1914年8月23日(9月5日)《俄罗斯言论报》[250]第193号。

格·瓦·普列汉诺夫论战争

　　一位彼得格勒的教授曾有机会以战争为题同著名的社会民主党政论家格·瓦·普列汉诺夫进行交谈。

　　格·普列汉诺夫对盟国大加赞许,并宣称他完全同情正在同

---

① 这一摘录是列宁在笔记本上用铅笔(后用墨水重描)写在《法兰克福报》的摘录(见本卷第477页)后面的。——俄文版编者注

德国军国主义的压迫作斗争的三国协约。

至于俄国,格·普列汉诺夫认为,俄国跟德国打仗,主要是经济上的需要,因为1904年订立的通商条约是俄国经济机体上的毒瘤,它吸取俄国人民的血汗。**251**

《现代言论报》关于彼·阿·
克鲁泡特金对待战争的态度的简讯

1914年8月26日(9月8日)《现代言论报》①

彼·阿·克鲁泡特金关于战争的书

刚从英国返回彼得格勒的安·阿·伊萨耶夫律师有机会听取我国的侨居国外的著名作家彼·阿·克鲁泡特金公爵对这次战争的看法。

安·阿·伊萨耶夫在伦敦附近的布赖顿同克鲁泡特金公爵见面时,向他提出了如下的问题:

——请问,您这位伟大的和解人士,是如何看待这场战争的?

——克鲁泡特金公爵回答说:我认为打死日耳曼主义毒蛇的时候已经到了。与德国作战的盟国的公民应该最积极地参加与德国的斗争。他们应该帮助自己的政府,应该建立救济居民委员会和其他援助组织,总之,要集中一切力量去打死这条毒蛇。

---

① 剪报上的这行字是娜·克鲁普斯卡娅写的。——俄文版编者注

哥萨克够不够厉害[252]

摘自车厢里的谈话：

"四个词以后第五个词——俄国或者柏林。'从柯尼斯堡到柏林'。'……当他们将到柏林的时候……''通往柏林的道路'…… 这就是从车厢的各个角落传来的谈话片断。我的邻座知道我是俄国记者后，就向我提出了一个很有趣的问题：'请问，你们的哥萨克够不够厉害？'在他知道够厉害时，就高兴得搓起手来，说道：'他们会向犯下一切暴行的人报仇的'。"

尼·明斯基《巴黎日记》，9月4日，波尔多。1914年9月7日《俄国晨报》第213号。

译自《列宁文集》俄文版第14卷
第36—116页

在1914年10月2日《新时代》杂志第1期上作的批注①253

（1914年9月19日和28日〔10月2日和11日〕之间）

战争时期的社会民主党

卡·考茨基

[1—4]　我们党多次讨论预防战争威胁的方式和方法,但很少讨论在这场它无力阻止的战争中如何行动的问题。看来,这并不是偶然的。

社会民主党在进行和平鼓动时尚可无阻碍地大显身手。但是它必须立即估计到,从战争一开始它就会处在实行战时法的条件下,不可能自由行动。政府从来没有像在战争开始时这

---

①　在杂志封面上有列宁的署名:"Lenin"。——俄文版编者注

样强大，各政党从来没有像在战争开始时这样软弱。　　**?**

虽然很明显，这个敏感的问题要求持十分慎重的态度，但是很遗憾，在和平时期我们并未比较详细地加以讨论。就是说战争时期应采取的立场是一个比鼓动和平要复杂得多的问题。而战争时期最不宜于心平气和地、从容地讨论有争议的问题。在这里抱客观态度几乎是不可能的，况且对某些人来说这是犯罪行为。　　**哈哈！**

情况发生了急剧的变化，现在已经很清楚：我们不可能阻止战争，也就是说从战争爆发时起就是如此。只要缔结和约的时刻尚未到来，实际问题就不是：是和平还是战争，而是：是本国获胜还是失败。　　**胡说**

假定党在战争开始后就为停止战争而斗争，同时不给本国带来危害，那就必须在各交战国同时展开反战行动并取得同样的胜利。通过这种方式他们有可能取得和平而不致遭到失败。但实际上从未采取过任何类似的做法。我们始终否定这种做法的可能性。我们完全可以不这样做。在战争爆发的情况下，只有一个问题：胜利或者失败？　　**?**

实际上希望本国失败的可能在这里当然被排除了。这样一来，问题就只限于：是急风暴雨式地反对战争还是斯斯文文地反对战争。对这一问题不可能立即予以回答，因为这完全要看所进行的战争的性质而定。

倍倍尔在不同时期，后来在埃森（1907 年）说过："一旦我们遭到攻击，我们有义务保卫祖国。"

这在当时大概是大多数代表人物的观点。甚至可以说，这一观点一般说来早已在世界上占主宰地位。对这一点大概未必会有异议。但是这一观点作为绝对正确的准则，却往往显得根据不足。遭受攻击的一方比进攻的、轻率地破坏和平这一最高利益的一方总是可以指望唤起本国人民更大的爱国主义激情，并得到中立国家更多的同情。因此，真正的侵略者也总是竭力在世界面前把自己说成是侵略的对象，而且他们通常是秘密地进行外交谈判和准备战争，以此来取得支持。　　**!!**

当时倍倍尔这样说道：

!!!

⑦

"有人曾对我说,而且考茨基同志也支持这一观点,——什么叫侵略战争?不错,但如果今天广大的国民阶层对政治的关心和从前相比与日俱增,而我们却尚未学会判断每一个具体情况下所谈的是否是侵略战争,那是很遗憾的。"

经验表明,往往有这样的情况,即使有最深湛的政治知识,也不足以在战争一开始就立即正确无误地发现侵略者。这是因为往往各交战国都陷入困境,谁也不能和平地、不严重丧失自己的实力和威望就摆脱这种困境,而且不斗争就让步,这对每个国家来说都意味着失败。谁先开第一枪并因而成了侵略者,往往取决于偶然性或外交手腕的水平。

这次要作决定就特别困难,这是由事件发展的速度和同盟国政策造成的日益发展的复杂情况所决定的。

由于这些原因,我在埃森用以反对倍倍尔的关于侵略战争概念的那一方针,就失去了它的全部准确性。我当时这样说道:

"德国政府有朝一日会使德国无产者相信他们遭到了攻击,法国政府也会使法国人相信自己遭到了攻击,于是就会发生战争,在战争中德法无产者都以同样的激情跟随本国政府去互相残杀。这种情况必须防止,而且可以防止,如果我们确定的不是侵略战争的准则,而是无产阶级利益的准则。"

WWW

这一准则,这一指导原则,在这次战争开始时无论这方还是那方都注意到了——但是,和侵略战争的准则一样,它也使德国人和法国人产生对立的观点。

!!!!

哈哈!

但是每次我们都发现,德法社会党人之间的分歧并非由准则,并非由原则性的观点所引起,而是对情势的估计不同所引起,而对情势的估计本身又是受双方的地理位置不同所制约。因此,只要战争在继续,这种分歧就未必能得到克服。但是,这种分歧并非原则性的,而是受特殊情势所制约的,因此只要这种情势存在,它就会存在……

但是,如果说在今天的情势下无论是侵略战争的准则,还是无产阶级利益的准则,都不能产生对各国同志来说同样明确和有约束力的观点,那么就还有第三种有决定意义的准则。不管怎么争论谁是侵略者,谁是侵略对象,什么东西对欧洲民主威胁最大——是德国战胜法国,还是俄国战胜德国,有一点却是清楚的:每一个民族,以及每一个民族的无产阶级,<u>直接关心的是不让敌人越过他们的国界</u>,因为那时战争和破坏所造成的惨状极其可怕并使敌人<u>长驱直入</u>。每个民族国家的无产阶级也应该全力以赴使<u>本国的独立和完整不受侵犯</u>。这是<u>民主</u>这一无产阶级进行斗争和取得胜利的<u>必要基础</u>的重要因素。　　<u>倒退</u>

在战争发生时,<u>保卫祖国免遭破坏和洗劫,保卫民族免遭分裂和免遭异族统治的准则</u>的决定性事实,在大多数情况下较之侵略战争的准则或无产阶级利益的准则,要鲜明得多。在这里,在只享有一半自由的国家的情况下,指的只是力量对比和来自敌人的威胁的程度。如果敌人很弱,一开始不可能侵入他与之交战的国家,那么较强的国家的社会民主党,只要其他两个准则中的任何一个都与此不相矛盾,将最坚决地起来反对本国政府进行的战争,同时也将反对任何地方可能进行的战争。

在对西班牙战争时期的美国,在英布战争时期的英国,在对日本战争时期的俄国——日本人虽然很强,<u>然而从未以破坏或占领它的领土</u>来威胁俄国,——在远征摩洛哥过程中的西班牙,在进军的黎波里时期的意大利,社会民主党就是这样做的……　　<u>胡说!!</u>

[7]　马克思主义观点则完全不同,它要的不是批判,而是深入理解问题的实质。因此,在目前情况下根据这一观点可以得出结论说:在不同的国家占主宰地位的是导致它们之间发生不可调和矛盾的相同的趋向;各个方面,任何一个方面都不应谴责别人的任何做法。如果社会民主党作了一切努力之后战争仍不可避免,那么每个民族有义务尽力保卫自己。<u>在那种情况下,各个国家的社会民主党人有同等权利或同等义务参与保卫祖国;任何一个民族都不应为此而谴责别的民族</u>……

[9]
1870年战争回忆
略谈国内和平
弗兰茨·梅林

　　许多德国党内同志都是第一次目睹这场大规模的战争。但是在少数这样的人中只有较少的人从政治立场观察1870年事件。最近几个星期，党内一些同志不止一次地请这些少数人，其中包括我，回忆一下1870年。我个人一直谢绝这些请求，因为1870年我尚无政治经验，而且当时我也没有什么特殊感受。

　　前不久我重新接触这些事件，而且正是在我应承认是公正的那方面。国际解体和德国社会民主党的立场受到各中立国兄弟党的严厉谴责这一令人震惊的事实之所以发生，至少是由于德国党的各级组织，具体说德国党的报刊，迁就所谓国内和平，即没有在战争时期公开维护党的原则。它们之所以走了这一步，是由于不断受到军事独裁的压力，但是不管怎样，它们毕竟这样做了，所以给以外国的同志们造成一种印象，似乎德国社会民主党一心一意地、完完全全地站到帝国主义方面去了……

注意

注意

注意

[18]
国际和国内和平

　　党内的情况要求我们比任何时候都更明确清楚，避免任何误解。因此我认为有必要解释一下《1870年战争回忆》引言中提到的某些事。

　　如果德国社会民主党机关报把国际的解体毫无保留地

说成"令人震惊的事实",首先就可能产生一种错觉。国外可能会有人把这看做是我党的一致观点。这种意见将是错误的。<u>大概许多同志都持这种观点</u>,但是也有不少人认为,这种<u>悲观主义是毫无根据的</u>……

[19]　随着戒严的实行,党的报刊面临一个问题:<u>它是否应该不理会戒严所规定的限制?</u> 不遵守战时法律只会使我们的<u>报刊被查禁</u>;而这将意味着坚决地不再捍卫党的原则和取消团结同志的最好工具。如果希望不致如此,那就<u>不管战时法律所规定的限制如何,必须在许可的范围内继续捍卫党的原则</u>。党的一切报刊,不管倾向怎样,都赞成后一选择,即赞成<u>在战时法律这把达摩克利斯剑的威胁下进行艰苦的工作</u>,<u>这并不意味着不再捍卫党的原则</u>,<u>正像我们党的报刊过去在反社会党人非常法这把达摩克利斯剑的威胁下进行工作的情形一样</u>。

!!

??

(1)很少讨论在战争时期怎么办。——(2)政府从来没有像在战争时期这样强大。——(3)战争时期不宜于心平气和地进行讨论。——(4)实际问题只是:是本国获胜还是失败。——(5)在实践上各国社会民主党在战争时期从未设法去取得一致意见。我们也总说这是不可能的。均见第 1 页 (6)法国人和德国人的分歧并非原则性的,而且不会比战争持续的时间长。第 3 页 (7)在所有社会民主党人看来,政府是保卫自己的祖国的。第 7 页 (8)国际**没有**解体。悲观主义是没有根据的。第 18 页 (9)原则没有放弃,否则一切报刊都会被查封。第 19 页

译自《列宁文集》俄文版第 40 卷
第 295—300 页

在格·普列汉诺夫《论社会党人对战争的态度》专题报告会上作的笔记[254]

(1914 年 9 月 28 日〔10 月 11 日〕)

1

格·普列汉诺夫专题报告的摘记

普列汉诺夫的专题报告

3 点 30 分[255]

普列汉诺夫:

社会民主党对战争的态度

(1)适当的(历次代表大会的决议等等)

(2)实际的

关于(1)激烈地反对战争……

"甚至用革命来威胁"主张战争的各国政府。可是
社会民主党能够采取什么办法来阻止战争。

军事罢工？

我像其他社会民主党人一样是反对的。[256]

> 基尔-哈第和
>
> 瓦扬在哥本哈根[257]

经验为我们解答了这个问题：军事罢工在技术上是不可能的。

> 军事罢工＝拒绝服兵役

社会党人——⅓（法国）

反对⅔，是办不到的。

> 基尔-哈第本人甚至忘记考虑它

　　　　　　　　　（在梦中）。

但是决不能容忍战争

"并不是我们所有同志都履行了自己的义务"：**德国**社会民主党——先锋队。他们没有履行……

哈阿兹同志……

——1914年8月4日。他的发言……[258]

敏感的哈阿兹同志……投票赞成军事拨款

> 每个民族的生存权利……
>
> 去比利时

我不知道怎样才能证明哈阿兹是正确的？

贝特曼-霍尔韦格也使哈阿兹误解吗？

德国人在进军中表现怎样？焚烧卢万等等。

（＞⅓社会民主党人）[259]

我个人（**不**）高兴与一位国会议员——德国社会民主党人叙谈。

孔佩尔-莫雷尔在《社会战争报》上叙述德国人怎样毁坏城市[260]。

"空前的暴行"。

阿提拉

德国人回答：难道法国人好些？

而我：要知道他们(法国人)没有到德国领土上去。

据说俄国威胁了我们——战争将为德国的**资本主义**创造有利的条件。

((因而也为社会主义……))

据说战争对社会主义是有利的。

(一个法国人说：**唯心主义**可能需要历史唯物主义！)

我：历史**犬儒主义**！！

您拥护资产阶级**帝国主义者**的观点。

"阶级斗争的理论是不会使人满意的"(一个德国人)。

还有民族感……

(德国人)早就有用资产阶级的理论来反对唯物主义的主张。

这个德国人是个**修正主义分子**。

(机会主义的胜利……)

沃·海涅："用大炮换取人民的权利"[261]。

(大家笑了,倍倍尔也笑了……)

在这种机会主义的所多玛和蛾摩拉[262]中有 4 个正直的人(在110 人中)……

13? 发了言,李卜克内西

"我们发言不是为了在报刊上发表"……激进派深信他们是大多数！！！[263]

!!｜　　在《平等》杂志上登载了一篇文章哀悼德国人在比利时遭
　　　｜到残酷对待 [264]。

　　　激进派没有经受住考验。没有给予足够有力的反击。

考茨基《论战争》不明确(纪律和组织的完整)[265]。

注意　　　激进派**担心分裂!!** 我反对分裂,但是在这种情况下分裂
　　　是必要的 [266]!

既然如此,我们为什么要这些组织??

康斯坦丁大公(1828 年):战争会毁掉军队! [267]

我们究竟为什么要这些组织?

机会主义取得胜利的准备工作不是昨天开始的……　我在
1898 年曾与维·阿德勒交谈过…… [268]

　　　　这个可怜的卡尔 [269]
　　您+ [270]

"你尽管蔑视理智,蔑视科学" [271](我说)。……

德国人(《维也纳工人报》)

而阶级斗争? [272]

"说德国人民的民族危急也是可笑的。"(基特·基特奇 [273])

国际承认生存的权利——因而也承认防卫的权利。

　　　我们以德国社会民主党为代表放弃了国际的基本原则
(1864—1914 年)……

错误

改正错误——坚决地和有力地同机会主义作斗争。

((**决议阻止不了**。))这确实是他们的事情。

为什么我们要意见一致? 哈阿兹和王德威尔得?!

‖ 受到资产阶级的嘲笑(是应得的)!!²⁷⁴

——反对**沙皇制度**。谁?

德国皇帝!

"更加复杂":法国和比利时社会党人?²⁷⁵

　　巴黎有一个德国社会民主党报刊的撰稿者(不是为了出版)弥勒冒着被捕的危险向他们[建议]声明:

\# 或者弃权,或者多数票反对²⁷⁶。

一位德国同志坚决否定了这一点……

\# ("这是法国社会党人告诉我的")

4 点 36 分

……"更加混乱"……法国和比利时?

法国人的行为"远非令人满意"。可是无权**这样决定指责**。

法国受到攻击!!

这样的人民不可能持托尔斯泰式的冷漠态度。

不是这样严重地离开原则。

　　他们应该在**投票赞成拨款的同时**讲明法兰西共和国的形势,等等。

用金子酬谢刽子手……²⁷⁷

(8 月 4 日在巴黎一片惊慌)……

法国社会党人不能拒绝保卫祖国

法国人民是进行了法国大革命的人民。

　　除了在巴黎报名参加法国军队(志愿兵)外,别无其他办法……²⁷⁸

　　不跟同志们一起去?

参加内阁？是**例外**！！

这也是特殊情况(盖得！曾经受到引诱？**不**)[279]。法国的保皇党——为了**监视**资产阶级政府反对保皇党的行动……

(我们认为只有防御战才是正确的——**盖得**建议,和平和**普遍裁军**——秘密条件……)[280]

盖得会受骗吗？会的！但是他的**任务**是民主的……

不能指责他们。否则他们就不可能。

《人道报》平淡;**《社会战争报》**鲜明,感情毕露,是沙文主义的。

("我会使爱尔威痛苦"……)[281]

瓦扬是个布朗基主义者(布朗基 1870 年)……[282]

卢加诺决议不能令人满意。[283]决议不正确！

(1)挑动战争向来是犯罪？

是的！在和平的环境下。

那么,在战时呢？

有例外!?!!

1848—1849 年同俄国进行的革命战争,马克思是赞同的

既然战争爆发了,无产阶级就应调动更多的力量去反击**侵略者**！

‖‖瓦扬的错误不是原则的！！

锁门是民族特殊地位政策……

卢加诺决议本应该说明谁是和平的破坏者！！

重复一般的话——而不作**具体的回答**！！

(不是社会民主党人的立场)

(2)瑞士社会党人开始倾向工团主义……

意见:

危机的主要根源——民族生存的权利[;]放弃这个权利:对它反正一样……

这是工团主义,如果对无产阶级**反正一样**……

需要"切实可行的口号",但是在……卢加诺却没有把它们提出来((把百叶窗关起来,这不是国际的团结))

据说不能搞清楚谁是魁首……

> 两个人掐着脖子不放

我们俄国的事情呢?

骄傲地说,在国家杜马中一致认为正确:不投票赞成军事拨款。[284]

> 沙皇的保皇军是不可能获胜的

> 应该指出

我们不给盗贼等等拨款

他们什么时候离开了?

不清楚。

((要走得光明正大些))

要使它[①]成长为一个不符合机会主义者审美观的美女(五岁的女孩——俄国社会民主党——将比成年的女子更易于保持贞洁)[285]。

---

① 俄国社会民主党。——编者注

2

关于格·普列汉诺夫
专题报告的发言要点

(1)Всл……①为了德国人

(2)我们为卢加诺会议拟定的决议

(3)中间路线

———

(4)保卫祖国　　　　　　　　　　　　　　　工团主义

———

(5)法国遭到攻击——**保卫祖国**……

3

格·普列汉诺夫总结发言的记录

普列汉诺夫：

我不得不离开洛桑,因为列宁同志对我不满。

爱尔威同志是在早得多的时候发表这些见解的(论证——没有时间)**286**。

——爱尔威的**最初**态度……**287**

———

① 有一个词无法辨认。——俄文版编者注

要引证的不是爱尔威的话,而是马克思的话

引用**工人没有祖国**这句话是错误的。

我不会(像列宁那样)下命令,而要说明:

〔耶克引用马克思的**笔记**〕**288**

"每个民族都有生存的权利……" 这是马克思宣传过的。

基于这一观点,就应该承认,每个民族都有权利(和义务)进行自卫。

假使一个先进的党不去保卫民族,它就会丧失对自己民族的一切影响,而成为乌托邦。

应该识别资产阶级的观点和无产阶级的观点:在国际关系上必须坚持"真理和正义"。

说工人没有祖国,是错误的。这意味着保留族际社会主义的观点,您将是**超民族**的。您将是**空想的**,也就不可能参与本民族的政治生活。

既然战争已经爆发了,我们就应该**善于**识别谁是压迫者这个可耻的角色,并且竭尽全力去打击他!

从列宁的每句话里都可看出缺乏辩证法。

列宁的形而上学

((琉善有一次谈到公鸡))

欺骗,说什么……

你不是毕达哥拉斯。现在我是**公鸡**;—— 一切取决于时间和环境**289**。

曾经进行了法国大革命的国家有自卫权。

现今的普鲁士——君主国家……

共和国比君主国优越。

倍倍尔的话：如果不能分辨谁破坏和平，那是非常可悲的[290]。

这一点德国人自己承认了！！ 为了看不见谁是战争的罪魁，必须故意闭上眼睛。

为社会革命而斗争——这是**不够的**。

瓦扬也有社会革命的意向。

（若说瓦扬现在渴望社会革命，那是不公平的。）

如果王德威尔得跑到别的国家某一个地方去，那他会犯错误。他应该留下来保卫祖国[291]。

否则你们将失掉影响自己人民的一切可能性，就会转到空想社会主义的观点上去。

我们这样做，也将挽救机会主义（如果我们退到乌托邦的境地的话）。

译自《列宁文集》俄文版第 14 卷
第 124—131 页

在苏黎世作的《战争和社会民主党》专题报告的材料²⁹²

（不早于 1914 年 10 月 14 日〔27 日〕）

1

报告的辩论记录

托洛茨基：

"**整个说来**（如果不谈历史的前景）报告人的结论我完全同意"，而且是站在我曾维护的"和睦"决议的立场上完全同意。²⁹³

有分歧，但是我不愿像报告人那样夸大分歧。

"和睦"（不是瑞士的，而是国际的）决议…… 列强的……交战国的无产者通过了一个决议。

（**玩笑已经是多余的**。）

（1）说我们拒绝**弄清**（拒绝**分清**）罪责，这是不对的。他可以把这个决议作为自己的报告提纲……

实际上，关于弄清责任的问题已经说得很清楚了：

（"思想活动的自由"）（列宁同志广泛地运用了这种自由）。

这一部分的评论使用了俏皮的双关语。

（2）和平的口号……

（在巴塞尔代表大会的决议里指出努力争取和平的任务。）

在"和睦"决议里重申了这一点。

诡辩　　为了［停止］发动德国无产阶级反对德国资产阶级的战争，应该停止德国无产阶级同法国无产阶级的战争。

国内战争的第一个口号——**停止**帝国主义战争。

停止战争和革命万岁！

"和睦"联盟的决议提出了条件：不要君主制度……

工人与工人和睦的口号……**起初**需要……

"不是用牧师祷告的办法，而是为了国内战争"

是在群众中宣传的对象，而不是祷告的对象

‖"这个**口号本身**意味着反政府的**起义**……"

‖"这个口号**本身**意味着革命。"

让报告人声明他不同意巴塞尔代表大会吧

"列宁同志是以某种简单化的态度跟考茨基论战的。我不是袒护考茨基"

在与考茨基的论战中用"更加适当的口吻和更加深刻的理由"。

我是**完全**否定考茨基的立场的。

在这场战争的基础上发动国内战争，这是完全正确的。但是和平的口号也立足**于这个基础**……

‖不是牧师的口号，而是国内战争口号的**同胞兄弟**。

战争是建立在个性的基础上，而不是建立在**庄稼汉**群体的基础上……

这个观点"是无产阶级的革命的阶级教育的"观点,而不是牧师的观点……

拉特涅尔:

"托洛茨基已经"把报告人"**批得体无完肤了**"。我要更加坦率地说:我不同意基本的原则……

(腔调是蛊惑性的,令人非常不愉快的)。

从罗马帝国时期起帝国主义……

(为了与列宁论战而使用一些有利于民族权利的热情洋溢的词句。)

难道列宁同志倾向于断言处于资本主义的最后阶段?

资本主义没有被铲除…… 在俄国?

倍倍尔**本人**(1907年)承认防御战与进攻战的区别……

(被揭露拟定"和睦"决议的托洛茨基同志主张和**平**。)

革命行动的实质不在于目的而在于方法

列宁的(起义)"**计划**"是"没有根据的"

"**奥尔**:这样的事情不是要说,而是要做……"[294]

("**陈腐**的革命词句"过于陈旧,并且它也言过其实)

我愿先警告不要走这条路。

萨温(托洛茨基的盟友):

给列宁同志鼓的"**稀疏**"的掌声。我是**愤慨的**……

(给托洛茨基的发言谋取社会的相应反响…… 唯物主义的方法……

塞尔维亚人+社会党人……

[社会主义的胚胎发育]**祖国叛徒**的封号……

((对瑞士缺乏分寸。))我们这里是大工业区……

（列宁同志，粗野人和奴隶的国家的代表）……295

而英国人？

他们现在要破坏他们过去害怕的社会主义权威……

"布尔什维主义的假期到来了……" 波普里希钦把自己设想为西班牙国王斐迪南……296 **我将拯救国际…… 我力求了解革命**：新的策略……

这就是向欧洲地区推行的布尔什维主义。

普列汉诺夫和**马斯洛夫**看得深刻得多…… 这一策略不会得胜……

新的国际将吸收一个**经验丰富**的社会民主党……

李特瓦克：

我不想用他的腔调来说话，而要用人的声音来说话……

（列宁忘记了俄国社会民主党党团的**声明**）……

"以前的马尔托夫先生的"

过去对考茨基只是谩骂……

群众原来是沙文主义者……**我们有点估计过高了。**我们认为，我们处在……前夕。对资产阶级制度的力量估计不足…… 幻想更有害…… 资本主义似乎已经过时了……

不能**回避**普列汉诺夫提出的问题……不能只是一味地谩骂。

> 列宁过去是否开玩笑,如果他认为基辅的分离是对斯拉夫各民族有利的话………………

((**祖国语言**……应该承认它

我大体上同意主张国内战争的宣传……((巴塞尔代表大会的决议谈到了这个问题))…… 列宁同志考虑得最多的是**机械式的革命**,因此他反对**和平**的口号。

这是必要的口号(国内战争)……

在德国分裂可能是不可能避免的

我认为,国际的分裂将是有害的……

> 在一个国家里的不必要的分裂策略……

((不幸的情况可能达到发生分裂的严重地步))……

格罗伊利希的话是完全符合实际的……**297**

(国际最好由 3—4 个品德端正的人来组成)

阿贾耶夫:

(德国)武装的社会民主党扑向了比利时

> **列 宁**
> **德国的**
> **代理人**

((不能把比利时和德国相提并论,如果比利时人不进行自卫,那他们就不是真正正直的人……

我更喜欢考茨基的立场……

> 列宁参与了卢加诺决议……

如果不是俄国落后,那德国国土早已沦亡了。……

不过在德国将会发生社会主义革命。

兹韦兹季奇：

列宁**把思想搞乱了**……

（列宁非常脱离生活

在他（托洛茨基）与列宁之间很少有一致的地方……

（在"造反的无政府主义"和**科学的社会主义**的问题上。）

把任何一个不同观点的人都吓得要死……

国内战争对他来说是永恒的真理……

（……死板的分类法……）

政治上的无耻

超过政治上的无知

（（波罗的海沿岸边疆区的丧失））

为了出海，塞尔维亚在流血……

（（（帕希奇曾经喜爱和回忆自己的激进党人的青春时代……）））

（（塞尔维亚唯一的社会党人））

依靠一个塞尔维亚社会党人不会得到重大结果……

重新考虑自己过去对国家的造反态度

考茨基表现出了德国市侩的气质……

列宁已在大家的前面

谁也没有看见和听见动摇不定的情况……

基谢廖夫

2

反对者的发言简记

（1）列宁出席了卢加诺代表会议并参与了决议

派别 {
兹韦兹季奇——
——"经验丰富的社会民主党"——
（萨温）
——托洛茨基和李特瓦克
}

（2）**帝国主义**（（（李特瓦克）））

　　祖国

　　俄国沙文主义

┌─────────────┐
│ 经济条件和 │
│ 祖国语言 │
└─────────────┘

　　国际的破产……

{
梅林
民权报
德国社会党人
}

　　机会主义——（（托洛茨基的疏漏））

　　分裂
　　和平的口号……

译自《列宁文集》俄文版第 14 卷
第 138—143 页

在威·李卜克内西
《纪念卡尔·马克思》一书上作的批注[298]

(1914年11月1日〔14日〕以前)

[90]　现在在对你的问题的回答中作两点说明。我们的小埃德加尔(穆希)生于1847年(但我不能十分肯定),死于1855年底。"小福克斯("Föxchen")"·亨利希生于1849年11月5日,两岁左右就死了。我的小妹妹弗兰契斯卡生于1851年,还在童年时,约11岁就死了……[299]

注意

[91]　摩尔的父亲(摩尔深得父亲的喜爱)倒是一个18世纪真正的"法国人"。他对自己的伏尔泰和卢梭非常熟悉,正如老威斯特华伦熟悉自己的荷马和莎士比亚一样。摩尔惊人的知识渊博,无疑在很大程度上是这种"遗传"影响的结果……

注意

[92]　你问,我祖父是否在摩尔降生前就已经受了洗礼?我想,是的,但我不能确有把握地肯定。他作为18世纪的一个伏尔泰信徒,之所以要接受这样的仪式,是因为不这样做就不许他当律师。而他已经是律师了,当时摩尔,即第二个孩子,已经降生了。你大概知道,摩尔的母亲娘家姓普勒斯堡,是荷兰的犹太人。16世纪初,"普勒斯堡家族"——他们的姓因普勒斯堡城而得名——迁居荷兰,在这里普勒斯堡家族的男人们几个世纪以来都做拉比[300]。摩尔的母亲说荷兰话;直到去世她的德国话还说得不太好,不太流利……

注意

罗·卢森堡《论立宪会议和临时政府》一书的摘录和批注

（1914—1916 年）

天真和波兰式的狭隘见解！总结起来就是如此。落后于我国 1905 年春和 1906 年春的革命。

什么时候写的？头两行：“工人革命在王国蓬勃发展已经一年……”（3）。一年半（从 1905 年 1 月 9 日开始）？应该是写于 1906 年年中或 1906 年初，即第一届杜马前夕。第 5 页：“莫斯科式的武装战斗……”

波兰王国和立陶宛社会民主党。

论立宪会议和临时政府

1906 年华沙红旗出版社版（共 46 页）

（未署作者姓名。）

第 1 节和第 2 节（第 3—15 页）通俗地（而且往往天真地）谈

到"工人临时政府"对于召开立宪会议的必要性。**所有的例子,所有的引文**都讲 1848 年(不止一次)。而 1871 年的**一次也没有**!!谈临时政府必要性的理由常常几乎是孩子般的天真。例如:

"但是在这样长的时间里,如果没有一个政府,没有一个政权,那么社会生活和国家生活是不可能的。社会事务、社会生活是一天也不能停止的。赋税应该经常征收"等等。12

或:"正义要求,所有人将在其中生活的政治制度和所有人必须遵守的法律都应根据所有人的愿望来制定和通过。因此,制定新的宪法不是一个阶级或一个政党的事,而是全体居民的事"等等。(14)

(主张抵制杜马:第 36 页及其他各页)

接着大部分是反对在华沙召开单独的立宪会议(宪法会议),主张和俄国无产阶级一起召开共同的立宪会议。论据混乱:除正确的论据(和俄国无产阶级统一,革命统一等等)以外,还有不正确的空谈而可笑的论据(资产阶级不愿意分离);"资本主义把波兰和俄国联系在一起"(37);甚至认为波兰立宪会议主张分离:"但是在这种情况下俄国能沉默吗? 显然,在推翻沙皇制度以后,甚至在建立共和国之后,正如波兰仍将是资产阶级的波兰一样,俄国仍将是资产阶级的俄国。而资产阶级的俄国是绝对不会同意让王国和俄罗斯国家分离的。"×(42)说美国并吞菲律宾群岛〈!! 原文如此!〉法国并吞殖民地……　起义? 和俄国打仗? 乌托邦等等。

乱七八糟!

拙劣之极!!

只字不提农奴制和没收地主土地。说立宪会

议不是革命的终结,而是革命的新阶段,斗争的
新场所。

简直是乱
七八糟!!

╳"但是我们看到像美利坚合众国这样的共和
制国家,竭力通过血腥的战争侵占新的国家,就像几
年以前侵占菲律宾群岛那样。"(42)

罗莎·卢森堡论临时政府。①

(罗莎·卢森堡)

到处**只讲** 1848 年。

(从不提 1871 年。)

第 12 页

(极其天真,陈旧)

第 14 页。"正义"(哈哈!!)

直到结束。幼稚!!

26:"不像

注意‖在资产阶级革命中那样"‖

论抵制杜马:36 及其他各页。

根本不讲农民和没收土地!

立宪会议**不是**革命的结束

(注意):**23** 及以下的 **24、25** 页。

42:而革命以后将是!! 资产阶级的俄国和资产阶级的波兰(!)。

---

① 这一行和紧接在后面的笔记写在单独的一页纸上。——俄文版编者注

资产阶级的俄国将不会同意波兰分离出去。

"工人临时政府"。

译自《列宁文集》俄文版第 38 卷
第 162—164 页

《"和平的条件"和民族问题》 报告的材料[301]

(1914—1916 年)

1

卡尔·考茨基的文章[302]

1914 年 11 月 27 日《新时代》杂志第 250 页。

"绝不能认为国际的政策是一碰严峻的战争现实即行破灭的肥皂泡。相反,这一政策深深地扎根于无产阶级的生活环境。一旦出现和平行动(Friedensaktion)的可能性,它就必然焕发出新的生机和新的效力(Wirksamkeit)。那时,作为和平工具的国际的时代将再次到来,并将表明战争是否破坏了它的力量。那时我们将会看到,'民族情感的激发'是摆脱了国际的思想和感情,还是相反后者胜利地确立起自己的势力,并表现为对国际的和平纲领的一致赞同。

"如果这一点能够办到,那将是一件了不起的事情(ist grosses geschehen)。我们也完全有根据预料,这是能办到的。……"

“……在确定和平条件时,无论国际的和平纲领的直接实际成就如何,纲领长期的宣传成就在任何情况下都必然是巨大的……”

2

帝国主义、世界大战和社会民主党[303]

赫尔曼·哥尔特

137。1908年和1914年的卡尔·考茨基(“马克思主义者”)。

十 未来

……考茨基已经提出了裁军、制止帝国主义政策和军备竞赛的口号。[2]

这个口号重新把所有的人联合起来。它将成为未来的,即从考茨基到最末一个改良主义者的口号。

注意

……让我们把以前的考茨基即1908年的考茨基在《取得政权的道路》一文中有关战争、帝国主义和军备问题的论

---

2) ……1914年11月25日《新时代》杂志第250页,文章再次明确地说明,如果社会民主党人受到敌人进犯的威胁,他们就应当参战,接着文章指出了国际面临的下述目标:

“为和平而斗争,在和平时期进行阶级斗争。”

注意

述同这一点相比较：

"好不容易才达到的各国之间的均势，由于发生了这些国家无法施加影响的突然变化，现在又重新陷入动荡。过去似乎是不可能和平解决而长期搁置下来的问题，如对巴尔干国家的关系问题，现在重新出现，并要求解决。<u>到处是一片不安、不信任和缺乏信心的气氛</u>。由于军备竞赛而已加剧了的神经过敏的气氛正在达到顶点。

<u>世界大战已经十分迫近</u>。

而最近几十年的经验证明，<u>战争也就意味着革命</u>，结果将造成各种势力的巨大政治变动。早在1891年恩格斯就认为，假如爆发一场会引起革命并使我们执掌政权的战争，对我们来说将是很大的不幸，因为这还为时过早。在某段时期内，无产阶级如果利用当时的政治局势，较之去冒战争引起革命的风险会更有把握获得成果。

从那个时候起，情况已经大大改变了。<u>无产阶级现在已坚强到能够更为镇定地看待日益迫近的战争</u>。"

"但是，在这种普遍缺乏信心的情况下，无产阶级的当前任务相当明显地突出来了。我们已经指出过这些任务。<u>无产阶级如果不改变它据以进行斗争的国家原理</u>，那就不可能继续前进。在整个帝国以及在某些国家竭尽全力争取民主制度，这就是德国无产阶级的当前任务；它的最高国际任务是<u>反对全球政策和军国主义</u>。

我们所拥有的解决这些任务的手段，同这些任务一样，也是显而易见的。<u>除了迄今已经采取过的手段以外，现在还加上了群众性的罢工</u>。如果在<u>1905年的光荣日子之后</u>，群众性罢工已经退居第二位，那么，这仅仅证明……力图在任何条件下都采取群众性罢工是不明智的。"

……假如资本不通过战争就能够在彼此之间划分殖民地和势力范围，瓜分像中国这样的一些国家，那么，<u>资本也就不必在军队和舰队上耗费</u>，就能全部用来剥削和榨取这些国家的民脂民膏。<u>只有那个时候，资本才能大规模地增长</u>。

注意

因此改良主义者也赞成和平。

可见,和平运动的真正目的是奴役工人阶级,征服和剥削弱小民族。这就是隐藏在这些美丽词句后面的东西。

因为这种民族运动不是伪善的,也不是自欺的,所以它是反动的。

……因为它想要停止斗争——至今为止发展的唯一手段,所以它就是反动的。

139。和平运动和帝国主义是一个事物的两面。

但是,这种运动不管是伪善的和自欺的,或是更大规模的奴役和剥削的手段,它都是帝国主义的反面。

和平主义运动和帝国主义是同类现象,这是同一个事物的两面。

假如无产阶级把自己的整个策略建筑在这种海市蜃楼的基础上,建筑在资本主义制度下获得和平的希望上,那它是轻率而愚蠢的。那些有意无意力图以此来麻痹无产阶级的人,不论是资产者还是社会党人都是骗子。无产阶级因而必定会使自己处于被动地位。它一定会像现在一样,使自己再次遭到帝国主义和战争的扼杀,它的发展会再次受到抑制而变得涣散。它将不得不再次遭受失败和损害。

144。"伪善的和平"

……但是,因为无产阶级迁就帝国主义,所以政治斗争变得没有意义,并逐渐停止。当无产阶级看到社会民主党不同帝国主义即资本的核心力量作斗争时,它对自己失去了任何信心。它正在变成奴隶般屈从于老爷的一帮,即丧失了任何毅力和任何理想的一帮。它正在变成只是盲目地追求直接的物质利益并甘当帝国主义手中工具的一帮。这是不谈社会主义,不谈国际主义,不谈当前唯一能够鼓舞社会主义无产阶级的国际政治斗争,而为民族效劳的卑鄙的民族主义者的一帮。无产阶级和资产阶级一起被伪善的和平烟幕遮盖起来,可是双方都知道,它们都在准备战争,而谈的却是国际主义与和平。

3

胡斯曼在社会民主工党
代表大会上的发言[304]

荷兰给我们的来信写道:

罕·罗·霍·:在1月8—9日召开的荷兰社会民主党非常代表大会上,社会党国际局书记卡米耶·胡斯曼作了长篇发言,他在发言中力图指出第二国际还存在,并正在采取措施恢复国际的团结……

………………………………………………………………

当他的发言结束时,与会者起立,唱起了国际歌。妇女们哭了,男人们眼里闪烁着泪花,一切都沉浸在感动和团结的梦幻之中。

*　　*　　*

1л

当我们读会议报道时也可能会哭,但当然不是由于感动,而是由于羞耻,由于愤怒,由于痛苦,由于对这种卑鄙伪善的愤恨……

2)

……说实话,我们对许多东西曾有过期待,但是,当西欧和中欧各国无产者在自己的正式议会代表的同意下互相杀戮,用这些代表所同意的拨款和在主管军需供应的社会民主党部长们监督下所制造的杀人工具去互相杀戮的时候,不乏丰富经验的社会党国际局的代表们居然宣布"恢复团结",并以此为荣,这是我们不能想象的。这种厚颜无耻,这种极端伪善我们无法想象。我们曾经想过,这些老爷们会非常循规蹈矩,他们要到缔结和约前才会上演自己的悲喜剧。

　　然而,他们宁愿现在就来上演。这就证明,他们感到自己有<u>力量</u>。他们的力量至少在<u>荷兰</u>是来源于群众缺乏政治党悟和俯首听命,以及这些群众对自我陶醉的需要……①　仅仅因为胡斯曼<u>讲了</u>团结的问题……社会民主工党代表大会的与会者就流下了欢乐的眼泪……尽管所有的<u>与会者都知道,这一切全是谎言</u>,在"官方人士"当中没有任何真正的团结,并且在他们坚持爱国主义时,根本就不可能有团结……

　　……我们必须同团结的梦幻作无情的斗争,我们必须不断地反复告诫无产阶级:不能<u>同时既是民族主义者,又是国际主义者,既是爱国主义者,又是社会主义者</u>。我们必须使工人阶级弄清楚,当它对帝国主义的实质还没有一个清楚的概念时,当捍卫自己国家的概念,作为陈腐的……①

4

　　1916 年 2 月 9 日《人道报》[305]

　　(1916 年 2 月 4 日《海牙》通讯)

　　胡斯曼的发言②(**星期三**⟨原文如此!⟩??? 3 月 2 日??? 在鹿特丹)。

　　怀恩科普反对他

　　"**怀恩科普**(荷兰社会革命党党员)猛烈抨击胡斯曼:

　　不能够同时既是民族主义者又是社会主义者。无产者没有祖国。演说者说,比利时士兵不愿上前线,他们有很多人自杀而死。"(会场里响起暴风雨般的抗议声、嘘声。)

---

① 该段的这一部分已被列宁勾掉。——俄文版编者注
② 着重标记是用铅笔加上的。——俄文版编者注

"主席建议反对者不要起哄。"

"在胡斯曼投票赞成军事拨款之后,对我们来说他不再是社会党国际局的书记,他什么也不是了。我们将建立另外一个没有至高无上的卡米耶的国际。"

……胡斯曼在给怀恩科普的答复中竟然唱出了激发荷兰比利时听众热情的高调。

"当自己的祖国遭到侵犯时(像在比利时那样,手无寸铁的人们遭到杀戮,一切被烧光,抢光),不去保卫它的人,就是胆小鬼。"

注意　1916年2月12日《前进报》。论胡斯曼的发言①

5

防御还是征服?[306]

……德国人比较接近事实,因为他们认为这次战争是俄德战争。事件的发生是从争夺近东及其中心点贝尔格莱德的控制权开始的。如果交战的一方获得决定性胜利,用武力改变东面的全部边界和解决在二者当中由谁——德国还是俄国——掌握近东各国命运的问题,那么,战争就必然会结束。在我看来,这是一条如此野蛮的出路,是如此远离英国人日常生活的现实利益,以致我只能对种种幻想感到惊讶,并咒骂把英国变成这次斗争中的交战一方的厄运。我们不是斯拉夫人,也不是德国人。在我们各种不同身份的人当中,谁敢于提出明确的意见:波斯尼亚究竟在谁的统治下将更为

---

① 这个批注列宁用铅笔写在页边。——俄文版编者注

幸福？在本族的、但不容异见的和半开化的塞尔维亚人的统治下，还是在异族的、但比较文明的奥地利的统治下？我们当中谁敢于回答这样的问题：波兰人、罗马尼亚人或斯拉夫人在谁的统治下将最幸福？在奥地利的统治下还是在俄国的统治下？我们从来没有讨论过这些问题，但是，我们的军队正在帮忙解决这些问题。我们的北海舰队和我们在法国的军队正是为了使沙皇获得千百万新的臣民，为了使无数受害者接受强制的俄罗斯化而在厮杀。他们将由高级文明社会转到低级文明社会，将由通常具有容让精神的、有时具有自由主义的制度转到甚至还没有开始接受容让思想的、用检查机关和监狱以及"真正俄罗斯"暴行来回击自由主义的制度……

……而在德国的实力崩溃之后（如果这次战争的结果将是如此的话）将不用一年时间，俄国就一定会在这个时候以武力开辟自己通过达达尼尔海峡的航道，占领土耳其，入侵波斯，夺取通往印度的道路，那时我们的帝国主义分子将狂叫必须有一个强大的德国，以便使它与俄国的威胁相对抗……

6

民主监督联合会的四项主要政策

（1）任何一个地区，未经该地区居民全民投票同意，均不得由任何一国政府转让给另一国政府。

（2）任何条约、协定或协约，未经国会批准，均不得用大不列颠的名义宣布生效。应当建立一个保证对对外政策进行民主监督的相应机构。

（3）大不列颠对外政策所追求的目标不应是建立各种支持"政治均势的同盟"，而应是致力于制定欧洲列强的共同行动和建立国际委员会，委员会的讨论和决定应当是公开的……

(4)大不列颠应当根据<u>所有</u>交战国的相互协议提出<u>坚决裁减军备</u>的计划作为和平条约的一个组成部分。为了便于实行这一政策,必须保证军火生产普遍国有化和对武器由一国输到另一国进行监督。

7³⁰⁷

卡·考茨基论和平:

"过早地宣布在社会主义取得胜利之前我们维护和平的意向即使在将来也总是要遭到失败,这是完全多余的,甚至简直是有害的。相反,我们应当竭尽全力在今天的社会里尽可能强烈地表达这一意向。另一方面,假如我们想在资本主义存在时期保证和平,那是极其轻率的。"(1916年1月28日《新时代》杂志第562页《中欧》一文的结尾)。

(1915年11月26日《新时代》杂志第271页)……

"我认为,战后对于评价某些议员来说具有决定意义的,将不是他们1914年8月4日的立场,而是他们最近的立场,首先是他们从现在起到缔结和约止这段时间将采取的立场……"①

---

① 这段引文列宁摘自考茨基的《党团和党》一文。——编者注

1915 年 5 月 21 日：　　　　　　　　　　#

"迄今在国际范围内提出的一切和平纲领——哥本哈根的、伦敦的、维也纳的,它们都要求承认民族**独立**,这完全是正义的。这种要求应当成为我们在当前战争中的指南。"(1915 年 5 月 21 日《**新时代**》杂志第 241 页)(考茨基)①。

"国际不是战争时期的有用工具,它**实质上是和平的工具**"(1914 年 9 月 27 日《新时代》杂志第 248 页)。

"争取和平的斗争是和平时期的阶级斗争。"(同上,第 250 页)②

注意

卑鄙到极点

("过分的要求":1915 年 4 月 16 日《新时代》杂志第 77 页,4 月)。

|1915 年 4 月 16 日|考茨基

社会民主党党团在 1914 年 8 月 4 日**308**——如果要求建立国家的那种民族自治那是"**过分的**"③

---

① 这段引文列宁摘自考茨基的《再论我们的幻想》一文。——编者注
② 这段引文列宁摘自考茨基的《国际观点和战争》一文。——编者注
③ 最后两段列宁用彩色铅笔写在空白处。——俄文版编者注

8
两篇用于重新学习的文章[309]

卡尔·考茨基

1915 年 4 月 16 日《新时代》杂志第 3 期第 77 页

……库诺在这里搞错了,他把民族独立及其**国家**独立作为意义相同的概念相提并论。但是,这两种概念的意义是绝然不相同的。奥地利社会民主党的纲领已经指明这一点,它要求不打破国家框框来实行奥地利各民族的自治。

> 假如党团宣言为每个民族要求**国家**独立,这无疑是 过分的 要求。但宣言为每个民族提出的仅仅是从国际民主的观点出发所应提出的要求,即**民族**独立。

"过分的"
注意

9[310]

1915 年《人民论坛报》第 29 号(1915 年 7 月 21 日)
"评论"栏系列文章。
(与唐涅贝格文章的争论有关的所有文章都冠以此名)
文章
《好的意大利人和坏的德国人》

弗里德里希·奥斯特尔利茨。

"……从社会民主党的观点来看,民族独立是民族
自治;作为民族独立必要形式的**主权**是资产阶级民族 ‖ !!
主义意识形态的组成部分。我谈这些不言而喻的东西
只是为了阐明意大利进攻性和征服性战争的性质,而 ‖ !!
任何诡辩都不可能使这样的阐述失去明确性……"

"……在整个战争期间,我〈奥斯特尔利茨〉想的是
国际,反对民族之间的仇恨,进行了和平工作……" ‖ !!

10

1月26日《莱比锡人民报》第20号[311]

保加利亚

帕尔乌斯反对沙皇制度

1月25日布拉格。社会民主党《法权报》今天下午版刊登一篇索非亚24
日的电讯报道。报道说,那里举行了一次由基尔科夫主持的有5 000多人参
加的群众大会。受到热烈欢迎的德国社会民主党人、新闻工作者**帕尔乌斯**在
大会上发言反对沙皇制度。大会完全赞同德国社会民主党的观点,以及发言
人所阐述的观点:德国为欧洲民主事业而奋斗,德国的胜利是巴尔干各国独
立和民族发展的唯一保证。接着,大会表示赞成巴尔干各国和中欧列强联
合,同时表示赞成乌克兰人、波兰人和高加索各民族的独立和自由。

11

俄国的马克思主义者和乌克兰的工人运动³¹²

列夫·尤尔凯维奇

十年前,俄国马克思主义者从反对一切压迫的原则出发——不论谁受压迫,也不论压迫在哪里出现——正式承认"加入(俄罗斯)**国家**的一切民族有自决权"。

注意 ‖ 他们过去和现在主要是从**国家**的意义上来理解这个权利的,即承认每个民族有权要求脱离俄国,并宣布本国的独立。"如果波兰<u>不愿</u>同俄国结成合法婚姻,那我们就不能够强迫它",——普列汉诺夫有一次说过,而他这些话已经不止一次地被用来阐明民族自决权了。

....

注意 ‖ ……俄国的马克思主义者……甚至经常证明,一般来说"建立新的国家是反动的现象",<u>看来没有任何人像俄国马克思主义者那样起劲地捍卫了俄国的国家统一</u>。

....

注意 ‖ <u>这样一来,现在关于波兰独立的问题已经丧失它原先的全欧意义</u>,甚至在波兰人民当中也失去了基础。这一点欧洲著名的马克思主义者承认了,波兰的马克思主义者也承认了。很清楚,甚至俄国马克思主义者也没有任何分割现代俄国的愿望,因此,他们的"民族自决权"口号,如果从国家的意

噢,笨蛋!! ‖ 义来理解(而他们正是这样理解的),就是<u>任何人都不需要的空话</u>。

总的说来,承认民族**只有**国家自决权这种观点是奇怪的。

....

民族复兴(自决)是一个深远的社会过程,国家的独立可以完成这个过程,但也可能完不成。现代的民族复兴例子正好一点也不追求任何国家独立的目的,不论在奥地利还是在俄国,任何一个被压迫民族也没有像谈论推翻民族压迫的具体方法那样认真地谈论国家分离主义。一切被压迫民族现在力争的仅仅是在本国范围内的民族政治权利。总之,现在用独立纲领去解决民族问题,就如同手执蜡烛想看清太阳一样。

总之,俄国马克思主义者在捍卫民族的国家自决权时(我们已经知道,他们只是口头上捍卫它),虽然也给人们造成一种非常急于想解决民族问题的印象,但是实际上他们回避对现在非常强烈地开始使俄国感到不安的民族运动问题作原则性的和纲领性的答复。

当前民族问题的实质是民族的**文化和政治**自决权,但是,俄国马克思主义者闭着眼睛不看这一点,却宁愿玩弄词句,大谈被压迫民族的国家独立。　　　　　　　　注意

顺便提一下,1903 年,当俄国马克思主义者讨论民族自决权这一条时,曾经提出这样的决议案:"承认国内一切民族有自决权**和文化发展的自由权**。"　　　　　　　注意

他们一致否决了这个决议案……

因此很清楚,俄国马克思主义者对民族在文化政治方面自由发展的权利实际上根本不关心。虽然他们也的确承认反对民族压迫而斗争的必要性,但是,既然他们反对被压迫民族的工人运动的民族形式,那么,他们本身同时也就是这种压迫的参与者。　　　　　　　　　　　　　　　!!

12

罗莎·卢森堡(论自决)³¹³

《社会民主党评论》杂志

1908 年**第 6 期**(8 月);
(482—515。1.“民族
　　　　　自决权”。

第 7 期(9 月);(597—631。
2.民族国家和无产阶级。
3.联邦制,集中制和分立
主义。

第 8—9 期合刊(10—
11 月);(687—710。4.集中
制和专制制度。

第 10 期(12 月);(795—818。
5.民族和
自治。

第 12 期(1909 年 6 月)
(136—163。
6.波兰王国的自治。

第 14—15 期合刊(1909 年
8—9 月)
(351—376。6.波兰王国
的自治。

罗莎·卢森堡:《民族问题和自治》。

这篇“文章”是整整一本书,共有 10 印张①以上篇幅,它暴露
出作者在理论上和政治上的极大弱点(无独立见解)。

_____

① 按章节统计了卢森堡文章的页数,共 165 页,记在页边。——俄文版编者注

反对第9条：

（1）"同社会主义没有任何特殊联系"(483)

　　"同工人政治"

　　"资产阶级民族主义老口号的变相提法。"**314**

（2）显然,既对俄国也对瑞士和美国等(483)——胡言……

（3）"……在当今社会党的纲领内"没有这一条……**315**

　　(甚至在奥地利社会民主党的纲领里**316**?)"**只是**"在俄国社会

民主党的纲领里(485)**317**

（4）则是与18**96**年伦敦国际决议有关。**注意**

"误解"!!⫼("它的一段条文的变相提法"——485.)**318**

注意(一段)

注意 ⫼ 近似(1896年)伦敦决议的伪善和诡辩(486)**319**。

(487)任何一个党(甚至奥地利党)都"没有"把伦敦决议"理解"为

"实际解决"……的决议……

("实际精神"!!① 重复7—8次实际精神　487**320** ②

　　"只是实际上的改良"。③

　　"社会主义理想的抽象原则"**321**(**487**)——大错特错!!!

487—8。抗议压迫? 据说,不是来自这里,而是来自"社会主义

　　的"原则"立场"**322**(488)

488—"是纯粹消极性质的……"**323**

　　　只是企图回避这个问题

（名称?）

488。第9条笼统、死板

说明,它和**马克思**的社会主义"是格格不入的"(!)。

‖ "形而上学的空谈"。

（"永恒的公式"等等,等等）

"辩证法"!!!**324**

注意　罗莎**没有**注意社会革命党人和社会民主党人的区别:**485**

(注意)**325**①

489。　拿破仑赞成全民投票

警察赞成工贼的"自由"**326**　｜招摇撞骗!

489。　或者(这个公式)"什么也不表示"

或者支持民族的**一切**意向**327**

她懂了!!!

489。｜必须提出具体的……

巴尔干的民族问题是另一回事

爱尔兰人反对英国的斗争是另一回事**328**　｜**注意**

490。　波兰的三次起义——不同的阶级等等**329**。

490。　——"东方问题"……巴尔干问题(1855年)**330**。

匈牙利人(1848年)**331**(494)　捷克人(1848年)**332**

491—2……

(493)14世纪16世纪瑞士(等等)各森林邦**333**

492。　……马克思的"方法"——**不是**抽象的公式而是具体的**334**

(全部,只是俄国不在内!!)。

_____

① 这一句是后来写上的,在第3页上方。——俄文版编者注

495。　——"无政府主义的漂亮空话"（关于民族权利等）

　　　　"不是激进,而是现实"[335]

496。　＝用金碗吃饭的权利!!……[336]

496。　……——"纯粹的乌托邦"（马克思论落后的民族:

　　　　　　　　　　　1848 年以及 17 世纪(497)）[337]

499 末尾。考茨基论"民族国家":最好的……[338]

499——"但这只是抽象的概念,并不符合实际情况!!"[339] ‖ **注意**

499—500——但发展的趋势不是民族国家,而是**各民族之间**争取

　　　建立大国的斗争……[340]

　　　不是民族的,而是 $\left(\begin{matrix}掠夺性的\\侵略性的\end{matrix}\right)$ 国家[341](501)

501。　各国的殖民地!!　　（哈哈!）[342]

502。　有两行论及印度!(仅此而已)(虽然这里发生了激烈的反

　　　对英国的"民族"运动)。[343]

504　……"民族",作为一个整体＝"资产阶级意识形态的概念

　　　……"[344](真聪明!)以及关于阶级斗争等等……

> 1.资产阶级民主制反对联邦制……①　②
>
> 2.无产阶级反对资产阶级

507。　如何知道民族的意志?[345]

508。　民族的大多数? 但是,对于作为无产阶级的阶级政党的社

　　　会民主党来说,这是死刑!((真聪明!))……[346]

509—515。1906 年《火星报》编辑(在《工人》杂志上)论华沙立宪

---

① 删略了尖刻的形容语。——俄文版编者注

② 后来在旁边增补的。——俄文版编者注

会议。**347**

===================

第 7 期第 2 条。民族国家和无产阶级。

598。　　考茨基(《新时代》杂志,1897/8(第 1 册),第 517 页)论现
　　　　代民族思想的三个因素:

> (1)资产阶级对国内市场的企求。
>
> (2)资产阶级对政治自由的企求。
>
> (3)资产阶级对国民教育和书刊的企求。**348**

598　　——据说,这就是**历史**范畴**349**(终于!!! 她明白了……

599。　　关于德国人的民族统一的空谈……**350**

600—1。对自己(对本民族),独立——对其他民族,压迫:1848 年
　　　　匈牙利人等等**351**

603。　　然而……(噢,聪明人!)——这是资产阶级的事业,而不
　　　　是无产阶级的事业(603)——资产阶级已经不能够重新
　　　　为自己建立封建国家!!! ‖哈哈!! ‖**352**
　　　　资产阶级的事业是建立阶级国家,而无产阶级的事业则
　　　　是摧毁阶级国家 辩证法!**353**

13

《1896年7月27日—8月1日**伦敦**国际工人和工会代表大会的记录和决议》。

（1896年柏林"前进"书店版。20芬尼）。

决议：

"第三次代表大会宣布，它主张一切民族有完全的自决权（Selbstbestimmungsrecht），它同情现在受到军事的、民族的或其他的专制制度压迫的一切国家的工人。大会号召所有这些国家的工人加入全世界有觉悟的工人队伍，以便和他们一起为打倒国际资本主义、实现国际社会民主党的目标而斗争。"（第18页）[1]

14(a)

兼并和社会民主党[354]

……没有俄国的胜利，三国协约的胜利是不可能的。随后，俄国会兼并亚美尼亚、加利西亚、君士坦丁堡，可能还会兼并普鲁士的一部分，这就会产生五个新阿尔萨斯—洛林。三国协约的胜利会增加资本主义英国和法国的殖民地奴隶的数量……

现代国家决不是根据**民族的特征**形成的，而是由于经济上地理

---

[1] 见本版全集第25卷第259页。——编者注

上有着相互联系的和为资本主义发展提供良好基础的领土的联合而形成的。语言的相同促进了这种发展，因为语言是强有力的交际工具。有共同语言和共同领土的地方产生了资本主义的民族国家，同时，甚至在英法两国也是很多其他民族成分融合在一起的……

……甚至经济十分落后的**俄国**也以波兰、拉脱维亚和亚美尼亚资产阶级的例子证明，不仅军国主义的武装，而且资本主义扩张的需要都要把各个民族置于这个"民族监狱"之中，对资本主义的扩张来说，广阔的领土是发展的极好基础…… 这一发展使得**界桩**变动，在资本主义和平发展的40年间，我们已经习惯于把这些界桩看做是永远固定下来的神圣的历史里程碑……

在这种情况下，工人阶级是谁的利益的表达者？工人阶级是否应该把民主思想家从法、英、德、意四国历史中找到的民族国家理想看做是自己的理想呢？……在一个民族一般尚未表现为任何一个国家的情况下，工人阶级是否应该同关心改变版图的各国联合奉行分离政策？……当前，阿尔萨斯—洛林问题是帝国主义的问题，因为阿尔萨斯—洛林转到法国方面，这在军事上就会削弱德国帝国主义。亚美尼亚问题也是帝国主义的问题，因为俄国帝国主义对亚美尼亚的统治就会使它有可能统治整个波斯湾等等，等等……

把历史进程拉向后转，以及把正在超越民族国家范围的生产力重新塞进这一范围之内，这不是无产阶级的利益所在……

是否应该把帝国主义的瓜分和按照帝国主义国家的军国主义经济利益进行的国家重新分配作为**不可避免的厄运加以接受**呢？是否应该忍受与此有关的来自统治民族的**民族压迫**呢？**不！决不**需要回到对我们来说已成为过去的民族国家阶段。相反，必须更快地过渡到下一阶段，即**社会主义阶段**……

我们是兼并的反对者…… 我们反对兼并，并不是由于喜爱欧洲的旧版图，而是因为社会主义为了自身的发展而需要广袤无际的自由天地。我们反对兼并，因为兼并是同民族压迫联系着的，我们将竭尽全力同民族压迫作斗争，因为无产阶级帮助本族资产阶级去压迫其他民族的，就是自己在为自己准备刽子手…… 我们将进行反对民族奴役的斗争，它是我们的不断加剧的阶级斗争的一部分，而阶级斗争的目的是对资产阶级文化进行社会主义改造。在兼并问题上,我们不是站在<u>虚幻的斗争立场上</u>同资本主义政府一道,在欧洲的一些角落,即<u>在资本主义范围内争取不存在的民族自决权</u>,<u>而</u>是站在无产阶级反对资本主义的、<u>反对资本主义民族暴行的群众</u>性革命斗争的立场上。这就是**我们在兼并问题上的立场**。具有充分理由的反对<u>民族奴役</u>的抗议,如果导致同本国政府联合,导致放弃阶级斗争,那么,就是对本国人民和整个无产阶级的极大犯罪…… 只有……竭力争取把**资本主义世界大战**变为**反资本主义的世界大战**的人,才能使掌握了生产资料的人民将在现代民族历史上首次在资本主义废墟上决定自己命运的时刻早日到来。不是为了过去和现在,而是为了全世界的社会主义改造而起来同<u>以往的和</u><u>新的兼并行为作斗争</u>! ……

14(b)

民族自决权[355]

卡尔·拉狄克

(1915 年 12 月 5 日《光线》杂志第 3 期)

……我们拒绝民族自决权的口号,不仅因为它在历史上是虚伪的,而且因为它在实际上会把无产阶级引入歧途。这个口号会使无产阶级日益相信:仿佛在一些独立国家里无产阶级拥有自决权,似乎社会民主党的职责就是<u>支持任何争取独立的斗争</u>……

┃不对

15

八月联盟中各种倾向的斗争[356]

尔·马尔托夫

（1）

……组织委员会一些宣言所支持的杜马党团在敌视战争和敌视一切"护国主义"思想方面，仍然是整个八月联盟的不容置疑的正式立场……

……对《我们的曙光》杂志，以及随后对《我们的事业》杂志所采取的方针的不满，导致我们的彼得格勒同志提出改革这个机关报编辑部的问题，以便使这份俄国唯一的孟什维克杂志不可能再成为反映"护国主义"观点的正式机关刊物。曾经达成一个协议，根据这一协议，一些国际主义者参加了编辑部，同时《我们的事业》杂志第3—4期合刊宣布，杂志容许两派代表就当代的主要问题在平等原则上发表意见。这样一来，杂志就成了辩论性的刊物，在杂志上继续出现的"护国主义"文章只是在道义上邀聘这些文章的作者写作的。但是，追求改革的另一个主要目的没有达到：书报检查的条件不容许反护国主义观点的代表利用已获得的可能在杂志上发挥自己的观点……

春天在彼得格勒、伏尔加、南方和西南地区举行的《崩得》各次代表会议上，提出了关于社会民主党对"护国"事业的态度问题，并且坚定地按国际主义的观点予以解决了。在关于同物价高涨作斗争问题的七月代表大会上，以斯柯列列夫和豪斯托夫同志为首的孟什维克与其他派别的工人一起，在著名的宣言中对无产阶级无论以什么方式参加资产阶级民主派所醉心的"护国"运动这个问题表示了原则性的敌对态度。

(2)

　　但是,已经开始出现的社会高涨对俄国军队失败的反应……也许是自开战以来第一次在工人下层激发起强烈的民族自卫感。但是,仅此一点也许不能够加强我们的"护国主义者"的地位。然而,已经在"护国主义"旗帜下开始的广泛的社会运动,是由工业资产阶级领导的,有一个时候曾经达到了巨大的规模,在有觉悟的工人面前展现出了为发展自己的组织和吸引广大群众参加政治斗争而利用新的政治局势的前景……

　　……社会民主党人–护国主义者……虽然懂得政权的过渡需要进行实际而坚决的斗争,但却抱着另一种幻想:无产阶级参加"人民护国"的斗争使它有可能履行自己的民主先锋队职责,组成一支独立的革命力量,并把"护国主义的"社会运动的整个过程引向从根本上摧毁制度的斗争方面去。这是幻想,因为在客观上不管无产阶级的意志如何,它参加"护国"组织的事业只有一种意义:巩固引导这种"护国"的帝国主义的阵地……

　　在千百万"难民"散布出来的惊慌失措的气氛中,社会民主党的"护国主义"在工人当中作出了可观的成绩……　在彼得堡的新报纸《工人晨报》上,我们已经看到护国主义者和反护国主义者的"和平"共处,看来他们已经取得了妥协,而对这种妥协我们只能称之为腐败。编辑部的文章不宣传"护国主义"思想:(1)彼得堡和莫斯科的护国主义者的宣言"作为文献"刊登出来,它们表示完全不同意普列汉诺夫的发言(但缺乏足够的坚定性),孟什维克的原则立场(例如,在第2期奥兰斯基同志的文章中)被阐述为国际主义者的立场,这种立场把为了争取和平而进行的国际联合作为工人阶级的中心任务,并以齐美尔瓦尔德代表会议的决议为依据。但是,在当前政治形势下,对逻辑上来源于"护国主义"思想的机会主义作出了更大的让步……　我们应当从国际主义者立场出发,承认以放弃坚决的实际行动为代价买来的妥协是腐败的妥协……

　　……在"人民护国"旗帜下已经开始出现的社会高涨似乎出其不意地碰上了八月联盟国际主义者的力量,并使这一力量失去活动的能力……　在任何情况下,他们不急于把<u>按战斗的国际主义者政策精神</u>来利用革命形势的如此明确的纲领同利用"护国"派提供的利用革命形势的纲领对立起来,国际主义者政策的基础是杜马党团和莫斯科七月代表大会代表团的两个宣言所奠定的……

　　……<u>应当毫不动摇毫不迟延直截了当提出关于两种对立的社会主义政策的问题。</u>

(3)

　　……<u>八月联盟是否会正式分裂或者革命国际主义者的路线是否会不损伤八月联盟组织的统一就在联盟中取得胜利,这是我们不知道的。</u>但是……如果我们坚信,"护国主义"……将导致我们"八月联盟"的一部分人同革命的马克思主义原则彻底决裂……即使在这种情况下我们也不能作出组织结论:立即断绝与动摇分子和民族主义分子的组织联系,把积极的国际主义者分出,另组新的派别。我们要做的,不是着手成立这样的派别,<u>而是力争召开党内我们这部分人的全体代表会议或代表大会</u>,以便<u>十分尖锐地</u>把新的问题摆在党的面前和得到党的答复,而答复将会表明多数在哪里,而少数又在哪里,并会使国际主义者有可能估计自己的力量,这样就会向他们提示他们应该作出的组织结论"……

16

<h1 style="text-align:center">社会民主党人论保卫国家³⁵⁷</h1>

编者按:

　　编辑部收到两份文件:(1)莫斯科社会民主党护国派的宣言和彼得格勒"社会民主党人民自卫派"的宣言。两个宣言是<u>9月中旬在彼得格勒和莫斯科(各不相关)</u>举行了一系列会议之后通过的。

　　在尚未探讨这些文件内容的<u>实质</u>的情况下,编辑部认为自己的责任是把它们作为一种目前工人群众极感兴趣的材料<u>介绍给</u>自己的读者……

莫斯科宣言声称:

"<u>保卫国家是当前生活的中心</u>,<u>与此相应</u>,<u>保卫国家也应该成为当前实际政治的中心</u>,因为它既是政治的出发前提,也是调整的原则……

…………………………………………………………………………

我们赞成保卫国家,就是<u>坚持国家的自决权</u>,反对正在威胁着它的经济、政治和文化奴役。在这一斗争中我们提出和平的口号,我们<u>通过</u>斗争力求取得和平条件,我们深信,只有遵守和平条件才能保持和发展各国工人的国际主义同志式的情谊。

…………………………………………………………………………

事件正在加速发展,与此相应……必须加速用一条线来贯穿组织的进程,这一进程在国内正在走向<u>最终结局,即组织政权</u>。在当前条件下动员和组织我们的无产阶级,就意味着首先动员<u>和组织它为保卫国家和减轻战时灾难的需要服务</u>……

…………………………………………………………………………

对我们来说,在这些阶级和集团中重要的不是他们的观念,而是<u>他们的行动对我们有多大的推动,哪怕是向前一步也好</u>……他们<u>被迫和我们一起共同努力,去完成一些当前的任务</u>。我们是从这些考虑出发来确定对待像第四届国家杜马这种机构的态度的,并把当今这样的政治派别看做是一个进步的集团。

我们把他们改造旧事物的那种活动看做是和我们走同一道路的活动,我们注意到<u>他们在为后方服务方面或坚持哪怕是起码的一些改革方面所做的好事</u>。

第二个**文件**是彼得格勒"**社会民主党人民自卫派**"发出的,他们**一开始就写道:**

…………………………………………………………………………

德军胜利地侵入俄国国内……带来了政治和经济奴役的危险,这种奴役使俄国变成<u>一个在经济上与其他国家不平等的国家</u>,变成一个成为外国资本剥削对象的国家…… 对俄国的这种奴役使俄国无产阶级变成既受本国资本剥削、又受外国资本剥削的双重奴隶。

···

整个俄国及其全体人民(除了很久以来就用一条同情的纽带把自己同普鲁士容克反动派联系起来的一小撮以外),**极其关心保卫国家免受德国入侵**,保护国家免受那些将使俄国民主派和无产阶级的一切希望和期待遭到长期破坏的灾难。除了俄国民主派,特别是俄国无产阶级**应当以最大决心、团结一致地起来保卫自己的国家**以外,再也没有别人了;归根到底,国家突然遭到的全部灾难的重负都会转嫁到无产阶级身上。

工人阶级的爱国主义是最坚决的和最有远见的爱国主义……它不局限于民族范围之内,它同工人阶级的国际主义意向不相抵触,因为保卫遭受外国入侵的国家就是保卫工人阶级发展的自由,就是在**民族范围内保卫**对无产阶级国际主义团结的胜利**完全**必要的那种**阶级发展**的自由。

　　……内部条件对任何一种社会主动性和首创精神始终产生极大影响……　这个原因就曾经是引起宗教纠纷和民族纠纷的原因,而这些东西加在一起日复一日地泯灭了俄国千百万

注意　注意
注意　注意 }

公民 对祖国的感情,拆散了、肢解了国家,使它变成软弱无力的、分散的和缺乏自卫能力的国家。

拯救国家,保卫国家,制止外国军队入侵对俄国来说……是改造它的**前提**　……**而无产阶级参加人民自卫的组织愈坚决**,对无产者阶级威胁最大的**国家毁灭**的危险性就愈小。

全民保卫向欧洲的交战国和中立国展现了一个新的俄国,即经过了改革的**俄国**,全民保卫有能力阻止外国的入侵。

保卫有遭到毁灭威胁的国家是俄国无产阶级的切身事业。

17

论　战　争[358]

维·伊·查苏利奇

……从一开始我就希望,并且现在继续希望德国尽可能彻底失败……　关于俄国,我同意普列汉诺夫的看法:德国的彻底胜利会使俄国陷入不利处境。对所有这些我一刻也不会怀疑,但是,很不幸,对我来说无疑还有别的东西。

不久前在一次会议上一位发言人号召与会者除了抵抗"外国"势力对我们的进攻以外,要忘记一切,这时候一个妇女从座位上喊起来:我们办不到——"本国"势力不容许忘掉自己。

的确,这两种势力在不断地进行斗争,以争取注视着事态的俄国民主派的人心。(第1页)

……我知道,工人民主派的很大一部分人,如果偶然看到这些文章,就会说,资产阶级的沙文主义走狗才能有这样的感情,而他们——国际主义者——则永远为和平而斗争,不可能对保卫国家感兴趣,这只是因为他们每时每刻都遵循国际团结的思想。

他们这样说,这样想,然而,在西方工人中发生的那一切之后,国际主义正好在俄国工人中占有这种优势这个事实本身,是完全不可思议的(第2页)……

附言:我刚刚在《俄罗斯新闻》(10月21日)第241号上读了对《号召报》上所载的普列汉诺夫文章内容的叙述。我非常喜欢这篇文章……"
(第3页)

査苏利奇
第1页赞成
德国失败

第2页——
工人们说

第3页——普列汉诺夫在《号召报》上的文章

论爱国主义和国际观点

亚·尼·波特列索夫

波特列索夫
第14—15页

　　……还应当记住,在帝国主义掠夺势力存在的同时,另一种势力,即在民族国家范围内形成的丰富多彩和多方面的文化势力,也在推行自己的方针。对形成每个国家的民族国家个性的文化政治统一,国际意志不仅应把它作为现在不能压倒的、因而要与之订立妥协停战协定的势力加以考虑,而且应把它作为历史积累下来的真正财富加以考虑,这种财富必须保护,它一经形成,就会成为未来高级文化的基础。

　　既然考虑每个国家的这种民族国家个性(顺便说一下,这种个性早已在著名的和受欢迎的论自决权的提纲中被承认是合理的),那么,国际意志当然也就要考虑由这种个性而产生的现象,即具有无产阶级民主主义本质的爱国主义。(第14—15页)

18

马克思论洛帕廷(1870年7月5日)[359]:

　　"他头脑很清醒,**有判断力**,性格开朗,像一个事事知足的俄国农民那样恬淡寡欲。弱点就是**波兰**问题。他谈论这个问题所说的话,同英国人——例如英国老宪章派——

谈论爱尔兰所说的话完全一样"（4月，第292页）。[①] ‖

19

关于波兰问题[360]

注意

　　由俄国的波兰和立陶宛社会民主党<u>总执行委员会</u>的、俄国的波
兰和立陶宛社会民主党<u>华沙执行委员会</u>的和波兰<u>社会</u>党中央委员
会的代表组成的波兰代表团向齐美尔瓦尔德国际社会党代表会议
就波兰问题<u>声明如下</u>：

（1）
（2）
（3）

　　<u>三个</u>在波兰王国活动的波兰社会民主党组织<u>领导机关</u>的代表
<u>们</u>利用各交战国无产阶级的代表第一次会晤的机会<u>声明如下</u>：

　　虽然在战争之前分歧把波兰王国所有社会民主党组织分隔开，
但是，从战争一开始起，<u>无论对待战争</u>或对待以<u>战争意识</u>来感染波
兰无产阶级的一切企图，它们都协调一致地采取<u>了不妥协</u>的立场。

？
（（空话！

　　从战争的第一分钟起，整个国家就成了千百万彼此厮杀的人们
进行最残酷的军事毁灭的场所；面对全国可怕的破坏，波兰有觉悟
的无产阶级仍然忠于<u>国际社会主义旗帜</u>，在国内所有的工业中心，
不论在各社会民主党的共同行动中，还是在无数公开选举出来的工
人机关中，都在言论和行动上显示了这一点。

？

　　从战争一开始起，整个波兰社会民主党就像反对<u>波兰资产阶级
政党</u>的所谓"方针"那样，反对蛊惑人心的解放神话，两大同盟的<u>各
国政府</u>企图借助这些神话来掩盖自己<u>掠夺性</u>的帝国主义目的，而波
兰资产阶级政党则以特殊的民族战争纲领（"波兰的统一"、"波兰缓
冲国"等）的形式支持和散布这些神话。

　　波兰社会民主党同屠杀<u>波兰人民</u>的血腥刽子手沙皇政府的恬
不知耻的蛊惑宣传作斗争。沙皇政府在战争爆发时许下了夸大的

---

　　① 参看《马克思恩格斯全集》第1版第32卷第505—506页。——编者注

诺言,在取得最初一些军事胜利后它就逐步减缩这些诺言,接着加以否认,而目前在一些事变的打击下,在华沙失陷后,它又向处在德军占领下的国家重申这些诺言。

波兰的社会主义同德国和奥地利帝国主义的阴谋进行斗争,它们从开战到现在都在对波兰人民玩弄卑鄙的、骗人的把戏,它们的真实意图的反映就是:在普鲁士的预算中保留反波兰的拨款,在帝国的法律中保留关于语言的条款,以及把原先自治的加利西亚的民政管理置于奥地利将军的管辖之下。

最后,波兰有觉悟的革命无产阶级挺身起来反对波兰各统治阶级的联盟,这些在战线两边的统治阶级,顺从本阶级的利益,按照本国帝国主义的期望和意向支持各交战国政府,以似乎是波兰的目的为理由向波兰人证明这场(双料的)同室操戈的战争是正确的。

原来如此!
○

当前,已变成巨大坟场和血腥荒漠的波兰大地直接受到新的兼并行动和瓜分计划的威胁。

（1）//

德国和奥地利的政府剥夺了波兰人民自己决定自己命运的可能性,把波兰各地区看做是将来玩赔偿游戏的抵押品,这个抵押品或者要在中欧各君主国之间被瓜分,或者要被倒卖给俄国沙皇使它从中捞一笔。

这方面,资本家政府的政策的实质赤裸裸地表现出来了,这些政府把人民群众赶进屠场,同时专横地决定各民族世世代代的命运。

（5）//

波兰社会民主党坚决地、庄严地抗议把完整的国家分割得支离破碎,这个国家正被作为牺牲品奉献给过去神圣同盟时代的"欧洲礼节"、现在列强赤裸裸的战略利益和帝国主义统治集团的阶级经济要求。

？
空话!
如此而已
（3）|||

波兰社会主义工人极为痛心地认识到,不论是在各协约国,还是在中欧君主国,大多数社会党人都受到战争催眠术的影响;一些人听从帝国主义者的号令,积极支持沙皇制度的复权;另一些人把被压迫人民的解放事业奉送给哈布斯堡和霍亨索伦之流。当德国政府准备把波兰地区作为占领的殖民地加以处置的时候,首相在他的声明中勉强掩盖起来的这一意图没有遭到德国社会民主党的任何反对。战前曾经同波兰-加利西亚社会爱国主义的战争挑拨者作过斗争的德国社会民族主义者,现在庇护他们的毫无意义的和罪恶的军事乌托邦,以便以此证明自己给予本国政府的支持是正确的。

现代战争暴露了资本主义没有能力使国际关系适应世界经济的要求,它把最沉重的负担加在人民群众身上,从而开辟了军事冲突和社会动荡的时代。在这些条件下必定以自发力量在国际的、欧洲的范围内如火如荼地开展起来的无产阶级革命斗争,其矛头将指((如此而已!))向资本主义制度的基础,并将扩大为争取社会主义的斗争。

波兰社会民主党深信,只有参加即将到来的革命的国际无产阶级的斗争,参加必将打碎民族压迫的枷锁和消灭一切形式的异国统治的斗争,才能保证波兰人民能够在各民族的国际中作为平等的一员获得全面自由的发展。（４）（２）

这里包含如下五点原则,或确切些说,五点政治假设。

(1)波兰**人民**应该"决定自己的命运"。

(2)"作为民族国际中平等的一员具有**自由**发展的可能性"

(3)"被压迫人民的解放"

(4)应该"打碎民族压迫的枷锁和消灭一切外国统治"

(5)各国"不应该被分割得支离破碎……"

20

帝国主义、世界大战和社会民主党[361]

赫尔曼·哥尔特

同殖民地的工人阶级的兄弟情谊……12

　　……革命的社会民主党反对资本主义的殖民地政策。为什么？‖

……从自己本身的利益来看。殖民地的工人被利用来作为他们的竞争对手,用来压低工资。印度的和受列强剥削的各国小土地所有者和工人是未来的社会主义者。不仅日本和中国的工人,而且印度的工人和非洲某些地区的黑人工人居民都将参加工人运动,这种时候愈来愈近了。无产阶级不应该回避这些工人和小农。

对!

无产阶级应该在各方面帮助和协助他们,因为它也需要他们的帮助。

他们现在就应该懂得,他们是欧洲、美洲和澳洲的无产阶级。

当不同民族的工人卷入殖民地政策的时候,这一政策就会引起工人之间的敌视。殖民地政策在工人中间正在产生帝国主义、民族主义和沙文主义,因而正在分裂他们。

注意

《殖民地纲领》……14

1)如果无产阶级懂得,殖民地政策帮助资本主义的发展,它就有权反对这种政策,因为它知道另一种比资本主义社会更好的社会,即社会主义社会,并要力争它的实现,这是由于至少西欧各国,德国和英国,对于这种社会主义社会来说在物质上已经成熟了。

不仅如此!

?

以上所述是革命的社会民主党的殖民地纲领。它包括:1.反对殖民主义的暴力和压迫政策;2.当本地人的力量对于独立的革命运动来说过于弱小的时候,就要保护和促进他们的解放;3.一旦本地人开始争取政治和民族独立的斗争,并自己采取革命行动,就支持他们的每一个革命行动和协助他们争取政治和民族独立的斗争。

注意

改良主义者反对印度的自由……66

我们在上面看到,殖民地政策以及帝国主义都能给一些或大或小的工人集团带来直接的小利益。有工作和工资。殖民地的极好的利润的点滴零头有时落到小资产阶级、小手工业者和小店主的手中。

注意

　　正因为如此,所以<u>德国小资产阶级改良主义者伯恩施坦、诺斯克</u>等人赞成殖民地政策。

　　正因为如此,所以在荷兰像<u>特鲁尔斯特拉、弗利根</u>之类的<u>小资产阶级改良主义者、议会党团、党的所有领导人和几乎全体社会民主工党党员都赞成殖民地政策</u>,<u>并敌视印度的独立和立即解放</u>。

注意

力求建立民族国家的民族……124

　　英国、德国、法国、美国力求建立<u>最高层次的</u>资本政权,意大利、比利时、瑞典、丹麦、荷兰、瑞士、日本力求建立<u>高层次的</u>资本政权。

　　农业国和半农业国力求变为拥有自己工业的<u>独立的</u>资本主义国家。俄国、加拿大、阿根廷、澳大利亚、南非就是这样的国家。

　　<u>此外,还有一些国家</u>,它们还应该在适合于资本主义的基础上<u>建立自己的民族并力求做到这一点</u>。奥匈帝国、巴尔干半岛各国、土耳其、中国就是这样的国家。

注意　注意

　　迄今尚处于从属地位的殖民地也开始力求建立自己独立的资本主义政权。英属和荷属印度、埃及就是这样的国家。

　　<u>但是,在所有地方,国家、民族都是激励的力量</u>,同时又是资本主义赖以发展的基础。

小国的状况。注 37。

　　1)<u>至于谈到小的民族国家,那么,它们的民族当然处在威胁之下</u>。而且受到来自各方面的威胁,既有来自"朋友"方面的,也有来自敌人方面的。它们长期不能实行自己的政策。由于这种原因,以及<u>其他原因</u>,这些国家的无产阶级应该<u>遵循大国无产阶级的上述政策</u>。

完全正确!

民族渴望自由的意向……127

　　<u>尚未完全成熟的民族(中国、土耳其和巴尔干半岛各国)都希望成为不依赖于强大的资本主义民族的<u>自由民族</u>。因此他们同资本主义民族发生冲突。

注意

　　　　而被奴役的殖民地希望成为<u>自由</u>的和在资本主义方面<u>强大</u><u>的</u>。因此他们的利益和他们的压迫者的利益发生冲突。

　　　　……地球上就是这样的一种景况:强大的资本主义民族,弱小的资本主义民族,<u>资本主义生产还不发达的、不能独立的、受奴役的</u><u>民族</u>。

独立的意向在加强……141

注意

　　　　　　　　　　……同时,<u>独立的必要性到处在增长</u>。

　　　　现在各种不同集团的利益互相冲突。<u>这种情况,将会长期地、</u><u>长年累月地</u>在全世界所有地方<u>继续下去</u>。

　　　　对此不可能有怀疑,就像对帝国主义的发展不能有怀疑一样。

注意　<u>强大民族的资本扩张同最弱小的和尚未具备足够力量的民族渴望</u><u>独立自主的意向</u>发生冲突。这种冲突发生在资本的各个不同部分之间。资本主义的各种势力之间、<u>强大的民族之间、强大的民族与</u><u>弱小的民族之间</u>、一些民族联盟与另一些民族联盟之间的大规模的世界冲突<u>正在迫近</u>。在全世界我们正面临着一系列战争的威胁和确实大规模的武装威胁。

托洛茨基的纲领和自决……126

　　　　托洛茨基提出的实际要求也是错误的……他在缔结和约时和以后提出这个实际要求作为无产阶级的<u>要求</u>:<u>每个民族的自决</u><u>权</u>。——欧洲联邦——没有君主制度,没有常备军,没有封建统治阶层,没有秘密外交。

(1)　　　这些要求是建立在对现实的错误认识层的基础上的。它们或

(2)　<u>有害于无产阶级及其发展,或为无产阶级所做不到,因而是空想,是</u><u>不正确的</u>。

21

Б. Д.:《波兰侨民》[362]

··

过去几个月的战争,在波兰广大人民的意识中产生了迫切要求独立的愿望……在工人群众中唤起了民族自觉,它同以德莫夫斯基和涅莫耶夫斯基为首的波兰反动派"黑帮"的沙文主义是格格不入的。在波兰民主派广大阶层的社会意识中,要求波兰民族独立的群众占了优势……在俄国民主派的面前,不断地、全面地提出了波兰问题……俄国自由派……"拒绝"对波兰独立的"难题"作"简单的答复"。

主张?

思想?

译自《列宁文集》俄文版第17卷
第253—305页

注　释

1　《列宁文集》俄文版第40卷发表了列宁在马克思《资本论》上作的全部批注。本版全集第57卷(《俄国资本主义的发展》一书的准备材料)刊载了其中的一部分。现将其余部分译载于此。

　　根据列宁的亲属的回忆和列宁青年时代的友人的证明,列宁是1888年在喀山开始研究马克思《资本论》的。在萨马拉居住期间,《资本论》第1卷和第2卷是列宁案头的必备书。列宁研究《资本论》第3卷是在彼得堡。列宁在他读过的《资本论》(《资本论》德文版第1卷1872年汉堡版,第2卷1885年汉堡版,第3卷1894年汉堡版;俄文版第1卷1872年圣彼得堡版,第2卷1885年圣彼得堡版)书上,在不同时期用各种颜色的铅笔和墨水作了大量批语和标记。这反映了列宁对《资本论》所作的系统的研究。列宁在《什么是"人民之友"以及他们如何攻击社会民主党人?》、《民粹主义的经济内容及其在司徒卢威先生的书中受到的批评(马克思主义在资产阶级著作中的反映)》、《对工厂工人罚款法的解释》、《新工厂法》、《俄国资本主义的发展》、《谈谈罢工》、《卡尔·马克思(传略和马克思主义概述)》、《哲学笔记》等著作中都探讨过《资本论》中的个别原理。——1。

2　1843年底,马克思在巴黎开始系统地研究政治经济学。他研究经济文献的目的,是要写一部批判现存制度和资产阶级经济学的巨作。

　　1848—1849年革命失败后,马克思于1849年8月被迫侨居伦敦,在那里继续进行经济学研究。他深刻而全面地研究了国民经济史和当时各国的特别是英国的经济,因为英国那时是典型的资本主义国家。他还研究了土地所有制的历史和地租理论、货币流通和价格以及经济危机的历史与理论、技术史和工艺史、农艺学和农业化学问题。

到1857年,他在进行了大规模准备工作之后,开始进入研究工作的完成阶段,即对收集的材料进行系统的整理和概括。从1857年8月到1858年6月,马克思写了约50印张的手稿,这看来是未来《资本论》的草稿。

1858年马克思决定分册出版自己的经济著述。第1分册于1859年出版,书名是《政治经济学批判》。马克思用唯物辩证法的方法,揭示了商品的二重性和商品的使用价值与价值的矛盾,在分析商品和货币的关系中指出了这一矛盾的进一步显露和发展,着重指出,政治经济学研究的不是物,而是人的关系,归根到底是阶级关系。

马克思继续研究政治经济学,从1861年8月到1863年9月中写了约200印张手稿,共23本,标题与《政治经济学批判》相同。在这一著作中未来的《资本论》的所有最重要的题目大体上都已作了研究。

从1863年8月到1865年底,马克思用两年半的时间完成了新的篇幅很大的手稿,这就是三卷《资本论》理论著作的第一个经过仔细推敲的稿本。1866年1月,在全部著作完成后,根据恩格斯的建议,马克思决定先付印《资本论》第1卷。

《资本论》第1卷于1867年9月14日在汉堡问世,篇幅为49印张,印数1 000本。进入70年代,德国工人对《资本论》第1卷的需求不断增长,而第1版到1871年秋已经全部售完。因此出版者建议马克思准备第2版,并在短期内完成。从1871年12月到1873年4月的1年半时间里,马克思从事准备《资本论》第1卷第2版的工作,对该书结构和叙述的实质作了较大的改动,在文字上作了局部修改。第2版于1872年开始在汉堡分册出版。7月中在汉堡出版了第1册。最后一册即第9册于1873年4月底印成,并寄给了作者。《资本论》第1卷第2版出了3 000本。

第1卷出版后,马克思不止一次地重新研究1863—1865年的手稿,他拟定个别部分的新的方案,扩大研究文献的范围,研读有关《资本论》以后各卷所要分析的问题的大量书籍。他认真地研究了各国的土地关系和资本主义经济中的新现象,并着手研究俄国的村社土地所有制。为了直接阅读俄国的出版物,马克思于1869年底开始学俄文,在一年的时间内掌握了它。

　　《资本论》第 2 卷和第 3 卷是马克思逝世后由恩格斯出版的。第 2 卷于 1885 年在汉堡出版,第 3 卷于 1894 年在汉堡出版。——1。

3　《资本论》第 1 卷第 2 版第 806—807 页刊载了对第 1 卷的补充注释,其注释 557 中包括对本条注释的补充。《马克思恩格斯文集》第 5 卷第 292—293 页上的注文是补充过的。

　　《工人辩护士报》(《The Workman's Advocate》)是英国工人周报,国际总委员会的正式机关报,1865 年 9 月—1866 年 2 月在伦敦出版。——2。

4　指《资本论》第 1 卷第 2 版第 806 页上刊载的一个补充,它使这段文字的第 2 句话更加准确。——2。

5　平达是古希腊抒情诗人,写有许多歌颂竞技场上胜利者的诗歌。平达的名字后来成了过分颂扬者的代称。——5。

6　该署的职权是主管英国出生、死亡和婚姻登记的整个系统,每 10 年进行一次人口调查。——8。

7　《泰晤士报》(《The Times》)是英国最有影响的资产阶级报纸(日报),1785 年 1 月 1 日在伦敦创刊。原名《环球纪事日报》,1788 年 1 月改称《泰晤士报》。——8。

8　列宁在《卡尔·马克思(传略和马克思主义概述)》的《社会主义》一节中引用了这一论点(见本版全集第 26 卷第 74—75 页)。——9。

9　《资本论》俄文版第 1 卷在马克思生前于 1872 年在彼得堡由尼·彼·波利亚科夫出版。1868 年 9 月,革命民粹派分子、后来的著名的自由主义民粹派人士尼·弗·丹尼尔逊就出版《资本论》俄文版问题与马克思进行了通信。他在信中说,"您的近作《资本论。政治经济学批判》的重要性促使这里的一位出版家(尼·彼·波利亚科夫)要把这一著作译成俄文。"(见《马克思恩格斯和革命的俄国》1967 年俄文版第 158 页)

在倡议把《资本论》译成俄文的人们中,尼·加·车尔尼雪夫斯基的追随者格·亚·洛帕廷起了显著的作用。1870年他专程来到伦敦会见马克思。马克思和洛帕廷多次讨论了与出版《资本论》俄文版第1卷有关的问题。应洛帕廷的请求,马克思曾打算为这个版本修改第1章(《商品和货币》),使它较为通俗易懂。因此洛帕廷根据马克思的建议从第2章(《货币转化为资本》)开始翻译。他译了这一章和第3章(《绝对剩余价值的生产》)以及第4章(《相对剩余价值的生产》)的一部分即约全书的三分之一以后,于1870年11月底中断了这一工作,回俄国去组织营救车尔尼雪夫斯基出西伯利亚流放地的活动。这一活动没有成功,洛帕廷在西伯利亚遭到逮捕,直到1873年夏天才逃脱监禁。《资本论》第1卷的翻译工作遂由丹尼尔逊继续进行。他在尼·尼·柳巴温(后来是莫斯科大学化学教授)参与下完成了这一卷的翻译,其中第1章是按没有修改过的本子翻译的。马克思由于工作太忙没有能履行自己的诺言,但他对这一章和其他各章都作了一些修订和补充。

《资本论》第1卷俄译本于1872年3月27日出版,印数3 000本。它是《资本论》的第一个外文译本。《资本论》俄文版第2卷于1885年12月出版,是丹尼尔逊翻译的。《资本论》俄文版第3卷于1896年出版,这一卷是丹尼尔逊根据恩格斯寄给他的准备出版的德文版的校样从1894年3月开始翻译的。

列宁的许多著作中的《资本论》引文,是列宁自己从德文译出的,他同时还指出俄文版译文中的一些不确切的地方。有材料证明列宁参加了德文第3版的俄文翻译工作,并同伊·伊·斯克沃尔佐夫-斯捷潘诺夫一起校订了1907年出版的《资本论》俄文版第2卷译文。在1909年版《资本论》第1卷封面上刊印的莫斯科出版社关于《资本论》全三卷用俄文出版的报道中提到列宁参加了翻译工作,1908年《俄国思想》杂志第8期发表的关于《资本论》俄译本的文章也证实了这一报道。——11。

10　普路托是希腊神话中的冥王,也称哈得斯。——13。

11　列宁在《在全俄教育工作者和社会主义文化工作者第一次代表大会上

的讲话(1919年9月31日)》和《论意大利社会党党内的斗争》中引用了马克思的这一论点(见本版全集第37卷第126页和第39卷第465页)。——15。

12　1883年3月14日马克思逝世后,恩格斯于是年底准备和出版了《资本论》第1卷第3版。恩格斯在该版序言中说,他考虑了马克思生前所作的一切增补,而"凡是我不能确定作者自己是否会修改的地方,我一个字也没有改"(见《马克思恩格斯文集》第5卷第29页)。他同时对正文作了个别增补并加了个别脚注,这些地方都注了他自己的姓名缩写。比如这个注就增加了一段相当长的解释文字(见《马克思恩格斯文集》第5卷第358页注(205a))。——16。

13　本表反映了1848—1865年英国纺织品出口的增长情况。尽管工作日长度受到限制,资本仍然不断提高劳动强度并把机器的任何改进变为加强榨取劳动力的手段,从而在这一时期加强了对工人阶级的剥削。——17。

14　引自阿·波特尔的《政治经济学:它的对象、应用和原理。以美国人的生活状况来加以说明》1841年纽约版。从导言可以看出,该书的大部分基本上是1833年在英国发表的乔·斯克罗普《政治经济学原理》一书前10章的翻版(阿·波特尔作了一些修改)。——21。

15　马克思在手稿中指出,这种计算资本周转时间的方法是错误的。引文中所说的周转的平均时间(16个月)是把全部资本50 000美元的7.5%的利润计算在内的。如果不算利润,这些资本的周转时间就是18个月。列宁在《资本论》德文版第2卷第165页(1885年汉堡版)的页边上作了这一计算。——21。

16　马克思在《资本论》第1卷第22章第3节中批评英国资产阶级庸俗经济学家纳·威·西尼耳时,引用了他的《政治经济学基本原理》中的这一论点作为例子(见《马克思恩格斯文集》第5卷第689页)。——23。

17　这一段话是恩格斯从马克思的《政治经济学批判》一书引来的(参看《马

克思恩格斯全集》第1版第13卷第174—175页）。——25。

18　奥弗斯顿勋爵的这一段讲话,恩格斯是从马克思的《政治经济学批判》
　　一书引来的(参看《马克思恩格斯全集》第1版第13卷第175页)。列
　　宁在这里指出了这一点。——26。

19　列宁在《土地问题和"马克思的批评家"》和《对欧洲和俄国的土地问题
　　的马克思主义观点》中考察地租理论时引用了马克思的这些论点(见本
　　版全集第5卷102—103页和第7卷第95页)。——28。

20　列宁在《土地问题和"马克思的批评家"》中考察级差地租形成的问题时
　　引用了马克思的这一论点(见本版全集第5卷第95—96页)。——28。

21　在《资本论》第3卷1894年版中,本表这一栏的数字为0、12％、24％、
　　36％。列宁改正了这几个数字。《资本论》第3卷现在的版本是按改正
　　后的数字排印的。——32。

22　列宁大概是在舒申斯克村居住期间于1899年1—3月仔细研究了卡·
　　考茨基的《土地问题》一书的。这一点,可以从他的一些信件中得到证
　　明。列宁在1899年1月26日给亚·尼·波特列索夫的信中曾询问
　　他,"您是否想得到不久前出版的考茨基的《土地问题》?"而在1899年
　　4月27日的信中,列宁又告诉波特列索夫说,他"读考茨基的书的时候
　　布尔加柯夫的文章还未发表"(见本版全集第44卷第22页和第24
　　页)。这里说的谢·尼·布尔加柯夫的文章是指《论农业资本主义演进
　　的问题》,该文载于《开端》杂志1899年第1—2期合刊(1—2月)和第3
　　期(3月)。列宁的摘要用墨水写在像学生练习簿那么大小的49页纸
　　上,没有任何涂改的地方。着重线也是用墨水画的,但有些地方,看来
　　是列宁在第二次翻阅的时候,为强调某些论点又用铅笔加画了着重线。
　　在页边空白的地方,对着相应段落列宁注明了所摘引的考茨基的书的
　　页码。这一文献是《土地问题》一书基本内容的叙述。有时列宁在文中
　　对考茨基讲得最成功的地方给以评价,或者加上自己的批注以发挥考
　　茨基著作中的有关论述。——33。

23　指《德国的革命和反革命》。这一著作原来由马克思署名发表，从 1913 年出版的《马克思和恩格斯通信集》中发现它的作者是恩格斯。——35。

24　指不采用轮种制和不施厩肥的农场。——42。

25　大概是指卡·考茨基书中这一段话："为整个现代生产方式所特有的科学与商业的紧密联系，在任何地方都不如在农业中表现得那样明显。它是在大学里讲授其簿记的唯一的行业。"——42。

26　剌拉根是爱尔兰克莱尔郡的一处地产。——49。

27　德普坦特是德国的一种雇农，他们除领取固定的年货币工资外，还得到一定的实物——大庄园（农场）内的一块土地和住房，这种实物构成工资的一部分。

　　英斯特是德国的一种雇农，他们按长期合同受雇，住在他自己所有而位于大土地占有者的土地上的住房内，除挣到货币工资外，还得到一定地块上的一部分收获（对分制）。

　　霍伊埃尔是德国的一种小块土地和住房的租赁者，他们不仅用货币和实物付租，而且也用劳动付租，实际上也是雇农。——54。

28　指《新莱茵报。政治经济评论》。

　　《新莱茵报。政治经济评论》(«Neue Rheinische Zeitung. Politischeökonomische Revue»)是马克思和恩格斯创办的杂志，共产主义者同盟的理论刊物。该刊在伦敦编辑，在汉堡印刷，共出了 6 期（1850 年 3—11 月）。

　　这里说的是马克思在该刊第 4 期上发表的书评《评埃米尔·德·日拉丹〈社会主义和捐税〉1850 年巴黎版》中的论述（参看《马克思恩格斯全集》第 1 版第 7 卷第 340—341 页）。——54。

29　括号里的话不是卡·考茨基著作的提要式的叙述，而是属于列宁的，是对考茨基这一段话的发展。——78。

30　此处和下面(本卷第 94 页)提到的《共产主义者同盟宣言》都是指 1848 年 3 月的《共产党在德国的要求》这一文件(参看《马克思恩格斯全集》第 1 版第 5 卷第 3—5 页)。——78。

31　社会政治协会是德国资产阶级经济学家的联合组织,1872 年由古·施穆勒创立。协会的纲领和宗旨是维护资本主义制度,论证进行不彻底的改革的必要性。1936 年该协会自行解散。——82。

32　卡·考茨基的《我的〈土地问题〉的两位批判者》一文载于 1899—1900 年《新时代》杂志第 10—12 期和第 15 期,是对爱·大卫和弗·奥·赫茨的批评的答复。大卫批判《土地问题》的几篇文章是:《农村的野蛮人》(载于 1899 年《社会主义月刊》第 2 期)、《对卡·考茨基〈土地问题〉的批评意见》(载于 1899—1900 年《新时代》杂志第 8—9 期)和《关于土地问题的新观点》(载于 1899 年 10 月 5 日《前进报》)。赫茨批判《土地问题》的书是:《土地问题及其同社会主义的关系》1899 年版。参看本版全集第 5 卷第 124—125、128、147—148 页。——96。

33　指爱·大卫的文章《关于土地问题的新观点》。——96。

34　《德意志言论》杂志(«Deutsche Worte»)是奥地利的一家经济和社会政治刊物,1881—1904 年在维也纳出版。1881—1883 年 6 月是周刊,1883 年 7 月改为月刊。

　　　　文中提到的弗·奥·赫茨的文章题为《伯恩施坦和社会民主党》,Fr.奥特的文章题为《考茨基反对伯恩施坦的著作》。——96。

35　指《共产党在德国的要求》(1848 年)。这个文件的第 8 节说:"宣布农民的抵押地归国家所有。这些抵押地的利息由农民交纳给国家。"(参看《马克思恩格斯全集》第 1 版第 5 卷第 3 页)。——104。

36　指德国自由党领袖欧·李希特尔的小册子《社会民主党对于未来的描写》。下文提到的"节俭的阿格尼斯"是这本小册子编造的故事中的人物。参看本版全集第 5 卷第 128 页。——104。

37　列宁把这里没有列出的《资本论》中关于农业资本主义过程的论述的若干页码,摘录在单独一张纸上(见本卷第119—120页)。——113。

38　《在光荣的岗位上》文集是俄国民粹派为庆祝民粹主义思想家尼·康·米海洛夫斯基从事写作和社会活动40年(1860—1900)而出版的。文集收载了尼·费·安年斯基、尼·亚·卡雷舍夫、帕·尼·米留可夫、韦·亚·米雅柯金、阿·瓦·彼舍霍诺夫、尼·亚·鲁巴金、瓦·伊·谢美夫斯基、维·米·切尔诺夫、亚·伊·丘普罗夫、谢·尼·尤沙柯夫等人的文章。切尔诺夫的文章题为《经济制度范畴的农民和工人》。——122。

39　指卡·考茨基《土地问题》1899年斯图加特版。——122。

40　《德国农民状况》是一部关于德国各地区农民状况的专门研究著作的汇编,共3卷,由社会政治协会于1883年在莱比锡出版。关于这部书,可参看本版全集第5卷第158—160页。

　　　列宁所说的弗·奥·赫茨的摘引,见赫茨的《土地问题及其同社会主义的关系》1899年版第76—77页。——125。

41　此处和下面(本卷第128页)指的都是谢·尼·布尔加柯夫的《资本主义和农业》(1900年版)一书。——126。

42　指《社会立法和统计学文库》杂志第15卷。

　　　《社会立法和统计学文库》杂志(《Archiv für soziale Gesetzgebung und Statistik》)是德国刊物,1888—1933年先后在柏林、蒂宾根、莱比锡出版,创办人是亨·布劳恩。1904年改称《社会科学和社会政治文库》。——134。

43　指谢·尼·布尔加柯夫写的关于卡·考茨基《土地问题》的书评,载于《社会立法和统计学文库》杂志第13卷。——137。

44　见注35。——144。

45　指第一国际巴塞尔代表大会(1869年9月6—11日)通过的关于土地

所有制的决议:"(1)社会有权废除土地的私有制,而把它变成公有制。(2)必须废除土地私有制,而把它变成公有制。"这个决议是马克思的拥护者提出的。——145。

46 指德国人民党。

德国人民党于1865年成立,主要由德国南部各邦的小资产阶级民主派和一部分资产阶级民主派组成,因此又称南德人民党或士瓦本人民党。该党在政治方面提出了一些一般性的民主主义口号,主张建立联邦制的德国,既反对奥·俾斯麦推行的在普鲁士领导下"自上而下"统一德国的政策,也反对建立统一集中的民主共和国。奥·倍倍尔和威·李卜克内西领导的以工人为核心的萨克森人民党于1866年并入该党,成为它的左翼,但很快又脱离了该党,于1869年8月参与建立德国社会民主工党。——145。

47 指德国社会民主党人格·埃卡留斯的著作《工人对约翰·斯图亚特·穆勒的政治经济学学说的反对意见》。——146。

48 威·李卜克内西的这个非马克思主义的论点曾被维·米·切尔诺夫和弗·奥·赫茨所利用。——148。

49 列宁在这里指出的是阿·布亨贝格尔的著作第237页注释1中援引阿·瓦格纳的著作《政治经济学原理》(《政治经济学教科书》第1编第1部分,1892年和1893年莱比锡版)的地方。——151。

50 指阿·布亨贝格尔著作第1卷引言《农业政策引言。文献述评》中引用的著作。它们的全称是:调查:巴登大公国农业状况调查,四卷本,1883年;黑森大公国农业调查,两卷本,1884—1886年;阿尔萨斯—洛林农业状况和需要的考察,1884年;普鲁士农业状况调查,1888—1889年(蒂尔《农业年鉴》第18卷,补卷第3卷,第19卷,补卷第4卷)。——151。

51 赤贫农民是指仅有小屋的无地、无马的农民,也泛指少地、少马的农民。——152。

52　《新时代》杂志摘录包括对马克思、恩格斯、格·瓦·普列汉诺夫、帕·
波·阿克雪里罗得、保·拉法格、卡·考茨基以及其他一些作者发表在
该杂志上的文章所作的札记和马克思《哥达纲领批判》一文的摘录。列
宁在自己的许多著作中利用了这些札记和摘录。

　　《新时代》杂志(《Die Neue Zeit》)是德国社会民主党的理论刊物,
1883—1923年在斯图加特出版。1890年10月前为月刊,后改为周刊。
1917年10月以前编辑为卡·考茨基,以后为亨·库诺。1885—1895
年间,杂志发表过马克思和恩格斯的一些文章。恩格斯经常关心编辑
部的工作,帮助它端正办刊方向。为杂志撰过稿的还有威·李卜克内
西、保·拉法格、格·瓦·普列汉诺夫、罗·卢森堡、弗·梅林等国际工
人运动活动家。《新时代》杂志在介绍马克思主义基本理论、宣传俄国
1905—1907年革命等方面做了有益的工作。随着考茨基转到机会主
义立场,1910年以后,《新时代》杂志成了中派分子的刊物。第一次世
界大战期间,杂志持中派立场,实际上支持社会沙文主义者。——156。

53　《工人党年鉴》(《Almanach du Parti Ouvrier》)是法国社会主义刊物,
1892—1894年和1896年在里尔出版,由茹·盖得和保·拉法格编辑。
——156。

54　列宁作的这篇文章的摘录和札记,见本卷第167—170页。——157。

55　这篇文章是保·拉法格写的。

　　斯坦尼斯瓦夫·帕德莱夫斯基是波兰社会主义者,1890年在巴黎
刺杀了俄国将军、宪兵长官 H.Д.谢利韦尔斯托夫。后流亡英国和美
国,在美国自杀而死。——158。

56　指马克思的《哥达纲领批判》和恩格斯在这一文献发表时为它写的序言
(见《马克思恩格斯文集》第3卷第419—450页)。——158。

57　1877年6月6日《前进报》第65号发表了《德国社会民主党代表大会》
一文,介绍1877年5月27—29日在哥达举行的德国社会主义工人党
代表大会。在代表大会讨论党的报刊问题时,某些代表(约·约·莫斯

特·卡·尤·瓦尔泰希)指责党的中央机关报《前进报》刊登恩格斯批判欧·杜林的文章,并指责恩格斯在论战中偏激。代表大会拒绝了这些非难,但同时从实际考虑,决定今后不在报纸正刊而在其学术附刊上继续对各种理论问题展开争论。

列宁在《怎么办?(我们运动中的迫切问题)》一书中利用了下面的摘要(见本版全集第6卷第11页)。

《前进报》(《Vorwärts》)是德国社会民主党的中央机关报(日报),1876年10月在莱比锡创刊,编辑是威·李卜克内西和威·哈森克莱维尔。1878年10月反社会党人非常法颁布后被查禁。1890年10月反社会党人非常法废除后,德国社会民主党哈雷代表大会决定把1884年在柏林创办的《柏林人民报》改名为《前进报》(全称是《前进·柏林人民报》),从1891年1月起作为中央机关报在柏林出版,由李卜克内西任主编。恩格斯曾为《前进报》撰稿,同机会主义的各种表现进行斗争。1895年恩格斯逝世以后,《前进报》逐渐转入党的右翼手中。它支持过俄国的经济派和孟什维克。第一次世界大战期间持社会沙文主义立场。俄国十月革命以后,进行反对苏维埃的宣传。1933年停刊。——158。

58　指1876年8月19—23日在哥达举行的德国社会主义工人党代表大会。——159。

59　据代表大会记录,威·李卜克内西接下去说:在恩格斯的文章中有对欧·杜林的很好的批判,而且这些文章是马克思《资本论》之后社会主义文献中最重要的学术著作(见《1877年5月26日至29日在哥达举行的社会党人代表大会记录》1877年汉堡版第72页)。——160。

60　列宁在《俄国社会民主党的土地纲领》和《论民族自决权》这两篇著作中利用了卡·考茨基的《波兰完了吗?》一文(见本版全集第6卷第294—295页和第25卷第243、246、264页)。——160。

61　见《马克思恩格斯文集》第3卷第442、445、446、448、449页。

列宁在自己的下列著作中引用了马克思《哥达纲领批判》的摘录:

《对普列汉诺夫的第二个纲领草案的意见》(见本版全集第 6 卷第 218
页)、《论临时革命政府》(见本版全集第 10 卷第 230 页)、《政府伪造杜
马和社会民主党的任务》(见本版全集第 14 卷第 198 页)、《〈约·菲·
贝克尔、约·狄慈根、弗·恩格斯、卡·马克思等致弗·阿·左尔格等
书信集〉俄译本序言》(见本版全集第 15 卷第 210 页)、《选举中的僧侣
和僧侣的选举》(见本版全集第 22 卷第 144 页)、《萨韦纳》(见本版全集
第 24 卷第 195 页)、《国家与革命》(见本版全集第 31 卷第 81—82 页)、
《无产阶级革命和叛徒考茨基》(见本版全集第 35 卷第 233—234 页)。
——161。

62　文化斗争是德国资产阶级自由派给俾斯麦政府在 19 世纪 70 年代采取
的一套立法措施所起的名称。这套措施是在为世俗文化而斗争的幌子
下实行的,其目的是反对天主教会和"中央"党,因为它们支持德国西南
部各中小邦的官吏、地主和资产阶级的分离主义倾向和反普鲁士倾向。
80 年代,奥·俾斯麦为了纠集反动力量把这些措施中的大部分取消
了。——163。

63　卡尔·考茨基《福尔马尔和国家社会主义》一文的摘录和札记作于
1902 年 3 月以前,用黑墨水写在 4 张练习簿大小的纸上,原文是俄文
和德文,列宁在《俄国社会民主党的土地纲领》一文中曾引用过(见本版
全集第 6 卷第 311 页)。——167。

64　库尔特·艾斯讷尔是德国工人运动活动家,新闻记者。1898 年加入德
国社会民主党,曾任该党中央机关报《前进报》编辑。1917 年加入德国
独立社会民主党。德国 1918 年十一月革命时期为慕尼黑工兵农苏维
埃主席,后为巴伐利亚共和国第一任总理,被一个白卫军的伯爵刺死。
——169。

65　大概是指济格蒙德·卡夫的《奥地利的事故保险》一文,该文发表在
1891—1892 年《新时代》杂志第 2 册第 28 期上。——169。

66　指载于《革命俄国报》第 14、15 号上的《土地的社会化和农业的合作化》

一文。这篇文章是该报从 1902 年 9 月第 11 号起刊载的以《纲领问题》为总标题的一组文章中的一篇。列宁在这里和以下的摘录中指出：社会革命党人采取断章取义的手法"引证"恩格斯的著作，从而歪曲了恩格斯的思想。

《革命俄国报》(《Революционная Россия》)是俄国社会革命党人的秘密报纸，由社会革命党人联合会于 1900 年底在俄国出版，创办人为安·亚·阿尔古诺夫。1902 年 1 月—1905 年 12 月，作为社会革命党的正式机关报在日内瓦出版，编辑为米·拉·郭茨和维·米·切尔诺夫。——171。

67 指在马赛举行的法国工人党第十次代表大会(1892 年 9 月 24—28 日)上通过的、并在南特举行的第十二次代表大会(1894 年 9 月 14—16 日)上作了补充的土地纲领。——172。

68 恩格斯说的是当时德国的反犹太主义的煽动。这种反犹太主义的煽动是受大地主和神父唆使的，其目的是想把日渐破产的城市小资产阶级和农民以及无产阶级的落后阶层拉到反动营垒里去。——173。

69 《革命俄国报》第 14 号第 7 版上的一段文字可以说明《革命俄国报》对恩格斯著作的"引证"的性质，这段文字是："对农村和依恋土地的农民的策略改变，在某种限度内甚至是由科学社会主义之父之一的恩格斯使之合法化了的。与那种只有无产阶级化才能导致社会主义的教条——在俄国特别流行的教条——相反，恩格斯在《法德农民问题》一文中承认了农民通过其他道路长入未来国家的可能性。恩格斯说，我们可以'让农民有可能不是依靠资本，而是依靠他们自己共同的经营进行大规模生产'。"(参看本版全集第 7 卷第 190 页)——175。

70 这里指的是弗·梅林编的《卡·马克思、弗·恩格斯和斐·拉萨尔的遗著》第 3 卷 1902 年斯图加特版。在这本书里有些文章的确切作者没有确定，因此这里把两篇文章都当成是马克思的作品。——179。

71 罗·罗基尼伯爵的《农业辛迪加及其活动》是法国社会博物院丛书之

一,曾获法兰西科学院奖,1900年在巴黎出版。罗基尼是法国社会博物院农业部的全权代表。——181。

72 农业会议是农业主和农民的联合会,其目的是促进农业的发展。"农业会议"不同于"农业协会"的地方在于,它实际应用"农业协会"就农业问题所进行的理论工作的经过检验的成果。土地占有者、农场主和佃农都可以参加"农业会议"。这些联合会包括的地域从一个县到整个地区。它们搞竞赛并为农业中的各种改进颁发和分配奖金及其他奖励。——181。

73 《社会主义评论》(《Revue Sozialiste》)是法国杂志,1885—1914年在巴黎出版。1910—1914年刊名为《社会主义的、工会的和合作社的评论》。——186。

74 卡·考茨基《社会主义和农业》一文的摘要和批注写在单页纸上,这张纸的背面上方有列宁的批注:"**卡·考茨基论大卫**"。——196。

75 这是列宁对米·奥里明斯基《当前的任务》一文所作的修改和提出的修改意见。奥里明斯基的文稿中的删改,可能是在列宁第一次审阅该文之后,由奥里明斯基自己作的。只有文稿第1页和第2页上的两句话是列宁亲自加进去的。手稿上的记号 а—а,6—6,к 和 л,是列宁为表示他的修改意见中指出的文章的某些缺点在各页上的准确位置而标的。列宁修改意见中的页码是该文手稿的页码。为便于查找,在该文页边用方括号注明了手稿的原页码。奥里明斯基的文稿对《火星报》的引证没有超出第80号,而该号日期为1904年12月15日(28日),因此它很可能是为《前进报》头几号中的某一号准备的,但是没有刊登出来。——198。

76 指1903年7月1日(14日)《火星报》第43号法因贝格的《论我们党的组织任务(给编辑部的信)》一文(附有《编辑部按语》)和1903年9月1日(14日)《火星报》第47号格·瓦·普列汉诺夫的《不久前的罢工、社会主义和争取政治自由的斗争》一文,两篇文章都没有署名。

　　《火星报》(《Искра》)是第一个全俄马克思主义的秘密报纸,由列宁创办。创刊号于1900年12月在莱比锡出版,以后各号的出版地点是慕尼黑、伦敦和日内瓦。参加《火星报》编辑部的有:列宁、格·瓦·普列汉诺夫、尔·马尔托夫、亚·尼·波特列索夫、帕·波·阿克雪里罗得和维·伊·查苏利奇。

　　《火星报》在建立俄国马克思主义政党方面起了重大的作用。在列宁的倡议和亲自参加下,《火星报》编辑部制定了党纲草案,筹备了俄国社会民主工党第二次代表大会。这次代表大会宣布《火星报》为党的中央机关报。

　　俄国社会民主工党第二次代表大会后,从第52号起,《火星报》变成了孟什维克的机关报,人们称这以后的《火星报》为新《火星报》。——205。

77　指费·伊·唐恩在1904年8月20日(9月2日)于日内瓦举行的俄国社会民主工党党员大会上的发言。这个会议是孟什维克召开的。会上,当一位调和派分子指出中央机关报(孟什维克的《火星报》)对各委员会采取了不能容许的论战手法时,唐恩答道:"绝大多数委员会完全拒绝了同编辑部保持同志式的来往,这种状况不能不在该报关于委员会活动的文章的性质上有所反映。"(见《关于俄国社会民主工党党员1904年9月2日在日内瓦召开的会议的简要报告》1904年党的俱乐部出版社版第6页)。——206。

78　指瓦·瓦·沃罗夫斯基(施瓦尔茨)对米·斯·奥里明斯基这篇文稿的意见。意见中说:"指明分类是'按标题'作的未必妥当,这使分类失去了价值。"(见《列宁文集》俄文版第16卷第267页)——206。

79　列·达·托洛茨基在他的小册子《我们的政治任务》里(1904年日内瓦版第29页)写道:"我们根据所有的和各种各样的理由,把'政治揭露'和经济主义对立起来,于是在同经济主义作斗争的过程中,我们不仅根本荒疏了领导罢工的艺术,而且甚至开始从怀疑工会斗争'政治上的可靠性'的角度来怀疑整个工会斗争。"

　　尔·马尔托夫在《当务之急》一文(载于1904年11月5日(18日)

《火星报》第 77 号)中写道:"……所谓的'列宁主义'给一切准备好了土壤。密谋的倾向……事先就使党根本不可能把'**地下的'**秘密工作和领**导广大群众的稍微公开的社会活动的复杂工作结合起来**。在上述密谋倾向得到充分发展的圈子里,第二次代表大会通过的关于工会斗争和关于工长的决议遭到严重的非议。"

帕·波·阿克雪里罗得在《关于我们的组织分歧的根源和意义问题》(载于 1904 年 6 月 25 日(7 月 8 日)《火星报》第 68 号)一文中,责备布尔什维克"在很大程度上完全抛弃了经济上的鼓动"。

1904 年在日内瓦出版的由帕·波·阿克雪里罗得作序、署名"一工人"的小册子《我们组织内的工人和知识分子》第 23 页上写道;"经济斗争这一吸引广大群众参加革命斗争的强大武器被完全抛弃了。在这方面还掺和着对'经济'的厌恶,这种对经济厌恶的风气是在我们的各委员会从'经济主义'转向'政治'的时候盛行起来的。"——206。

80 奥里明斯基引用的是帕·波·阿克雪里罗得为"一工人"的小册子所写的序。——207。

81 这里的两份材料是列宁写《工人民主派和资产阶级民主派》一文(见本版全集第 9 卷)的准备材料的一部分。——208。

82 亚·尼·波特列索夫(斯塔罗韦尔)在这里引用了列宁的《一封给地方自治人士的信》一文(载于 1902 年 3 月 10 日(23 日)《火星报》第 18 号,见本版全集第 6 卷)。——209。

83 指《曙光》杂志第 2—3 期合刊刊登的列宁的文章《地方自治机关的迫害者和自由主义的汉尼拔》(见本版全集第 5 卷)。——212。

84 "运动神经"一词引自亚·尼·波特列索夫的文章《我们的厄运》一文(本卷第 210 页)。"独立的力量"一词引自 1904 年 11 月 5 日(18 日)《火星报》第 77 号尼·伊·约尔丹斯基的《站在十字路口的民主派》一文。该文说:"……民主派应该……作为独立的力量影响地方自治自由派的行为。"——212。

85　石蕊试纸是用石蕊溶液浸过的纸条,可以根据它置入某种溶液后颜色的改变来鉴定该溶液的酸碱性。亚·尼·波特列索夫(斯塔罗韦尔)在发表于1904年11月20日(12月3日)《火星报》第78号的《我们的厄运》一文中把普遍、平等、直接和无记名投票的选举权比喻为石蕊试纸,认为可以用它来鉴定某个反对派集团是否属于无产阶级应予支持的民主派。他说,正是向自由派提出正式条件才能使社会民主党"有可能对反对派集团施加真实的压力,迫使他们像德国人所说的那样显示颜色,向他们奉送一种检验自己要求的有效试剂,即民主主义的石蕊试纸,并把无产阶级支持的全部价值置于他们的政治打算的天平上"。列宁对波特列索夫的这一观点多次进行了批评,指出:"这种理论幼稚已极,只会在无产阶级中间造成混乱,腐蚀无产阶级。"(见本版全集第11卷第195页)——212。

86　指马克思和恩格斯的《反克利盖的通告》,载于弗·梅林编的《卡·马克思、弗·恩格斯和斐·拉萨尔的遗著》第2卷(参看《马克思恩格斯全集》第1版第4卷)。——214。

87　摘自1905年9月11日《福斯报》的《大学学潮》一文。

　　　《福斯报》(《Vossische Zeitung》)是德国温和自由派报纸,1704—1934年在柏林出版。——219。

88　《路易·波拿巴的雾月十八日》(见《马克思恩格斯文集》第2卷)是马克思主义的重要著作之一。在这部著作里,历史唯物主义的基本原理、阶级斗争和无产阶级革命的理论和无产阶级专政学说的基本原理,在分析法国1848—1851年革命事件的基础上得到了进一步发展。马克思在这里首次提出了关于胜利的无产阶级打碎资产阶级国家机器的必要性的论点。列宁在分析马克思的这一原理时写道:"马克思主义在这一段精彩的论述里,与《共产党宣言》相比,向前迈进了一大步。在那里,国家问题还提得非常抽象,只用了最一般的概念和说法。在这里,问题提得具体了,并且作出了非常准确、明确、实际而具体的结论:过去一切革命都是使国家机器更加完备,而这个机器是必须打碎,必须摧毁的。"列宁认为:"这个结论是马克思主义国家学说中主要的基本的东西。"

（见本版全集第 31 卷第 26 页）列宁对马克思这一著作作了很高的评价。他在自己的著作中引用这一著作的原理达 40 多次。——220。

89　这里是罗陀斯,就在这里跳跃吧! 一语出自伊索寓言中的《说大话的人》。这个说大话的人硬说自己曾在罗陀斯(也译罗得岛)跳得很远很远,别人于是用这句话揭穿了他。这句话经常被用来讽刺那些喜欢吹牛撒谎或借故推脱、回避问题的人。——220。

90　指法兰西共和国制宪国民议会。关于共和国建立的这一时期,马克思在该书第 1 章中作了详细论述(见《马克思恩格斯文集》第 2 卷第 477—478 页)。——221。

91　1848 年 5 月 15 日法国的人民群众举行了革命发动,起主要作用的是以路·奥·布朗基等人为首的巴黎工人。他们的口号是进一步深入革命,支持意大利、德国和波兰的革命运动。示威群众冲入制宪议会会议大厅,要求履行向工人提供面包、工作以及成立劳动部等诺言;他们试图解散制宪议会,成立一个新的临时政府。5 月 15 日的人民发动遭到镇压,其领袖布朗基、阿·巴尔贝斯、阿尔贝、弗·拉斯佩尔等人被捕。——221。

92　说的是 1848 年 11 月 4 日通过的法兰西共和国宪法。——222。

93　指法国 1830 年资产阶级革命后所通过的宪章。它是七月王朝(1830—1848 年法国国王路易-菲力浦统治时期)的根本法。宪章在表面上宣布了国民的自主权并对国王的权力作了某些限制。但是,那些对付工人运动和民主运动的警察官僚机构和苛刻的法律仍然原封未动。——222。

94　列宁在《国家与革命》一书中引用了这个论点(见本版全集第 31 卷第 26 页)。——222。

95　1848 年 12 月 10 日,经过全民投票,路易·波拿巴当选为法兰西共和国总统。——223。

96 马克思《历史著作集》一书于1906年在圣彼得堡出版,由弗·亚·巴扎罗夫和伊·伊·斯克沃尔佐夫-斯捷潘诺夫审定并作注。这本书收入的著作有马克思的《1848年至1850年的法兰西阶级斗争》和《路易·波拿巴的雾月十八日》、恩格斯的《德国的革命和反革命》(当时认为是马克思的著作)(见《马克思恩格斯文集》第2卷)。该书的附录中有恩格斯为马克思《1848年至1850年的法兰西阶级斗争》一书所写的导言(见《马克思恩格斯文集》第4卷第532—554页)以及卡·考茨基为《德国的革命和反革命》这一著作的德文版所写的序言。

列宁想必是在该书出版后很快就读到了,因为他在《评经济浪漫主义》这一著作(1908年版)中根据这个文集引用了马克思的《路易·波拿巴的雾月十八日》(见本版全集第2卷第189—190页)。

列宁在《卡尔·马克思》一文的《书目》部分中也列入了该书(见本版全集第26卷第85页)。——224。

97 拉查罗尼是对意大利游手好闲的流氓无产阶级分子的鄙称。这些人不止一次地被反动的君主专制集团利用来反对自由主义和民主主义的运动。——224。

98 根据英国1834年通过的新的《济贫法》,只允许用一种办法来救济贫民,即把他们安置在从事强制劳动的习艺所里。习艺所开办于18世纪,它的制度同从事苦役的牢狱中的制度不相上下,这里的工作生产率低,单调而且累人。——225。

99 达摩克利斯剑出典于古希腊传说:叙拉古暴君迪奥尼修斯一世用一根马尾系着一把利剑挂于自己的宝座上方,命羡慕他的权势和尊荣的达摩克利斯坐在宝座上。达摩克利斯顿时吓得面色苍白,如坐针毡,赶快祈求国王恩准离座。后来人们用达摩克利斯剑来譬喻时刻存在的威胁或迫在眉睫的危险。——226。

100 1850年3月10日法国立法议会举行补选。政府为了对选民施加压力,把法国领土分成了5大军区,结果巴黎及其邻近的几省就处在其他4个区的包围之中,而这4个区的领导人都是一些恶名昭彰的反动分子。共和派报纸为了强调这些反动将军的无限权力和土耳其帕沙(省长、总督等高级军政长官)的专横权力是一模一样的,所以称这几个区为帕沙辖区。——226。

101　法国的苏路克是指路易·波拿巴。法斯廷·苏路克是海地共和国总统,1849年自封为皇帝,称法斯廷一世。——227。

102　卢森堡宫委员会即政府工人问题委员会。它是法国1848年二月革命后设立的,由路易·勃朗和阿尔伯任正副主席。因设在卢森堡宫,故名。1848年2月28日成立,5月16日撤销。——227。

103　这几行笔记列宁记在该书的封三(封底里)上。——229。

104　恩格斯的《1871—1875年论文集。——福格特。——行动中的巴枯宁主义者。——波兰人。——布朗基派。——论俄国》一书由B.斯米尔诺夫从德文译成俄文,阿·萨宁审定,1906年圣彼得堡知识出版社出版。这是第一次用俄文发表的恩格斯的著作。列宁在阅读该书时在《流亡者文献。——二　公社的布朗基派流亡者的纲领》(参看《马克思恩格斯全集》第1版第18卷579—587页)一文中作了标记和批注。

列宁在《反对抵制(摘自社会民主党政论家的札记)》和《论工人政党对宗教的态度》等文章中利用了他所标出的地方(见本版全集第16卷第7页和第17卷第389页)。

在这本书收载的恩格斯为《论俄国的社会问题》一文所写的跋(参看《马克思恩格斯全集》第1版第22卷第494—510页)中也有列宁的批注。——230。

105　列宁在这里标的"1874年"是恩格斯的《流亡者文献。——二　公社的布朗基派流亡者的纲领》一文在《人民国家报》上发表的年份。——230。

106　恩格斯在这里,在《论俄国的社会问题》一文的跋中,引用了马克思给《祖国纪事》杂志编辑部的信(参看《马克思恩格斯全集》第1版第19卷第129页)。——231。

107 这是列宁在阅读《约·菲·贝克尔、约·狄慈根、弗·恩格斯、卡·马克思等致弗·阿·左尔格等书信集》一书(1906 年斯图加特版)时作的批注。1907 年这本书在彼得堡出了俄文版,列宁于 1907 年 4 月 6 日(19日)为它写了序言(见本版全集第 15 卷第 196—216 页)。在序言中列宁指出,这本书信集对俄国先进的马克思主义文献是一种必不可少的补充。在写这篇序言时,他使用了这里刊载的许多批注。

列宁在马克思和恩格斯的 29 封信上作了标记和批注。他还在书末作了一个独特的主题索引,包括 28 封信。

马克思和恩格斯的书信中对英国和美国的社会主义者脱离工人运动、搞宗派主义、把马克思主义变成教条的批评,对英国工人领袖搞机会主义、卖身投靠资产阶级的批评,都被列宁不止一次地在他的著作中加以引用,这些著作是:《社会民主党在 1905—1907 年俄国第一次革命中的土地纲领》、《社会党国际局会议》、《论马克思主义历史发展中的几个特点》、《英国的和平主义和英国的不爱理论》、《帝国主义和社会主义运动中的分裂》、《在全俄工会第三次代表大会上的讲话》、《论第三国际的任务》等(见本版全集第 16 卷第 323、393 页,第 17 卷第 215 页,第 20 卷第 84 页,第 26 卷第 278—279 页,第 28 卷第 75—76 页,第 37 卷第 93 页,第 38 卷第 345—346 页)。——232。

108 这是列宁在该书目录上作的记号和批注。——232。

109 号召为巴黎公社流亡者捐款的致国际美国各支部成员的呼吁书,是由马克思起草并寄给弗·阿·左尔格的。从马克思 1871 年 9 月 5 日给左尔格的信中可以看出这一点(参看《马克思恩格斯全集》第 1 版第 33 卷第 289 页)。——233。

110 指一批参加公社的法国流亡者(阿·克拉里斯、贝·马隆、茹·盖得、安德列·莱奥)同在瑞士的巴枯宁派勾结在一起。1871 年 9 月,这些法国流亡者同原日内瓦支部"社会主义民主同盟"的成员一起建立了宣传和革命社会主义行动支部。——233。

111 在 1872 年 9 月 12 日第一国际不列颠联合会委员会会议上,委员会主席约·黑尔斯在改良主义多数派的支持下,对马克思在海牙代表大会上谴责工联领袖的发言(参看《马克思恩格斯全集》第 1 版第 18 卷第724 页)提出指责。不列颠联合会的许多支部对那些力图把马克思开除出国际的改良派的这一决定和行为表示抗议。

列宁在他的《帝国主义和社会主义运动中的分裂》、《在全俄工会第三次代表大会上的讲话(1920 年 4 月 7 日)》以及其他一些著作中,都引用了恩格斯给弗·阿·左尔格的信的这个地方来说明马克思对工联机会主义领袖们进行的斗争(见本版全集第 28 卷第 75—76 页,第 38卷第 345—346 页)。——234。

112　指马克思在 1872 年 5 月 30 日国际海牙代表大会会议上的发言(参看《马克思恩格斯全集》第 1 版第 18 卷第 724 页)。——237。

113　指不列颠联合会委员会里的那部分改良派于 1873 年 1 月 26 日召开的代表大会。出席这次代表大会的共 12 名代表。代表大会拒绝承认海牙代表大会的决议,这样一来代表大会的参加者就把自己置于国际之外。

约·格·埃卡留斯在《泰晤士报》上的短评题为《英国的国际代表大会》。——237。

114　早期美国抗租者是指 19 世纪 30 年代和 40 年代纽约州的那些拒绝向大土地占有者交租并要求把农场卖给他们归其完全所有的土地租佃者。他们对企图用暴力来收租的收租人进行了武装反抗。规模最大的租佃者的风潮发生在 1836 年到 1845 年间。租佃者和土地占有者的斗争以妥协告终;1846 年以后大土地占有者开始逐渐把自己的土地卖给租佃者。——238。

115　德卡泽维尔罢工是指法国阿韦龙省德卡泽维尔市 2 000 名矿工的自发罢工,从 1886 年 1 月开始到 6 月结束,持续了 5 个月。罢工是由于劳动条件不堪忍受和阿韦龙矿业公司的资本家残酷剥削工人引起的。罢工开始时,工人打死了拒绝听取工人要求的矿长瓦特兰。政府把军队开进德卡泽维尔,这在法国引起了更大的风潮。在巴黎和各省举行了许多抗议集会。茹·盖得和保·拉法格在巴黎的集会上发言抗议政府和企业主的行为。社会党报纸《人民呼声报》和《强硬派报》开展了支持罢工者的签名运动。在法国众议院讨论德卡泽维尔罢工问题时，资产阶级议员，其中包括激进派，支持政府镇压罢工工人。原来参加激进派的工人议员因此脱离了激进派，在众议院中组成了独立的工人党团。恩格斯密切地注视着法国这一事态的发展，认为"法国无产阶级在议院中的这第一次勇敢的独立行动"具有重要意义（参看《马克思恩格斯全集》第 1 版第 36 卷第 438 页）。——238。

116　社会主义同盟是英国的社会主义组织，1884 年 12 月由一批不满社会民主联盟领导的机会主义路线而退出联盟的社会主义者创建。同盟的组织者有爱·马克思-艾威林、厄·贝·巴克斯、威·莫里斯等。在同盟存在的最初年代，它的活动家们曾积极参加工人运动。但是，在同盟的成员中无政府主义分子很快就占了上风。它的许多组织者，其中包括爱·马克思-艾威林和爱·艾威林，都离开了同盟的队伍。到 1889 年同盟就瓦解了。——239。

117　《公益》（《The Commonweal》）是社会主义同盟的机关刊物，1885—1891 年和 1893—1894 年在伦敦出版，原为月刊，从 1886 年 5 月起改为周刊。由于杂志内无政府主义的思想影响日益加强，爱·艾威林趁杂志改版之机退出该杂志的编辑部。1886 年 5 月 1 日该杂志发表了他因时间不够而辞去责任编辑（他是责任编辑之一）职务的声明，但他给《公益》杂志撰稿的工作还继续了一个时期。——239。

118　劳动骑士即高尚的劳动骑士团，是美国的群众性工人组织，在美国工人运动的发展中起着重要作用。该团是缝衣工人尤·斯蒂芬斯等人于 1869 年在费城建立的，起初是一个秘密团体。该团最早试图把美国工人阶级在全国范围内组织起来，它联合不分民族的各工种工人，主要是非熟练工人，另外也吸收了一些非无产阶级的和小资产阶级的分子。该团的纲领带有浓厚的拉萨尔主义色彩，曾提出以建立合作社组织、推行合作的工业体系来代替工资制度，并要求实行土地改革。该团于 1878 年转入公开活动，以后逐步成为美国最有影响的工人组织。1874

年仅有成员 1 万人，1886 年已有成员 70 万人以上。在此期间，该团组织过几次成功的罢工。1886 年以后，该团领导人走上否定阶级斗争的道路，其影响急剧降低，1893 年成员减少到 7 万人。19 世纪末，该团实际上已不存在。——239。

119 恩格斯指的是 1886 年 11 月 2 日举行的纽约市长选举。统一工人党提出的候选人是亨利·乔治，他得到 68 110 张选票，占全部选票的 31%。

统一工人党是 1886 年秋在纽约市政选举准备期间成立的，目的是使工人阶级采取统一的政治行动。建党的倡导者是 1882 成立的纽约市工会的联合组织——纽约中央劳动联合会。其他许多城市都以纽约为榜样建立了这样的政党。——240。

120 蒂伦斯·文森特·鲍德利是 19 世纪 70—90 年代美国工人运动机会主义领袖之一。1879—1893 年是"劳动骑士"的领导人。他反对无产阶级革命运动，主张同资产阶级合作，1896 加入共和党。——240。

121 《社会主义者报》(《Der Sozialist»)是北美社会主义者工人党机关报(周报)，1885—1892 年用德文在纽约出版。——241。

122 《人民报》即《纽约人民报》(《New-Yorker Volkszeitung»)，是美国社会主义工人党的机关报(日报)，由亚·约纳斯创办，1878—1932 年在纽约用德文出版。——241。

123 指威·李卜克内西。——244。

124 在 1887 年 5 月 21 日和 28 日、6 月 11 日和 25 日、7 月 16 日和 23 日《公益》杂志第 71、72、74、76、79、80 期上，社会主义者厄·贝·巴克斯和资产阶级激进派查·布雷德洛就"社会主义能否造福英国人民?"这一问题展开了一场辩论。辩论双方在该杂志上各发表三篇文章。巴克斯捍卫社会主义，布雷德洛反对社会主义。——245。

125 指马克思 1881 年 6 月 20 日给弗·阿·左尔格的信。信中批评了亨利·乔治 1880 年在纽约出版的《进步和贫穷》一书(见《马克思恩格斯文集》第10卷第461—464页和本卷第237—238页)。左尔格1883年3月19日写信给恩格斯说,由于亨利·乔治在美国的宣传危害了工人运动,是否应当公布这封信。——245。

126　指1887年11月8日美国12个州举行的立法议会的选举。亨利·乔治是纽约州的统一工人党候选人,他得了6万张选票,没有当选。——245。

127　爱德华·麦格林是美国天主教神父,1886—1887年是亨利·乔治的拥护者和统一工人党的领导人之一,为此被开除教籍。后来同亨利·乔治决裂,1888—1889年单独领导统一工人党。——245。

128　指1887年8月中举行的纽约州统一工人党代表会议通过的关于把社会主义者开除出该党的决议。——246。

129　见注119。——246。

130　这里说的王储是指弗里德里希-威廉,即1888年的普鲁士国王和德国皇帝弗里德里希三世。他的儿子是威廉,即1888—1918年的普鲁士国王和德国皇帝威廉二世。——247。

131　指与路·沙·卡法雷尔和丹·威尔逊的犯罪行为有关的丑闻。威尔逊是法国总统茹·格雷维的女婿。他被指控与法国总参谋部副总参谋长卡法雷尔将军共谋出卖荣誉军团勋章。在对威尔逊提出司法追究后,格雷维于1887年12月1日被迫辞职。

　　　　1847年,即1848年革命前夕,在法国曾揭露了许多有关法国政界要人营私舞弊的丑闻。详见恩格斯的《基佐的穷途末日。法国资产阶级的现状》一文(《马克思恩格斯全集》第1版第4卷)。——247。

132　指1872年9月2—7日举行的第一国际海牙代表大会。在代表大会上,马克思和恩格斯多年来为反对工人运动中的小资产阶级宗派主义而进行的斗争胜利结束。无政府主义者的领袖由于进行分裂活动而被开除。巴枯宁派拒绝承认海牙代表大会的决定,同其他反马克思主义派别合流,实际上分裂了第一国际。——247。

133　松维利耶通告即巴枯宁派汝拉联合会于 1871 年 11 月 12 日在松维利耶举行的代表大会上通过的《给国际工人协会所有联合会的通告》。这个旨在反对总委员会和 1871 年伦敦代表会议的通告,用政治冷淡主义和支部完全自治这种无政府主义教条来对抗代表会议的决议,并且还对总委员会的活动作了诽谤性的攻击,在通告中巴枯宁派建议所有联合会要求立即召开代表大会来重新审查国际的共同章程和谴责总委员会。——247。

134　第三个同盟者一词出自德国作家弗·席勒的叙事诗《人质之歌》,是暴君迪奥尼修斯在要求加入两个忠实朋友的同盟时说的话。——248。

135　指德国社会主义工人党圣加伦代表大会关于 1888 年召开国际工人代表大会的决议。——248。

136　指机会主义集团即法国的可能派和他们在英国社会民主联盟中的支持者掀起的、目的在于破坏国际社会主义工人代表大会的运动,当时,在巴黎召开了另一个由可能派发起的代表大会。参加可能派代表大会的外国代表人数很少。而且他们大多数的代表资格完全是假的。把两个代表大会联合起来的尝试没有成功,因为可能派代表大会提出以重新审查马克思派代表大会代表的代表资格证为联合的条件。——248。

137　指德国社会民主党在反社会党人非常法废除后于 1890 年 10 月 12—18 日在哈雷举行的第一次代表大会。出席代表大会的有 410 名代表。代表大会批准了党的章程。根据威·李卜克内西的提议,决定给将在爱尔福特举行的下次党代表大会起草一个新纲领草案,并在下次代表大会召开前三个月公布草案,以便在各地方党组织里和报刊上讨论。还讨论了关于党的报刊问题和关于党对罢工和抵制的立场问题。——250。

138　1890 年 3 月底,柏林一些社会民主党人,其中包括麦·席佩耳,公布了题为《5 月 1 日应当发生什么事情?》的呼吁书,号召工人在这一天举行总罢工。这一呼吁书反映了青年派的立场。

青年派是德国社会民主党内一个小资产阶级的半无政府主义反对派,产生于1890年。核心成员是一些大学生和年轻的著作家,主要领导人有麦克斯·席佩耳、布鲁诺·维勒、保尔·康普夫迈耶尔、保尔·恩斯特等。青年派奉行"左"倾机会主义,否定议会斗争和改良性的立法活动,反对党的集中制领导,反对党同其他阶级和政党在一定条件下结成联盟。恩格斯同青年派进行了斗争。当青年派机关报《萨克森工人报》企图宣布恩格斯和反对派意见一致的时候,恩格斯给了他们有力回击,指出他们的理论观点是"被歪曲得面目全非的'马克思主义'"(见《马克思恩格斯文集》第4卷第396页)。1891年10月,德国社会民主党爱尔福特代表大会把青年派的一部分领导人开除出党,从此结束了青年派在党内的活动。——250。

139 反社会党人法(反社会党人非常法)即《反社会民主党企图危害治安法》,是德国俾斯麦政府从1878年10月21日起实行的镇压工人运动的反动法令。这个法令规定取缔德国社会民主党和一切进步工人组织,查封工人刊物,没收社会主义书报,并可不经法律手续把革命者逮捕和驱逐出境。在反社会党人法实施期间,有1 000多种书刊被查禁,300多个工人组织被解散,2 000多人被监禁和驱逐。在工人运动的压力下,反社会党人法于1890年10月1日被废除。——250。

140 指约·巴·施韦泽在全德工人联合会中实行的个人独裁政策。——250。

141 指1891年7—8月初沙皇俄国方面在喀琅施塔得对法国分舰队的隆重接待,这次接待成为沙皇俄国和法国接近的公开表示。与此同时,两国进行了外交谈判,1892年8月谈判结束,签订了法俄协定。根据这个协定,法国和俄国必须就国际政治问题进行协商,并且在一方受到进攻威胁时采取共同行动。这个协定是法俄联盟形成过程中的一个重要里程碑。这一联盟是为对抗三国同盟而建立的侵略性军事政治集团,于1893年最终形成。——251。

142 指奥·倍倍尔1891年10月5日在柏林第四选区大会上的报告《欧洲局势和社会主义》(关于这一报告的报道,载于1891年10月8日《前进报》第235号)。倍倍尔考察了普法战争以来欧洲各国外交政策的动向,并指出,他对这个问题的看法,包括对俄国政策的看法,是同马克思和恩格斯的看法一致的。但是,他这个意见在报纸的报道中被删去了,倍倍尔在1891年10月9日给恩格斯的信中曾对此表示遗憾。——251。

143 费边派是指1884年成立的英国改良主义组织费边社的成员,多为资产阶级知识分子,代表人物有悉·韦伯、比·韦伯、拉·麦克唐纳、肖伯纳、赫·威尔斯等。费边·马克西姆是古罗马统帅,以在第二次布匿战争(公元前218—前201年)中采取回避决战的缓进待机策略著称。费边社即以此人名字命名。费边派虽然认为社会主义是经济发展的必然结果,但只承认演进的发展道路。他们反对马克思主义的阶级斗争和无产阶级革命学说,鼓吹通过细微改良来逐渐改造社会,宣扬所谓"地方公有社会主义"(又译"市政社会主义")。1900年,费边社加入工党(当时称劳工代表委员会),但仍保留自己的组织。在工党中,它一直起制定纲领原则和策略原则的思想中心的作用。第一次世界大战期间,费边派采取了社会沙文主义立场。——251。

144 社会民主联盟是英国的社会主义组织,于1884年在民主联盟的基础上成立。参加联盟的除改良主义者(亨·迈·海德门等)和无政府主义者外,还有一批革命的社会民主党人即马克思主义的拥护者,他们构成了英国社会主义运动的左翼。1907年,社会民主联盟改称英国社会民主党。1911年,该党同独立工党中的左派一起组成了英国社会党。1920年,社会党的大部分党员参加了创立英国共产党的工作。——252。

145 指美国社会主义工人党的党员。

美国社会主义工人党是由第一国际美国支部和美国其他社会主义团体合并而成的,1876年7月在费城统一代表大会上宣告成立,当时称美国工人党,1877年起改用现名。绝大多数党员是侨居美国的德国社会主义运动参加者,同本地工人联系很少。19世纪70年代末,党内领导职务由拉萨尔派掌握,他们执行宗派主义和教条主义政策,不重视在美国工人群众组织中开展工作,一部分领导人热衷于议会选举活动,轻视群众的经济斗争,另一些领导人则转向工联主义和无政府主义。党的领导在思想上和策略上的摇摆削弱了党。90 年代初,以丹·德莱昂为首的左派领导该党,党的工作有一些活跃。从 90 年代末起,宗派主义和无政府工团主义倾向又在党内占了上风,表现在放弃争取实现工人局部要求的斗争,拒绝在改良主义工会中进行工作,致使该党更加脱离群众性的工人运动。第一次世界大战期间,该党倾向于国际主义。在俄国十月革命的影响下,党内一部分最革命的分子退出了党,积极参加建立美国共产党。此后美国社会主义工人党成了一个人数很少、主要和知识分子有联系的集团。——252。

146 独立工党(I.L.P.)是英国改良主义政党,1893 年 1 月成立。领导人有基·哈第、拉·麦克唐纳、菲·斯诺登等。党员主要是一些新、旧工联的成员以及受费边派影响的知识分子和小资产阶级分子。独立工党从建党时起就采取资产阶级改良主义立场,把主要注意力放在议会斗争和同自由主义政党进行议会交易上。1900 年,该党作为集体党员加入英国工党。在第一次世界大战期间,独立工党领袖采取资产阶级和平主义立场。1932 年 7 月独立工党代表会议决定退出英国工党。1935 年该党左翼成员加入英国共产党,1947 年许多成员加入英国工党,独立工党不再是英国政治生活中一支引人注目的力量。——253。

147 《工人领袖》(《The Labour Leader》)是英国的一家月刊,1887 年起出版,最初刊名是《矿工》(《Miner》),1889 年起改用《工人领袖》这一名称,是苏格兰工党的机关刊物;1893 年起是独立工党的机关刊物;1894 年起改为周刊;在 1904 年以前,该刊的编辑是詹·基尔·哈第。1922 年该刊改称《新领袖》;1946 年又改称《社会主义领袖》。——253。

148 自由党人合并派是英国自由党人中主张保持同爱尔兰合并的一派,以约·张伯伦为首。这批人于 1886 年因在爱尔兰问题上的意见分歧而从自由党分裂出来。自由党人合并派实际上依附于保守党,几年以后连形式上也依附于它了。——253。

149　地方自治是19世纪70年代爱尔兰自由资产阶级提出的要求,即在不列颠帝国范围内允许爱尔兰实行自治。实施地方自治的前提是,在主要阵地控制在英国统治集团手里的情况下建立独立的爱尔兰议会。——253。

150　指保尔·拉法格的报告《农民的财产和经济的发展》。报告是以法国工人党全国理事会的名义向南特代表大会(1894年9月14—16日)提出的。拉法格的报告还发表在1894年10月18日柏林《社会民主党人》周报第38号附刊上。——253。

151　指格·亨·福尔马尔1894年10月25日在德国社会民主党美因河畔法兰克福代表大会上的发言。关于这篇发言的报道,发表在1894年10月26日《前进报》第250号附刊(1)上。——254。

152　指1894年10月21—27日在美因河畔法兰克福举行的德国社会民主党代表大会,在代表大会上,主要议程——土地问题——的补充报告人巴伐利亚社会民主党领袖格·亨·福尔马尔要求把不仅反映劳动农民的利益,而且也反映农村富裕阶层、农村资产阶级的利益的条款列入正在拟定的土地纲领中去。福尔马尔虽然也遭到许多代表的反对,但整个说来,他的机会主义立场在代表大会上没有得到应有的回击。代表大会选出了一个专门委员会来制定土地纲领草案,作为对党纲的补充。——254。

153　指巴伐利亚社会民主党第二次代表大会。这次代表大会于1894年9月30日在慕尼黑举行。大会议程有两个问题:关于巴伐利亚邦议会社会民主党代表的活动和关于对农民的鼓动宣传。格·亨·福尔马尔和卡·格里伦贝格尔在这两个问题上都得到代表大会多数的支持。大会赞同邦议会党团的活动,并决定建立特殊的巴伐利亚社会民主党人的组织,它的中央领导就是邦议会代表福尔马尔、格里伦贝格尔等人。——254。

154　恩格斯把巴伐利亚社会民主党人所采取的分离主义立场讽刺地称为宗

得崩德——19世纪40年代瑞士的反动天主教诸州的单独联盟。——254。

155　由此以下的笔记,列宁写在新书出版广告页的背面和该书封底里和封底上。笔记中的数字是该书页码。——255。

156　1884年底,德国首相奥·俾斯麦为推行殖民掠夺政策,要求帝国国会批准发给轮船公司补助金,以便开辟通往亚洲东部、澳洲和非洲的定期航线。以奥·倍倍尔和威·李卜克内西为首的社会民主党党团左翼反对发放航运补助金,而以伊·奥尔、约·亨·威·狄茨等为首的党团的右翼多数,在帝国国会就这个问题正式辩论以前,就主张向轮船公司发放补助金。1885年3月,在帝国国会讨论这个问题时,社会民主党党团右翼投票赞成开辟通往亚洲东部和澳洲的航线,同时以政府接受它的一些要求,包括新的船只在德国造船厂建造,作为它同意俾斯麦提案的条件。只是在帝国国会否决了这一要求后,整个党团才投票反对政府的提案。党团多数的行为引起了《社会民主党人报》和一些社会民主党组织的强烈反对。争论极为激烈,几乎造成党的分裂。恩格斯尖锐地批评了社会民主党党团右翼的机会主义立场(参看《马克思恩格斯全集》第1版第36卷第258—259、259—260、265、289、291、314—315、321页)。——255。

157　指马克思1876年4月4日给弗·阿·左尔格的信(参看《马克思恩格斯全集》第1版第34卷第168—170页)。马克思在信中转述了尼·加·车尔尼雪夫斯基对亨·查·凯里《就政治经济学问题致美利坚合众国总统的信》的评论中的著名思想:"历史道路并不是涅瓦大街的人行道…… 谁怕沾上尘土和弄脏靴子,他就不要从事社会活动。"——256。

158　波兰社会民主党代表团向俄国社会民主工党第五次(伦敦)代表大会上成立的决议起草委员会提出的关于对资产阶级政党的态度的决议草案(见《俄国社会民主工党第五次(伦敦)代表大会。记录》1963年俄文版第645页),是在该代表团关于杜马党团报告的决议草案基础上修改而成的。这里收载的是列宁提出的修改意见。

本文中列宁准备改换的字句放在框内(根据手稿);波兰原决议草案的文字用小五号字排印,列宁的修改用老五号字排印。——258。

159 阿—娃娅《现在需要什么?》一文载于 1909 年 3 月《国外组织地区委员会通报》第 10 号。

《国外组织地区委员会通报》(《Известия Областного Комитета Заграничной Организации》)是俄国社会革命党人小组的机关报。1908—1911 年在巴黎出版。——261。

160 指列·波·加米涅夫的《孟什维克的俄国革命史取消了无产阶级领导权》一文。下面"并肩与联合"一语引自帕·波·阿克雪里罗得的小册子《论俄国社会民主党人的当前任务和策略问题》1898 年日内瓦版。——269。

161 这是列宁在孟什维克涅·切列万宁的《当前的形势和未来的展望(土地问题和斗争中的政党解决这个问题的办法。第三届杜马、它出现的原因和它的前途)》一书上的批注。切列万宁的这本书是 1908 年 4 月在莫斯科出版的。孟什维克的《社会民主党人呼声报》第 16—17 号合刊说,切列万宁在这本书里"已改正了"他在以前的著作《革命中的无产阶级》里所犯的极端取消主义性质的错误。为此列宁在 1909 年 12 月 11 日《无产者报》第 50 号上发表了《〈社会民主党人呼声报〉与切列万宁》一文,揭露切列万宁这本书的取消主义性质(见本版全集第 19 卷)。在这篇文章中,列宁使用了他写在切列万宁这本书里的批注,特别是使用了写在该书封底上的重要论点汇集。列宁很可能是在《社会民主党人呼声报》对该书作出评论的时候,即 1909 年秋读这本书的。列宁还在 1909 年 12 月 16 日给伊·伊·斯克沃尔佐夫-斯捷潘诺夫的信中和《选举运动中的几个原则问题》一文中引用过切列万宁的书,并在上述文章里把此书评价为"路标主义"的著作(见本版全集第 45 卷第 287 页和第 21 卷第 119 页)。——270。

162 这段笔记写在该书的封底上。——307。

163 《布尔什维主义的危机》和后边的《幽灵》这两篇文章都载于1909年12月《劳动旗帜报》第23—24期合刊。

《劳动旗帜报》(《Знамя Труда》)是俄国社会革命党的中央机关报，1907年7月10日(23日)—1914年4月出版，不定期。起初在俄国秘密出版，从1908年8月起在巴黎出版，共出了53号。参加该报编辑工作的有尼·德·阿夫克森齐耶夫、格·安·格尔舒尼、维·米·切尔诺夫等。——308。

164 列宁参加了哥本哈根国际社会党代表大会合作社问题委员会的工作。这里收载的附有列宁批注的决议草案校样，是列宁在该委员会的工作材料的一部分。列宁在他的《哥本哈根国际社会党代表大会关于合作社问题的讨论》一文(见本版全集第19卷)中，叙述了代表大会关于合作社问题方面的工作，以及俄国社会民主党代表团其中包括列宁本人参加该委员会的情况。根据决议草案和列宁文章的内容可以断定，这个决议草案就是俄国社会民主党代表团在大会合作社问题委员会里支持的比利时草案。

列宁的批注和着重标记是用铅笔书写和勾画在决议草案的校样上的。草案用国际代表大会的三种正式文字——德文、法文、英文并列地印在同一张纸上。——320。

165 亚·索·伊兹哥耶夫《走向复兴的路上》一文载于1910年8月29日(9月11日)《言语报》第236号。列宁的批注"**注意：伊兹哥耶夫的文章**"，写在这一号《言语报》第1版的右上角。

《言语报》(《Речь》)是俄国立宪民主党的中央机关报(日报)，1906年2月23日(3月8日)起在彼得堡出版。——322。

166 格·瓦·普列汉诺夫《概念的混淆》一文载于1911年1月《思想》杂志第2期。

《思想》杂志(《Мысль》)是俄国布尔什维克的合法的哲学和社会经济刊物(月刊)，1910年12月—1911年4月在莫斯科出版，共出了5期。该杂志是根据列宁的倡议，为加强对取消派合法刊物的斗争和用马克思主义教育先进工人和知识分子而创办的。《思想》杂志头4期刊载了 6 篇列宁的文章。《思想》杂志最后一期即第 5 期被没收,杂志也被查封。不久《启蒙》杂志在彼得堡出版,它实际上是《思想》杂志的续刊。——324。

167 布尔什维克调和派的传单《告俄国社会民主工党全体党员书》大概是 1911 年 8 月中旬在巴黎出版的。列宁阅读这一传单并作批注的时间不早于 8 月下半月,当时他正住在巴黎附近的隆瑞莫。1911 年 9 月,列宁写了《论调和分子或道德高尚的人的新派别》一文(见本版全集第 20 卷),把作为取消主义掩蔽物的布尔什维克调和派的观点批判得体无完肤,文中就使用了这些批注。

列宁的批注是用铅笔写的。在传单上方,传单标题的上头,盖有列宁的外文印章:"Vl. Oulianoff"。——327。

168 指社会党国际局关于第一次巴尔干战争的通告。通告是由娜·康·克鲁普斯卡娅译成俄文的。通告连同列宁的批语都寄给了《真理报》编辑部。但该报没有刊登。

第一次巴尔干战争(1912 年 10 月—1913 年 5 月)是土耳其和巴尔干同盟各国——保加利亚、塞尔维亚、门的内哥罗和希腊——之间的战争,以土耳其战败告终。双方于 1913 年 5 月签订了伦敦和约,根据条约,土耳其几乎全部丧失了它在巴尔干的属地,阿尔巴尼亚人民获得独立。列宁认为第一次巴尔干战争"是亚洲和东欧中世纪制度崩溃的一系列世界性事件中的一个环节"(见本版全集第 23 卷第 39 页)。

社会党国际局是第二国际的常设执行和通讯机关,根据 1900 年 9 月巴黎代表大会的决议成立,设在布鲁塞尔。1905 年到 1914 年 6 月,列宁是俄国社会民主工党驻社会党国际局的代表。——331。

169 列宁在 1912—1916 年写了 7 本关于民族问题的笔记,内容有:第一次世界大战前不久发表的文章和书籍的摘录、提要,专题报告的提纲,马克思和恩格斯的意见的摘录以及其他材料。这 7 本笔记中有 6 本(第 2—7 本)保存了下来,后来发表于《列宁文集》俄文版第 30 卷,其中 3 本(II,III,IV)由列宁编了页码。

这里收载的是笔记《民族问题(II)》。——334。

170 C.A.叶弗列莫夫的《当前问题。关于司徒卢威先生的"亲乌政策"和好战的狂热》一文,载于1912年《乌克兰生活》杂志第2期。

《乌克兰生活》杂志(《Украинская Жизнь》)是在莫斯科出版的一种刊物。——336。

171 俄国各民族社会主义政党代表会议于1907年4月16—20日在芬兰举行。出席代表会议的有社会革命党和各民族内与社会革命党相近的政党的代表。代表会议通过了关于每年召开一次各民族社会主义政党代表大会、关于组织专门的秘书处来执行会议的决议、关于各民族社会主义政党之间的相互关系和创办秘书处的定期机关刊物等决议。《1907年4月16—20日俄国各民族社会主义政党代表会议记录》于1908年由圣彼得堡议会出版社出版。——352。

172 安·潘涅库克的小册子《阶级斗争和民族》(1912年赖兴贝格版),列宁大概是在1912年底读到的。1913年2月他曾把这本小册子推荐给马·高尔基:"关于民族问题,现在有两本写得很好的社会民主主义的小册子:一本是施特拉塞尔写的,一本是潘涅库克写的。想看吗,要不要我给您寄去?"(见本版全集第46卷第257页)

列宁除在小册子上作了批注外,还另外写了几条关于此书缺点的意见(见本卷第382页)。——356。

173 奥·鲍威尔的《民族问题和社会民主党》一书于1907年在维也纳出版。列宁在自己的著作中多次提到和批评过这本书。——356。

174 指旧时加利西亚的乌克兰人。——359。

175 列宁在这里批注的是奥地利社会民主党维姆堡(维也纳)代表大会召开的年份。这次代表大会是1897年6月6—12日举行的。——377。

176 列宁在《关于民族问题的报告提纲》中引用了这一论点,那里说:

"19.奥·鲍威尔的总结

(α)唯心主义的民族理论

(β)民族文化的口号(=资产阶级的口号)

(γ)净化的、精致的、绝对的民族主义,包括社会主义

(δ)完全忘记国际主义。

总结＝**民族机会主义**(潘涅库克)。"

(见本版全集第 24 卷第 294—295 页)——378。

177 见本卷第 361 页。列宁在《唯物主义和经验批判主义》一书中批判过这种狄慈根主义的观点:"狄慈根在《漫游》中重复说,物质这个概念也应当包括思想。这是糊涂思想。因为这样一来,狄慈根自己所坚持的那种物质和精神、唯物主义和唯心主义在认识论上的对立就会失去意义。"(见本版全集第 18 卷第 257 页)——382。

178 本文献是列宁第一本民族问题笔记的片段,即在这本笔记第 7—8 页上的奥·鲍威尔的《民族问题和社会民主党》一书第 7 章的提要。鲍威尔的这本书由马·绍·帕宁译成俄文,于 1909 年由彼得堡镰刀出版社出版。

列宁的第一本民族问题笔记没有保存下来,但是他在自己的许多文章中引用过这本笔记,指出了它的某些页码,指明了笔记中作了提要的书籍和文章的作者。根据这些材料可以推断,列宁在这本笔记中作了提要的书籍和文章有:弗·达·麦迭姆的《关于俄国民族问题的提法》一文,载于 1912 年《欧洲通报》杂志第 8、9 期(笔记第 2 页);奥·鲍威尔的《民族问题和社会民主党》一书,1909 年彼得堡镰刀出版社版(笔记第 5—8 页);艾舍尔的《犹太人》一文,载于《现代国家的民族运动的形式》文集,1910 年彼得堡版(笔记第 15 页);卡·考茨基的《民族性和国际性》一书,1908 年斯图加特版(笔记第 17—18 页)(见《列宁文集》俄文版第 30 卷第 53、55—57 页,本版全集第 24 卷第 293、294、300、303 页)。本文献的内容和它在第一本民族问题笔记中的位置,也是根据这些材料推断出来的。本文献是用黑墨水、化学铅笔和红铅笔写的。——383。

179 指 1899 年 9 月 24—29 日在布隆(现捷克布尔诺)举行的奥地利社会民主党代表大会。代表大会的中心议题是民族问题。在代表大会上提出了反映不同观点的两个决议案:一个是总的说来主张民族区域自治的

党中央委员会的决议案;另一个是主张超地域的民族文化自治的南方斯拉夫社会民主党委员会的决议案。代表大会一致否决了民族文化自治纲领,通过了一个承认在奥地利国家范围内的民族自治的妥协决议(参看《关于奥地利和俄国的民族纲领的历史》一文,本版全集第24卷)。——383。

180 本文献是用黑墨水写在一张笔记本大小的纸上的,其中摘录是用德文作的,批注是用俄文作的。——388。

181 罗·卢森堡的《资本积累论》一书于1913年在柏林出版。1913年1月,列宁读了《不来梅市民报》上安·潘涅库克关于卢森堡这本书的书评后写信给该报编辑部说:"我非常高兴,您在主要之点上得出了与我在14年前在同杜冈-巴拉诺夫斯基及'民粹派'的辩论中所得出的同样的结论,即在'**纯资本主义**'社会中实现剩余价值也是可能的。我还未见到罗·卢森堡所写的书,但**从理论上来说**,您在这个问题上是完全正确的。……我觉得,卢森堡的辩证法是**折中主义**……"(见本版全集第46卷第242页)列宁读完卢森堡的书是在3月底以前。他当时给列·波·加米涅夫写信说,"罗莎的新著《资本积累论》读过了。胡说八道!完全歪曲了马克思。我非常高兴,潘涅库克、埃克施泰因和奥·鲍威尔异口同声地谴责这本书,而且他们对这本书的批判,说的就是我在1899年反对民粹派时说过的话。我准备在《启蒙》杂志第4期上写篇文章谈谈罗莎这本书。"(同上书,第275页)

　　这里收载的是列宁阅读卢森堡这本书时所写的批语。它们原来写在单页纸上,现在按照《列宁文集》俄文版第22卷把这些批语同卢森堡这本书的有关段落一并刊载。列宁拟的批评这本书的文章的提纲草稿,见本卷第426—427页。——389。

182 富源农场(原文为bonanza farms)是指把粗放经营和采用最新机器技术结合起来的、主要生产小麦的北美资本主义大农场。参看尼·—逊《我国改革后的社会经济概况》(1893年版)第16章,特别是第226—228页。——419。

183　评罗·卢森堡《资本积累论》一书的文章提纲草稿写在一张写有马克思逝世三十周年纪念文章撰写计划的纸的背面,而这个计划是在1913年2月21日以后拟的,因此提纲草稿只能是在这以后,大概是在1913年3月写的。列宁所绘制的说明社会总产品结构变化的图表(见本卷第427—430页)与这个提纲草稿有着有机的联系。

　　　　列宁评卢森堡这本书的文章未见在报刊上刊载。——426。

184　指罗·卢森堡所引用的1910年在伦敦出版的费·阿·罗特施坦的《埃及的覆灭》一书。参看本卷第424页。——427。

185　这里收载的4个表,实际上是一个表的4个方案,头3个表(按绘制时间先后排列)带有草稿性质。这3个表都画在写有纪念马克思逝世三十周年纪念文章撰写计划的一张纸上,因此这几个表只能是在1913年2月21日以后,即1913年2月底—3月之间绘制。表中方括号中的字句是俄文版编者添加的。

　　　　这几个表同罗·卢森堡《资本积累论》一书的第23章有密切关系。卢森堡在这一章里批评了列宁的《评经济浪漫主义》。而列宁对这一章里的一些地方也加了批评性的批注(见本卷第399—402页)。因此这几个表也就带有反对卢森堡错误论断的论战性质。在绘制这些表时,列宁注意的中心是社会总产品的构成即生产资料生产与消费品生产的相互关系随社会经济形态(奴隶制、农奴制、资本主义、社会主义)而改变以及劳动者消费的增长。在绘制这些表的过程中,列宁曾好几次变换数字资料,以求搞出一个最成功的方案。4个表中的A,都是指某种劳动时间单位(如100万工作小时)。——427。

186　表1说明生产资料生产的增长和消费品生产的增长之间的相互关系。假定奴隶制和农奴制存在的2000年间生产资料生产的增长为100%(从零增长到100),那么,根据本表,在资本主义的200年间这个部类的生产就增长了1000%(即增长到10倍),而社会主义存在的100年间可能增长2000%(即增长到20倍)等等。

　　　　括号里的数字在一定程度上近似地表示每年生产增长的百分比(例如100%;2000年=1年为0.05%等等)。

在社会主义制度下《工人消费资料》这一栏里的双重数字——2 000％（1 000％）——所表示的意思是："劳动力价值"（资本主义制度下的"可变资本"）的增长本身为1 000％，但劳动者的全部消费，由于考虑到没有了剥削者的消费，将增长2 000％（参看表4，这一点在该表中可以明显地看出）。

右面的方框里所标出的还是上面那两个生产部类的相互关系，但已不是用百分比，而是用绝对值，即消耗在生产资料生产（左栏）和消费品生产（右栏）上的劳动时间的单位。整个计算的进行都是对一定数量的人（劳动者或居民）——"1 000 000人"——而言的，这就是说，已把人口增长的因素舍去。——427。

187 本表最后一栏是用绝对值来表示 c:v 的相互关系。——427。

188 "工人在价值产品中的份额"一栏计算的是 $\frac{v}{v+m}$ 的比值。价值产品（Wertprodukt）是马克思在《资本论》中使用的术语，意为新生产出来的价值。不变资本 c 的价值是不加改变地转移到所生产的产品上的，新生产出来的价值（在表4中列宁称之为"新价值"）则是由可变资本 v 的价值和剩余价值 m 构成，即等于 v+m。

在资本主义制度下和资本主义前的社会里，工人的消费只等于 v。在没有了剥削者消费的社会主义制度下，列宁把 m 的一部分也列入工人消费。

最后一栏"社会总产品的相对增长"两格中的数字表明，与资本主义以前的社会制度（假定资本主义以前所达到的水平为1）相比，资本主义制度下和社会主义制度下的生产增长的情况，以及与资本主义（假定资本主义制度下所达到的水平为1）相比，社会主义制度下生产增长的情况。——428。

189 本表中数字资料的一系列改变是由两个原因产生的。第一，最初列宁从剩余产品（"额外价值"）1 000A 中给社会主义制度下的工人消费增加500A。结果工人的总消费就变成500A＋500A＝1 000A；而在最终方案中他从1 000A 里抽出700A 给工人消费，结果工人总消费达到了

$500A+700A=1\ 200A$。由此,在其他栏内也发生了相应的变化。第二,在资本主义以前的社会里剩余产品的积累部分最初确定为 1A;而在最终方案中,列宁把它减到 $\frac{1}{2}A$。

列宁把"不变资本"、"可变资本"、"额外价值"(即"剩余价值")这些栏目名称都加了引号,显然是要表明资本主义的这些范畴是有条件地借用于资本主义以前的生产形式和社会主义生产的。——429。

190 在这一栏里(主要是在左面的一格里),列宁起初是把列入"工人的消费"和"剥削者的消费"栏内的数字加在一起。但是以后他显然认定这样计算是不够的,因为用于扩大生产的剩余价值 m 的积累部分重新分解成不变资本 c 和可变资本 v,而这个 v 是包括在工人消费里的。列宁假定资本有机构成即 c:v 的比例不变而算出个人消费总额的增长并把用这种方法得出的结果记入本栏右边增补的一格里。例如,在资本主义制度下"个人消费总计"由"工人的消费"(10A)和"剥削者的消费"(10A)构成,即等于 20A;但是 m 的"积累部分"(10A)是用于扩大生产的,并且在同一资本有机构成(c:v 在此情况下等于 $100A:10A=10:1$)中按 10:1 的比例关系分为不变资本和可变资本;这就是说 10A 中的 $\frac{1}{11}$,即接近 1A,也用于个人消费;在此情况下"个人消费总计"就成了 $20A+1A=21A$;于是列宁就把这个数值记入本栏右边增补的一格里。但是,大概后来由于注意到积累部分是在下一生产周期(年)才分解成 c+v 这一事实以及使未知数计算复杂化的其他一些情况,列宁用铅笔将该栏全都勾掉了。——429。

191 《现代国家的民族运动的形式。奥匈帝国。俄国。德国》是一本文集,由 А.И.卡斯切梁斯基主编,1910 年圣彼得堡公益出版社出版。列宁于 1913 年 5 月在《俄国的分离主义者和奥国的分离主义者》一文中提到过这本书(见本版全集第 23 卷第 106 页)。——431。

192 这次英国工人运动的高涨发端于 1911 年铁路工人的罢工,一直持续到第一次世界大战爆发。机会主义者被运动的巨大规模所吓倒,千方百计地企图加以压制。独立工党领袖菲·斯诺登就曾声称:罢工使工人们"道德败坏"。下面提到的拉金,是指爱尔兰工人运动活动家詹姆斯·拉金,他是1913—1914年都柏林总罢工的领导人之一,由于领导都柏林罢工被捕,并被判处7个月监禁。——435。

193 这篇文献是列宁1914年3月21日在克拉科夫举行的专题报告会上亲自作的讨论记录。列宁的专题报告的题目是《俄国社会民主党和民族问题》。报告会是根据波兰和立陶宛社会民主党"分裂派"克拉科夫支部的倡议,在"斯普伊尼亚"大学生协会举行的。报告和讨论用了数天时间。出席报告会的雅新斯基(普希贝舍夫斯基)报道了列宁报告的内容。据他说,列宁第一天发言讲的是"俄国社会主义思想发展和布尔什维主义思想体系形成的总道路"。报告由三部分组成,论述了革命社会民主主义思想的形成和同民粹派、经济主义、孟什维主义斗争的各个阶段。雅新斯基说:

"扼要分析俄国专制制度的经济根源和主要阶级的相互关系,揭露民粹派关于俄国可以避免资本主义发展道路的幻想,关于俄国资产阶级革命的动力和特点的问题,关于无产阶级对小资产阶级特别是对农民的革命运动的主导作用问题,关于战斗的革命工人政党在推翻专制制度斗争中的领导作用问题,关于革命进一步发展的道路问题,彻底揭露在无产阶级革命队伍中散布反革命资产阶级影响的孟什维克机会主义的必要性,从当前历史时期革命任务的观点出发来处理民族问题的必要性——这就是列宁报告第一部分的中心思想和主要问题。

根据一般资本主义的发展,特别是俄国革命的发展而作出的扼要的但又深思熟虑的关于民族问题的马克思主义提法,是列宁第二天或紧接着几天中的一天在我们协会作的第二次讲演的内容。

马克思主义对待民族问题的态度首先要求具体考虑历史条件——这一论点是列宁报告的这个部分的出发点。对早期资本主义的时代和成熟的资本主义的时代要加以区别。在前一种场合,在国内市场形成的基础上,建立民族国家的趋向出现并占优势,这一趋向实际上是所有资产阶级民主革命最突出的特征之一。在成熟的资本主义的时代,生产力的发展超越了民族的范围,国外市场的比重增大,世界性的交换日益加深各民族经济的相互依赖关系,建立巨大的'族际'国家的趋向被提到了首位。但是这两个时代彼此之间当然没有严格的界限，也不是所有国家都同时经历的。当前俄国革命的特点就在于这一革命是过渡时期的产物。这时的俄国既有这个时代也有那个时代所特有的因素：无产阶级与资产阶级的国际对抗被提到了首位，但是尚未解决的民主革命的任务和野蛮的民族压迫必然产生民族解放运动的成分。

无产阶级革命政党应该考虑这些特点，力求把民族解放运动引上由工人阶级掌握领导权的反对沙皇制度的共同革命斗争的轨道。民族自决的口号正是为这一目的服务的。

我们革命社会民主党人力求建立统一的、紧密团结的、集中的无产阶级政党，并且把建立民主的、尽可能大的'族际'共和国作为政治目标。

我们设想这个共和国是集中的国家，实行地方和区域自治，打破旧的行政区分，使这种区分适应具体的民族生活条件，废除任何特权（其中包括强制推行的国语），像瑞士那样所有地方语言一律平等。

但是，这样的共和国不可能强使那些出现群众性民族解放运动（即建立独立民族国家的趋向）的地区留下来而不危及国家整个民主制度。为了各民族之间的接近，甚至还应该同想镇压这些运动的念头本身进行斗争。这样，为建立集中的真正民主的共和国而进行的斗争必然同自决的口号联系起来。在实践上这就是说，在那些因为民族生活方式和风俗习惯的特点而使国家制度集中化所引起的摩擦会妨碍（甚至在形式上平等的情况下）实际上实现完全民主化的地方，我们革命社会民主党人应该赞成该地区的国家分离。例如，在挪威宣布独立后，瑞典社会主义者的义务是实际上支持挪威人民的决定和反对强迫挪威合并的意图。

这样提出问题是建立族际的无产阶级政党、团结一切革命力量与沙皇制度作斗争、使现在被民族压迫所分裂的各个民族在完全平等的基础上真正接近的必要条件。这种平等还将从根本上消除由现今的互相隔绝状态和民族压迫所引起的空想的、反动的民族文化自治的意向。

因此，为了无产阶级的革命的阶级斗争的利益，俄国社会民主党将力求使未来的民主宪法不仅包括民族平等的法律，而且也包括民族政治自决权即民族分离权的法律。"

雅新斯基说:因为参加列宁在克拉科夫举行的报告会的除了波兰社会民主党人外,还有波兰社会党的社会爱国主义者("弗腊克派"),列宁显然出于政治上的考虑,谨慎地避免同波兰和立陶宛社会民主党直接论战,甚至一次也没有提到过罗·卢森堡的错误,他在整个报告中甚至没有专门提到波兰问题。

下面是讨论列宁专题报告时的发言。

卡缅斯基(亨·施泰因-卡缅斯基,多姆斯基)属于社会民主党"分裂派",是代表波兰社会民主党方面的主要论战者。

克拉耶夫斯基(东布罗夫斯基)回忆说:"因为列宁只能讲俄语,所以所有其他发言人也用俄语发言。由于这个原因卡缅斯基在自己开始发言时'顺便'挖苦地指出,发言人不得不讲俄语这一状况,就已经是有关民族问题即有关自决权问题的例证和材料了。

卡缅斯基随后说,谁承认民族自决权,谁就必须在波兰问题上公开接受'独立的波兰万岁'的口号,也就是站到'弗腊克派'的立场上,这种立场不是无产阶级的,而是小资产阶级的和反革命的。然而列宁同志竟然把承认民族自决权以至分离权和建立独立国家权同反对'弗腊克派'立场的斗争巧妙结合起来,这是不合逻辑的。列宁说,承认自决权以至分离权并不意味着在所有情况下都为这种分离而斗争。列宁说,在一定的历史条件下,争取实现自决权的斗争可能通向帝国主义阵营。在这种情况下,'弗腊克派'比列宁更合乎逻辑,因为他们不仅始终提出波兰独立的要求,而且为之而斗争。但是,正因为他们过去和现在都为实现这一口号而斗争,所以他们是反革命党。正因为如此,我们波兰社会民主党人过去始终谴责和反对他们。两件事不可分割地联系着,谁要是说A,他就应当说B。谁为波兰独立而斗争,谁就不得不采取例如'弗腊克派'(皮尔苏茨基)在1904年日俄战争时期采取过的手段,当时'弗腊克派'派了一个代表团到日军司令部去,表示愿为反对俄国效劳,以换取日本的武器。

列宁同志说,在资产阶级民主革命时期必须提出自决权的口号。但是,这仅仅对西欧来说,对1848年资产阶级革命来说是正确的。而俄国'资产阶级'革命已经不是纯粹的资产阶级革命,已经不是1848年旧的资产阶级民主革命,因为这场革命是在无产阶级参加的情况下进行的,无产阶级是这场革命的动力。列宁没有强调这一点而滑到取消派方面去了,因为取消派正是主张资产阶级民主革命而不了解无产阶级在我国革命中的作用(当卡缅斯基论证列宁是取消派时,列宁很开心地笑了)。

卡缅斯基接着谈到当时波兰社会民主党经常挂在嘴边的观点,即无产阶级不能把建立民族国家作为自己的任务,因为在同沙皇制度和资产阶级的斗争中,无产阶级主张团结一切力量而不赞成分裂他们。列宁应当始终如一,既然他承认自决权以至分离权,就应当为所有民族脱离大俄罗斯而斗争。但是,这样一来列宁就滑向斯拉夫主义,主张俄国的独特性。

罗莎·卢森堡在论证纲领时,与列宁对问题的提法相对立,提出了自治的口号。对我们来说,同革命联系在一起的不是自决权的口号,而恰恰是自治的口号,因为自治不是在亚洲式的专制制度下,而是在共和制度下才有可能实现。

鉴于波兰的特殊条件,波兰社会民主党没有提出布尔什维克的土地国有化的口号。但是不管怎样,布尔什维克的土地纲领是明确而具体的。俄国社会民主工党关于民族问题的纲领就不能这样说了。民族自决权的口号是抽象的、玄虚的空话。因为没有统一的民族,而只有民族内部的阶级斗争,所以就不可能有统一的'民族自决'。"

"弗腊克派分子"恩(马鲁舍夫斯基)是波兰社会党方面反对列宁的主要论战者。据雅新斯基报道,马鲁舍夫斯基对比了作为被压迫民族代表的波兰社会主义者的立场和作为统治民族的无产阶级代表的列宁的立场,他把这一对比作为自己发言的出发点。他说:"对列宁来说,民族问题是理论问题,对我们来说则是切身利益的问题","因为民族压迫是压在我们整个生活上的重担,使这种生活的各个方面都变了形。对波兰的无产阶级来说,独立的口号是无产阶级的任何解放运动的必要条件。我们有权要求统治民族的社会主义者支持我们独立的意向。"

克拉耶夫斯基报道说:"拉佐夫斯基-拉赞斯基和普希贝舍夫斯基

(雅新斯基)是波兰社会党'左派'的代表。"该党的所有代表"各取所需地抓住列宁的观点去攻击波兰社会民主党,说它不了解波兰独立口号的革命意义"。

克拉耶夫斯基说:"卡缅斯基第二次发言的基本内容是同所有上述三个发言人的观点论战,这三个人断言,必须为波兰独立而斗争,因为建立独立的波兰是最彻底的、因而对无产阶级来说也是最好的解决民族问题的办法。卡缅斯基证明,这样提出问题与阶级观点毫无共同之处,这是资产阶级激进派的立场,而不是无产阶级政党的立场。卡缅斯基说,我们不需要自决权的口号,这个口号给波兰社会党,给所有公开的和隐蔽的民族主义者留下后路。波兰社会民主党在民族问题上有自己的具体口号,即符合无产阶级利益的自治口号。如果对波兰民族谈自决权,那么又怎么把这点运用于犹太人呢?是否采纳崩得民族文化自治的纲领呢?"

"列宁说,在民族问题上消极的口号——反对民族压迫——是不够的,为了消除俄国工人中的民族主义,需要积极的口号。""在这样的情况下,如果拒绝民族文化自治这个在犹太人问题上唯一可能的积极口号,他就违背逻辑了。"

我们认为,这些积极的口号实际上是没有根据的空话,不需要在俄国工人中间去宣传。对俄国工人只需要说,波兰工人出于团结而放弃波兰独立的口号。这样提出问题大大地有利于消除俄国工人中的民族主义。

1904—1905年我们波兰曾经有库尔契茨基的'无产阶级'党,这个党正像列宁那样模棱两可地提出独立的口号。它没有成为群众性的政党,后来消失了;原来只有明确地、完整地提出问题,群众才能理解;或者赞成独立,或者反对独立。"

克拉耶夫斯基说:"因为列宁在报告中引用了瑞典和挪威的例子,卡缅斯基在自己的第二次发言中重提这一点,并问道:'难道列宁到过瑞典和挪威?难道挪威从瑞典分离出来是出于革命的无产阶级的意向?绝对不是。这是为人们所反对的通常的资产阶级分离主义的表现。工人们是在反对压迫、反对军国主义的口号下前进的。'"

波兰社会民主党"分裂派分子"东布罗夫斯基(克拉耶夫斯基)将自己的发言转述如下:"我当时之所以发言很简短,至少是因为我只听了报告的最后部分,而所有发言人都谈到列宁的所有讲演。当然,我也像卡缅斯基一样维护波兰社会民主党的观点,即罗莎·卢森堡的观点,而反对列宁。其实我谈的仅仅是列宁报告中的一个要点,即民族自决权的口号与资产阶级民主革命时期的联系问题。我竭力证明,在西欧资产阶级民主革命时期这个口号是恰当的,但这恰恰是资产阶级激进派的口号。无论马克思或恩格斯,当时支持这个口号只是因为他们不得不支持资产阶级激进派。但是,俄国革命的动力是无产阶级,对于俄国革命来说,这个从上世纪西欧资产阶级激进派武库中捡来的口号是过时的、空想的、反动的。

无产阶级不能提出这个口号,无产阶级的唯一口号就是最一般的口号:反对民族压迫。正如我们波兰斗争的历史所证明的那样,这个口号对于进行无产阶级革命斗争来说是完全足够的,这个口号是彻底国际主义的口号,并且排除了用民族主义的精神去作解释的任何可能性。争取民族自决权的斗争,除了不可避免的民族主义的解释外,就是唐·吉诃德式的行为,就是去为无根据的臆造而斗争。"

关于列宁的总结发言,克拉耶夫斯基报道说:"列宁在自己的答复中当然可以毫不费力地驳倒我们的全部论据。但他力求十分谨慎地做到这一点。列宁强调自己拥护波兰社会民主党,强调波兰社会民主党所提出的波兰和俄国无产阶级共同革命斗争的原则是**最高的**原则,正是这个原则预先决定了波兰社会民主党的革命国际主义性质,他全力抨击了波兰社会民族主义者,指出:自决权问题的革命提法和利用这一口号在群众中进行民族主义和沙文主义的宣传的种种做法是有天渊之别的。列宁证明,'弗腊克派'不是像无产阶级革命者那样,而是像小资产阶级民族主义者那样提出问题。"

据卡缅斯基-多姆斯基说,列宁在答复他时指出,"问题不在于这个口号,而在于人们所赋予这个口号的内容。波兰社会党把小资产阶级的内容塞进口号里去,并力图使波兰无产阶级的斗争脱离俄国无产阶级的斗争。独立权绝不意味着在任何情况下无产阶级都有为独立而斗争的义务。糟糕的是,波兰和立陶宛社会民主党不善于运用自决的口号,因为该党作为真正的无产阶级政党,实际上是不会像波兰社会党那样用民族主义的精神去解释这个口号的。"

据雅新斯基说:"列宁在回答卡缅斯基的指责时说,如果有人说,他的观点有利于被压迫的少数民族的民族主义,这吓不倒他;有同样的理由可以断言,相反的观点有利于大俄罗斯民族主义,并有利于专制制度……

只有瞎子才看不到1905年的经验证明了恰恰相反的情况。要求实行联邦制的民族解放运动在许多边区出现了。例如在第二届杜马中人数众多的自治联邦派就是这种运动的反映。要求实行联邦制,实际上就是要求建立自己的国家。

民族主义的意向现在继续增长,并将进一步增长。不久前乌克兰大学生代表大会通过了'乌克兰独立'的口号。这并不是说,这个口号是乌克兰广大劳动群众的口号。不过,既然争取乌克兰'独立'的斗争确实如火如荼地开展起来了,我们社会民主党人就不应对这个口号感到惶惑不安。沙皇制度的野蛮压迫不可能不在乌克兰人中间激起民族解放的意向,何况还鉴于东加利西亚乌克兰人的状况。奥地利是野蛮的、教权主义的、保守的国家,但是,'同俄国相比,奥地利却是天堂'。

由于民族压迫,由于民族纠纷和民族仇恨,自决的口号不是一句抽象的空话。这个口号首先是反对大俄罗斯民族主义的斗争工具,大俄罗斯民族主义几百年来在人民群众、广大士兵中养成了一种信念,即他们用武器和鲜血夺来的土地和征服的民族是他们的理所当然的虏获物。不坚决反对这种大国民族主义思想,就谈不上真正的国际主义团结,也谈不上争取民主。自决的口号是最彻底地反对这种思想的。所以这对我们来说是一个切合实际的、有切身利害关系的口号,是我们在任何条件下都不能放弃的。"——437。

194 波兰社会党是以波兰社会党人巴黎代表大会(1892年11月)确定的纲领方针为基础于1893年成立的。这次代表大会提出了建立独立民主共和国、为争取人民群众的民主权利而斗争的口号,但是没有把这一斗争同俄国、德国和奥匈帝国的革命力量的斗争结合起来。该党右翼领导人约·皮尔苏茨基等认为恢复波兰国家的唯一道路是民族起义,而不是以无产阶级为领导的全俄反对沙皇的革命。从1905年2月起,以马·亨·瓦列茨基、费·雅·柯恩等为首的左派逐步在党内占了优势。1906年11月在维也纳召开的波兰社会党第九次代表大会把皮尔苏茨基及其拥护者开除出党,该党遂分裂为两个党:波兰社会党"左派"和波兰社会党"革命派"("右派",亦称弗腊克派)。

波兰社会党"左派"反对皮尔苏茨基分子的民族主义及其恐怖主义和密谋策略,主张同全俄工人运动密切合作,认为只有在全俄革命运动胜利的基础上才能解决波兰劳动人民的民族解放和社会解放问题。在1908—1910年期间,主要通过工会、文教团体等合法组织进行活动。该党不同意孟什维克关于在反对专制制度斗争中的领导权属于资产阶级的论点,可是支持孟什维克反对第四届国家杜马中的布尔什维克代表。第一次世界大战爆发后,该党持国际主义立场,参加了1915年的齐美尔瓦尔德会议和1916年的昆塔尔会议。该党欢迎俄国十月革命。1918年12月,该党同波兰王国和立陶宛社会民主党一起建立了波兰共产主义工人党(1925年改称波兰共产党,1938年解散)。

波兰社会党"革命派"于1909年重新使用波兰社会党的名称,强调通过武装斗争争取波兰独立,但把这一斗争同无产阶级的阶级斗争割裂开来。从第一次世界大战开始起,该党的骨干分子参加了皮尔苏茨基站在奥德帝国主义一边搞的军事政治活动(成立波兰军团)。1917年俄国二月革命后,该党转而对德奥占领者采取反对立场,开展争取建立独立的民主共和国和进行社会改革的斗争。1918年该党参加创建独立的资产阶级波兰国家,1919年同原普鲁士占领区的波兰社会党和原奥地利占领区的加利西亚和西里西亚波兰社会民主党合并。该党不反对地主资产阶级波兰对苏维埃俄国的武装干涉,并于1920年7月参加了所谓国防联合政府。1926年该党支持皮尔苏茨基发动的政变,同年11月由于拒绝同推行"健全化"的当局合作而成为反对党。1939年该党解散。——437。

195 列宁在自己的报告中为了论证民族自决这一口号的正确性,显然引用了(见卡缅斯基的第二次发言,他在这次发言中反驳了列宁)"挪威从瑞典分离出去的具体例子"。列宁认为:"这个例子**用事实**证明觉悟的工人**必须**不断地进行宣传和准备,使民族分离可能引起的冲突,**完全**按照1905年解决挪威同瑞典冲突的**那种**办法去解决。"(见本版全集第25卷第259页)

弗腊克派分子恩(马鲁舍夫斯基)发言中所谈的问题,可以参看列宁的《论民族自决权》中《挪威同瑞典的分离》一节(见本版全集第25卷第256—257页)。

《前进报》(《Naprzód》)是加利西亚和西里西亚波兰社会民主党的中央机关报,1892年起在克拉科夫出版。该报反映小资产阶级民族主义的思想。——438。

196 指俄国社会民主党党团向第四届国家杜马提出的《关于民族平等的法律草案》(见本版全集第25卷)。——439。

197 "无产阶级"党即波兰社会党"无产阶级派"。该党是由从波兰社会党分离出来的该党利沃夫支部于1900年夏成立的,中央委员会先后设于利沃夫和克拉科夫,在华沙、罗兹等地有其组织。以路·库尔契茨基为首的该党最高纲领是社会主义革命,最低纲领是制定全俄宪法和波兰王国自治、教会同国家分离、实行八小时工作制。该党坚持采取个人恐怖的策略,同时主张波兰革命运动同俄国的革命运动接近。该党于1909年春停止活动。——439。

198 《〈欧洲大战和欧洲社会主义〉一书的材料》是列宁对于论述战争问题,主要是论述各国社会党对战争所采取的立场的各种书籍、外国报刊的文章和评论的摘录。列宁在这些材料的基础上拟定了《欧洲大战和欧洲社会主义》一书的提纲(见本版全集第26卷第24—32页)。《欧洲大战和欧洲社会主义》一书没有写成,但是他在一些报告中和在《社会民主党人报》上发表的文章中,以及在《社会主义与战争》这本小册子中都曾部分地使用过这些材料。

摘录写在两个笔记本里和一些单页纸上;从该书的提纲内容可以判断,还有一部分材料没有保存下来。批注和记号是在摘录过程中加上的;另一些用红蓝铅笔作的批注和记号,显然是在拟定该书提纲过程中再次审阅材料时或者为准备报告而使用一些札记时加上去的。

列宁在第一个关于战争问题摘录笔记本封面上加了标题《关于战争的札记》，并注明笔记本内有哪些最重要的内容。在第二个笔记本的封面和封底上都贴有俄文剪报材料。——441。

199 卡·考茨基的《取得政权的道路》一书，列宁是根据1909年前进报出版社柏林第2版用俄文作摘录的。摘录用铅笔写在两页信纸上。——441。

200 霍夫堡是维也纳的皇宫。

巴尔普拉茨或巴尔豪施普拉茨是奥地利外交部的代称，因为它设在维也纳的巴尔豪施普拉茨。——449。

201 指奥地利政府就奥国王储弗兰茨·斐迪南大公在萨拉热窝被刺而于1914年7月23日向塞尔维亚提出的最后通牒。最后通牒所提10点要求中的第5点是：承认奥地利政府得派员参加制止塞尔维亚境内反奥运动的工作。萨拉热窝事件成了第一次世界大战的导火线。——449。

202 指1914年7月彼得堡工人运动的高潮。1914年7月3日（16日），为了声援巴库总罢工，普梯洛夫工厂召开了工人群众大会。警察向群众大会开枪。彼得堡各工厂的工人用大规模的抗议罢工和游行示威来回答警察的挑衅。游行示威后来开始变成为街垒战。俄国社会民主工党（布）彼得堡委员会领导了这一运动。莫斯科和其他城市的工人也参加了运动。但这次革命高潮被宣战所打断。彼得堡事件正好是在法国总统雷·彭加勒为了准备法俄共同对德宣战而来彼得堡与尼古拉二世会晤的时候发生的。——450。

203 沙尔·安德列尔的这本书的书名全称是：《现今德国的帝国主义社会主义。同让·饶勒斯论战文集》（1912—1913年）。

针对安德列尔的《德国的帝国主义社会主义》（1912年11—12月《民族行动》）等文章，索·格鲁姆巴赫在1913年2月14日《新时代》杂志第31年卷第1册第20期上发表了《帝国主义社会主义。沙尔·安德列尔教授的发现》一文。——450。

204　德国社会民主党人、国会议员理查·费舍所反驳的《汪达尔人》一文,载
于1914年9月1日《民权报》第202号的"欧洲大战"栏。该文谈到了
德国破坏比利时的中立和德军摧毁卢万市。文章的结尾援引了附有德
国政府关于卢万事件正式说明的8月30日柏林来电。德国政府在谈
到卢万遭轰击而被毁以及它对此表示遗憾的同时,为它采取这一步骤
进行辩解,其借口是比利时人即卢万的居民违反了海牙会议关于禁止
和平居民在军事行动期间藏匿武器的规定,而且在德军占领该市之后
用这些武器来对付德国兵。

　　卢万是比利时的一个城市,在布鲁塞尔附近,1914年8月19日被
德军占领。——452。

205　指德国政府在战争开始时公布的《德国关于德俄法战争发生的白皮书》
(1914年),其中有许多特意挑选出来为德国干涉奥塞冲突辩护的官方
文件。其他交战国政府也发表了类似的材料。——452。

206　1914年7月26—30日,德国各大工业中心举行了一系列抗议战争的
游行示威和群众大会。有关这些群众大会和集会的报道,载于1914年
7月27日—8月1日《前进报》。——452。

207　从这段笔记可以看出,列宁在伯尔尼时曾使用罗·格里姆的藏书进行
工作。——455。

208　关于参加社会党国际局的法国和比利时两国代表团的宣言,见列宁根
据1914年9月6日《人道报》作的摘要(本卷第463—464页)。
——455。

209　指德国社会民主党的领导人之一、社会沙文主义者阿·休特古姆的意
大利之行。他是受德国社会民主党执行委员会的委托,为了把意大利
社会党人吸引到德国方面来而进行这次访问的。——456。

210　沃尔弗通讯社的电讯援引了德国社会民主党执行委员会(福尔施坦德)

1914 年 9 月 9 日的抗议电文。——456。

211　从列宁在页边上作的批注来看,这封信的原信他看过,而且完全有可能是从《伯尔尼哨兵报》编辑罗·格里姆那里得到的。《伯尔尼哨兵报》没有刊出这封信。1914 年 9 月 13 日和 14 日《格吕特利盟员报》第 213 号和第 214 号的社论《社会民主党与战争》摘引了这封信,但没有刊登原信上的标题,而加了一小段导语。——456。

212　《伯尔尼哨兵报》(《Berner Tagwacht》)是瑞士社会民主党的机关报,于 1893 年在伯尔尼创刊。1909——1918 年,罗·格里姆任该报主编。第一次世界大战初期,该报发表过卡·李卜克内西、弗·梅林及其他左派社会民主党人的文章。从 1917 年起,该报公开支持社会沙文主义者。——456。

213　《辅助》周刊(《Die Hilfe》)是在柏林出版的一种刊物,1895 年创刊,创办者是弗里德里希·瑙曼。

　　信的作者引用了 1914 年 8 月 27 日《辅助》周刊第 35 期刊登的保·罗尔巴赫的文章《日午万岁!》。——456。

214　特奥巴尔德·贝特曼-霍尔韦格是第一次世界大战期间德意志帝国首相和普鲁士首相。——457。

215　《格吕特利盟员报》(《Grütlianer》)是瑞士小资产阶级改良主义组织格吕特利联盟的机关报,1851 年在苏黎世创办。第一次世界大战期间,该报持社会沙文主义立场。——457。

216　《汉堡回声报》的这篇社论援引了恩格斯《德国的社会主义》一文(参看《马克思恩格斯全集》第 1 版第 22 卷)的一个片段(作了许多删节)。恩格斯的这篇文章载于 1891——1892 年《新时代》杂志第 1 册第 19 期,最初用法文发表于 1892 年在里尔出版的《工人党年鉴》,恩格斯为德译文写了前言和结束语。完整的俄译文见 1906 年圣彼得堡马蕾赫出版社出版的《德国的社会主义》。——459。

217 《向理智呼吁报》(《Appeal to Reason》)是美国社会党人的报纸，1895 年在美国堪萨斯州吉拉德市创刊。该报宣传社会主义思想，很受工人欢迎。第一次世界大战期间，该报采取国际主义立场。——459。

218 指 1914 年 8 月 11 日（24 日）俄军最高总司令尼古拉·尼古拉耶维奇的《布告》。他在布告中向各部队传达他颁布的命令：“不要把加利西亚-波兰的索科里以及类似的组织看成是交战的一方”，“要按战时法律严惩所有参加这些组织的被俘人员”。这里说的组织是指“波兰特种常备军士兵”的组织。

　　波兰“特种常备军士兵联盟”是约·皮尔苏茨基于 1911 年在奥属加利西亚建立的，“特种常备军”的任务是准备在未来的奥俄战争中通过武装斗争来争取波兰的独立。欧洲大战爆发后，“波兰特种常备军”组成各种部队（“波兰军团”），参加了奥国军队反对俄国的军事行动。伊·达申斯基的《回忆录》（1926 年克拉科夫版）详尽地说明了“特种常备军”的活动。——460。

219 暗指波兰军团在法国大革命时期和拿破仑战争时期曾参加法国军队一事。——460。

220 见《人道报》的短评《俄国社会民主党人和战争》。该文援引了 1914 年 7 月 26 日（8 月 8 日）哈瓦斯通讯社关于国家杜马会议的电讯，并且根据《言语报》未加评论地转引了瓦·伊·豪斯托夫的声明。声明是以社会民主党国家杜马党团的名义就俄国社会民主党人拒绝投票赞成军事拨款一事发表的（参看注 284）。有关国家杜马会议的报道载于 1914 年 7 月 27 日（8 月 9 日）《言语报》第 198 号。——460。

221 作者指的是设在巴黎的德国社会民主党俱乐部的决议。这个决议确切些说是给法国同志们的信。在决议中，这些德国社会民主党人号召“同侵犯法国这个自由民主国家的罪恶的德国政府”作斗争，并声明自己打算留在法国，从而拒绝同自己的法国兄弟打仗。——464。

222 指 1914 年 8 月 25 日《前进报》第 231 号社论《伟大的胜利》。社论作者在评论德军在西线取得的胜利时,为德军在西线发动进攻辩护,说这是在战略上战胜法国以便随后实现主要的政治任务即消灭沙皇制度、把俄国人民和被压迫民族从专制制度的暴政下解放出来的必要条件。——465。

223　《正义报》(«Justice»)是英国一家周报,1884 年 1 月至 1925 年初在伦敦出版。最初是英国社会民主联盟的机关报,从 1911 年起成为英国社会党的机关报。第一次世界大战期间,该报采取社会爱国主义立场,由亨·迈·海德门编辑。1925 年 2 月改名为《社会民主党人报》继续出版,1933 年 12 月停刊。

　　《王德威尔得访问记》载于 1914 年 9 月 3 日《正义报》。

　　摘录摘自 1914 年 9 月 7 日《人道报》第 3795 号上的《王德威尔得公民访问记》一文。——466。

224　爱德华·格雷是英国自由党右翼领袖,第一次世界大战前期是英国外交大臣。——466。

225　指埃·王德威尔得给俄国社会民主党第四届国家杜马党团的电报。电报呼吁俄国社会党人积极参加反对"普鲁士军国主义"的斗争。电报是通过俄国驻比利时大使发到俄国外交部再转给社会民主党杜马党团领导人尼·谢·齐赫泽的。——466。

226　霍雷修·赫伯特·基钦纳是英国元帅,第一次世界大战前期是英国陆军大臣。——466。

227　指弗·梅林 1914 年 9 月 12 日的抗议书。抗议书揭露了德国社会沙文主义者引用恩格斯《德国的社会主义》一文来为自己在帝国主义战争时期的机会主义行径辩护。该抗议书以书信形式载于 1914 年 9 月 13 日《前进报》第 250 号。——472。

228　见注 211。——472。

229　《世纪报》(«Il Secolo»)是意大利的报纸,在米兰出版。——472。

230　《晚间信使报》(《Corriere della Sera》)是意大利资产阶级报纸,1876年在米兰创刊。

　　　此处摘自该报"各党派对中立和战争问题的不同观点"栏内的一篇文章:《无政府主义的社会党人反对中立的宣言。对社会党人宣言的述评》。——474。

231　这里的几段《人道报》摘录和关于《民权报》上的理·费舍的文章的札记是写在单张信纸上的。——475。

232　这几段《人道报》摘录写在单张的信纸上,是列宁在撰写《欧洲大战和欧洲社会主义》一书的准备工作完成后不久作的,属于这个总的题目。列宁可能在作专题报告时部分地使用过。——476。

233　《自由党人报》(《El Liberal》)是西班牙自由党的机关报(日报),在马德里出版。

　　　列宁指的是《人道报》的一篇短文:《德国的状况。一位西班牙社会党人谈舆论是怎样造成的》。——476。

234　《每日评论报》(《Tagliche Rundschau》)是德国的一家倾向民族主义的资产阶级报纸(日报)。1880—1922年在柏林出版。

　　　《十字报》(《Kreuz-Zeitung》)即《新普鲁士报》(《Neue Preußische Zeitung》),是德国的一家日报,1848年6月在柏林创刊。该报是反革命的宫廷奸党和普鲁士容克以及后来的德国保守党极右派的喉舌。该报报头上印有后备军的十字章图形,所以又有《十字报》之称。1911年起改称为《新普鲁士(十字)报》,1932年起改称为《十字报》,1939年停刊。——476。

235　《国际社会主义评论》杂志(《The International Socialist Review》)是美国社会党人的刊物(月刊),在芝加哥出版。——477。

236　指上述那篇题为《激进党人反对派》的短评中的如下地方:"一小群较为革命的社会党人试图向群众说明帝国主义和德国对外政策的真正意义。在这一群人中间,我们还发现有波兰的青年作家、莱比锡和不来梅社会党人报纸的撰稿人卡尔·拉狄克。"——477。

237　这些摘录写在单独一个笔记本里。列宁在笔记本的封面上记了笔记里的如下内容："**恩格斯**：萨瓦等，一些其他东西和关于战争的摘录（《新自由报》关于弗兰克的文章）。［普列汉诺夫论战争。］里加传单"。恩格斯的书的摘录，见本卷第445—447页；有关弗兰克的摘录，见本卷第481—483页；普列汉诺夫论战争和《里加传单》，见本卷第487—488页和第486页。——477。

238　指弗·梅林的声明。见注227。——477。

239　指《柏林人民报》。

　　　《柏林人民报》（«Berliner Volkszeitung»）是一份旨在为小资产阶级，主要是职员和官吏的利益服务的报纸。——477。

240　《德奥历史学家的民族主义的声明》载于1914年9月《南德意志月刊》战争特刊。

　　　《南德意志月刊》（«Süddeutsche Monatshefte»）在慕尼黑出版。——478。

241　《瑞士现代社会政治问题》（«Sozialpolitische Zeitfragen der Schweiz»）是瑞士社会民主党的不定期文集，1908—1915年在苏黎世出版。——478。

242　列宁指的是：(1)卡尔·布莱布特罗伊《军队》（《社会》丛书之一），1911年由马丁·布伯出版的《社会心理学专题著作汇编》第37卷和第38卷；(2)卡尔·布莱布特罗伊《五十年以前。美国内战时期的民军。现代史》，1912年由巴塞尔的布·施瓦伯公司出版；(3)诺曼·安杰尔《大幻想。关于军力对人民福利的影响的科学研究》，译自英文，1910年由莱比锡狄特利希出版社出版。该书被禁止出售。——479。

243　涅斯托尔是希腊神话中的皮罗斯之王，特洛伊战争的参加者，一个聪明睿智、阅历丰富的老人。——480。

244　《泛德周刊》(《Alldeutsche Blatter》)是全德联盟的机关刊物,在美因兹出版。

　　　《德奥》杂志即《德奥政治艺术文化周刊》(《Deutch-Osterreich-Wochenschrift für Politik,Kunst und Kultur》),是在维也纳出版的刊物。——480。

245　《曼海姆人民呼声报》(《Mannheimer Volksstimme》)是德国社会民主党报纸(日报),在曼海姆出版。——481。

246　《新自由报》(《Neue Freie Presse》)是奥地利的自由派报纸,1864—1939年在维也纳出版,有上午版和晚上版。——481。

247　显然是指拿破仑《拿破仑的思想》1913年巴黎版(袖珍丛书第14号)。列宁所作的这本书的摘录,见本版全集第55卷。——483。

248　《新路》杂志摘录看来也是为写《欧洲大战和欧洲社会主义》一书或者为准备同一题目的报告而作的。列宁在他的短评《一个德国人对战争的评论》中使用过《新路》杂志文章的摘录(见本版全集第26卷第96—97页)。

　　　《新路》杂志即《新路,宗教宣传月刊》(《Neue Wege,Blätter für religiöse Arbeit》),是基督教民主派杂志,1907—1941年先后在巴塞尔和苏黎世用德文出版。——484。

249　罗曼·罗兰在资产阶级保守派报纸《日内瓦日报》上发表了一些有和平主义倾向的书信和评论,后来编成《超乎混战之上》一书,于1915年在巴黎出版。——485。

250　《俄罗斯言论报》(《Русское Слово》)是俄国报纸(日报),1895年起在莫斯科出版。出版人是伊·德·瑟京。该报表面上是无党派报纸,实际上持资产阶级自由派立场。1917年十月革命后不久被查封。1918年1月起,该报曾一度以《新言论报》和《我们的言论报》的名称出版。1918年7月最终被查封。——487。

251 针对《俄罗斯言论报》上的这则简讯，格·瓦·普列汉诺夫于1914年9月17日(30日)写了一封公开信寄给《言语报》编辑部。在信中，他一方面叙述了自己"给俄国志愿兵"的送别词的内容，另一方面说明："在他和尊敬的教授的谈话中指的不是1904年俄德通商条约，而是如果德国在目前的国际冲突中得胜就会强加给俄国的那种条约，德国会竭力把俄国变成它的经济上的附属国，而这一点会极其有害地影响到俄国今后的经济发展进程。"普列汉诺夫在信的末尾坚决声明他同情盟国。——488。

252 这段摘录是用打字机打在单张纸上的，"哥萨克够不够厉害"这行字是列宁写的。列宁在自己的一些专题报告里曾使用这则简讯。——489。

253 这是列宁在1914年10月2日《新时代》杂志第1期上刊登的卡·考茨基的《战争时期的社会民主党》、《国际和国内和平》和弗·梅林的《1870年战争回忆。略谈国内和平》这三篇文章上作的批注，在杂志的末尾和封面上，列宁还作了考茨基文章摘录(见本卷第495页)。

在《死去的沙文主义和活着的社会主义》一文中，列宁援引了考茨基《战争时期的社会民主党》一文中的主要提法，同时写道："我们特意将原文引出，因为人们很难相信考茨基会写出这样的东西。人们很难在书刊中(彻头彻尾的叛徒的"书刊"除外)找到这样扬扬自得的卑鄙行为，这样无耻的……背弃真理的行径，这样不体面的遁词，用这些遁词来掩饰最明显地背叛社会主义、背叛正是就可能爆发像现在这种性质的欧洲大战而一致通过的(例如在斯图加特，特别是在巴塞尔)明确的国际决议！"(见本版全集第26卷第103页)

列宁在就格·瓦·普列汉诺夫的报告《论社会党人对战争的态度》所作的发言(1914年10月11日)中，在《社会党国际的状况和任务》、《一个说明国内战争口号的实例》、《第二国际的破产》、《关于自己的政府在帝国主义战争中的失败》等文章中，在小册子《社会主义与战争(俄国社会民主工党对战争的态度)》中，也都批判了考茨基的这些文章(见本版全集第26卷第21、43、182—183、226—227、231、235—238、299、330—336页)。——490。

254 格·瓦·普列汉诺夫以《论社会党人对战争的态度》为题的报告会于1914年10月11日在瑞士洛桑举行。这次报告会是当地的一个孟什维克小组组织的。

普列汉诺夫报告以后，只有列宁一个人发了言。1914年10月18、20、21日的孟什维克报纸《呼声报》第31、32、33号以《俄国社会民主党的领袖们论战争》为题报道了报告会的情况、普列汉诺夫的报告和列宁的发言，记者署名为"g.h."。——496。

255 格·瓦·普列汉诺夫的报告会于3点30分开始。休息后，普列汉诺夫于4点36分开始讲报告的第二部分。——496。

256 关于宣布军事罢工的建议，最初是以多·纽文胡斯为首的荷兰人在第二国际苏黎世代表大会（1893年）上提出的。决议草案提出：在各国政府宣战时，"要采取预备役人员拒绝服兵役（军事罢工）、总罢工——特别是与战争有关的那些生产部门罢工和号召妇女把自己的丈夫、儿子留在家里等办法来回答"。

威·李卜克内西、格·瓦·普列汉诺夫、维·阿德勒、茹·盖得等人反对这项实际是无政府主义乌托邦的建议，这一建议被否决。普列汉诺夫在小册子《论战争》中（1915年版第53页）叙述了自己反对纽文胡斯建议的发言内容。——497。

257 在哥本哈根国际社会党代表大会（1910年8月28日——9月3日）上，爱·瓦扬和基尔·哈第就战时总罢工问题提出了如下建议。"在所有应该采取的防止和反对战争的办法中，代表大会认为工人的总罢工，主要是提供军需品（武器、军用装备、交通运输工具等等）的工业部门里的工人的总罢工，是特别适宜的。"（见《哥本哈根国际社会党代表大会》1910年柏林版）这项建议经过激烈辩论之后，被提交社会党国际局预先讨论，以便向下一次国际代表大会提出这个问题。可是这个问题到底没有解决。——497。

258 1914年8月4日，胡·哈阿兹在帝国国会会议上以德国社会民主党党团的名义发表了一项关于支持德国政府同俄国专制制度作战和社会民主党投票赞成军事拨款的宣言。——497。

259　根据战争初期统计资料,德国军人中有$\frac{1}{3}$以上是德国社会民主党党员。——497。

260　格·瓦·普列汉诺夫引用的阿·孔佩尔-莫雷尔的《桑利斯》一文,载于1914年9月26日《社会战争报》第83号。该文谈到德国人在法国桑利斯、兰斯和比利时卢万造成的破坏。

　　　　《社会战争报》(《La Guerre Sociale》)是法国社会党人古·爱尔威从1906年起出版的带有工团主义倾向的报纸。第一次世界大战开始时,该报采取社会沙文主义的立场。1916年初改名为《胜利报》。——498。

261　1898年2月10日,沃·海涅在柏林的一次选举会议上说:也许什么时候会有这样一天,那时社会民主党人可能投票赞成军事法案以换取对工人阶级的政治让步——"用大炮换取人民的权利"(见《德国社会民主党爱尔福特代表大会会议记录》1899年柏林版第250—251页)。——498。

262　所多玛和蛾摩拉意思是腐化堕落或极端混乱,典出于圣经传说:所多玛和蛾摩拉这两座巴勒斯坦城市因其居民荒淫无度而被天火毁灭。——498。

263　这里说的激进派是指卡尔·李卜克内西集团。在1914年8月3日举行的国会党团会议上,该集团曾预计,在第二天国会审查军事拨款问题时,他们与中派(中派在这个问题上没有坚定的立场)在一起将是多数。——498。

264　格·瓦·普列汉诺夫在这里援引的是1914年9月4日《平等》杂志第25期上的《妇女的天职》一文。该文叙述了德国士兵(其中包括伤员)遭到比利时居民残酷对待的情况。

　　　　《平等》杂志(《Die Gleichheit》)是德国社会民主党的双周刊,德国女工运动的机关刊物,后来也是国际妇女运动的机关刊物,1890—

1925 年在斯图加特出版。1892—1917 年克·蔡特金任该刊主编。
——499。

265　指 1914 年 8 月 21 日《新时代》杂志(第 19 期)刊登的卡·考茨基的文章《论战争》。列宁在这篇文章上加了批注。——499。

266　列宁在《死去的沙文主义和活着的社会主义》一文中也谈到了格·瓦·普列汉诺夫报告中的这个地方(见本版全集第 26 卷第 107 页)。——499。

267　康斯坦丁·巴甫洛维奇大公在任波兰总督的时候,曾坚持不让波兰军队参加俄土战争(1828 年)。法国的一个史学家说他说过"我不能容忍战争,它会毁掉军队",——意思是说,军队在行军和作战中会有损自己的军容和组织性。

格·瓦·普列汉诺夫引用这个例子,为的是要把德国社会民主党的立场与这个例子相比拟;德国社会民主党为了不损害党的组织而不采取坚决行动。普列汉诺夫在《论战争》这本小册子里还指出:"早在修正主义出现以前",德国的同志就避免庆祝本该庆祝的五一节。他们担心,如果在这一天停止工作,德国无产阶级就要冒自己的组织陷于溃乱的危险。——499。

268　格·瓦·普列汉诺夫在这里援引 1898 年他同维克多·阿德勒谈论爱·伯恩施坦的事。——499。

269　"这个可怜的卡尔"是维·阿德勒谈论卡·考茨基的话。考茨基曾说爱·伯恩施坦否定马克思的价值论是干了杀死儿童的事。——499。

270　"您+"意思是"您+卡尔·考茨基",指维·阿德勒的话:在欧洲对理论问题感兴趣的只有两三个人:普列汉诺夫和考茨基。——499。

271　格·瓦·普列汉诺夫在这里凭记忆引用约·沃·歌德的诗剧《浮士德》中梅非斯特的一句话,与原文略有出入(见《浮士德》1955 年人民文学出版社版第 1 部第 87 页)。——499。

272　指维也纳《工人报》在战争初期呼吁工人为"德意志人"而斗争,从而放弃了阶级斗争的原则。

《工人报》(«Arbeiter-Zeitung»)是奥地利社会民主党的中央机关报。1889年7月由维·阿德勒在维也纳创办。1893年以前为周报,1894年每周出版两期,从1895年1月起改为日报。第一次世界大战期间,该报采取社会沙文主义立场。1934年被查封。1945年复刊后是奥地利社会党中央机关报。——499。

273　基特·基特奇(季特·季特奇·勃鲁斯科夫)是俄国剧作家亚·尼·奥斯特罗夫斯基的喜剧《无端遭祸》中的人物,一个贪婪成性、专横霸道的富商。他的妻子回答他的一句台词说:"谁也不敢欺负您。您自己才可以欺负任何人。"——499。

274　格·瓦·普列汉诺夫报告的这个地方,在1914年10月18日《呼声报》第31号刊登的记录中是这样说的:"在整个事件之后,任何反战的决议都不可能是真诚的了。这一切只能引起应得的来自资产阶级的嘲笑。"——500。

275　格·瓦·普列汉诺夫在专题报告的这一部分转到法国和比利时社会党人对战争的态度问题。——500。

276　根据德国社会民主党主席团的决定,该党领导人之一赫·弥勒被派遣去巴黎同法国社会党人谈判。这次谈判于1914年8月1日在巴黎举行。在谈判中,弥勒建议法国社会党人在投票表决军事拨款时弃权,并断言,在这样的情况下,德国社会民主党在帝国国会审议拨款时就将投票反对或者也弃权。——500。

277　格·瓦·普列汉诺夫为投票赞成军事拨款的法国社会党人的行为辩护,同时提起这样一个事实:金融寡头曾用自己的金子帮助镇压俄国的革命。——500。

278　第一次世界大战爆发后,在巴黎的俄国社会民主工党国外组织委员会的部分委员和布尔什维克巴黎支部的部分成员尼·约·萨波日科夫

（库兹涅佐夫）、阿·弗·布里特曼（安东诺夫）等人，违反支部的决议志愿参加了法国军队。1914 年 8 月 21 日，他们与孟什维克和社会革命党人的志愿参军人员一起（总共约 80 人）以"俄国社会党人"的名义在法国报刊上发表了一个宣言，声称他们采取这一步骤是为了社会主义的胜利，理由是如果德、奥封建专制国家战胜西欧民主国家就会加强国际军国主义，而国际军国主义是国际社会主义胜利发展的主要障碍。格·瓦·普列汉诺夫为俄国社会党人这种沙文主义行为辩护，说这是遵守对法国同志们的"道义上的纪律"。他并在这批志愿兵出发上前线时以这种精神发表了送别讲话。——500。

279　随着宣战，茹尔·盖得和马赛尔·桑巴加入了维维安尼内阁。格·瓦·普列汉诺夫为盖得和桑巴入阁辩护，其借口是：巴黎代表大会（1900 年 9 月 23—27 日）的决议允许社会党人参加资产阶级的政府"作为同困难环境作斗争时迫不得已采取的暂时性的特殊手段"。——501。

280　据某些材料说，茹·盖得和马·桑巴在加入法国内阁时，曾在私下谈话中声称，法国政府已经许诺，只要德军被逐出法国领土，它就停止战争；法国社会党是在这样的条件下同意盖得和桑巴接受部长的职务的。——501。

281　根据《呼声报》记者的记录，格·瓦·普列汉诺夫专题报告中这个地方是："当然……法国社会党人的一些发言，例如爱尔威的发言，既有引人入胜的地方，也有错误的地方。但是，普列汉诺夫从来都没有认为爱尔威是社会主义者，因此要法国社会主义对爱尔威的声明负责，这是不可能的。"——501。

282　爱·瓦扬在相当长的时间内领导法国社会党内的布朗基主义派。看来格·瓦·普列汉诺夫在这里指的是 1914 年 10 月 8 日《人道报》上瓦扬的《引起信心的决定》一文。该文说：法国在这场战争中，正如在革命战争时代一样，是为人类的最高利益而斗争。普列汉诺夫把瓦扬的这种立场同路·奥·布朗基在 1870 年普法战争期间的立场相比较。当时布朗基号召无产阶级保卫国家,因为按照他的意见,资产阶级是软弱的、胆怯的,是不能完成这项任务的。——501。

283 指 1914 年 9 月 27 日瑞士和意大利两国社会党人在卢加诺代表会议上通过的决议。列宁关于战争的提纲(见本版全集第 26 卷第 1—7 页)对此决议有过一些影响。——501。

284 在 1914 年 7 月 26 日(8 月 8 日)国家杜马会议上,瓦·伊·豪斯托夫以社会民主党党团(13 人)的名义宣读了一份反战声明。这个声明是布尔什维克党团和孟什维克党团共同制定的。声明指出:"这场战争是掠夺政策引起的,是所有交战国的统治阶级要为之承担责任的战争";虽然"交战国的觉悟的无产阶级没有能够阻止战争的发生",但是社会民主党党团深信,"无产阶级在全世界所有劳动群众的国际团结中将找到尽快停止战争的办法"。社会民主党党团在宣读声明后便离开了会场,没有参加军事拨款的表决。劳动派党团也站到社会民主党方面。——502。

285 这是马·桑巴的话,他是就国家杜马的社会民主党党团拒绝投票赞同军事拨款一事而说的。——502。

286 格·瓦·普列汉诺夫在这里指的是古·爱尔威《他们的祖国》一书。爱尔威在这本书里特别强调的基本思想是,祖国只是对统治阶级来说是存在的,而对无产阶级来说则毫不相干。爱尔威的许多论点和结论带有明显的无政府主义的性质。在斯图加特代表大会(1907 年 8 月 16—24 日)上爱尔威也持类似的立场。列宁承认爱尔威在反对军国主义运动中的批评含有一定成分的真理,同时说明他所采取的立场是半无政府主义的(见列宁《斯图加特国际社会党代表大会》,本版全集第 16卷)。普列汉诺夫在洛桑报告会的总结发言中企图把列宁在战争时期所采取的立场说成是列宁放弃马克思主义而转到"爱尔威主义"方面的结果。——503。

287 格·瓦·普列汉诺夫指的是古·爱尔威在战前年代所持的强烈的反军

国主义的立场。——503。

288　见古·耶克《国际》(1906年圣彼得堡版)。普列汉诺夫所说的马克思的"笔记"是指1870年7月23日《国际工人协会总委员会关于普法战争的第一篇宣言》(见《马克思恩格斯文集》第3卷)。——504。

289　格·瓦·普列汉诺夫在这里引用的是古希腊哲学家琉善的一篇对话《梦或公鸡》。公鸡与米切尔谈话时断言,它公鸡是毕达哥拉斯。米切尔对这一说法提出异议,说公鸡的断言与它的行为不相符合;与毕达哥拉斯不同,它饶舌,并且以豆子为食,从而违反了毕达哥拉斯所遵循的法则。对此公鸡回答说,它的行为取决于环境的变换;当它是毕达哥拉斯的时候,它是不吃豆子的,而现在变成了一只禽鸟,就可用豆子作食物,因为对禽鸟来说,这是不禁止的。——504。

290　格·瓦·普列汉诺夫援引的是奥·倍倍尔在斯图加特代表大会(1907年)"军国主义和国际冲突"问题委员会的发言。——505。

291　1914年8月4日在比利时众议院的会议上,埃·王德威尔得以社会党人党团的名义发表了关于准备投票赞同政府为了保卫比利时国家而要求的军事拨款的声明。就在这次会议上,首相查·孔·德·布罗克维尔宣布任命王德威尔得为大臣,对此王德威尔得表示同意。——505。

292　1914年10月底(不早于27日),列宁在苏黎世"和睦"——瑞士社会民主党一个支部,参加该支部的也有外国的社会民主党人——大厅作了题为《战争和社会民主党》的专题报告,听众在300人以上。报告进行了两个小时左右,而围绕报告展开的辩论占用了第一天晚上报告后剩下的时间和第二天的整个晚上。主持报告会的是莫·马·哈里东诺夫。

　　这里收载的报告的辩论记录是列宁用化学铅笔写在一些单页纸的正反两面上的,共6张。此外,在另一张纸上有列宁作的关于反对者发言的简记,这显然是为作总结发言预备的。——506。

293　指1914年10月8—9日在"和睦"全体会议上通过的苏黎世"和睦"的

决议。该决议是列·达·托洛茨基起草的,后来发表于 1914 年 10 月 15 日《民权报》第 240 号。决议认为为停止战争而斗争是刻不容缓的主要任务。决议说,工人阶级的和平纲领即各国人民之间真正而稳固的和平的纲领,是简单而明确的:"不允许任何的暴力兼并! 不允许任何赔款! 民族自决权是一切国家重新组合的基础。建立没有武力和秘密外交、没有封建等级和常备军的欧洲联邦。"——506。

294　指伊·奥尔的那句出名的话:"亲爱的爱嘉,你是一头蠢驴,这样的事情做就是了,但不要去说。"这句话是他为 1889 年德国社会民主党斯图加特代表大会就伯恩施坦主义展开辩论而在给爱·伯恩施坦的信中写的,后来他又在汉诺威党代表大会(1899 年)上重复过。——508。

295　孟什维克萨温的这个意见是针对列宁专题报告中下述论点说的:"我们俄国人由于消极而做了奴隶,结果我们不仅容忍压迫自己,而且还帮助压迫别人。"(参看 1914 年 11 月 7 日维也纳《工人报》第 309 号上关于报告会的报道)——509。

296　这位反对者在这里援引尼·瓦·果戈理的中篇小说《狂人日记》中的话。波普里希钦是小说的主人公,一个发了疯的人。——509。

297　关于国际破产的问题,瑞士社会民主党右翼领袖海·格罗伊利希在 1914 年 9 月 9 日演说中说:"我们曾经认为兄弟情谊和团结精神是自己的理想,现在看到它们破灭了。我们曾经相信,工人国际坚强得足以到处掀起强烈的抗议。我们曾经相信,这种抗议会迫使统治集团放弃它们把人民卷进战争的暴行。现在我们看到,无产阶级的声音是不够有力……这是一个痛苦的教训,但是不能回避这些事实。我们对自己的力量作了错误的估计。我们把它夸大了。"——510。

298　列宁在《卡尔·马克思(传略和马克思主义概述)》一文中把威·李卜克内西的《纪念卡尔·马克思》一书(1896 年纽伦堡版)称做马克思传记方面最重要的书籍之一(见本版全集第 26 卷第 88—89 页)。

　　该书第 90—92 页引用的是马克思的女儿爱琳娜·马克思-艾威

林给李卜克内西的信,信中答复了他向她提出的问题。——513。

299 这里说的日期不确切。埃德加尔死于 1855 年 4 月 6 日;亨利希死于
1850 年 11 月 19 日,当时才一岁多;弗兰契斯卡生于 1851 年 3 月 28
日,死于 1852 年 4 月 14 日,比亨利希多活了几天。——513。

300 拉比是希伯来文 rabbi 的音译,原是犹太人对师长的尊称,后来专指犹
太教内负责执行教规、教律和主持宗教仪式的人。——513。

301 列宁于 1916 年 2 月 26 日和 3 月 1 日先后在苏黎世和日内瓦作了题为
《"和平的条件"和民族问题》的报告。在日内瓦,报告会在国际工人联
盟俱乐部举行,有 200 多人出席。——518。

302 卡·考茨基《国际观点和战争》一文摘录写在单页纸上,编了页码①。
摘录是用俄文作的。——518。

303 赫·哥尔特《帝国主义、世界大战和社会民主党》一书于 1914 年在阿姆
斯特丹出版。这里收载的是小册子中列宁画了着重标记和写了批语的
一部分段落的摘录。其中用老五号字排的标题式批注是写在该书封面
上的。列宁在这本小册子上作的另一部分批注见《报告的材料》第 20
部分,本卷第 549—552 页。——519。

304 罕·罗兰-霍尔斯特的通讯登载于 1916 年 1 月 22 日《伯尔尼哨兵报》
第 18 号附刊。列宁的批注就作在这篇通讯的剪报上。——522。

305 这段《人道报》摘录写在一张信纸上。——523。

306 《报告的材料》第 5 和第 6 部分都出自英国和平主义者亨·诺·布雷斯
福德的小册子《大战的起因》,第 6 部分印在该小册子的封面上。列宁
的批注就作在这本小册子上。——524。

307 这篇卡·考茨基言论的摘录写在写有"马克思论洛帕廷"的笔记的一张
单页纸的背面,用铅笔编了页码④。——526。

308　卡·考茨基在1914年8月21日《新时代》杂志第19期《战争》一文中写道："赞同军事拨款的条件是否真正具备,投票赞成拨款在客观上是否正确,这只有战后的公正历史调查才能确定。"在1915年11月26日《新时代》杂志第9期《党团和党》一文中则写道:"……现在问题不在于要向法庭起诉8月4日投票赞成军事拨款的人。我最不主张这样做,最不想为这一目的而破坏党团纪律。让党代表大会去研究这个问题吧,如果直至召开代表大会时并没有其他更迫切的问题推迟这个问题的话。"——527。

309　列宁的这些批注作在《新时代》杂志上。在这期杂志的目录页上列宁批了"注意:第77页"几个字。——528。

310　《人民论坛报》摘录写在单页纸上。

《人民论坛报》(《Volkstribüne》)是站在齐美尔瓦尔德右派立场上的奥地利"国际主义者"的报纸,1891—1919年在维也纳出版。

下面说的唐涅贝格的文章,指他发表在1915年3月17、24、31日和4月7、14日《人民论坛报》第11、12、13、14、15号"评论"栏里的《批评还是自我批评?》、《保卫祖国及其对党造成的后果》、《谁应当谈论和平?》、《反对沙皇主义和"凯撒主义"的斗争》、《国际》等文章。这些文章成了奥地利左派的纲领。这一纲领后来被弗·阿德勒在他写的《奥地利国际主义者致国际》的呼吁书中具体化了,并使其带上了考茨基主义的倾向。奥地利的极端爱国者对唐涅贝格的立场进行了尖锐的批评。——528。

311　这是列宁在《莱比锡人民报》剪报上作的批注。标题是列宁加的。——529。

312　列·尤尔凯维奇的文章载于1913年乌克兰《钟声》杂志第7—8期合刊。列宁的批注就作在这本杂志上。列宁并在杂志封面上印的尤尔凯维奇文章标题下面划了三条线。——530。

313　这是列宁关于刊登在《社会民主党评论》杂志上的罗·卢森堡的《民族

问题和自治》一文的提要式笔记,写在一个小笔记本里。在这本笔记本
封面的左上角列宁写了罗马数码"IV"。在封面上写了如下一段文字:

"(1)罗莎·卢森堡(论自决)

(2)伯恩哈德(波兰)

(3)",

看来是这个笔记本所记的内容。关于卢森堡文章的笔记在笔记本里共
占4页半。

《社会民主党评论》杂志(《Przegląd Socjaldemokratyczny》)是波兰
社会民主党人在罗·卢森堡积极参加下办的刊物,于1902—1904年、
1908—1910年在克拉科夫出版。——532。

314　罗·卢森堡文章中此处说:民族自决权这一公式的"最大害处在于它完
全是一种不论同社会主义,还是同工人政治都没有什么特别联系的东
西。一眼就可以看出,'民族自决权'是所有国家和所有时期的资产阶
级民族主义的老口号'民族自由和独立的权利'的变相提法"(第483
页)。——533。

315　罗·卢森堡文章中此处说:"……虽然'民族自决权'原则有伸缩性,纯
粹是老生常谈,显然不但适用于俄国的各个民族,而且同样适用于德国
和奥地利、瑞士和瑞典、美洲和澳洲的各个民族,但是我们在当今任何
一个社会党的纲领内,都找不到这个原则。"(第483页)(参看本版全集
第25卷第235页)——533。

316　罗·卢森堡文章中此处说:"特别是在一个民族成分非常复杂的国家中
进行活动并且民族问题对党具有头等意义的那个党的纲领里,即奥地
利社会民主党的纲领里,并没有包含民族自决权的原则。"(第483页)
(参看本版全集第25卷第237页)——533。

317　罗·卢森堡文章中此处说:"在国际社会主义队伍里,俄国的工人党是
唯一在自己纲领里提出'民族自决权'的要求的政党。"(第486页)
——533。

318 罗·卢森堡文章中此处说:"诚然,这个公式和国际社会主义有某些联系,它恰恰是1896年伦敦国际社会党工人代表大会通过的关于民族问题的决议中一段条文的变相提法。然而,正是导致通过这一决议的情况和决议的本文都清楚地证明,把俄国党的纲领第9条解释为伦敦决议的应用简直是一种误解。"(第485页)——533。

319 罗·卢森堡文章中此处说:"在波兰社会民主党于代表大会前夕提出的批评和因此而在社会党刊物上进行的辩论的影响下,以及在俄国第一次出现群众性的工人运动——1896年5月4日彼得堡纺织工人举行值得纪念的大罢工——的影响下,国际代表大会没有通过波兰的提案(指波兰社会党在伦敦代表大会上的提案。——编者注),这个提案从它的全部论据来看和就它的性质来说是反对俄国革命运动的。代表大会没有通过该提案而通过了《伦敦决议》,因此这个决议便意味着拒绝恢复波兰的建议,决议说:'代表大会宣布,它主张一切民族有完全的自决权,它同情现在受到军事的、民族的或其他的专制制度压迫的一切国家的工人。大会号召所有这些国家的工人加入全世界有觉悟的工人队伍,以便和他们一起为打倒国际资本主义、实现国际社会民主党的目标而斗争。'"(第486页)(参看本版全集第25卷第262页,并见《报告的材料》第13部分,本卷第537页)——533。

320 罗·卢森堡文章中此处说:"事实上我们看到,任何一个社会党也没有把伦敦决议理解为实际解决民族问题的决议,都没有在这个意义上把它列入自己的纲领。特别是奥地利社会民主党没有这样做,而对它来说解决民族问题是一个现实的问题。"(第487页)——533。

321 罗·卢森堡文章中此处说:"……现代工人政党的政治纲领所抱定的宗旨不是宣传社会主义理想的抽象原则,而是提出有觉悟的无产阶级所需要并在资产阶级社会里争取得到的实际的社会和政治改革,以利于自己的阶级斗争和取得最终的胜利。"(第487页)——533。

322 罗·卢森堡文章中此处说:"从这个公式能够为工人阶级的日常政策作出的唯一实际结论就是同民族压迫的各种表现作斗争是工人阶级的义

务这样一项指示。如果我们承认每个民族的自决权，那么在逻辑上我们当然要谴责一个民族决定另一个民族命运的一切企图，也要谴责用暴力把民族生活的某些方式强加于另一个民族的一切企图。然而，无产阶级的阶级政党抗议和反对民族压迫的义务绝非来自特殊的'民族权利'，这正如无产阶级争取男女在社会上和在政治上平等的意向也绝非来自资产阶级争取女性解放者运动援引的特殊的'女权'一样，而是来自对阶级结构的、对社会不平等的和社会统治的一切形式的普遍对抗，一句话，是来自社会主义的原则立场本身。"（第487—488页）——533。

323　罗·卢森堡文章中此处说："但除此之外，对于实际政策来说，上述的指示就是纯粹消极性质的……""总之，关于'民族自决权'的公式实质上不是民族问题方面的政治性和纲领性的指示，而是一种**回避**这个问题的企图。"（第488页）——533。

324　罗·卢森堡文章中此处说："俄国社会民主工党纲领第9条的笼统的和死板的性质就表明，这样解决问题是和马克思的社会主义立场格格不入的。对所有国家和所有时代同样适用的'民族权利'——这只不过是类似'人权'和'公民权'那样的形而上学的空谈……""作为科学社会主义基础的辩证唯物主义，完全彻底抛弃了此类'永恒的'公式，因为历史辩证法证明了，'永恒的'真理是不存在的，因而也不存在'永恒的权利'。"（第488页）——534。

325　罗·卢森堡文章中此处说："除了俄国社会民主党之外，我们只在俄国社会革命党人的纲领里见到这个公式，而在这个纲领里它是与国家联邦制的原则结合在一起的。"——534。

326　罗·卢森堡文章中此处说："当拿破仑或其他类似的独裁者，利用人民群众政治上的不觉悟和经济上的依赖性，为了凯撒主义的目的而采用全民投票这种政治民主的极端形式的时候，我们会毫不犹豫地、最坚决地反对这种'民主'，丝毫不为被资产阶级民主的形而上学者奉为神圣偶像的人民主权的威严所感。

当德国的特森多尔夫、沙皇的宪兵或'真正波兰的'民族民主党人维护工贼的'个人自由',保护他们免受有组织的工人的精神和物质压力的时候,我们一分钟也不犹豫地去维护有组织的工人,承认他们在道义上和在历史上完全有权**迫使**自己的缺乏觉悟的竞争者和自己团结一致,尽管从自由主义的形式主义观点看来,'愿意上工者'无疑有是否按照理智行动的'个人自由'的权利。"(第489页)

赫尔曼·恩斯特·克里斯蒂安·特森多尔夫是19世纪德国法学家,曾任普鲁士检察官、柏林市法院法官、柏林最高法院刑庭庭长,是迫害社会民主党人的策划者。——534。

327 罗·卢森堡文章中此处说:民族自决权"这个公式要么什么也不表示,是空洞的、不要求必须做什么的词句,要么无条件地责成社会党人支持民族的一切意向,那么,它简直是错误的"(第489页)。——534。

328 罗·卢森堡文章中此处说:"从历史唯物主义的一般前提就可以看出,社会党人对待民族问题的态度首先取决于每一情况的具体条件,这些条件在不同的国家里完全不一样,而且在每个国家里也随着时间的推移而急剧变化。哪怕只是从表面上了解一下事实,就足以使人承认:奥斯曼帝国内巴尔干半岛上的民族斗争同爱尔兰人反对英国统治的斗争相比,具有完全另一种性质、另一种经济和历史背景、另一种国际意义和另一种前景。"(第489页)——534。

329 罗·卢森堡文章中此处说:"谁把研究者的手术刀,尤其是把历史**唯物主义者**研究者的手术刀往我们三次民族起义的表面扎得深一些,谁就会看到它们是三种完全不同类型的社会政治运动,它们仅仅由于外部情况而每次都采取了与侵略作斗争的方式……　用'被征服民族'的神圣权利的同一尺度去对待科斯丘什科战争、十一月起义和一月起义,这就意味着,对它们没有作出任何评价,无论从历史或政治观点来看都显示出完全缺乏批判的鉴别力。"(第490页)——534。

330 罗·卢森堡文章中此处说:"历史条件的改变如何影响社会党人对民族问题的评价和他们对这一问题的态度,东方问题可以作为一个明显的例证。在1855年克里木战争时期,欧洲所有民主党人和社会党人都同情土耳其而**反对**南方斯拉夫人的解放意向。一切民族的自由'权'丝毫也不妨碍马克思、恩格斯、李卜克内西深恶痛绝地反对巴尔干斯拉夫人和坚决地支持土耳其的**统一**。因为他们评价土耳其的斯拉夫族当时的民族运动,不是从什么'永恒的'、感伤主义的自由主义公式的观点出发,而是从按照他们当时的观点构成这一民族运动的**实质**的物质关系的观点出发。马克思和恩格斯认为,在社会方面落后的巴尔干斯拉夫人的解放意向只是俄国沙皇制度旨在瓜分土耳其的诡计,他们毫不犹豫地使斯拉夫人的民族自由服从于欧洲民主制的利益,同时维护作为反抗俄国反动派的支柱的土耳其的统一。德国社会民主党一直坚持奉行这一传统政策直到90年代中期为止,当时高龄的威廉·李卜克内西是用这种精神对待土耳其亚美尼亚人的斗争的。然而,正是在这个时候,德国的和国际的社会民主党对待东方问题的立场改变了,转到完全相反的方面去。社会民主党开始公开支持土耳其的被压迫民族旨在争取某种形式的文化生活条件的意向,抛弃了对人为地维护土耳其统一的任何关注。当时它遵循的是责任感,但在这里也不仅是遵循对待被压迫民族亚美尼亚人和马其顿人的责任感,而首先是遵循对上一世纪中叶开始的东方关系的物质背景的分析。这种分析使社会民主党确信,土耳其的政治瓦解是它的19世纪下半叶经济政治发展的结果。此外,还确信,暂时保存土耳其是符合俄国专制政体反动外交的利益的。根据这种信念,社会民主党在这样的情况下,如同在其他问题上一样,不是去反对客观发展,而是去适应这种发展。"(第490—491页)——534。

331 罗·卢森堡文章中此处说:"1848年匈牙利民族起义是同这个运动完全对立的,因为很容易预见,由于这个国家的社会和民族关系,匈牙利人胜利的历史后果将是马扎尔人少数完全统治被征服民族的混合的多数。

虽然瑞士的运动具有革命性的所有外部特征,虽然马扎尔人的运动无疑具有利弊各半的性质,而且匈牙利革命者帮助维也纳政府镇压意大利革命这种奴颜婢膝行为正是马扎尔人运动的鲜明表现,但是,科学社会主义的创始人仍把瑞士人的起义作为一种反动的表现加以严厉的批判，而对1848年匈牙利的起义却给以热情的支持。由此可见，他们在这两种情况下所遵循的绝不是'民族自决权'的公式（显然这一公式对瑞士人比对匈牙利人适用得多），而是从历史的和政治的观点对运动进行现实主义的分析。"（第494页）——534。

332 罗·卢森堡文章中此处说："马克思和恩格斯在1848年革命时期对捷克的和波兰的民族意向所采取的截然相反的态度，可以作为另一个例证。毫无疑问，从'民族自决权'的观点来看，捷克人起码能够和波兰人同等地要求得到欧洲的民主主义者和社会主义者的支持。然而，马克思毫不理会这个抽象的公式，他当时痛斥了捷克人及其解放意向，认为这种意向使革命局势有害地复杂化起来，而这种复杂化尤其应受到严厉的谴责，因为，按照马克思的意见，捷克人是衰落了的，是很快必遭灭亡的民族。《共产党宣言》的作者们正是在他们全力以赴地维护波兰人的民族运动、号召一切进步和革命力量来援助我们的爱国者的时候表明这种观点的。

马克思对波兰和捷克问题的态度恰恰表明，他在革命进行时期以何等冷静的、与任何感伤主义完全不同的现实主义态度来研究民族问题。"（第491页）——534。

333 罗·卢森堡文章中此处说："……现代社会党政策的奠基人如何对待民族问题的一个更明显的例子，是他们对14世纪瑞士人的解放运动所作的纯粹历史的、因而不受现实政治问题和激情的任何影响的评价。对于瑞士各邦反对哈布斯堡王朝专制血腥压迫的起义，即以关于退尔的历史神话的形式成为自由资产阶级唯心主义浪漫主义无限崇拜对象的起义，**弗里德里希·恩格斯**在1847年曾作过如下评价：'瑞士旧州的居民反抗奥地利的战斗、格吕特利的光荣宣誓、退尔的英勇射击、永远值得纪念的莫尔加滕城下的胜利，所有这一切都是顽固的牧民对历史发展潮流的反抗，是顽固保守的地方利益对全民族利益的反抗，是愚昧对教养、野蛮对文明的反抗。牧民战胜了当时的文明，他们因此受到了与后来的整个文明隔绝的惩罚。'（参看《马克思恩格斯全集》第1版第4

卷第 387 页。——编者注）"（第 493 页）

威廉·退尔是瑞士民间传说中的农民射手，13 世纪末 14 世纪初瑞士人反对哈布斯堡王朝解放战争中的英雄，曾以百发百中的箭术射死了奥地利总督。——534。

334　罗·卢森堡文章中此处说："我们援用这些引文，目的是要着重指出，马克思和恩格斯在民族问题上遵循什么方法，他们遵循的**方法**决不考虑任何抽象的公式，而唯一考虑的只是每一个别情况的现实关系。"（第 492—493 页）——534。

335　罗·卢森堡文章中此处说："……大笔一挥就可以把自由、平等的权利以及诸如此类的福利献给一切民族、国家、团体和任何一个人的愿望正是社会主义运动青年时期的特点，尤其是无政府主义的勇于讲漂亮空话的特点。现代工人阶级的社会主义，即科学的社会主义，不是醉心于用说得极为激进的办法去解决社会和民族问题，而首先是分析研究这些问题的现实条件。"（第 495 页）——535。

336　罗·卢森堡文章中此处说："的确，纵然我们社会党人承认一切民族有绝对独立权，那么，毫无疑问，各族人民的命运事实上也不会因而有丝毫改变。民族的自由'权利'和工人的经济独立'权利'一样，在这种社会条件下它们本身只不过和每个人都有用金碗吃饭的那种'权利'具有同样的价值，这种'权利'，尼古拉·车尔尼雪夫斯基早就写过，他随时准备只要一个卢布就把它卖掉。"（第 495—496 页）——535。

337　罗·卢森堡文章中此处说："希望在资本主义的条件下用保证一切民族、种族和部族有'自决'权的办法去解决民族问题同样是纯粹的乌托邦……　马克思甚至在当时就断言，现在这些残存的民族的使命就是充当反革命的支柱，一直到伟大的革命风暴或世界大战把它们彻底消灭为止。

'在欧洲，任何一个国家都能在某个角落找到一个或几个残存的民族，即被那个后来成了历史发展代表者的民族所排挤和征服了的以前的居民的残余。这些按黑格尔的说法是被历史进程无情地蹂躏了的民族的残余,这些残存的民族,每次都成为反革命的狂热代表者,并且以后还会是这样,直到它们被完全消灭或者完全丧失其民族特性为止,其实它们的存在本身就已经是对伟大历史革命的抗议。

在苏格兰,盖尔人就是这样,他们是1640年至1745年斯图亚特王朝的支柱。

在法国,布列塔尼人就是这样,他们是1792年至1800年波旁王朝的支柱。

在西班牙,巴斯克人就是这样,他们是唐·卡洛斯的支柱。

在奥地利,泛斯拉夫主义的南方斯拉夫人就是这样,他们只不过是一千年来极度混乱的发展中残存的民族。'(参看《马克思恩格斯全集》第1版第6卷第202—203页。——编者注)

在另一篇文章里,马克思在谈到关于泛斯拉夫主义的趋向时写道:'……在欧洲几个大君主国一般地说已经成了"历史的必要性"的时代,德国人和马扎尔人把所有这些支离破碎的弱小民族联合成为一个大的国家,从而使这些民族能够参与历史的发展(而他们如果光靠自己,那就会完全脱离历史的发展)……'

'但是现在,由于工业、贸易和交通的长足进展,政治上的集中成了比当时即比十五和十六世纪更加迫切的要求。凡是还能集中的一切,都正在集中。'(参看《马克思恩格斯全集》第1版第6卷第333页。——编者注)"(第496—497页)——535。

338 罗·卢森堡文章中此处说:"考茨基……主要强调发展的和平、文化的方面,而马克思则强调它的政治方面,这方面的对外手段是侵略。但是,他们两人都不是把历史进程中的民族命运描述为分离和独立的趋势,而是完全相反。

据我们所知,考茨基在最新的社会主义文献中第一次说出了在社会主义制度下消灭一般的民族特性和整个文明人类融合成为一个民族的历史趋向。

诚然,考茨基指出,在我们的时代资本主义的发展同时会引起一种骤然看来与此矛盾的现象,即民族意识的觉醒和增长以及对民族国家的需要。而民族国家是最适合于当前条件的国家形式,用这种形式国家能够最有成效地完成自己的任务。"(第499页)——535。

339 罗·卢森堡文章中此处说:"……这种'最好的'民族国家只是一个抽象概念,在理论上加以发挥和在理论上加以维护倒很容易,但是不符合实际。"(第499页)(参看本版全集第25卷第229页)——535。

340 罗·卢森堡文章中此处说:"朝着全人类文化公社前进的历史发展,也像整个社会发展一样,是在矛盾中进行的,但是,这种与国际文明联合发展相抵触的矛盾不是在考茨基寻找它的地方,不是在争取'民族国家'这一理想的趋向之中,而是在马克思指出的各民族之间争取建立大国的斗争之中,建立这种大国是不顾各个大的文化范围,而且是与它们相背的……"(第499—500页)——535。

341 罗·卢森堡文章中此处说:"对于资本主义大国来说,从争取在国际市场上生存的观点看,以及从世界政治和殖民地占有的观点看,'在当前条件下最适合于自己任务的',即最适合于资本主义剥削需要的,不是如考茨基所设想的'民族的'国家,而是侵略性的(掠夺性的)国家。"(第501页)——535。

342 罗·卢森堡在自己的文章第501页上引用了以下"各国殖民地"统计表:

	大不列颠	法　国	德　国	荷　兰
在亚洲……	361 445 000	18 073 000	120 041	37 734 000
在非洲……	40 028 000	31 500 000	11 447 000	—
在美洲……	7 557 300	428 819	—	142 000
在澳洲……	5 811 000	89 000	448 000	

	比利时	丹　麦	西班牙	葡萄牙	北美合众国
在亚洲……	—	—	—	810 000	7 635 426
在非洲……	19 000 000	—	291 000	6 460 000	—
在美洲……	—	42 422	—	—	953 243
在澳洲……	—	—	—	—	13 000

罗莎·卢森堡写道:"上述包括近5亿居民的庞大数字还应加上尚

未被列为殖民地、但实际上完全从属于欧洲各国的那些国家的居民的巨大数字，其次，应当把这些居民数字划分成无数民族和民族学集团，以便清楚地想象出，资本主义的帝国主义对民族的命运和民族'自决'的可能性迄今曾产生过什么作用。"（第501页）——535。

343　罗·卢森堡文章中此处说："……由葡萄牙移民和西班牙移民起首要作用的巴西、阿根廷及其他过去的殖民地，它们从欧洲各国手中取得了本身的独立，其目的首先是为了独立地贩卖黑奴，在种植场里自由地剥削他们，以及攫取周围一切更弱小的殖民地。大概，在印度的关系也是这种性质的，那里最近一个时期似乎正在发生相当激烈的反对英国的'民族'运动。在印度，大量处于社会、文化发展不同阶段的和相互依赖程度不一的各种民族存在本身，就应该告诫不要过于匆忙地以庸俗的'民族权利'的尺度去评价印度的运动。"（第502页）——535。

344　罗·卢森堡文章中此处说："我们在谈'民族自决权'时滥用了'民族'这一概念，把它看做是一个整体，是统一的社会政治因素。但是，这种'民族'概念正是资产阶级意识形态的范畴之一，马克思主义理论对这些范畴作了根本的修正，指出，在这种含混不清的外壳里，如在'公民自由'、'法律面前的平等'等概念里一样，包含着十分明确的历史内容。

　　……在这样形成的社会里根本谈不上集体的、统一的意志和'民族'自决。如果我们在现代社会历史中遇到'民族'运动和争取'民族'利益的斗争，那么，这通常是资产阶级统治阶层的阶级运动。这个统治阶层在这种情况下之所以也能够代表民族其他阶层的利益，是由于它借口'民族利益'来保护历史发展的进步形式，是由于工人阶级尚未从这个跟随资产阶级走的'民族'体中分离出来而成为独立的、政治上觉悟的阶级。就这种意义来说，法国资产阶级在大革命中有权代表法兰西'民族'作为第三等级而出现，甚至德国资产阶级在1848年也能在某种程度上把自己看做德国'民族'的代表，虽然《共产党宣言》和《**新莱茵报**》（局部地）已成为德国无产阶级的特殊的阶级政治前哨，在这两种情况下，这只是意味着，资产阶级的阶级革命事业在社会发展的这一阶段同时也是整个人民阶层的事业，因为这个人民阶层仍与资产阶级一起形成一个对统治的封建制度而言的政治统一体。

　　这种情况就已证明,社会党在民族问题上的立场不能建筑在运用'民族权利'的基础上。这种政党存在的事实本身就证明,资产阶级**不再**是全体人民的代表,无产阶级这一阶级现在不是躲藏在资产阶级衣服的褶子里,而是作为一个有自己特殊的社会和政治意向的独立阶级和资产阶级分开了。

　　而正如我们已指出的那样,因为从统一整体的意义上来理解'民族'、'民族权利'和'民族意志'这些词乃是无产阶级和资产阶级的对抗尚未形成和尚未被觉察时期的遗迹,所以,具有阶级意识和独立组织的无产阶级使用这一概念,就会是一种不可容许的**历史**矛盾了。"(第504—505页)——535。

345　罗·卢森堡文章中此处说:"民族,应当有自决权。但是,谁是这一'民族',谁被授予全权,谁有'权'充当'民族'及其意志的表达者? 如何知道什么是'民族'的真正需要? 恐怕没有一个政党不断言,正是它和其他所有政党不同,是'民族'意志的真正表达者,而其他政党所代表的只是歪曲了的、伪造的民族意志。"(第507页)——535。

346　罗·卢森堡文章中此处说:"骤然看来,民主原则似乎可以提供识别真正的民族意志的可能性,这种可能性就在于判定**大多数**的意见。

　　民族所要的就是民族的大多数所要的。但是,如果社会民主党承认自己在任何时候都务必遵守这一原则,那么,这样的社会民主党就是可悲的了;这种承认等于宣判作为革命政党的社会民主党的死刑。社会民主党实质上是一个代表民族绝大多数人的**利益**的政党。然而,如果说到表达社会民主党的自觉意志,那么它在资产阶级社会里暂时还是正在力争成为多数派的一个少数派政党。但是,社会民主党不是用这样的方式,即在自己的意向、自己的政策和自己的纲领中反映民族大多数人意志的方式去争取成为多数派的政党。相反,它力争做到这一点,绝不是要成为整个民族自觉意志的表达者,而仅仅是要成为无产阶级的阶级自觉意志的表达者。甚至在这个阶级内部,社会民主党也不是而且也不要求是多数人意志的表达者,它只表达城市工业无产阶级最革命的先进阶层的意志和意识。它竭力扩展这种意志,力争为这种意志扫清通向大多数劳动人民的道路,向他们阐明他们本身的利益,'民族意志'或民族大多数绝对不是社会民主党所虔诚崇拜的偶像,相反,社会民主党的全部历史使命首先在于使'民族'意志,即民族大多数劳动人民的意志革命化,并把它培育起来。"(第 508 页)——535。

347　罗·卢森堡文章中此处说:"我们举一个运用'民族自决权'原则的实例。"

"对于当时革命时期的波兰,过去的《火星报》编辑部的一名俄国社会民主党人(指尔·马尔托夫,他曾在波兰社会党秘密刊物《工人》杂志上用波兰文发表过一篇文章。——编者注)于 1906 年用如下的一段话证明华沙立宪会议是必要的:

'如果从俄国的政治组织是现存的民族压迫问题中的决定因素这样的考虑出发,那就应该得出结论:被压迫民族和被兼并国家的无产阶级应当最积极地参加俄国立法会议的组织。

这个会议如果想完成自己的革命使命,就必须砸烂专制制度把"统治民族"和各个被压迫民族强制套在一起的枷锁。

除了实现民族自决权以外,就再也没有任何其他令人满意地即革命地解决这个问题的方法。

……但是,应当用何种具体方式去实现业已得到承认的自决权呢?

在民族问题和国家法问题多少是一回事的地方(波兰就属于这种地方),边疆区立法会议能够并且必须成为有能力实现民族争得的自决权的机构,它的任务是确定该"边远地区"对整个国家的关系,确定它继续归属于这个国家或脱离这个国家,确定它的内部体制以及同国家整体的未来联系。

因此,波兰立法会议应当决定这样的问题:波兰是否加入新的俄国,波兰宪法应该是什么样的。而波兰无产阶级应当竭尽全力使它的阶级意志对这一民族自治机构的决定产生尽可能强烈的影响。

……无产阶级为波兰提出的立法会议的要求在任何情况下都不应该意味着,在俄国立法会议上代表波兰民族的应当是华沙议会代表团。

我认为,在俄国会议上这种代表制是不会符合革命发展利益的。

它会用团结一致和互相负责的要求把波兰议会中的无产阶级成员和资产阶级成员拴在一起,而这种团结一致和互相负责是同他们利益的真正相互关系彼此矛盾的。'

这篇给波兰社会党在革命初期提出的华沙立宪会议以俄国社会民主工党机会主义一翼的道义上的认可的文章,没有产生任何实际结果。在波兰社会党分裂后,这个党的所谓左派在公开拒绝了恢复波兰的纲领以后不得不拒绝了以华沙立宪会议口号出现的局部的民族主义纲领。但是,这篇文章仍然是实际运用'民族自决权'原则的突出的尝试。

这样一来,华沙立宪会议的口号,像破了产的波兰民族主义的须臾即逝的、即兴的试奏曲一样,像瞬息即灭的肥皂泡一样,明显地丧失了任何政治的或理论的意义。这个口号只宜作为实际运用民族自决权的例证。

这个实例是新的论据,证明社会民主党如果承认现存制度范围内'民族自决权',那么它奉送给'各民族'的,或者是廉价的认可,让它们像'各民族'能够在'力量'的基础上行动那样来行动,或者是毫无力量的空话。但这一立场却同社会民主党当前的使命——保护无产阶级的阶级利益,保护社会的革命发展——背道而驰。其实,科学社会主义的奠基人在研究民族问题时遵循的就只是这些考虑。"(第509—512页)——536。

348 罗·卢森堡文章中此处说:"考茨基在自己10年前发表的关于奥地利的民族斗争和社会民主党纲领的文章中谈到他认为是现代民族思想根源的那些因素,而这种思想的发展'在整个欧洲是同现代国家形成过程相伴随的'。这些因素如下:'资产阶级对保证销售自己商品的国内市场的企求;其次,对政治自由和民主的企求;最后,对普及国民教育和书刊的企求'。"(第598页)——536。

349 罗·卢森堡文章中此处说:"从上面援引的考茨基理论的表述中我们首先可以看到他的原则立场,即把民族问题看成**历史范畴**的观点。"(第598页)——536。

350 罗·卢森堡文章中此处说:"……上面表述的民族思想是同现代发展的

一定时代最紧密地联系着的。……当谈到民族运动是作为政治生活的表现即力图宣布所谓民族国家时，那它与资产阶级时代的联系是无疑的。德国民族统一的历史是这方面的典型例子。德国的'关税同盟'、'关税议会'是形成后来的日耳曼帝国的核心；它的保护者弗里德里希·李斯特以及他的庸俗的'国民经济学'理论，同通常被称为德国民族复兴的第一名使徒的唯心主义者费希特相比较，是应当在更大的程度上被认为是德国民族统一的真正救世主的。"（第599页）——536。

351　罗·卢森堡文章中此处说："……**国家独立**是符合资产阶级阶级利益的表现民族意向的特殊形式。民族国家同时是必要的历史形式，在这种形式中资产阶级由民族防御转到进攻的立场，由保卫和团结本民族转到侵略和统治**其他民族**的政策。"——536。

352　罗·卢森堡文章中此处说："……资产阶级作为一个阶级是在封建贵族寡头政治制度内部成长和发展起来的。资产阶级力图使资本主义作为一种生产方式取得胜利，力图使自己作为一个统治阶级取得胜利，而在贵族制度的废墟上**建立现代的国家**。随着资本主义和资产阶级统治的发展，在资产阶级的阶级国家范围内也就从政治上分离出无产阶级。

　　……如果从历史的观点来看问题，那么认为现代无产阶级作为一个独立的并且意识到自身利益的阶级现在能建立的只是现代民族国家，这种想法无异于下述思想：资产阶级不论在哪个国家都将重新建立封建制度，如果这种制度由于偶然原因没有正常地建立起来或者像俄国一样采取了特殊形式的话。"（第603页）——536。

353　罗·卢森堡文章中此处说："资产阶级的阶级历史使命和任务是建立现代'民族'国家，而无产阶级的历史任务则是摧毁这种作为资本主义政治形式并从中诞生无产阶级本身的国家，以便建立社会主义制度。在资本主义的发展要求建立'民族'国家的地方，无产阶级作为人民群众可以参加资产阶级民族运动，例如在德国就有过这种情况。但是，那时它是在资产阶级的领导下进行活动，而不是作为一个具有特殊政治纲领的独立阶级进行活动。"（第603页）——536。

354 卡·拉狄克的这篇文章载于 1915 年 10 月 28 日和 29 日《伯尔尼哨兵报》第 252 号和第 253 号。列宁的批注是在这两号报纸上作的。——537。

355 卡·拉狄克的这篇文章载于 1915 年 12 月 5 日《光线》杂志第 3 期。列宁的批注是在这本杂志上作的。——539。

356 尔·马尔托夫的这篇文章载于 1916 年 2 月 5 日《俄国社会民主工党组织委员会国外书记处通报》第 3 号。列宁的批注是在这张报纸上作的。——540。

357 这是 1915 年 10 月 15 日孟什维克《工人晨报》第 1 号上的一段材料。列宁的批注是在这张报纸上作的。——542。

358 这里收载的是孟什维克《自卫》文集中列宁加了着重标记的文字的一部分,即与列宁在该文集的封面上作的简记(见旁边的批注)有关的段落。——545。

359 这段摘录写在一张单页纸上,并用铅笔编了页码:"③"。——546。

360 这篇材料载于 1915 年 11 月 27 日《伯尔尼国际社会党委员会。公报》第 2 号。列宁的批注是在这份公报上作的。列宁在这篇材料后面写了一段批语(见本卷第 549 页)。——547。

361 这是列宁写在赫·哥尔特的《帝国主义、世界大战和社会民主党》一书上的另一部分批注。其中用老五号字排印的标题式批注,是写在该书封面上的(参看注 303)。——549。

362 这段材料载于 1915 年 10 月 15 日孟什维克《工人晨报》第 1 号。列宁的批注是在这份报纸上作的。——553。

人 名 索 引

A

B

256。

巴克斯,Б.(Бакс,Б.)——161。

巴枯宁,米哈伊尔·亚历山德罗维奇(Бакунин, Михаил Александрович)
——233、248。

白恩士,约翰·埃利奥特(Burns, John Eliot)——249。

保利内利,阿蒂利奥(Paolinelli, Attilio)——474。

鲍德利,特伦斯·文森特(Powderly, Terence Vincent)——240、242、245。

鲍罗齐茨(Бородзіц)——347。

鲍威尔,奥托(Bauer, Otto)——356、357、358、359、360、362、364—366、367、
368、369、370、372—373、374、383—387。

贝尔纳贝伊,布鲁诺(Bernabei, Bruno)——475。

贝尔特朗,路易(Bertrand, Louis)——463—464。

贝克尔,约翰·菲力浦(Becker, Johann Philipp)——232—257。

贝克莱,乔治(Berkeley, George)——4。

贝拉米(Bellamy)——164。

贝特曼-霍尔韦格,特奥巴尔德(Bethmann-Hollweg, Theobald)——457、497。

倍倍尔,奥古斯特(Bebel, August)——110、148、159、244、248、251、491、492、
498、505、508。

比索拉蒂,莱奥尼达(Bissolati, Leonida)——462。

比辛,摩里茨-斐迪南·冯(Bissing, Moritz-Ferdinand von)——458。

彼得一世(彼得大帝)(Петр I Великий)——446。

彼舍霍诺夫,阿列克谢·瓦西里耶维奇(Пешехонов, Алексей Васильевич)
——290。

俾斯麦,奥托·爱德华·莱奥波德(Bismarck, Otto Eduard Leopold)——
231、241、244、367、478、480。

毕达哥拉斯(Pythagoras)——504。

毕歇尔,卡尔(Bücher, Karl)——55。

边沁,耶利米(Bentham, Jeremy)——15。

别洛乌索夫,捷连季·奥西波维奇(Белоусов, Терентий Осипович)——316。

波尔特,弗里德里希(Bolte, Friedrich)——233—234、237。

C

查茨基,M.(Чацкий,М.)——349。

查苏利奇,维拉·伊万诺夫娜(Засулич,Вера Ивановна)——545。

车尔尼雪夫斯基,尼古拉·加甫里洛维奇(Чернышевский,Николай Гаврилович)——165、256。

D

大卫,爱德华(David,Eduard)——96、97、102、103—104、105、114、131、165、196—197。

丹尼尔逊,尼古拉·弗兰策维奇(尼·——逊;尼古拉·——逊)(Даниельсон,Николай Францевич(Н.—он,Николай—он))——108、116、120、121、397、398、418、419。

德弗洛特,保尔(De Flotte,Paul)——227。

德加雅尔-邦塞尔(De Gailhard-Bancel)——194。

德拉·塞塔(Della·Seta)——470、473。

德拉哥马诺夫,米哈伊尔·彼得罗维奇(Драгоманов,Михаил Петрович)——336。

德莫夫斯基,罗曼(Dmowski,Romann)——553。

德-帕斯夸利,彼得罗(De Pasquali,Pietro)——475。

德沙内尔,保尔(Deschanel,Paul)——190、195。

狄慈根,约瑟夫(Dietzgen,Joseph)——232—257、361。

迪斯累里,本杰明,贝肯斯菲尔德伯爵(Disraeli,Benjamin,Earf of Beaconsfield)——366。

蒂尔,胡戈(Thiel,Hugo)——99、151。

东巴斯,克利斯托夫·约瑟夫·亚历山大·马蒂约·德(Dombasle,Christophe-Joseph-Alexandre Mathieu de)——217。

东布罗夫斯基,雅罗斯瓦夫(Dabrowski,Jarosław)——440。

杜冈-巴拉诺夫斯基,米哈伊尔·伊万诺维奇(Туган-Барановский,Михаил Иванович)——397、400、402、406、411、418。

L

N

拿破仑——见拿破仑第一。

拿破仑——见拿破仑第三。

拿破仑第一(**拿破仑·波拿巴**)(Napoléon I(Napoléon Bonaparte))——483。

拿破仑第三(**路易-拿破仑·波拿巴**)(Napoléon III (Louis-Napoléon Banaparte))——163、220—223、225、227、228、445、446、534。

尼·—逊——见丹尼尔逊,尼古拉·弗兰策维奇。

尼采,弗里德里希(Nietzsche,Friedrich)——169。

尼古拉·尼古拉耶维奇(Николай Николаевич)——460。

尼古拉·—逊——见丹尼尔逊,尼古拉·弗兰策维奇。

尼古拉一世(**罗曼诺夫**)(Николай I(Романов))——446。

涅楚伊-列维茨基(**列维茨基**),伊万·谢苗诺维奇(Нечуй-Левицкий(Левицкий),Иван Семенович)——347。

涅莫耶夫斯基(Niemojewski)——553。

纽文胡斯,斐迪南·多梅拉(Nieuwenhuis,Ferdinand Domela)——156。

诺曼,乔治·华德(Norman,George Warde)——25。

诺斯克,古斯塔夫(Noske,Gustav)——551。

O

欧文,罗伯特(Owen,Robert)——49、82。

P

帕德莱夫斯基,斯坦尼斯瓦夫(Padlewski,Stanisław)——158。

帕尔乌斯(**格尔方德,亚历山大·李沃维奇**)(Парвус(Гельфанд),Александр Львович)——160、161、294、302、529。

帕帕拉佐,朱泽培(Paparazzo,Giuseppe)——474。

帕希奇,尼古拉(Pašić,Nikola)——511。

潘涅库克,安东尼(Pannekoek,Antonie)——356—381、382、477。

佩特留拉,西蒙·瓦西里耶维奇(Петлюра,симон Васильевич)——348。

R

S

T

W

X

《列宁全集》第二版第59卷编译人员

译文校订：董荣卿　刘功勋
资料编写：丁世俊　张瑞亭　刘方清　刘淑春
编　　辑：江显藩　许易森　任建华　薛春华
译文审订：崔松龄

《列宁全集》第二版增订版编辑人员

李京洲　高晓惠　翟民刚　张海滨　赵国顺　任建华　刘燕明
孙凌齐　门三姗　韩　英　侯静娜　彭晓宇　李宏梅　付　哲
戚炳惠　李晓萌

审　　定：韦建桦　顾锦屏　柴方国

本卷增订工作负责人：翟民刚　刘燕明

责任编辑：毕于慧

装帧设计：石笑梦

版式设计：周方亚

责任校对：吕　飞

图书在版编目(CIP)数据

列宁全集.第59卷/(苏)列宁著；中共中央马克思恩格斯列宁斯大林著作编译局编译.
——2版(增订版)-北京：人民出版社，2017.3(2024.7重印)
ISBN 978-7-01-017143-2
Ⅰ.①列…　Ⅱ.①列…②中…　Ⅲ.①列宁著作-全集　Ⅳ.①A2
中国版本图书馆 CIP 数据核字(2016)第 316473 号

书　　　名	列宁全集
	LIENING QUANJI
	第五十九卷
编 译 者	中共中央马克思恩格斯列宁斯大林著作编译局
出版发行	人民出版社
	(北京市东城区隆福寺街 99 号　邮编 100706)
邮购电话	(010)65250042　65289539
经　　　销	新华书店
印　　　刷	北京新华印刷有限公司
版　　　次	2017 年 3 月第 2 版增订版　2024 年 7 月北京第 2 次印刷
开　　　本	880 毫米×1230 毫米 1/32
印　　　张	21.625
插　　　页	1
字　　　数	549 千字
印　　　数	3,001—6,000 册
书　　　号	ISBN 978-7-01-017143-2
定　　　价	53.00 元

ISBN 978-7-01-017143-2

9 787010 171432 >